Sachenrecht II

Hemmer/Wüst

Januar 2007

Juristisches Repetitorium hemmer

examenstypisch - anspruchsvoll - umfassend

Augsburg
Wüst/Skusa/Mielke/Quirling
Mergentheimer Str. 44
97082 Würzburg
Tel.: (0931) 79 78 2-30
Fax: (0931) 79 78 2-34
www.hemmer.de/augsburg

Bochum
Schlegel/Schlömer/Sperl
Salzstr. 14/15
48143 Münster
Tel.: (0251) 67 49 89 70
Fax.: (0251) 67 49 89 71
www.hemmer.de/bochum

Erlangen
Grieger/Tyroller
Mergentheimer Str. 44
97082 Würzburg
Tel.: (0931) 79 78 2-30
Fax: (0931) 79 78 2-34
www.hemmer.de/erlangen

Göttingen
Sperl/Schlömer
Kirchhofgärten 22
74635 Kupferzell
Tel.: (07944) 94 11 05
Fax: (07944) 94 11 08
www.hemmer.de/goettingen

Heidelberg
Behler/Rausch
Rohrbacher Str. 3
69115 Heidelberg
Tel.: (06221) 65 33 66
Fax: (06221) 65 33 30
www.hemmer.de/heidelberg

Leipzig
Luke
Helgolandstr. 9b
01097 Dresden
Tel.: (0351) 4 22 55 01
Fax: (0351) 4 22 55 02
www.hemmer.de/leipzig

Münster
Schlegel/Sperl/Schlömer
Salzstr. 14/15
48143 Münster
Tel.: (0251) 67 49 89 70
Fax.: (0251) 67 49 89 71
www.hemmer.de/muenster

Rostock
Burke/Lück
Heilgeiststr. 30
18439 Stralsund
Tel.: (03831) 30 91 73
Fax: (03831) 30 92 42
www.hemmer.de/rostock

Bayreuth
Daxhammer
Jägerstr. 9a
97204 Höchberg
Tel.: (0931) 400 337
Fax: (0931) 404 3109

Bonn
Ronneberg/Christensen/Clobes
Leonardusstr. 24c
53175 Bonn
Tel.: (0228) 23 90 71
Fax: (0228) 23 90 71
www.hemmer.de/bonn

Frankfurt/M.
Geron
Dreifaltigkeitsweg 49
53489 Sinzig
Tel.: (02642) 61 44
Fax: (02642) 61 44
www.hemmer.de/frankfurt

Greifswald
Burke/Lück
Heilgeiststr. 30
18439 Stralsund
Tel.: (03831) 30 91 73
Fax: (03831) 30 92 42
www.hemmer.de/greifswald

Jena
Hannich
Parkweg 7
97944 Boxberg
Tel.: (07930) 99 23 38
Fax: (07930) 99 22 51
www.hemmer.de/jena

Mainz
Geron
Dreifaltigkeitsweg 49
53489 Sinzig
Tel.: (02642) 61 44
Fax: (02642) 61 44
www.hemmer.de/mainz

Osnabrück
Schlömer/Sperl/Knoll
Kirchhofgärten 22
74635 Kupferzell
Tel.: (07944) 94 11 05
Fax: (07944) 94 11 08
www.hemmer.de/osnabrueck

Saarbrücken
Bold
Preslesstraße 2
66987 Thaleischweiler-Fröschen
Tel.: (06334) 98 42 83
Fax: (06334) 98 42 83
www.hemmer.de/saarbruecken

Berlin-Dahlem
Gast
Alte Jakobstraße 78
10179 Berlin
Tel.: (030) 240 45 738
Fax: (030) 240 47 671
www.hemmer.de/berlin-dahlem

Bremen
Kulke
Mergentheimer Str. 44
97082 Würzbuzrg
Tel.: (0931) 79 78 230
Fax: (0931) 79 78 234
www.hemmer.de/bremen

Frankfurt/O.
Neugebauer/ Vieth
Holzmarkt 4a
15230 Frankfurt/O.
Tel.: (0335) 52 29 87
Fax: (0335) 52 37 88
www.hemmer.de/frankfurtoder

Halle
Luke
Helgolandstr. 9b
01097 Dresden
Tel.: (0351) 4 22 55 01
Tel.: (0351) 4 22 55 02
www.hemmer.de/halle

Kiel
Sperl/Schlömer
Kirchhofgärten 22
74635 Kupferzell
Tel.: (07944) 94 11 05
Fax: (07944) 94 11 08
www.hemmer.de/kiel

Mannheim
Behler/Rausch
Rohrbacher Str. 3
69115 Heidelberg
Tel.: (06221) 65 33 66
Fax: (06221) 65 33 30
www.hemmer.de/mannheim

Passau
Mielke
Schlesierstr. 4
86919 Utting a.A.
Tel.: (08806) 74 27
Fax: (08806) 94 92
www.hemmer.de/passau

Trier
Geron
Dreifaltigkeitsweg 49
53489 Sinzig
Tel.: (02642) 61 44
Fax: (02642) 61 44
www.hemmer.de/trier

Berlin-Mitte
Gast
Alte Jakobstraße 78
10179 Berlin
Tel.: (030) 240 45 738
Fax: (030) 240 47 671
www.hemmer.de/berlin-mitte

Dresden
Stock
Zweinaundorfer Str. 2
04318 Leipzig
Tel.: (0341) 6 88 44 90
Fax: (0341) 6 88 44 96
www.hemmer.de/dresden

Freiburg
Behler/Rausch
Rohrbacher Str. 3
69115 Heidelberg
Tel.: (06221) 65 33 66
Fax: (06221) 65 33 30
www.hemmer.de/freiburg

Hamburg
Schlömer/Sperl
Pinnasberg 45
20359 Hamburg
Tel.: (040) 317 669 1700
Fax: (040) 317 669 20
www.hemmer.de/hamburg

Köln
Ronneberg/Christensen/Clobes
Leonardusstr. 24c
53175 Bonn
Tel.: (0228) 23 90 71
Fax: (0228) 23 90 71
www.hemmer.de/koeln

Marburg
Knoll/Sperl
Hinter dem Zehnthofe 18a
38173 Sickte
Tel.: (05305) 91 25 77
Fax: (05305) 91 25 88
www.hemmer.de/marburg

Potsdam
Gast
Alte Jakobstraße 78
10179 Berlin
Tel.: (030) 240 45 738
Fax: (030) 240 47 671
www.hemmer.de/potsdam

Tübingen
Guldin/Kaiser
Hindenburgstr. 15
78465 Konstanz
Tel.: (07531) 69 63 63
Fax: (07531) 69 63 64
www.hemmer.de/tuebingen

Bielefeld
Knoll/Sperl
Hinter dem Zehnthofe 18a
38173 Sickte
Tel.: (05305) 91 25 77
Fax: (05305) 91 25 88
www.hemmer.de/bielefeld

Düsseldorf
Ronneberg/Christensen/Clobes
Leonardusstr. 24c
53175 Bonn
Tel.: (0228) 23 90 71
Fax: (0228) 23 90 71
www.hemmer.de/duesseldorf

Gießen
Knoll/Sperl
Hinter dem Zehnthofe 18a
38173 Sickte
Tel.: (05305) 91 25 77
Fax: (05305) 91 25 88
www.hemmer.de/giessen

Hannover
Daxhammer/Sperl
Jägerstr. 9a
97204 Höchberg
Tel.: (0931) 400 337
Fax: (0931) 404 3109
www.hemmer.de/hannover

Konstanz
Guldin/Kaiser
Hindenburgstr. 15
78467 Konstanz
Tel.: (07531) 69 63 63
Fax: (07531) 69 63 64
www.hemmer.de/konstanz

München
Wüst
Mergentheimer Str. 44
97082 Würzburg
Tel.: (0931) 79 78 2-30
Fax: (0931) 79 78 2-34
www.hemmer.de/muenchen

Regensburg
Daxhammer
Jägerstr. 9a
97204 Höchberg
Tel.: (0931) 400 337
Fax: (0931) 404 3109
www.hemmer.de/regensburg

Würzburg
- ZENTRALE -
Mergentheimer Str. 44
97082 Würzburg
Tel.: (0931) 79 78 230
Fax: (0931) 79 78 234
www.hemmer.de/wuerzburg

Wer in vier Jahren sein Studium erfolgreich abschließen will, kann sich einen Irrtum im Hinblick auf Examensvorbereitung und Ausbildungsmaterial nicht leisten!

Stellen Sie frühzeitig Ihre Weichen richtig. Trainieren Sie unter professioneller Anleitung das, was Sie im Examen erwartet.

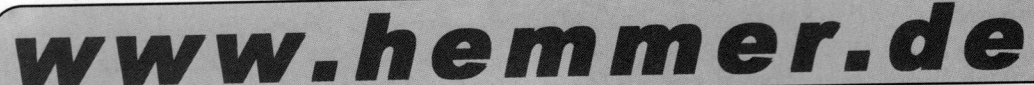

www.lifeandlaw.de

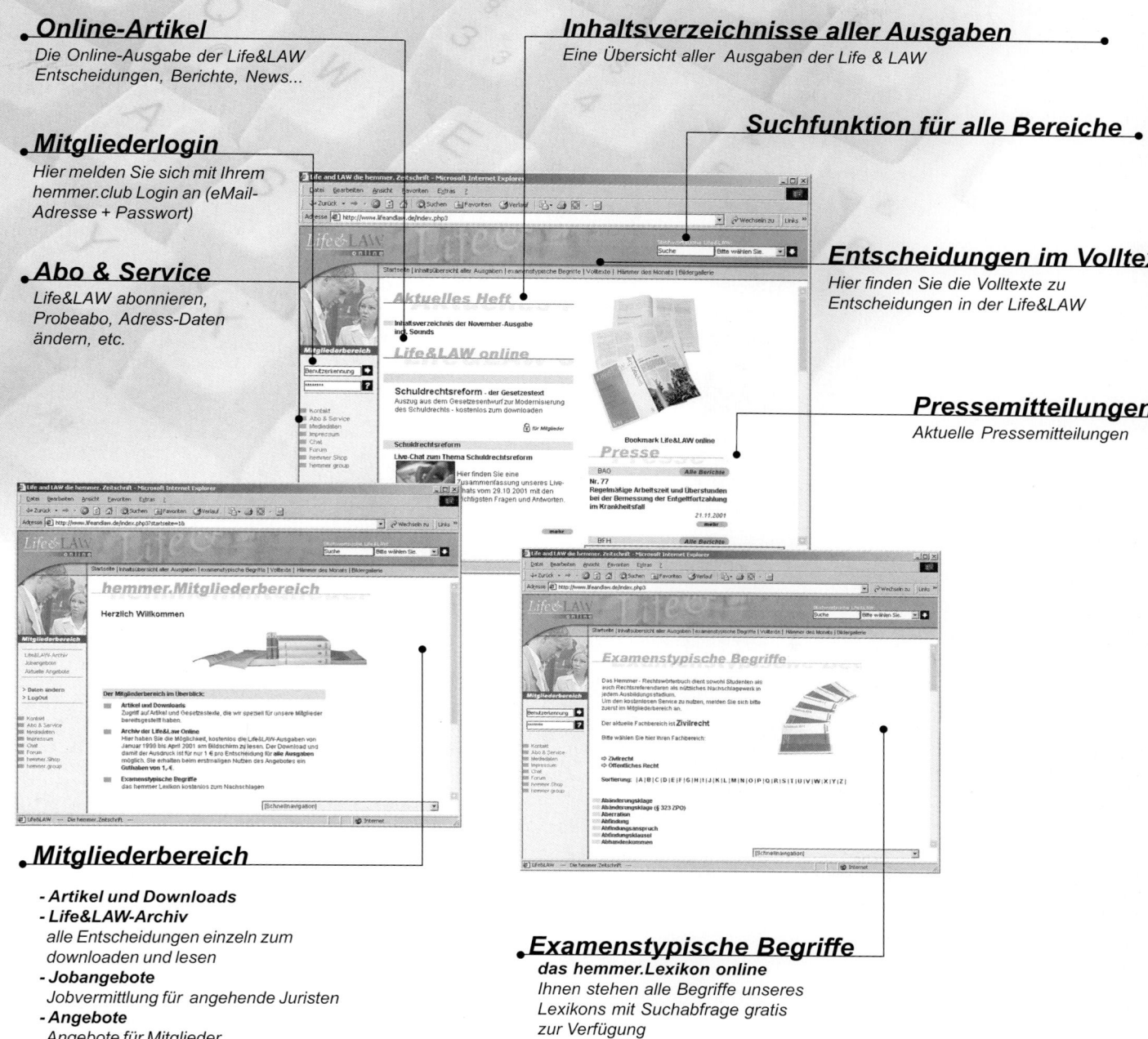

Online-Artikel
Die Online-Ausgabe der Life&LAW Entscheidungen, Berichte, News...

Mitgliederlogin
Hier melden Sie sich mit Ihrem hemmer.club Login an (eMail-Adresse + Passwort)

Abo & Service
Life&LAW abonnieren, Probeabo, Adress-Daten ändern, etc.

Inhaltsverzeichnisse aller Ausgaben
Eine Übersicht aller Ausgaben der Life & LAW

Suchfunktion für alle Bereiche

Entscheidungen im Volltext
Hier finden Sie die Volltexte zu Entscheidungen in der Life&LAW

Pressemitteilungen
Aktuelle Pressemitteilungen

Mitgliederbereich
- Artikel und Downloads
- Life&LAW-Archiv
  alle Entscheidungen einzeln zum downloaden und lesen
- Jobangebote
  Jobvermittlung für angehende Juristen
- Angebote
  Angebote für Mitglieder

Examenstypische Begriffe
das hemmer.Lexikon online
Ihnen stehen alle Begriffe unseres Lexikons mit Suchabfrage gratis zur Verfügung

Assessorkurse

Bayern:		RA I. Gold, Mergentheimer Str. 44, 97082 Würzburg; Tel.: (0931) 79 78 2-50
Baden-Württemberg:	Konstanz/Tübingen	RAe F. Guldin/B. Kaiser, Hindenburgstr. 15, 78467 Konstanz; Tel.: (07531) 69 63 63
	Heidelberg/Freiburg/Stuttgart	RAe Behler/Rausch, Rohrbacher Str. 3, 69115 Heidelberg; Tel.: (06221) 65 33 66
Berlin/Potsdam:		RA L. Gast, Alte Jakobstraße 78, 10179 Berlin, Tel. (030) 24 04 57 38
Brandenburg:		RA Neugebauer/Vieth, Holzmarkt 4a, 15230 Frankfurt/Oder, Tel.:(0335) 52 29 32
Bremen/Hamburg:		RAe M. Sperl/Clobes/Dr. Schlömer, Kirchhofgärten 22, 74635 Kupferzell; Tel. (07944) 94 11 05
Hessen:	Frankfurt	RA J. Pfeuffer, Beethovenstr. 35, 60325 Frankfurt; Tel.: (069) 97 12 44-0
	Marburg/Kassel	RAe M. Sperl/Clobes/Dr. Schlömer, Hinter dem Zehnthofe 18a, 38173 Sickte, Tel. (05305) 91 25 77
Mecklenburg-Vorp.:		Ludger Burke/Johannes Lück, Heilgeiststraße 30, 18439 Stralsund, Tel: (03831) 30 91 73
Niedersachsen:		RAe M. Sperl/Dr. M. Knoll, Hinter dem Zehnthofe 18a, 38173 Sickte, Tel. (05305) 91 25 77
Nordrhein-Westfalen:		Dr. A. Ronneberg, Venner Str. 7a, 53177 Bonn; Tel.: (0228) 23 90 71
Rheinland-Pfalz:		RA A. Geron, Dreifaltigkeitsweg 49, 53489 Sinzig; Tel.: (02642) 6144
Saarland:		RA A. Geron, Dreifaltigkeitsweg 49, 53489 Sinzig; Tel.: (02642) 6144
Thüringen:		RA J. Luke, Helgolandstr. 9B, 01097 Dresden; Tel.: (0351) 4 22 55 01
Sachsen:		RA J. Luke, Helgolandstr. 9B, 01097 Dresden; Tel.: (0351) 4 22 55 01
Schleswig-Holstein:		RAe M. Sperl/Clobes/Dr. Schlömer, Kirchhofgärten 22, 74635 Kupferzell; Tel. (07944) 94 1

Sachenrecht II

Hemmer/Wüst

Januar 2007

Das Skript ist urheberrechtlich geschützt. Die dadurch begründeten Rechte, insbesondere des Nachdrucks, der Wiedergabe auf photomechanischem oder ähnlichem Wege und der Speicherung in Datenverarbeitungsanlagen bleiben, auch bei nur auszugsweiser Verwertung, der Hemmer/Wüst-Verlagsgesellschaft vorbehalten.

Hemmer/Wüst Verlagsgesellschaft
Hemmer/Wüst, Sachenrecht II

ISBN 3-89634-708-X
7. Auflage, Januar 2007

gedruckt auf chlorfrei gebleichtem Papier
von Schleunungdruck GmbH, Marktheidenfeld

Vorwort
Neues Lernen mit der hemmer-Methode

Wer in vier Jahren sein Studium abschließen will, kann sich einen **Irrtum** in bezug auf Stoffauswahl und -aneignung **nicht leisten**. Hoffen Sie nicht auf die leichten Rezepte, die Schemata und den einfachen Rechtsprechungsfall. Die unnatürlich klare Zielsetzung der Schemata läßt keine Frage offen und suggeriert eine Einfachheit, die in der Prüfung nicht besteht. Hüten Sie sich vor Übervereinfachung beim Lernen. Stellen Sie deswegen frühzeitig die Weichen richtig.

Das vorliegende Skript will Verständnis schaffen für die Zusammenhänge des Sachenrechts.

Anders als das Schuldrecht ist es ein klar strukturiertes Rechtsgebiet. In der Regel besteht deswegen beim Ersteller der Klausur als imaginärem Gegner eine feste Vorstellung, wie der Fall zu lösen ist.

Im Vordergrund des Skripts **Sachenrecht II** steht der Erwerb des Eigentums, insbesondere der rechtsgeschäftliche. Sowohl beim Erwerb vom Berechtigten als auch vom Nichtberechtigten dürfen Sie sich in der Klausur keine Unsicherheiten leisten.

Weitere Schwerpunkte dieses Skripts sind: Anwartschaft, Pfandrecht und Sicherungsübereignung.

Die **hemmer-Methode** vermittelt Ihnen die **erste richtige Einordnung** und das **Problembewußtsein**, welches Sie brauchen, um an einer Klausur bzw. dem Ersteller nicht vorbeizuschreiben. Häufig ist dem Studenten nicht klar, warum er schlechte Klausuren schreibt. Wir geben Ihnen **gezielte Tips**! Vertrauen Sie auf unsere **Expertenkniffe**.

Durch die ständige Diskussion mit unseren Kursteilnehmern ist uns als erfahrenen Repetitoren klar geworden, welche **Probleme** der Student hat, sein **Wissen anzuwenden**. Wir haben aber auch von unseren Kursteilnehmern profitiert und von Ihnen erfahren, welche **Argumentationsketten** in der Prüfung zum Erfolg geführt haben.

Die **hemmer-Methode** gibt **jahrelange Erfahrung** weiter, erspart Ihnen viele schmerzliche Irrtümer, setzt richtungsweisende Maßstäbe und begleitet Sie als **Gebrauchsanweisung** in Ihrer Ausbildung:

1. Basics:

Das *Grundwerk* für Studium und Examen. Es schafft **Grundwissen** und mittels der **hemmer-Methode** richtige Einordnung für Klausur und Hausarbeit.

2. Skriptenreihe:

Vertiefend: Über 1.000 Prüfungsklausuren wurden auf ihre "essentials" abgeklopft.

Anwendungsorientiert werden die für die Prüfung nötigen Zusammenhänge umfassend aufgezeigt und wiederkehrende Argumentationsketten eingeübt.

Gleichzeitig wird durch die **hemmer-Methode** auf **anspruchsvollem Niveau** vermittelt, nach welchen Kriterien Prüfungsfälle beurteilt werden. Spaß und Motivation beim Lernen entstehen erst durch Verständnis.
Lernen Sie, durch Verstehen am juristischen Sprachspiel teilzunehmen. Wir schaffen den "background", mit dem Sie die innere Struktur von Klausur und Hausarbeit erkennen: „**Problem erkannt, Gefahr gebannt**".

Profitieren Sie von unserem **technischen know how**. Wir werden Sie auf das Anforderungsprofil einstimmen, das Sie in Klausur und Hausarbeit erwartet.

Die **studentenfreundliche Preisgestaltung** ermöglicht auch den **Erwerb als Gesamtwerk**.

3. Hauptkurs:

Schulung am examenstypischen Fall mit der Assoziationsmethode. Trainieren Sie unter professioneller Anleitung, was Sie im Examen erwartet und wie Sie bestmöglich mit dem Examensfall umgehen.

Nur wer die Dramaturgie eines Falles verstanden hat, ist in Klausur und Hausarbeit auf der sicheren Seite! Häufig hören wir von unseren Kursteilnehmern: „**Erst jetzt hat Jura richtig Spaß gemacht**".

Die Ergebnisse unserer Kursteilnehmer geben uns recht. Der **Bewährungsgrad** einer Theorie ist der **Erfolg**. Die Examensergebnisse zeigen, daß unsere Kursteilnehmer überdurchschnittlich abschneiden.

Z.B.: **Zentrale in Würzburg:** Von '91 bis '99 7x sehr gut, 57x gut, darunter mehrere Landesbeste, einer mit 15,08 (Achtsemester), z.B. '97: 14,79; '96: 14,08. Auch '95: Die 6 Besten, alle Freischüßler, Schnitt von 13,39, einer davon mit sehr gut; Sommer '97: Von 9x gut, 9x Hemmer! In den Terminen 95/96/97 5x Platzziffer 1, 1x Platzziffer 2, alles spätere Mitarbeiter. Landesbester in Augsburg 15,25 (Achtsemester). **Ergebnisse 98 II:** über 2/3 der "vollbefriedigend" von Hemmer! **Ergebnisse 99 I:** 4x "gut", alle von Hemmer und auch wieder die Platzziffer eins in Würzburg, **München Frühjahr '97** (ein Termin!): 36x über Neun: 2x sehr gut, 14x gut, 20x vollbefriedigend.

Bereits in unserem ersten Durchgang in Berlin, Göttingen, Konstanz die Landesbesten mit "sehr gut". "Sehr gut" auch in Freiburg, Bayreuth, Köln (2x), Bonn, Regensburg (15,54; 14,2; 14,00) Erlangen (15,4; 15,0; 14,4), Heidelberg (14,7; Termin 97 I: 14,77) und München (14,25; 14,04; 14,04; 14,00). Augsburg: Schon im ersten Freischuß 91 I erzielten 4 Siebtsemester (!) einen Schnitt von 12,01. Auch in Thüringen '97 I 2x 12, 65 waren die Landesbesten Kursteilnehmer. Von 6x gut, 5 Hemmer-Teilnehmer. Fragen Sie auch in anderen Städten nach unseren Ergebnissen.

Lassen Sie sich aber nicht von diesen Supernoten verschrecken, sehen Sie dieses Niveau als Ansporn für Ihre Ausbildung. Denn: Wer auf 4 Punkte lernt, landet leicht bei 3!

Basics, Skriptenreihe und Hauptkurs sind als **modernes, offenes und flexibles Lernsystem** aufeinander abgestimmt und ergänzen sich ideal.

Wir hoffen, als Repetitoren mit unserem Gesamtangebot bei der Konkretisierung des Rechts mitzuwirken und wünschen Ihnen **viel Spaß beim Durcharbeiten** unserer Skripten.

Wir würden uns freuen, mit Ihnen später als Hauptkursteilnehmer mit der **hemmer-Methode** gemeinsam Verständnis an der Juristerei im Hinblick auf Examina zu trainieren.

Hemmer   *Wüst*

INHALTSVERZEICHNIS

§ 1 Einführung 1

§ 2 Rechtsgeschäftlicher Eigentumserwerb 2

    A. Einführung 2

        I. Anwendungsbereich 2

        II. Das dingliche Rechtsgeschäft 2

        III. Überblick über die Regelungen 4

            1. Erwerb vom Berechtigten - Einigung und Übergabe 4

            2. Übergabesurrogate 4

            3. Erwerb vom Nichtberechtigten - gutgläubiger Erwerb 5

        IV. Klausuraufbau 6

    B. Erwerb vom Berechtigten 7

        I. Die Einigung 7

            1. Die Einigung als Vertrag 7

                a) Geschäftsfähigkeit, §§ 104 ff. BGB 8

                    aa) Allgemeines 8

                    bb) Neutrales Geschäft 8

                    cc) Besonderheiten bei § 105a BGB? 9

                b) Willensmängel, §§ 116 ff. BGB 10

                c) Form, §§ 125-129 BGB 11

                d) §§ 145-157 BGB 11

                e) Bedingung/Befristung, §§ 158-163 BGB 11

                f) Vertretung, §§ 164-181 BGB 12

                g) Geschäft für den, den es angeht 12

            2. Bestimmtheitsgrundsatz 13

            3. Sonderfälle der Einigung 14

            4. Widerruflichkeit der Einigung 15

        II. Die Übergabe bzw. ihre Surrogate 17

            1. Die Übergabe nach § 929 S.1 BGB 17

                a) Begriff der Übergabe 17

                b) Besitzerwerb nach § 854 I BGB 18

                c) Besitzerwerb nach § 854 II BGB 18

                d) Einschaltung von Besitzdienern, § 855 BGB 18

                e) Einschaltung von Besitzmittlern, § 868 BGB 19

                f) Geheißerwerb 20

            2. Die Übereignung "kurzer Hand" nach § 929 S.2 BGB 21

                a) Voraussetzungen 22

                b) Einschaltung von Hilfspersonen 22

            3. Das Übergabesurrogat des § 930 BGB 22

                a) Besitz des Veräußerers 23

                b) Besitzmittlungsverhältnis, § 868 BGB 24

                c) Das vorweggenommene Besitzkonstitut 24

                d) Einschaltung von Hilfspersonen 26

            4. Das Übergabesurrogat des § 931 BGB 26

                a) Besitz eines Dritten 26

                b) Abtretung eines Herausgabeanspruchs 27

                    aa) Mittelbarer Besitz des Veräußerers 27

                    bb) Kein mittelbarer Besitz, aber schuldrechtlicher Herausgabeanspruch ... 28

                    cc) Kein Besitz, kein Herausgabeanspruch 28

                c) Einschaltung von Hilfspersonen 29

        III. Fall zu §§ 929 - 931 BGB 29

C. Erwerb vom Nichtberechtigten i.V.m. § 185 BGB 32

I. § 185 I BGB 33
II. § 185 II 1 1.Alt BGB 33
III. § 185 II 1 2.Alt BGB 34
IV. § 185 II 1 3.Alt BGB 35
V. Mehrere kollidierende Verfügungen, § 185 II 2 BGB 36

D. Gutgläubiger Erwerb vom Nichtberechtigten 37

I. Einführung 37
1. Zweck der Regelung 37
2. Rechtsgeschäft/Verkehrsgeschäft 37

II. Der gute Glaube, § 932 II BGB 39
1. Definition des guten Glaubens nach § 932 II BGB 39
2. Gegenstand des guten Glaubens 43
3. Zeitpunkt 44
4. Beweislast 44

III. Ausschluss des gutgläubigen Erwerbs nach § 935 BGB 45
1. Begriff des Abhandenkommens 45
2. Problemfälle 46
3. Unbeachtlichkeit des Abhandenkommens, § 935 II BGB 48

IV. Die einzelnen Erwerbstatbestände, §§ 932-934 BGB 49
1. §§ 929 S.1, 932 I 1 BGB 50
2. §§ 929 S.2, 932 I 2 BGB 52
3. §§ 929 S.1, 930, 933 BGB 53
4. §§ 929 S.1, 931, 934 BGB 54
   a) Mittelbarer Besitz, § 934 1.Alt BGB 54
   b) Kein mittelbarer Besitz, § 934 2.Alt BGB 55

V. Fall zu den §§ 932-935 BGB 56

VI. Wirkungen des gutgläubigen Erwerbs 58
1. Wirkung 58
2. Rückerwerb des Nichtberechtigten 59

VII. Gutgläubig lastenfreier Erwerb 60

VIII. Sonderfälle des gutgläubigen Erwerbs 64
1. Erbschein, § 2366 BGB 64
2. §§ 366 HGB, 1244 BGB 65
3. Erwerb in der Zwangsvollstreckung, § 898 ZPO 66

IX. Schutz des guten Glaubens an die Verfügungsbefugnis des Berechtigten 66

§ 3 Das Anwartschaftsrecht 68

A. Einführung 68

I. Begriff und Wesen des Anwartschaftsrechts 68
II. Erscheinungsformen der Anwartschaften 69

B. Das Anwartschaftsrecht des Vorbehaltskäufers 70

    I. Einführung 70

    II. Begründung des Anwartschaftsrechts 71

    III. Übertragung des Anwartschaftsrechts 78

    IV. Erwerb des Anwartschaftsrechts vom Nichtberechtigten 79

        1. Das Anwartschaftsrecht existiert nicht 79

        2. Das Anwartschaftsrecht existiert 79

    V. Schutz des Anwartschaftsrechts 80

        1. Schutz vor Zwischenverfügungen des Vorbehaltsverkäufers 80

        2. Schutz beim Herausgabeverlangen des Vorbehaltsverkäufers 82

            a) Schutz des Vorbehaltskäufers 82

            b) Schutz des Anwartschaftserwerbers 82

        3. Schutz des Anwartschaftserwerbers vor nachträglicher Erweiterung des Eigentumsvorbehalts 83

        4. Schutz gegenüber Eingriffen Dritter 85

            a) Besitzschutz 85

            b) Deliktsrechtlicher Schutz 85

            c) §§ 812 ff. BGB 86

            d) §§ 985 ff., 1004 BGB 86

    VI. Einzelfragen zum Anwartschaftsrecht 87

        1. Pfandrecht am Anwartschaftsrecht, Haftungsverband 87

        2. Anwartschaftsrecht und Zwangsvollstreckung 90

            a) Vollstreckung durch Gläubiger des Vorbehaltsverkäufers 90

            b) Vollstreckung durch den Vorbehaltsverkäufer 91

            c) Vollstreckung durch Gläubiger des Vorbehaltskäufers/ Pfändung des Anwartschaftsrechts 91

        3. Verjährung der Kaufpreisforderung 94

§ 4 Das Pfandrecht an beweglichen sachen und rechten 95

    A. Einführung 95

        I. Arten der Pfandrechte 95

        II. Begriff/Wesen des Pfandrechts 95

    B. Das vertragliche Pfandrecht an beweglichen Sachen 97

        I. Entstehung 97

            1. Einigung 97

            2. Übergabe bzw. deren Surrogate 98

            3. Existenz der zu sichernden Forderung 100

            4. Berechtigung bzw. gutgläubiger Erwerb 101

       II. Übertragung des Pfandrechts 102

       III. Rechtsverhältnisse unter den Beteiligten 102

            1. Verhältnis Gläubiger ⇔ persönlicher Schuldner 103

            2. Verhältnis Gläubiger ⇔ Eigentümer 103

            3. Verhältnis persönlicher Schuldner ⇔ Eigentümer 104

       IV. Verwertung des Pfandrechts 105

C. Gesetzliches Pfandrecht an beweglichen Sachen 106

D. Pfandrecht an Rechten 108

    I. Entstehung 108

    II. Übertragung 108

    III. Verwertung 108

§ 5 Die Sicherungsübereignung 110

A. Einführung 110

B. Besonderheiten bei der Übereignung 111

    I. Die Einigung 111

    II. Bestimmtheitsgrundsatz 111

    III. Besitzmittlungsverhältnis 112

C. Die Sicherungsabrede 113

    I. Begriff 113

    II. Verstoß gegen § 138 I BGB und § 307 I, II BGB 113

D. Die Verwertung des Sicherungsguts 117

E. Sicherungseigentum und Zwangsvollstreckung 117

    I. Vollstreckung durch Gläubiger des Sicherungsnehmers 117

    II. Vollstreckung durch Gläubiger des Sicherungsgebers 118

§ 6 Eigentumserwerb durch Gesetz oder Hoheitsakt 120

A. Einführung 120

B. Eigentumserwerb durch Gesetz 120

    I. Ersitzung, §§ 937-945 BGB 120

        1. Regelungszweck 120

        2. Voraussetzungen 121

        3. Schuldrechtliche Rückgewähransprüche 121

            a) Vertrag 122

            b) Delikt 122

            c) Bereicherung 122

    II. Verbindung/Vermischung/Verarbeitung §§ 946-951 BGB 124

        1. Verbindung beweglicher Sachen mit einem Grundstück, § 946 BGB 124

        2. Verbindung mehrerer beweglicher Sachen, § 947 BGB 125

        3. Vermischung/Vermengung, § 948 BGB 126

        4. Verarbeitung, § 950 BGB 128

        5. Bereicherungsrechtlicher Ausgleich, § 951 BGB 130

    III. Eigentumserwerb an Schuldurkunden, § 952 BGB 132

IV. Erwerb von Erzeugnissen/Bestandteilen, §§ 955-957 BGB ... 133
    1. Begriffe ... 133
    2. Grundsatz des § 953 BGB ... 133
    3. § 954 BGB ... 133
    4. §§ 955-957 BGB ... 134
        a) § 955 BGB ... 134
        b) § 956 BGB ... 134
        c) § 957 BGB ... 135
V. Aneignung §§ 958-964 BGB ... 135
VI. Fund, §§ 965 ff. BGB ... 136
    1. § 973 BGB ... 136
    2. Sonderregelungen ... 137
        a) Verkehrsfund, § 978 BGB ... 137
        b) Schatzfund, § 984 BGB ... 137

C. Eigentumserwerb durch Hoheitsakt ... 137

Kommentare

Erman — Handkommentar zum BGB

Jauernig — Kommentar zum BGB

Münchener Kommentar — Kommentar zum Bürgerlichen Gesetzbuch

Palandt — Kommentar zum Bürgerlichen Gesetzbuch

Staudinger — Kommentar zum BGB

Zöller — ZPO-Kommentar

Lehrbücher

Baur/Stürner — Sachenrecht

Medicus — Allgemeiner Teil des BGB

Bürgerliches Recht

Schwab/Prütting — Sachenrecht

Westermann — BGB-Sachenrecht

Wieling — Sachenrecht I

Wolf — Sachenrecht

Weitere Literatur siehe Fußnoten

§ 1 EINFÜHRUNG

Das vorliegende Skript beschäftigt sich überwiegend mit dem Erwerb dinglicher Rechte an beweglichen Sachen. Grundlegend ist an dieser Stelle die Unterscheidung zwischen rechtsgeschäftlichem und gesetzlichem Erwerb.

Beispiele für den gesetzlichen Eigentumserwerb sind die Ersitzung (§ 937 BGB), die Verbindung (§ 946 BGB) oder die Verarbeitung (§ 950 BGB).

Im Vordergrund steht aber der rechtsgeschäftliche Erwerb, und zwar der des Vollrechts, des Eigentums.

Das Verständnis der §§ 929 ff. BGB ist von zentraler Bedeutung, zumal die Vorschriften beim Anwartschaftsrecht entsprechend anwendbar sind und dieselbe Konzeption der Pfandrechtsbestellung nach den §§ 1205 ff. BGB zugrunde gelegt ist.

Def. Verfügung

Mit Ausnahme des Eigentumserwerbs kraft Gesetzes geht es im Sachenrecht II um *Verfügungen*. Hierunter versteht man nach ständiger *Rspr.* Rechtsgeschäfte, die unmittelbar darauf gerichtet sind, auf ein bestehendes Recht einzuwirken, es *zu verändern, zu übertragen, zu belasten oder aufzuheben.*[1]

Übertragung, Aufhebung, Belastung

Die Veräußerung des Eigentums oder eines sonstigen Rechts stellt nach dieser Definition ebenso eine Verfügung dar wie die Belastung einer Sache (z.B. durch die Bestellung eines Pfandrechts nach § 1204 I BGB).

Erwerb dagegen keine Verfügung

Dagegen stellt der Erwerb eines Rechts selbst keine Verfügung dar. Soweit es aber um rechtsgeschäftlichen Erwerb geht, muss der eine verfügen, damit der andere erwerben kann. Der Erwerb ist mithin die Konsequenz oder (dogmatischer) die Rechtsfolge einer wirksamen Verfügung.

Die Voraussetzungen einer wirksamen Verfügung sind unterschiedlich. Mit Ausnahme der Gestaltungsrechte wie Anfechtung oder Aufrechnung, die ebenfalls verfügende Wirkung haben, ist jedenfalls eine Einigung zwischen Veräußerer und Erwerber erforderlich.

Bei der Forderungsabtretung nach § 398 BGB ist der Verfügungstatbestand damit abgeschlossen, bei der Übereignung von beweglichen Sachen muss zusätzlich eine Übergabe, zumindest in der Form eines Surrogats, erfolgen.

> **hemmer-Methode:** Die Frage nach einer wirksamen Verfügung stellt sich häufig auch im Rahmen des § 816 I BGB, der sich hervorragend als Aufhänger für eine sachenrechtliche Klausur eignet.
> Noch einmal: Eine Verfügung ist jedes Rechtsgeschäft, das die Rechtslage unmittelbar ändert, indem es ein Recht überträgt, aufhebt, inhaltlich ändert oder belastet.
> Sie sollten nur wenige Definitionen wirklich auswendig lernen, die der Verfügung gehört aber dazu! Bevor diese nicht "sitzt", sollten Sie an sich gar nicht weiter lesen!

---

[1] BGHZ 1, 304; 75, 226; 101, 26.

§ 2 RECHTSGESCHÄFTLICHER EIGENTUMSERWERB

A. Einführung

I. Anwendungsbereich

Übereignung beweglicher Sachen, §§ 929 ff. BGB

Die §§ 929 ff. BGB regeln die Übertragung des Eigentums an beweglichen Sachen. Unbewegliche Sachen (Grundstücke) werden nach §§ 873, 925 BGB übereignet, wobei für Zubehör § 926 BGB zu beachten ist.

bei anderen Rechten i.d.R. Abtretung, §§ 398, 413 BGB

Für die Übertragung anderer Rechte als das des Eigentums gelten nicht die §§ 929 ff. BGB, sondern die jeweiligen Sondervorschriften und subsidiär die §§ 398 ff., 413 BGB.

Übertragung des AnwR analog nach §§ 929 ff. BGB

Auf die Übertragung des Anwartschaftsrechts finden dagegen die §§ 929 ff. BGB analoge Anwendung. Das Anwartschaftsrecht als Vorstufe zum Vollrecht (sog. wesensgleiches Minus) wird wie dieses übertragen. Mit Bedingungseintritt erstarkt das Anwartschaftsrecht zum Volleigentum. Könnte das Anwartschaftsrecht nach §§ 413, 398 BGB übertragen werden, so wäre damit ein Eigentumserwerb entgegen sachenrechtlicher Prinzipien (Publizität) möglich.

II. Das dingliche Rechtsgeschäft

Die Übereignung ist ein *dingliches Rechtsgeschäft*. Die daran Beteiligten heißen *Veräußerer* und *Erwerber*.

Trennungsprinzip

Durch das dingliche Rechtsgeschäft wird der Eigentumsübergang bewirkt. Das Eigentum geht also nicht bereits mit Abschluss eines schuldrechtlichen Vertrages, z.B. Kaufvertrag, über. Der schuldrechtliche Vertrag begründet nur eine Verpflichtung zur Übereignung *(Verpflichtungsgeschäft)*. Zur Erfüllung der dadurch begründeten Verpflichtung ist ein gesondertes Vollzugsgeschäft *(Erfüllungsgeschäft)* erforderlich. Dieses Erfüllungsgeschäft stellt die Übereignung dar. Für die Übereignung ist es unerheblich, ob die Verpflichtung auf einem Kauf, einer Schenkung oder etwa auf einem Vermächtnis beruht. Sie erfolgt in allen Fällen nach den §§ 929 ff. BGB. Diese systematische Trennung von Verpflichtungs- und Erfüllungsgeschäft wird als *Trennungsprinzip* bezeichnet.[2]

Abstraktionsprinzip

Davon zu unterscheiden ist das *Abstraktionsprinzip*. Dieses besagt, dass das dingliche Rechtsgeschäft keiner kausalen Zweckbestimmung *(inhaltliche Abstraktion)* bedarf und in seiner Wirksamkeit von der des Verpflichtungsgeschäftes unabhängig ist *(äußerliche Abstraktion)*.[3] Die Übereignung ist daher auch dann wirksam, wenn ihr kein wirksames Verpflichtungsgeschäft zugrunde liegt. Das Abstraktionsprinzip bedeutet jedoch nicht, dass eine ohne Rechtsgrund erfolgte Rechtsänderung hingenommen werden muss. Fehlt es an einem Rechtsgrund für den Eigentumswechsel, so muss der neue Eigentümer die Sache nach den §§ 812 ff. BGB zurückübereignen.[4]

ggf. Bedingungszusammenhang oder § 139 BGB

Inwieweit das Abstraktionsprinzip durch die Vereinbarung eines Bedingungszusammenhangs (Erfüllungsgeschäft unter der Bedingung der Wirksamkeit des Kausalgeschäfts) durchbrochen werden kann, ist umstritten. Gleiches gilt für die Frage der Anwendbarkeit des § 139 BGB.[5]

---

[2] Vgl. BAUR/STÜRNER, § 5 IV 1.
[3] Vgl. BAUR/STÜRNER, § 5 IV 1; ausführlich auch SCHMITZ, JuS 1975, 447.
[4] Vgl. BAUR/STÜRNER, § 5 IV 1.
[5] Vgl. zu diesen Fragen die Ausführungen im HEMMER/WÜST, Sachenrecht I.

§ 2 RECHTSGESCHÄFTLICHER EIGENTUMSERWERB

Fehleridentität keine Durchbrechung des Abstraktionsprinzips

Keine Ausnahme vom Abstraktionsprinzip ist die sog. *Fehleridentität*. Hierunter versteht man Fälle, in denen ein und derselbe Wirksamkeitsmangel für die Unwirksamkeit von Verpflichtungs- und Verfügungsgeschäft gleichermaßen kausal ist. In Fällen der fehlenden Geschäftsfähigkeit ist dies an sich eine Selbstverständlichkeit.

> *Bsp.: Verkauft und übereignet ein Minderjähriger ohne die Zustimmung seines gesetzlichen Vertreters eine ihm gehörende Sache, so sind sowohl der Kauf nach § 433 BGB als auch die Übereignung nach § 929 S.1 BGB unwirksam, wenn die Genehmigung von den Eltern auch später nicht erteilt wird, §§ 107, 108 I BGB.*
>
> *Allerdings ist die Übereignung nicht unwirksam, weil der Kauf nichtig ist, sondern weil beide Rechtsgeschäfte jedes für sich Geschäftsfähigkeit voraussetzen.*

bei §§ 119 II, 123 BGB häufig (+)

Interessanter ist die Fehleridentität bei den Anfechtungsgründen und §§ 134, 138 BGB. Bei den §§ 119 II, 123 BGB lässt sich Fehleridentität häufig bejahen: Der arglistig Getäuschte hätte eben in vielen Fällen weder den Kaufvertrag abgeschlossen noch die Übereignung vorgenommen.[6]

bei § 119 I 2.Alt BGB (-)

Dagegen liegt Fehleridentität bei einem bloßen Erklärungsirrtum (§ 119 I 2.Alt BGB) selten vor, denn der Verkäufer, der sich bzgl. des Preises verspricht, will die Sache grundsätzlich übereignen, nur eben nicht zu dem angegebenen Preis verkaufen. Der Willensmangel wirkt sich in diesem Fall auf die Übereignung nicht aus.

bei §§ 134, 138 I BGB Frage des Einzelfalls

Verstößt das Verpflichtungsgeschäft gegen § 134 BGB, ist das Erfüllungsgeschäft regelmäßig wirksam. Etwas anderes gilt nur dann, wenn der Gesetzesverstoß gerade die Erfüllung betrifft bzw. das Gesetz gerade die Vermögensverschiebung verhindern will.

Nichtigkeit des Erfüllungsgeschäftes kommt daher beispielsweise bei Verstößen gegen die ärztliche Schweigepflicht (wenn es um die Übergabe von Patientenakten im Rahmen eines Praxisverkaufes geht, ohne dass die Patienten sich einverstanden erklärt haben) oder § 29 BtMG in Betracht.[7]

Ähnliches gilt für § 138 I BGB, da die Übereignung grundsätzlich "sittlich neutral" ist.[8] Aber auch hier sind Fälle denkbar, bei denen die Unsittlichkeit gerade im Vollzug der Leistung liegt, so z.B. bei Sicherungsübereignungsverträgen, die den Schuldner in seiner wirtschaftlichen Bewegungsfreiheit übermäßig beschränken.[9]

Bei § 138 II BGB ist schließlich das Erfüllungsgeschäft des Bewucherten nichtig, das des Wucherers dagegen wirksam. Ersteres ergibt sich bereits aus dem Wortlaut des § 138 II BGB („...versprechen oder gewähren lässt...").

> **hemmer-Methode:** Prägen Sie sich die Fallgruppen ein, bei denen Fehleridentität in Betracht kommt. Ist hiervon in der Klausur keine einschlägig, sollten Sie vorsichtig sein. Um das Abstraktionsprinzip nicht auszuhebeln, muss Ihnen klar sein, dass Fehleridentität nicht die Regel, sondern die Ausnahme ist.
> Wenn Sie sich nicht sicher sind, überlegen Sie, in welche Richtung die Klausur läuft: Wenn Sie Fehleridentität bejahen, ist auch die Übereignung unwirksam. Die Folgeprobleme stellen sich dann im EBV. Ist dagegen nur das Verpflichtungsgeschäft unwirksam, kommen Sie ins Bereicherungsrecht.

---

6   Vgl. hierzu auch den Fall unter Rn. 17.
7   Vgl. die Nachweise zur Rspr. bei PALANDT, § 134 Rn. 13.
8   BGH NJW 73, 613, 615.
9   BGHZ 19, 18; 30, 153; 72, 308.

> Sowohl EBV als auch Bereicherungsrecht bergen für den Klausurersteller genügend examensrelevanten Zündstoff. Sie müssen allerdings (vergleichend) entscheiden, in welchem Bereich Ihrer Meinung nach die Schwerpunkte der Klausur liegen.

III. Überblick über die Regelungen

1. Erwerb vom Berechtigten - Einigung und Übergabe

Überblick

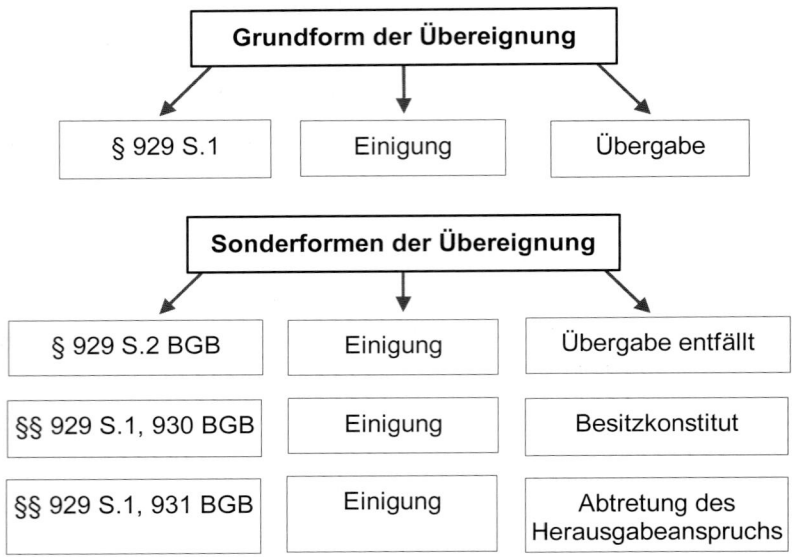

Grundform der Übereignung: Einigung und Übergabe nach § 929 S.1 BGB

§ 929 S.1 BGB regelt die Grundform der Übereignung, zu der Einigung und Übergabe erforderlich sind. Die Einigung besteht aus zwei übereinstimmenden Willenserklärungen der Parteien und hat den Eigentumsübergang zum Inhalt. Die Einigung wird daher als dinglicher Vertrag bezeichnet, auf den die Regeln des Allgemeinen Teils anwendbar sind. Da das Eigentum als absolutes Recht gegen jedermann wirkt, muss das Recht und eine Rechtsänderung auch für Dritte erkennbar sein. Um dieses sog. Publizitätsprinzip (= Kundmachungsgrundsatz) zu wahren, ist die Übergabe, eine Besitzübertragung, erforderlich. Der Besitz stellt einen Anhaltspunkt für die Eigentumslage dar (vgl. § 1006 BGB). Die Übergabe ist ein Realakt und keine Willenserklärung. Die Regeln des Allgemeinen Teils über die Rechtsgeschäfte sind daher nicht anwendbar.

§ 929 S.2 BGB

Für die Übereignung nach § 929 S.2 BGB genügt ausnahmsweise die Einigung. Die Übergabe entfällt, da der Erwerber bereits Besitzer der Sache ist. Diese Form der Übereignung wird daher Übereignung "kurzer Hand" ("brevi manu traditio") genannt.

2. Übergabesurrogate

> *Bsp.: Händler H möchte seiner Bank zur Sicherheit für einen Kredit 1.000 Tiefkühlhähnchen übereignen. Er fährt mit dem Kühlwagen zur Bank, welche die Hähnchen in ihren Tresor legt.*

Übergabesurrogate, wenn Übergabe nicht praktikabel

Wie das Beispiel zeigt, ist die Übereignung durch Einigung und Übergabe nicht immer praktikabel. Daher stellt das Gesetz in den §§ 930, 931 BGB *Übergabesurrogate* zur Verfügung.

§ 2 RECHTSGESCHÄFTLICHER EIGENTUMSERWERB

Wie sich aus dem Wortlaut des Begriffs "Übergabesurrogat" ergibt, ersetzen die §§ 930, 931 BGB nur die Übergabe. Daneben ist immer eine Einigung nach § 929 S.1 BGB erforderlich.

> **hemmer-Methode: Zu zitieren ist daher: Übereignung nach §§ 929 S.1, 930 BGB bzw. §§ 929 S.1, 931 BGB. Das fehlende Zitat von § 929 BGB wirkt anfängerhaft und kann sich auf die Benotung negativ auswirken.**

⇨ *Besitzmittlungsverhältnis, §§ 929 S.1, 930, 868 BGB*

§ 930 BGB bietet als Übergabeersatz die Vereinbarung eines Besitzmittlungsverhältnisses (§ 868 BGB) zwischen Veräußerer und Erwerber an. Diese Vereinbarung wird *Besitzkonstitut* genannt (lat. constitutum = Verabredung).

⇨ *Abtretung des Herausgabeanspruchs, §§ 929 S.1, 931 BGB*

Nach § 931 BGB kann die Übergabe durch die *Abtretung des Herausgabeanspruchs* gegen einen dritten Besitzer ersetzt werden.

Besitzkonstitut und Abtretung sind Rechtsgeschäfte, auf welche die Regeln des Allgemeinen Teils Anwendung finden. Das Publizitätsprinzip wird durch die Übergabesurrogate stark eingeschränkt, so dass für einen Außenstehenden die Rechtsänderung nicht mehr erkennbar ist.

Den beiden Übereignungstatbeständen des § 929 BGB ist gemeinsam, dass der Veräußerer keinen Besitz an der Sache zurückbehalten darf. § 930 BGB gibt dem Veräußerer die Möglichkeit, den (unmittelbaren oder mittelbaren) Besitz zu behalten. § 931 BGB ermöglicht dem Veräußerer die Eigentumsübertragung an einer Sache, die ein Dritter besitzt.

3. Erwerb vom Nichtberechtigten - gutgläubiger Erwerb

gutgläubiger Erwerb vom Nichtberechtigten

Die §§ 929-931 BGB sprechen von Eigentümer und Erwerber. Sie setzen also voraus, dass der Veräußerer auch Eigentümer und damit zur Eigentumsübertragung berechtigt ist. Grundsätzlich kann niemand mehr Rechte übertragen, als er selbst hat. (Dem römischen Recht war daher ein gutgläubiger Erwerb vom Nichtberechtigten völlig fremd: nemo plus iuris ad alium transferre potest quam ipse habet.) Jedoch stünde der Erwerber schutzlos, da er in der Regel die Berechtigung des Veräußerers nicht überprüfen kann und möglicherweise einem Herausgabeanspruch des wahren Eigentümers nach § 985 BGB ausgesetzt wäre.

Die Möglichkeit eines gutgläubigen Erwerbs ist daher ein Gebot des Verkehrsschutzes im Wirtschaftsleben.

§§ 932 ff. BGB, wenn Erwerber gutgläubig, aber (-), wenn § 935 I BGB

Die §§ 932 ff. BGB lassen daher unter bestimmten Voraussetzungen den Erwerb vom Nichtberechtigten zu. Schutzwürdig ist aber nur der Erwerber, der bzgl. des Eigentums des Veräußerers gutgläubig ist (§ 932 II BGB). Im Fall des Abhandenkommens sieht das Gesetz in § 935 I BGB den wirklichen Eigentümer als schutzwürdiger an, so dass ein gutgläubiger Erwerb ausgeschlossen ist. Aus Gründen der Umlauffähigkeit gilt dies wiederum nicht für das Geld, § 935 II BGB.

Rechte Dritter, § 936 BGB

§ 936 BGB regelt schließlich, was bei der Übereignung mit *Rechten Dritter* geschieht, die auf der Sache lasten. Auch diese können gutgläubig "wegerworben" werden (sog. lastenfreier Erwerb).

IV. Klausuraufbau

häufig historischer Aufbau

In Klausuren ist meistens nach Ansprüchen gefragt. Innerhalb dieser Anspruchsprüfung kann sich die Frage stellen, wer Eigentümer der betreffenden Sache ist (z.B. bei § 985 BGB). Teilweise wird auch unmittelbar nach der Eigentümerstellung hinsichtlich einer bestimmten Sache gefragt. Der Klausur ist dann regelmäßig der historische Aufbau zugrunde zu legen.[10]

Ausgangspunkt ist ein Zeitpunkt, in dem nach dem Sachverhalt die Eigentumslage sicher feststeht (Fixpunkt). Dann werden alle Ereignisse geprüft, welche die dingliche Rechtslage geändert haben könnten (z.B. Veräußerung, Verarbeitung, Bedingungseintritt). Die Ereignisse werden in ihrer zeitlichen Reihenfolge geprüft, bis zu dem im Sachverhalt fraglichen Zeitpunkt.

> **hemmer-Methode:** Dieser Aufbau wird auch salopp *"Märchenaufbau"* genannt, weil die Prüfung meist in folgendem Stil verläuft: "Es war einmal ein Eigentümer. Und wenn er sein Eigentum nicht verloren hat, dann hat er es noch heute...". Regelmäßig scheitern in der Examensarbeit bei einer Veräußerungskette die ersten Übereignungen, denn nur dann kommt beim nächsten Übereignungstatbestand ein gutgläubiger Erwerb vom Nichtberechtigten in Betracht.
> Wäre die erste Übereignung dagegen wirksam, würde der nächste vom Berechtigten erwerben. Das ist sachenrechtlich uninteressant. Wenn Sie sich daher z.B. nicht sicher sind, ob Sie bei einem Erwerber Bösgläubigkeit annehmen sollen, lösen Sie die Klausur in beiden Alternativen durch. Sie werden schnell feststellen, welcher Weg in eine Sackgasse führt.

inzidente Prüfung

Im Einzelfall kann auch der umgekehrte Aufbau mit inzidenter Prüfung der Eigentumslage günstiger sein. Hier wird die nach dem Sachverhalt zeitlich letzte dingliche Rechtsänderung geprüft und innerhalb dieser alle vorausgehenden (möglichen) Rechtsänderungen bis zu dem Zeitpunkt, in dem das Eigentum feststand.

> *Bsp.: Fraglich ist, ob Z Eigentümer geworden ist. Z kann das Eigentum von Y nach § 929 S.1 BGB erhalten haben. Dies ist der Fall (Einigung und Übergabe liegen vor), wenn Y Berechtigter war. Y war Berechtigter, wenn er seinerseits das Eigentum von X erworben hat.*

Prüfungsreihenfolge

Innerhalb der einzelnen Erwerbstatbestände ist folgende Prüfungsreihenfolge zwingend:

- Erwerb vom Berechtigten nach §§ 929-931 BGB
- Erwerb vom Nichtberechtigten mit Befugnis/Konvaleszenz nach § 185 BGB
- Gutgläubiger Erwerb vom Nichtberechtigten nach §§ 932-935 BGB

Bei der Prüfung von Erwerbstatbeständen steht an erster Stelle immer der Erwerb vom Berechtigten. Stellt sich heraus, dass der Veräußerer Nichteigentümer war, ist zu prüfen, ob der Veräußerer zu der Verfügung befugt war (durch Ermächtigung nach § 185 I BGB oder nachträgliche Genehmigung nach § 185 II BGB) bzw. die sonstigen Voraussetzungen einer Konvaleszenz nach § 185 II BGB vorlagen.

---

10   Vgl. MEDICUS, BR, Rn. 18.

§ 2 RECHTSGESCHÄFTLICHER EIGENTUMSERWERB

Wird auch dies verneint, so kommt nur noch ein gutgläubiger Erwerb vom Nichtberechtigten in Betracht. Hierbei sollte der Ausschlusstatbestand des § 935 BGB vor der Frage der Gutgläubigkeit geprüft werden, da es in diesem Fall nicht mehr auf sie ankommt und ein Erwerb ausgeschlossen ist. Lange Ausführungen zur Gutgläubigkeit sind regelmäßig überflüssig, es sei denn, hier liegt ersichtlich ein Schwerpunkt der Klausur.

> **hemmer-Methode: Die Prüfung von § 185 BGB vor den §§ 932 ff. BGB ist als ein Gebot der Logik zwingend.**
> Verfügt der Nichtberechtigte mit Zustimmung des Eigentümers, stellt sich die Frage nach der Gutgläubigkeit des Erwerbers nicht. Ausführungen zu diesem Punkt sind nicht nur überflüssig, sondern schlicht falsch, da sie erkennen lassen, dass der Klausurbearbeiter das Grundsystem nicht verstanden hat.
> Denken Sie auch immer daran, dass die Gutgläubigkeit des Erwerbers nur die mangelnde Berechtigung des Veräußerers überwindet. Prüfen Sie daher immer zuerst, ob überhaupt eine wirksame Einigung und Übergabe vorliegen. Der Vorteil eines solchen Vorgehens zeigt sich vor allem bei fehlender Geschäftsfähigkeit des Veräußerers.
> Hier ist schon die dingliche Einigung unwirksam. Die Frage eines gutgläubigen Erwerbs wird gar nicht aufgeworfen, da Sie noch gar nicht zum Prüfungspunkt "Berechtigung des Veräußerers" vorgedrungen sind.
> Auch hier zeigt sich eben, dass der gute Glaube an die Geschäftsfähigkeit vom BGB nicht geschützt wird.

B. Erwerb vom Berechtigten

§§ 929-931 BGB

Der Erwerb vom Berechtigten ist in den §§ 929-931 BGB geregelt.

I. Die Einigung

1. Die Einigung als Vertrag

> *Ausgangsbsp.: K geht zum Fachhändler V, sucht sich eine Stereoanlage aus und schließt mit ihm einen Kaufvertrag. Nach einigen Tagen kommt V zu K und sagt: "Ich bringe Ihre Stereoanlage." K antwortet: "Das ist aber schön. Stellen Sie sie dort hin. Den Kaufpreis überweise ich nächste Woche." V sagt, wenn das so sei, müsse er sich das Eigentum aber bis zur Bezahlung vorbehalten, und stellt die Anlage auf. K meint, er sei bereits Eigentümer, jedenfalls aber dürfe V sich nicht so einfach das Eigentum vorbehalten. Darüber sei nie gesprochen worden. Wer ist Eigentümer der Stereoanlage?*

Übereignung = dinglicher Vertrag und Übergabe als Realakt

Der Übereignungstatbestand besteht aus der rechtsgeschäftlichen Einigung und dem Realakt der Übergabe bzw. einem Übergabesurrogat. Die Einigung ist ein Vertrag, der im Gegensatz zu einem Schuldvertrag als *dinglicher Vertrag* bezeichnet wird. Sie besteht aus zwei übereinstimmenden Willenserklärungen von Veräußerer und Erwerber hinsichtlich des Eigentumsübergangs. Verpflichtungs- und Verfügungsgeschäft können zeitlich auseinander fallen. Bei den Alltagsgeschäften ist allerdings das Gegenteil der Fall: Kaufvertrag (als Beispiel) und Übereignung kommen i.d.R. gleichzeitig zustande, bei Letzterer erfolgt die Einigung zumeist sogar nur stillschweigend. An der rechtlichen Selbständigkeit von Verpflichtungsgeschäft und dinglicher Einigung ändert die Gleichzeitigkeit nichts.

> hemmer-Methode: Machen Sie sich klar, dass beim Bargeschäft drei Rechtsgeschäfte streng zu trennen sind: das Verpflichtungsgeschäft, die Übereignung der Sache und die Übereignung des Kaufpreises. Die rechtliche Selbständigkeit dieser Verträge wird evident, wenn auf einer Seite ein Minderjähriger handelt!

grds. gelten die §§ 104 ff. BGB

Die Regeln des Allgemeinen Teils *(§§ 104-185 BGB)* über Willenserklärungen und Verträge sind auf die Einigung grundsätzlich anwendbar. Das heißt im Einzelnen:

a) Geschäftsfähigkeit, §§ 104 ff. BGB

aa) Allgemeines

Geschäftsfähigkeit für Einigung notwendig

Zur Wirksamkeit der Einigung ist wie bei jedem Schuldvertrag die Geschäftsfähigkeit der Beteiligten nach den §§ 104 ff. BGB erforderlich.

> *Bsp.: Tauscht der 16-jährige M sein Telespiel "Frogger" gegen "Space Invaders" des 18-jährigen V, so sind der Tauschvertrag und die Einigung bzgl. des "Frogger" nach § 108 I BGB schwebend unwirksam. Die Einigung über "Space Invaders" ist dagegen wirksam, da V volljährig und der Erwerb des Eigentums für M lediglich rechtlich vorteilhaft ist.*

bb) Neutrales Geschäft

Problem: Verfügung über fremdes Eigentum

Verfügt ein *Minderjähriger als Nichtberechtigter* über *fremdes* Eigentum, so wird sein Vermögen dadurch nicht berührt. Gleichwohl ist die Wirksamkeit einer solchen Übereignung umstritten.

> *Bsp.: Der 17-jährige M veräußert ohne Zustimmung seiner Eltern einen Computer an den K. Der Computer gehörte aber - was der K nicht wußte - nicht dem M, sondern dessen Freund F. Ist K Eigentümer des Computers geworden?*

h.M.: Übereignung wirksam, da rechtlich neutrales Geschäft (Gedanke des § 165 BGB)

Unter Berufung auf § 165 BGB nimmt die *h.M.*[11] an, dass die Verfügung des Minderjährigen wirksam ist. Die Rechtsfolgen treffen ja nicht den Minderjährigen, sondern den wirklich Berechtigten, der bei Gutgläubigkeit des Erwerbers sein Eigentum verliert. Zwar bietet das Geschäft dem Minderjährigen keinen rechtlichen Vorteil. § 107 BGB ist insoweit aber teleologisch zu reduzieren, da es bei dieser Vorschrift darum geht, den Minderjährigen vor rechtlichen Nachteilen zu schützen, die bei einem neutralen Geschäft nicht drohen.

a.A.: der andere Teil erwirbt kein Eigentum (restriktive Anwendung der §§ 932 ff. BGB)

Nach Ansicht von *Medicus*[12] kommt zumindest im Ergebnis ein gutgläubiger Eigentumserwerb nicht in Betracht. Zwar scheitert ein Erwerb nicht an den §§ 107 f. BGB (die Willenserklärung des Minderjährigen ist auch nach der Auffassung von *Medicus* wirksam!), wohl aber an einer *restriktiven Auslegung der Gutgläubigkeitsvorschriften*. Nach *Medicus* wollen diese den Erwerber nämlich nur so stellen, wie er bei Richtigkeit seiner Vorstellung stünde. Hält der Erwerber den Minderjährigen für den Eigentümer, so sei gleichgültig, ob er dessen Alter gekannt hat oder nicht. Die dingliche Einigung wäre dann unwirksam. Im Ergebnis könne der Erwerber nicht erwerben, *obwohl* der Veräußerer nicht der Eigentümer sei, sondern nur *weil* er nicht der Eigentümer sei.

---

11 Vgl. PALANDT, § 107 Rn. 7; MüKo-GITTER, § 107 Rn. 20.
12 Vgl. MEDICUS, BR, Rn. 542.

Die h.M. lehnt diese Ansicht zu Recht ab. Zum einen ist es so pauschal nicht richtig, dass die Gutglaubensvorschriften den Erwerber so stellen wollen, wie er bei Richtigkeit seiner Vorstellung stehen würde. Dies gilt nur hinsichtlich der Berechtigung. Im Übrigen übersieht Medicus, dass nicht jede Verfügung des Minderjährigen an seiner Minderjährigkeit scheitern würde. Denn wenn die Eltern einwilligen (im Einzelfall oder über den Generalkonsens des § 110 BGB), sind Verfügungen des Minderjährigen sehr wohl wirksam.

Entscheidend ist letztlich, dass Medicus Argumente des Minderjährigenschutzes zur Vermeidung des gutgläubigen Erwerbs vorbringt, obwohl es gar nicht um den Schutz des Minderjährigen geht.

> **hemmer-Methode:** Die Verfügung des Minderjährigen über fremdes Eigentum ist eine gängige Examensproblematik. Auch wenn Sie sich im Ergebnis der *h.M.* anschließen sollten, wird eine ausführliche Auseinandersetzung mit der *Medicus*-Meinung von Ihnen erwartet. Denken Sie auch an die Herausgabeansprüche des früheren Eigentümers, über dessen Eigentum der Minderjährige verfügt hat. Sowohl § 985 BGB als auch § 816 I 2 BGB analog kommen in Betracht: § 985 BGB scheitert nach *h.M.* in der Regel am gutgläubigen Erwerb des Dritten. § 816 I 2 BGB mit der Analogie von "rechtsgrundlos" (hier wegen der schwebenden Unwirksamkeit des schuldrechtlichen Vertrags) gleich "unentgeltlich" wird von der *h.M.* abgelehnt, da es ansonsten zu einem Durchgriff kommt, bei dem die Rechte des Dritten (Einwendungen, Einreden) verkürzt werden.

Im Fall hätte K somit nach *h.M.* gutgläubig Eigentum an dem Computer erworben. Nach der *a.A.* scheitert ein gutgläubiger Eigentumserwerb an der fehlenden Schutzwürdigkeit des Erwerbers.

cc) Besonderheiten bei § 105a BGB?[13]

Am 01.08.2002 ist § 105a BGB in Kraft getreten. Danach kann ein volljähriger Geschäftsunfähiger Geschäfte des täglichen Lebens in Ansehung von Leistung und Gegenleistung wirksam vornehmen, wenn die Leistung mit geringwertigen Mitteln bewirkt wird. An dieser Stelle soll lediglich untersucht werden, ob die Vorschrift auch dingliche Wirkung hat.[14]

Pr.: dingliche Wirkung

Nach bisherigem Recht war der Geschäftsunfähige nicht nur unfähig, einen wirksamen Verpflichtungsvertrag zu schließen, sondern konnte diesen auch nicht wirksam erfüllen, da er weder die Leistung übereignen noch die Übereignung der Gegenleistung annehmen konnte.

Dass sich die Fiktionswirkung des § 105a BGB im Ergebnis auch auf das Erfüllungsgeschäft beziehen muss, dürfte aber unstreitig sein. Der Zweck der Regelung würde nämlich ausgehebelt, wenn zwar die bereicherungsrechtlichen Rückabwicklungsansprüche ausgeschlossen sind, der Verkäufer vom geschäftsunfähigen Käufer aber weiterhin nach § 985 BGB den gekauften und bezahlten Gegenstand herausverlangen könnte.

Nur § 985 ausgeschlossen oder Eigentumsübertragung?

Fraglich ist aber, ob infolge der in § 105 a BGB enthaltenen Fiktion nur der dingliche Herausgabeanspruch gegenüber dem jeweiligen Vertragspartner ausgeschlossen ist, oder ob der Geschäftsunfähige nach der Neuregelung nunmehr seinem Kontrahenten wirksam Eigentum verschaffen kann.

---

13 Vgl. ausführlich Hemmer/Wüst, BGB AT II, Rn. 20a ff.
14 Vgl. Allgemein zu § 105a BGB Schneider, Life&Law 2003, 51 ff. (Heft 1); Casper, NJW 2002, 3425 ff.; Joussen, ZGS 2003, 101 ff.

Beispiel: Der Geschäftsunfähige tauscht eine CD gegen ein Buch. Die CD wird bei seinem Vertragspartner gestohlen.

Kann nach der Sicherstellung der Beute der Geschäftsunfähige, den das Tauschgeschäft inzwischen reut, Herausgabe der CD verlangen?

Wird nur das Nichtbestehen des Herausgabeanspruchs fingiert, so bleibt der Geschäftsunfähige Eigentümer der CD und kann sie vom Dieb herausverlangen.

Geht man hingegen von einer dinglichen Wirkung aus, so könnte nur der andere Teil die Herausgabe verlangen, da ihm die CD infolge der Anwendung des § 105a BGB auf das Erfüllungsgeschäft wirksam übereignet worden ist.

Letzteres dürfte allein sachgerecht sein. Denn es kann nicht angehen, dass der Geschäftsunfähige die gestohlene CD zwar beim Dieb herausverlangen kann, aber nicht seinerseits das erhaltene Buch herausgeben muss oder infolge des Diebstahls den Tauschvertrag noch rückabwickeln kann.

Die dingliche Wirkung folgt zwanglos aus dem allgemeinen Fiktionsverständnis.[15]

b) Willensmängel, §§ 116 ff. BGB

bei Willensmängeln anfechtbar

Die Einigung kann anfechtbar oder nichtig sein. Jedoch müssen sich die Anfechtungs- oder Nichtigkeitsgründe gerade auf die Übereignung beziehen *(Abstraktionsprinzip!)*. In Ausnahmefällen kann der Grund, der das Verpflichtungsgeschäft scheitern lässt, auch die Einigung zum Scheitern bringen (sog. *Fehleridentität*[16]).

Bsp.: A sieht bei dem Teppichhändler B einen wunderschönen alten Chinesen zum Preis von 25.000 €. Da er bar im Moment nicht flüssig ist, vereinbaren die beiden einen Tausch. B soll die Biedermeier-Standuhr des A erhalten, auf die der B schon lange ein Auge geworfen hat. Kurze Zeit später stellt sich heraus, dass der B den Teppich wider besseren Wissens als alten Chinesen verkauft hat. In Wahrheit handelt es sich um einen neuen Teppich, der nach alten Mustern und in alten Farbtönen hergestellt ist. Tatsächlich ist er daher nur 5.000 € wert. A erklärt dem "Betrüger" B gegenüber die Anfechtung und verlangt umgehend seine Biedermeieruhr zurück.

Lösung:

A könnte die Uhr eventuell nach § 985 BGB vindizieren. Das setzt voraus, dass er nach wie vor Eigentümer derselben ist.

A könnte sein Eigentum aber durch Übereignung nach § 929 S.1 BGB an B verloren haben. Aufgrund der Einigungserklärungen und der Übergabe liegt der Übereignungstatbestand auch vor.

Etwas anderes würde aber dann gelten, wenn A die Übereignung nach § 123 I BGB mit ex-tunc-Wirkung (vgl. § 142 I BGB) angefochten hätte. Als Rechtsgeschäft ist die dingliche Einigung grds. einer Anfechtung zugänglich. Ob im konkreten Fall neben dem Verpflichtungsgeschäft auch die Verfügung angefochten worden ist, ist eine Frage der Auslegung, §§ 133, 157 BGB.

Indem der A deutlich macht, dass er auf die Rückgabe der Uhr besonderen Wert legt, ist im Wege der laiengünstigen Auslegung davon auszugehen, dass A auch das dingliche Rechtsgeschäft anfechten will.

---

15 So auch Joussen, ZGS 2003, 101 ff. (105).

16 Vgl. dazu schon oben Rn. 6.

§ 2 RECHTSGESCHÄFTLICHER EIGENTUMSERWERB

Nur auf diese Weise kann er nämlich den starken Anspruch aus § 985 BGB geltend machen. Die arglistige Täuschung war auch für die Übereignung kausal. Bei Kenntnis der tatsächlichen Umstände hätte der A weder den Tauschvertrag abgeschlossen noch die Übereignung vorgenommen.

Da B unstreitig Besitzer ohne Besitzrecht (das aus dem Tausch ist mit der Anfechtung des Verpflichtungsgeschäfts entfallen) ist, steht dem A der Herausgabeanspruch aus § 985 BGB zu. Daneben kann A nach § 812 I 1 1.Alt BGB den Besitz kondizieren.

c) Form, §§ 125-129 BGB

Einigung formlos möglich

Die Einigung bei der Übereignung von beweglichen Sachen ist *formlos* wirksam. Sie kann auch durch schlüssiges Verhalten (konkludent) erfolgen, z.B. durch einfaches Übersenden oder Übergeben der Sache.

18

Im Ausgangsfall hat V mit den Worten "Ich bringe Ihre Stereoanlage" erklärt, diese übereignen zu wollen. K hat durch seine Antwort dieses Angebot angenommen.

Typenzwang

Die Vereinbarung einer rechtsgeschäftlichen Formbedürftigkeit ist wegen des im Sachenrecht geltenden strengen *Typenzwanges* ausgeschlossen.[17]

d) §§ 145-157 BGB

Zugang der Annahme, ggf. § 151 BGB

Die Einigung unterliegt den Regelungen der §§ 145-157 BGB. Insbesondere muss die Annahmeerklärung auch zugehen. Eine Ausnahme bildet der Verzicht auf den Zugang nach § 151 S.1 BGB.

19

> **hemmer-Methode:** Zur Erinnerung: § 151 BGB verzichtet nur auf den Zugang der Annahmeerklärung, nicht aber auf deren Abgabe. Einen Fall des § 151 BGB stellt regelmäßig das Benutzen unbestellt zugesandter Waren dar. Aber Achtung: Bei nicht empfangsbedürftigen Willenserklärungen ist das Erklärungsbewusstsein notwendiger Bestandteil einer wirksamen Willenserklärung. Wer eine unbestellt zugesandte Sache in Gebrauch nimmt in der Meinung, sie gehöre ihm bereits, gibt keine Annahmeerklärung i.S.d. § 151 BGB ab. Es liegt nach allen Ansichten mangels Erklärungsbewusstseins keine wirksame Willenserklärung vor.
> In den Fällen, in denen ein Unternehmer (§ 14 BGB) unbestellte Sachen an einen Verbraucher (§ 13 BGB) liefert, bestimmt § 241a I BGB jedoch, dass ein Anspruch gegen den Verbraucher nicht begründet wird. Will der Unternehmer die Sache dann vom Verbraucher zurückfordern (z.B. aus § 985 BGB), ist § 241a II BGB zu beachten, wonach gesetzliche Ansprüche regelmäßig ausgeschlossen sind. Dies kann dazu führen, dass Eigentum und Besitz an der Sache dauerhaft auseinander fallen.

e) Bedingung/Befristung, §§ 158-163 BGB

Bedingung/Befristung grds. möglich

Die Einigung kann nach den Regelungen der §§ 158-163 BGB auch bedingt oder befristet erklärt werden.

20

Wichtigster Fall: EV, §§ 929 S.1, 158 I BGB

Der häufigste Fall einer bedingten Einigung ist die Übereignung unter *Eigentumsvorbehalt* (EV). Hier erfolgt die Übereignung unter einer *aufschiebenden Bedingung* gemäß § 158 I BGB.

---

17 Vgl. MüKo-Quack, § 929 Rn. 44.

Der Vollrechtserwerb tritt dann erst mit Bedingungseintritt ein, d.h. regelmäßig mit vollständiger Zahlung des Kaufpreises. Bis dahin steht dem Erwerber lediglich ein Anwartschaftsrecht an der Sache zu.[18]

Sicherungsübereignung, eventuell §§ 929 S.1, 930, 158 II BGB

Die Übereignung kann auch gemäß § 158 II BGB auflösend bedingt sein. Eine solche Vereinbarung ist bei der Sicherungsübereignung denkbar. Hier kann der Sicherungsgeber (Darlehensnehmer) dem Sicherungsnehmer (Darlehensgeber) beispielsweise eine Maschine unter der auflösenden Bedingung zur Sicherheit übereignen, dass der Sicherungsgeber den gewährten Kredit zurückbezahlt. Ist dies erfolgt, fällt das Eigentum automatisch nach § 158 II BGB an den Sicherungsgeber zurück.

i.d.R. nur schuldrechtlicher Rückübertragungsanspruch

In der Regel ist die Sicherungsübereignung allerdings als unbedingte Übereignung ausgestaltet, so dass dem Sicherungsgeber bei Rückzahlung des Darlehens nur ein schuldrechtlicher Rückübertragungsanspruch gegen den Sicherungsnehmer zusteht.

f) Vertretung, §§ 164-181 BGB

Vertretung auf beiden Seiten möglich

Sowohl für den Veräußerer als auch für den Erwerber können bei der Einigung Boten oder unter den Voraussetzungen der §§ 164-181 BGB Vertreter handeln.

21

Die Einigung wirkt bei Mitwirkung eines Vertreters gemäß § 164 I BGB *unmittelbar* für den Vertretenen. Bei der Übergabe können Bote oder Vertreter als Besitzdiener, Besitzmittler oder Geheißpersonen des Veräußerers und/oder des Erwerbers fungieren.[19] Unter dieser Voraussetzung erwirbt der Vertretene unmittelbar Eigentum, ohne dass der Vertreter auch nur für eine juristische Sekunde Eigentümer würde.

> **hemmer-Methode:** Beachten Sie, dass die automatische Mitverpflichtung über § 1357 BGB nach *h.M.*[20] keine dingliche Wirkung hat.
> Eine solche wäre weder mit dem gesetzlichen Güterstand der Zugewinngemeinschaft (vgl. dort insbesondere § 1363 II 1 BGB) noch mit der Gütertrennung zu vereinbaren.
> Allerdings nimmt die *Rspr.* an, dass zumindest beim Erwerb von Hausratsgegenständen regelmäßig Erwerb von Miteigentum nach den Grundsätzen des Geschäfts für den, den es angeht, vorliegt.

g) Geschäft für den, den es angeht

Geschäfts für den, den es angeht ⇨ Direkterwerb

Von Bedeutung bei der Übereignung ist auch die Figur des Geschäfts für den, den es angeht. Bei Bargeschäften des alltäglichen Lebens ist auf diese Weise ein *Direkterwerb des Hintermannes* auch dann möglich, wenn der Auftretende nicht in fremdem Namen handelt.

22

Bsp.: Die Mutter M gibt ihrem Sohn S Geld, um einige Besorgungen zu erledigen.

Hier wird S im Supermarkt regelmäßig nicht erklären, im Namen der M handeln zu wollen. Dem Supermarktinhaber ist es auch gleichgültig, an wen er die Waren übereignet, wenn er nur sofort den Kaufpreis erhält. M erwirbt das Eigentum an den Waren schon mit der Aushändigung an S. Voraussetzung ist allerdings, dass der Auftretende den Willen hat, für den Hintermann zu erwerben.

---

18 Dazu ausführlich § 3.
19 Dazu ausführlich unter Rn. 34 ff.
20 BGH NJW 91, 2283; Palandt, § 1357 Rn. 21 f.

§ 2 RECHTSGESCHÄFTLICHER EIGENTUMSERWERB

Besitzrechtlich muss der Auftretende Besitzdiener (so im vorliegenden Fall) oder Besitzmittler des Hintermannes sein. Kauft S von dem Geld daher heimlich Zigaretten für sich selbst, so wird er und nicht M Eigentümer derselben.

> **hemmer-Methode:** Klären Sie in der Klausur zunächst, ob der Auftretende im eigenen oder im fremden Namen handelt. (Letzteres kann sich ja auch aus den Umständen ergeben, vgl. § 164 I 2 BGB!) Wird im eigenen Namen gehandelt, kommt Direkterwerb nur in Betracht, wenn ein Geschäft für den, den es angeht vorliegt. Ansonsten gelingt dem Hintermann (auch wenn ein antizipiertes Besitzmittlungsverhältnis vereinbart ist) nur ein Durchgangserwerb. Bei Handeln in fremdem Namen führt ein antizipiertes Besitzkonstitut dagegen zum Direkterwerb, da der Hintermann hier sofort mittelbarer Besitzer wird.

2. Bestimmtheitsgrundsatz

Bestimmtheitsgrundsatz in Hinblick auf Einigung

Die Einigung muss die zu übereignende Sache genau bezeichnen. Im Sachenrecht gilt der sog. *Bestimmtheitsgrundsatz (= Spezialitätsprinzip)*. Dieser besagt, dass dingliche Rechte (hier also das Eigentum) nur an bestimmten Sachen bestehen und übertragen werden können.[21] Allein anhand des Inhalts der Einigung muss ohne Zuhilfenahme anderer Umstände für jeden Dritten erkennbar sein, an welchen Sachen ein dingliches Recht besteht bzw. sich eine dingliche Rechtsänderung vollzogen hat.[22] Grund dafür ist die Rechtsklarheit.

Da dingliche Rechte absolut - also gegenüber jedermann - wirken, muss erkennbar sein, wem ein dingliches Recht zusteht, sowie wann und wie sich ein dingliches Recht ändert. Die bloße Bestimmbarkeit genügt im Gegensatz zum Schuldrecht nicht.[23]

Wird die Sache tatsächlich übergeben (der Erwerber erlangt nach § 929 S.1 BGB unmittelbaren Besitz), ist der Bestimmtheitsgrundsatz selten problematisch, da ja eindeutig ist, auf welche Sachen sich die Einigung bezieht: eben auf die tatsächlich übergebenen.

bei Besitzkonstitut nach § 930 BGB: nicht ausreichend z.B. "halbes Lager"

Der Bestimmtheitsgrundsatz spielt dagegen eine wichtige Rolle, wenn die Übergabe nach § 930 BGB durch die Vereinbarung eines Besitzkonstituts ersetzt wird und die Sache im unmittelbaren Besitz der Veräußerers bleibt.

Natürlich können mehrere Sachen auch mit einem *Sammelbegriff* bezeichnet werden. Jedoch müssen hier ebenfalls die zu übereignenden Sachen in der Einigung genau bestimmt sein. Hier muss insbesondere von jeder einzelnen Sache ohne Zuhilfenahme außerhalb des Vertrages liegender Umstände gesagt werden können, ob sie von der Übereignung erfasst wird oder nicht.[24] Nicht ausreichend ist daher eine Einigung etwa über "alle Waren, die in meinem Eigentum stehen", "das halbe Lager", "10 t Rundeisen" oder "Zucker im Wert von 10.000,- €".

Wichtig ist, dass die Bestimmtheit nicht nur tatsächlich gegeben, sondern auch von den Parteien intendiert sein muss.

---

21   Vgl. BAUR/STÜRNER, § 4 III.
22   Vgl. PALANDT, § 930 Rn. 2.
23   Vgl. BGH NJW 1984, 803.
24   PALANDT, § 930 Rn. 2, 16.

Bsp.: Werden nach §§ 929 S.1, 931 BGB 75 Ferkel, die bei einem Dritten eingestellt sind, zur Sicherheit übereignet, genügt es für die Bestimmtheit der Einigung nicht, wenn die Ferkel von den anderen Tieren tatsächlich getrennt gehalten werden, solange dies den Parteien nicht bekannt ist bzw. die getrennte Unterbringung von ihnen nicht explizit vereinbart wird.[25] Die Sicherungsübereignung ist wegen Verstoßes gegen den Bestimmtheitsgrundsatz unwirksam.

Bestimmtheit im Zeitpunkt des Eigentumsübergangs

Die Bestimmtheit muss *im Zeitpunkt des Eigentumsübergangs* vorliegen. Ist das Eigentum erst einmal übergegangen, kommt es auf die Bestimmtheit nicht mehr an. Die Einigung hat sich mit dem Eigentumswechsel erledigt. Die dingliche Rechtslage ändert sich auch nicht dadurch, dass die Sachen an einen anderen Ort verbracht werden oder die Markierung vom Sicherungseigentum entfernt wird. Allenfalls kommt eine Änderung der Eigentumslage nach § 948 BGB in Betracht.

> **hemmer-Methode:** Bei der Bestimmtheit handelt es sich um einen der wichtigsten Grundsätze des Sachenrechts. Die Bestimmtheit dient der Rechtsklarheit. Auch in der Zwangsvollstreckung spielt sie eine wichtige Rolle, da der Gerichtsvollzieher genau wissen muss, in welche Gegenstände er zu vollstrecken hat. Deswegen muss z.B bei einer normalen Herausgabeklage einer Maschine der Gegenstand genau bezeichnet werden (Herkunft, Typ, eingraviertes Nummernschild).

3. Sonderfälle der Einigung

Zusenden unbestellter Waren

Beim Zusenden unbestellter Ware liegt in der Regel ein Übereignungsangebot vor, das unter der Bedingung der Annahme des gleichzeitig erfolgten Kaufangebotes steht *(sog. Realofferte).*

Nur so kann auch der Empfänger das Angebot verstehen, denn ihm ist klar, dass der Verkäufer nur dann sein Eigentum verlieren will, wenn gleichzeitig auch der Kaufvertrag zustande kommt, aus dem ihm gegenüber dem Empfänger ein Zahlungsanspruch erwächst. Die Einigung kommt jedoch erst zustande, wenn der Erwerber seinem Annahmewillen in irgendeiner Weise Ausdruck verleiht, was in vielen Fällen durch den Gebrauch des Gegenstandes geschieht. Beachten Sie hierzu die Neuregelung in § 241a BGB.[26]

Warenautomaten

Das Aufstellen eines Warenautomaten enthält ein Angebot des Aufstellers über Kauf und Eigentumsübergang der Ware, bedingt durch das Vorhandensein der Ware, das Funktionieren des Automaten und die ordnungsgemäße Bedienung durch den Erwerber.[27] Annahme ist der Münzeinwurf.

Einkauf in Selbstbedienungsläden

Das Warenangebot in Selbstbedienungsläden stellt lediglich eine Aufforderung zur Abgabe eines Angebots des Kunden dar (invitatio ad offerendum). Das Angebot liegt im Vorweisen der Ware an der Kasse. Die Feststellung des Rechnungsbetrages durch die Kassiererin bildet die Annahme.[28]

Tanken bei SB-Tankstellen

Strittig ist die Behandlung von Selbstbedienungstankstellen. Zum Teil[29] wird auch hier angenommen, dass Kauf und Übereignung erst an der Kasse erfolgen. Das *OLG Hamm*[30] lässt Kauf und Übereignung bereits an der Zapfsäule zustande kommen.

---

25 BGH NJW 84, 803.
26 Vgl. bereits Rn. 19.
27 Vgl. RGRK § 929 Rn. 37.
28 Vgl. PALANDT, § 145 Rn. 8.
29 Vgl. OTTO, JZ 1985, 21; SEELMANN, JuS 1985, 199, 202.
30 OLG Hamm, NStZ 1983, 266.

§ 2 RECHTSGESCHÄFTLICHER EIGENTUMSERWERB

Die Übereignung erfolge jedoch unter einem stillschweigend vereinbarten Eigentumsvorbehalt. Das *OLG Düsseldorf*[31] und ein *Teil der Lit.*[32] nehmen dagegen an, dass Kauf und Übereignung ohne Eigentumsvorbehalt an der Zapfsäule zustande kommen.

4. Widerruflichkeit der Einigung

Einigsein im Zeitpunkt der Übergabe

§ 929 BGB fordert, dass sich Veräußerer und Erwerber noch *im Zeitpunkt der Übergabe* hinsichtlich des Eigentumsübergangs *einig* sind.

Umstritten sind die Wirkungen dieser Einigung.

Einigung nicht bindend bis Übergabe

Die ganz *h.M.*[33] geht davon aus, dass die Einigung bis zur Übergabe nicht bindend ist und damit jederzeit widerrufen werden kann. Die dingliche Einigung erzeugt im Gegensatz zum Schuldvertrag gerade keine Rechte und Pflichten.

Die Verfügung bindet nicht, sie wirkt.[34] Darüber hinaus bestimmt § 873 II BGB für die Übereignung unbeweglicher Sachen, dass die Beteiligten nur unter bestimmten Voraussetzungen an die dingliche Einigung gebunden sind. Grundsätzlich ist also die Einigung bei unbeweglichen Sachen frei widerruflich. Der gleiche Grundsatz ergibt sich aus § 956 I 1 BGB hinsichtlich der Aneignungsgestattung. Somit kann dem Gesetz ein allgemeiner Grundsatz dahingehend entnommen werden, dass ein dinglicher Vertrag nicht bindend ist.

Insbesondere ist nicht einzusehen, warum zwischen beweglichen und unbeweglichen Sachen ein Unterschied gemacht werden sollte. Auch der Wortlaut des § 929 S.1 BGB "übergibt und beide (dabei) einig sind (nicht: waren)" stützt diese Ansicht.

Nach *a.A.*[35] ist dagegen die Einigung bindend und nicht mehr widerruflich. Es kommt lediglich die Kondiktion der Einigung nach § 812 BGB in Betracht, falls die Einigung ohne Rechtsgrund erfolgt ist.

> **hemmer-Methode:** Diese nach *h.M.* fehlende Bindungswirkung unterscheidet die Einigung wesentlich vom Schuldvertrag. Das Gesetz gebraucht daher zur Unterscheidung vom Vertrag i.S.d. Schuldvertrages für den dinglichen Vertrag den terminus technicus "Einigung", der im Schuldrecht nicht vorkommt.

ggf. Widerruf notwendig

Am "Einigsein" i.S.d. § 929 S.1 BGB fehlt es nicht schon dann, wenn der Veräußerer bei der Übergabe nicht mehr übereignungswillig ist (wie es das RG im Bonifatiusfall[36] angenommen hatte[37]). Es wird vielmehr vermutet, dass eine einmal erklärte Einigung fortbesteht, solange ein Abgehen von ihr dem anderen Teil nicht eindeutig erkennbar ist.[38] Ein aktuelles Rechtsfolgenbewusstsein zu diesem Zeitpunkt ist nicht notwendig.[39]

---

31 OLG Düsseldorf, NStZ 1982, 249.
32 Vgl. Herzberg, NStZ 1983, 251.
33 Vgl. Palandt, § 929 Rn. 6; Medicus, BR, Rn. 34; BGH NJW 1978, 696; Baur/Stürner, § 5 III; MüKo-Quack, § 929 Rn. 99, 100; Schmitz, JuS 1975, 449.
34 Vgl. Medicus, BR, Rn. 32.
35 Westermann, § 38, 4.
36 RGZ 83, 233.
37 Vgl. dazu Medicus, BR, Rn. 34, 392.
38 Vgl. BGH NJW 1978, 696; Schmitz JuS 1975, 449.
39 BGH NJW 1995, 1085.; Palandt, § 929 Rn. 6.

Medicus[40] fordert darüber hinaus den *Zugang der Widerrufserklärung*.

> **hemmer-Methode:** Die Widerruflichkeit der Einigung kann vor allem bei der antizipierten Sicherungsübereignung eine Rolle spielen. Wiewohl der Sicherungsgeber zur Übereignung schuldrechtlich verpflichtet ist, ist er nicht gehindert, seine Einigungserklärung vor der Einbringung der Sachen zu widerrufen. Insofern ist der Sicherungsnehmer hier auf das Wohlwollen und Wohlverhalten des Sicherungsgebers angewiesen.

Im Ausgangsfall lag zunächst eine Einigung zwischen V und K vor. Bei der Übergabe der Stereoanlage war V aber nicht mehr zur unbedingten Übereignung bereit. Er hat dadurch seine Einigungserklärung konkludent widerrufen. Bei der danach erfolgten Übergabe lag somit eine neue, bedingte Einigungserklärung des V vor. K hat somit kein Volleigentum erworben. Ob K wenigstens ein Anwartschaftsrecht erworben hat, hängt davon ab, ob er die bedingte Übereignungsofferte des V angenommen hat. Dies lässt der Sachverhalt offen. Im Zweifel ist dies aber wohl anzunehmen, da es für den Erwerber günstiger ist, wenn er auf diese Weise wenigstens ein Anwartschaftsrecht an der Sache erhält.

bei EV wird Einigung mit Übergabe bindend

Der Widerruf der Einigung kann nur bis zur Übergabe erklärt werden. Liegt die Einigung bei der Übergabe vor, so geht gemäß § 929 S.1 BGB das Eigentum über. Ein danach erfolgender Widerruf ist unbeachtlich, denn das Rechtsgeschäft ist durch die Übergabe abgeschlossen.

Das Gleiche gilt auch für den Fall der bedingten Übereignung. Der Eigentumsübergang soll nur noch von der vereinbarten Bedingung abhängen, nicht jedoch vom Willen einer Partei. Die Einigung ist also auch hier nur bis zur Übergabe widerruflich.[41]

Tod grds. unbeachtlich, § 130 II BGB, aber Widerruf des Erben möglich

Stirbt der Erklärende nach der Einigung und vor der Übergabe oder verliert er die Geschäftsfähigkeit, hat dies gemäß § 130 II BGB auf die Wirksamkeit der abgegebenen Einigungsofferte keinen Einfluss. Die Erben bzw. der gesetzliche Vertreter haben jetzt die Möglichkeit, die Einigung zu widerrufen, jedoch muss auch dies erkennbar gegenüber dem Erwerber erfolgen.

> **hemmer-Methode:** Klassisches Beispiel ist hier wieder der Bonifatiusfall des *RG*.[42] Ein sterbender Priester übergibt Wertpapiere an einen Dritten, um sie an den Bonifatiusverein zu übereignen. Die Papiere werden nach dem Tod des Priesters an den Verein ausgehändigt: Für das Zustandekommen der dinglichen Einigung gilt § 130 II i.V.m. § 153 BGB. Fehlt bis zur Übergabe der Widerruf der Erben, so ist die dingliche Einigung wirksam.
> Der Anspruch aus § 985 BGB scheitert (heute *h.M.*, anders aber das *RG*), es verbleibt ein möglicher Anspruch aus § 812 I 1 1.Alt BGB auf Herausgabe der Papiere, wenn § 2301 BGB eingreift. Vgl. dazu ausführlich Martinek/Röhrborn, JuS 1994, 473 ff., 564 ff.

---

40 MEDICUS, BR, Rn. 34.
41 Vgl. MEDICUS, BR, Rn. 34.
42 RGZ 83, 233.

II. Die Übergabe bzw. ihre Surrogate

1. Die Übergabe nach § 929 S.1 BGB

Voraussetzungen

> **Voraussetzungen der Übereignung nach § 929 S.1 BGB:**
> - Einigung über den Eigentumsübergang
> - Übergabe
> - Einigsein im Zeitpunkt der Übergabe
> - Berechtigung und Verfügungsbefugnis des Veräußerers

a) Begriff der Übergabe

Übergabe aus Gründen der Publizität

Neben der Einigung erfordert die Grundform der Übereignung nach § 929 S.1 BGB noch die *Übergabe* der zu übereignenden Sache. Die Übergabe dient der Wahrung des Publizitätsprinzips. Durch den Wechsel in der tatsächlichen Sachherrschaft soll der Wechsel in der rechtlichen Zuordnung der Sache zu einer Person offenkundig gemacht werden. Die Übergabe ist grundsätzlich ein *Realakt*. Der Besitzerwerb richtet sich nach den §§ 854 ff. BGB. Für die Vornahme eines Realaktes bedarf es keiner Geschäftsfähigkeit.[43] Es genügt der natürliche Wille. Ausnahmsweise kann auch die Übergabe durch rechtsgeschäftliche Willenserklärungen erfolgen, § 854 II BGB.

Übergabe = Übertragung von Besitz auf Erwerber

Eine Übergabe nach § 929 S.1 BGB liegt immer dann vor, wenn der Besitz vom Veräußerer auf den Erwerber übertragen wird.

Voraussetzungen

> **Voraussetzungen der Übergabe nach § 929 S.1 BGB:**
> - völlige Besitzaufgabe des Veräußerers
> - Besitzerwerb seitens des Erwerbers
> - auf Veranlassung des Veräußerers

Der Veräußerer muss seinen mittelbaren oder unmittelbaren Besitz vollständig aufgeben. Es darf bei ihm nicht der geringste Rest eines Besitzes, sei es unmittelbarer oder mittelbarer, verbleiben. Bleibt der Veräußerer unmittelbarer Besitzer, so kann die Übereignung nur nach §§ 929 S.1, 930 BGB erfolgen.

Der Erwerber muss unmittelbaren oder mittelbaren Besitz erlangen.

> **hemmer-Methode:** Merken Sie sich schon jetzt: der Erwerb des mittelbaren Besitzes reicht bei allen (!) Übereignungstatbeständen der §§ 929 ff. BGB aus. Voraussetzung ist, dass der Veräußerer sich jeder Besitzposition entledigt und sich der unmittelbare Besitz nach der Übergabe bei einer Person befindet, die im Lager des Erwerbers steht.

Der Erwerber muss den Besitz *auf Veranlassung des Veräußerers* erlangen. Die bloße vorherige Gestattung der Besitzergreifung zu einem noch nicht feststehenden Zeitpunkt genügt nicht.[44] Im Zeitpunkt der Besitzergreifung muss der Übergabewille des Veräußerers bestehen.

---

[43] Vgl. Schmitz, JuS 1975, 448.
[44] Vgl. BGH WM 1970, 252.

b) Besitzerwerb nach § 854 I BGB

§ 854 I BGB = tatsächliche Sachherrschaft

Der Besitzerwerb nach § 854 I BGB erfolgt nach *h.M.*[45] durch *Erlangung der tatsächlichen Sachherrschaft*, getragen von einem natürlichen Besitzwillen.

Bsp.: Bäckermeister B reicht der Kundin K das Brot über die Theke.

c) Besitzerwerb nach § 854 II BGB

⇨ *Einigung über den Eigentumsübergang u. Besitzübergang*

Der Besitzerwerb kann durch rechtsgeschäftliche Einigung erfolgen, wenn der Erwerber die Herrschaftsmöglichkeit hat - also in der Lage ist, jederzeit die tatsächliche Gewalt zu ergreifen - und der Veräußerer den Besitz völlig aufgibt. Die Übereignung erfolgt hier durch *Einigung über den Eigentumsübergang* nach § 929 S.1 BGB *plus Einigung über den Besitzübergang* nach § 854 II BGB. Beide Einigungen fallen in der Regel zeitlich zusammen.

Bsp.: V hat einen Stapel Holz im Wald liegen. V verkauft diesen Stapel in seinem Büro an K. Er erklärt K, wo der Stapel liegt. K soll sich das Holz dort selbst abholen. Hier liegt eine Übergabe nach § 854 II BGB vor. K wird schon Eigentümer, sobald ihm V sagt, wo sich das Holz befindet, nicht erst, wenn er es abholt.

"Holz im Wald"

Das *Holz im Wald* ist das Standardbeispiel für eine Übereignung nach § 929 S.1 BGB mit Besitzübertragung nach § 854 II BGB.

Übereignung an Besitzdiener

§ 854 II BGB ist aber auch dann gegeben, wenn der Geschäftsherr seinem Besitzdiener eine Sache übereignet, über die dieser bereits die tatsächliche Gewalt ausübt.

Da der Besitzdiener selbst nicht Besitzer ist (vgl. den Wortlaut des § 855 BGB a.E.), ist dies kein Fall des § 929 S.2 BGB. Die Übereignung findet nach § 929 S.1 BGB statt, die Besitzübertragung durch bloße Einigung nach § 854 II BGB.

> **hemmer-Methode:** Da der Besitz bei § 854 II BGB rechtsgeschäftlich übertragen wird, ist ausnahmsweise auch die Übergabe (ansonsten ja Realakt) anfechtbar. Die Anfechtung der Übergabe führt dann zum Abhandenkommen der Sache i.S.d. § 935 I BGB, wenn der Erwerber das Holz im Wald nach erklärter Anfechtung dennoch abholt.
> Holt der Erwerber das Holz ab, bevor der Veräußerer die Anfechtung erklärt, kann die Übergabe nicht mehr angefochten werden, denn dann liegt schon ein tatsächlicher Besitzerwerb i.S.d. § 854 I BGB vor. Die Einigung bleibt selbstverständlich auch in dieser Konstellation anfechtbar, nur führt dies nicht mehr zum Abhandenkommen der Sache.

d) Einschaltung von Besitzdienern, § 855 BGB

Erwerb durch Besitzdiener begründet unmittelbaren Besitz des Besitzherrn

Der Besitzdiener ist gemäß § 855 BGB nicht selbst Besitzer, sondern übt nur für den eigentlichen Besitzer die tatsächliche Gewalt aus. Eine *Erwerbshandlung des Besitzdieners* begründet somit *unmittelbaren Besitz des Geschäftsherrn*.[46] Die Übertragung des unmittelbaren Besitzes vom Veräußerer auf den Erwerber kann daher auch unter Einschaltung eines Besitzdieners - möglich auf beiden Seiten - erfolgen.

Bsp. 1: Frau Neureich schickt ihre Haushaltshilfe H zum Juwelier, um dort einen Ring abzuholen, der für sie noch umgearbeitet werden musste.

---

[45] BGHZ 27, 362; PALANDT, § 854 Rn. 2.
[46] Vgl. SCHMITZ, JuS 1975, 450.

§ 2 RECHTSGESCHÄFTLICHER EIGENTUMSERWERB

Übergibt der Juwelier der H den Ring, vollzieht sich die Übereignung wie folgt:

Da H über keinerlei Entscheidungsspielraum verfügt, fungiert sie bei der dinglichen Einigung lediglich als Botin der N. Aufgrund des sozialen Abhängigkeitsverhältnisses ist die H Besitzdienerin der N, § 855 BGB. Wenn H die tatsächliche Sachherrschaft über den Ring erlangt, wird N automatisch unmittelbare Besitzerin.

Bsp. 2: In dem Baustoffhandel des A erwirbt der B drei Eimer Farbe. Bei der Abfertigung wird er von einem Angestellten des A, dem X, bedient.

Auch hier liegt eine Übereignung zwischen A und B nach § 929 S.1 BGB vor. Bei der dinglichen Einigung tritt der X als Vertreter des A auf, der Verlust der tatsächlichen Sachherrschaft bei ihm bewirkt den Verlust des unmittelbaren Besitzes bei A.

> **hemmer-Methode:** Beachten Sie bei der Veräußerung durch Ladenangestellte auch § 56 HGB.
> Überschreitet der Angestellte seine Befugnisse (ist er z.B. nur zur Beratung angestellt und tätigt gleichwohl Verkäufe), enthält § 56 HGB eine Fiktion der Vertretungsmacht bzw. einen Rechtsscheintatbestand. Eine wirksame dingliche Einigung liegt dann vor. Der von der Vorschrift bezweckte Schutz des Verkehrs wäre aber unvollkommen, wenn die Weggabe der Sache, wie das bei Besitzdienern normalerweise der Fall wäre, zum Abhandenkommen i.S.d. § 935 I BGB führen würde. Daher nimmt die *h.M.* an, dass § 56 HGB auch diesbzgl. die Befugnisse bestimmter Besitzdiener erweitert. § 56 HGB ist gegenüber § 855 BGB insofern lex specialis.

Besitzanweisung v. Veräußerer an Besitzdiener, für Erwerber zu besitzen

Eine Übertragung des unmittelbaren Besitzes vom Veräußerer auf den Erwerber kann schließlich auch in der Weise erfolgen, dass der Veräußerer seinen Besitzdiener anweist, nunmehr die tatsächliche Gewalt nur noch für den Erwerber auszuüben.

Bsp. 3: H überträgt seine Firma an N. H weist seinen Angestellten A an, die tatsächliche Gewalt an seinen Arbeitsgeräten nunmehr für N auszuüben.

Durch diese Anweisung ist eine Übergabe von H an N erfolgt. A folgt nun den Weisungen des N, der somit Besitzherr und unmittelbarer Besitzer wird. H ist nicht mehr Besitzer, da er nicht mehr Besitzherr ist.

e) Einschaltung von Besitzmittlern, § 868 BGB

Erwerb mittelbaren Besitzes über Besitzmittler ausreichend

Die Übereignung kann auch durch Einschaltung von Besitzmittlern erfolgen. Es genügt für die Übergabe nach § 929 S.1 BGB, dass der Erwerber mittelbaren Besitz erwirbt.

Eine Übergabe i.S.d. § 929 S.1 BGB liegt auch dann vor, wenn die Sache durch einen Besitzmittler des Veräußerers an den Erwerber oder dessen Besitzmittler übergeben wird. Auch können auf beiden Seiten gleichzeitig Besitzmittler beteiligt sein. Voraussetzung ist ein *Besitzmittlungsverhältnis* gemäß § 868 BGB zwischen Besitzmittler und mittelbarem Besitzer.

Bsp. 1: Leasinggeber LG kauft bei H eine Maschine, die er bereits an Leasingnehmer LN "vermietet" hat. H liefert die Maschine, wie vereinbart, direkt an LN.

Bzgl. der Einigung sind zwei Varianten denkbar: Zum einen können sich H und LG bereits beim Kauf über den Eigentumsübergang geeinigt haben, zum anderen kann sich der LG bei der Einigung durch den LN vertreten lassen.

Die Übergabe im Rahmen der Übereignung von H an LG geschieht wie folgt: Mit Aushändigung der Maschine an LN gibt H seinen Besitz völlig auf. LN besitzt die Maschine als Mieter für LG. Somit ist LG nach § 868 BGB mittelbarer Besitzer.

Bsp. 2: K beauftragt den X, bei V eine antike Uhr zu kaufen. X geht in den Laden des V und schließt den Kauf im Namen des K ab. Die Uhr wird dem X übergeben.

Hier hat K mit der Übergabe der Uhr an X Eigentum erworben. Durch die Beauftragung hat K dem X konkludent Vertretungsmacht erteilt, so dass der X sowohl bei dem Kauf als auch bei der dinglichen Einigung wirksam für K handeln konnte. Aufgrund des Auftrags bestand zwischen K und X auch ein Besitzmittlungsverhältnis. Indem der X unmittelbaren Besitz erlangte, wurde K automatisch mittelbarer Besitzer. Es liegt der Übereignungstatbestand des § 929 S.1 BGB vor.

Besitzanweisung v. Veräußerer an unmittelbaren Besitzer, für Erwerber zu besitzen

Eine Übertragung des mittelbaren Besitzes liegt auch vor, wenn der Besitzmittler des Veräußerers auf dessen Weisung mit dem Erwerber ein neues Besitzmittlungsverhältnis vereinbart und gleichzeitig das alte Besitzmittlungsverhältnis mit dem Veräußerer beendet wird.

Bsp. 3: V veräußert dem K einen Schrank, den K Tage zuvor im Geschäft des V besichtigt hatte. Inzwischen hat V den Schrank bei L untergestellt, der ihm den Besitz mittelt. Deswegen weist er den L an, künftig nicht mehr ihm, sondern dem K den Besitz zu mitteln. L willigt ein und teilt dies dem K auch mit.

Der mittelbare Besitzer, der eine Sache veräußern will, kann dies nach §§ 929 S.1, 931 BGB durch Abtretung seines Herausgabeanspruchs tun. Er muss dies aber nicht.

Eine Übereignung ist auch nach § 929 S.1 BGB möglich, wenn der mittelbare Besitzer den unmittelbaren Besitzer anweist, mit dem Erwerber ein neues Besitzmittlungsverhältnis einzugehen.

Leistet der Besitzmittler dieser Anweisung Folge, liegt eine Übergabe i.S.d. § 929 S.1 BGB vor, da bei dem Veräußerer keinerlei Besitzposition zurück bleibt und sich der unmittelbare Besitz nun bei einer Person befindet, die im Lager des Erwerbers steht.

Im Unterschied zu der Übereignung nach den §§ 929 S.1, 931 BGB wird in dieser Konstellation ein völlig *neues Besitzmittlungsverhältnis* begründet. Das hat Bedeutung auch bei etwaigen Einwendungen. Bei § 931 BGB können diese dem Erwerber unmittelbar entgegengehalten werden, § 404 BGB, bei § 929 S.1 BGB ist der Erwerber vor Einwendungen aus dem alten Besitzmittlungsverhältnis sicher.

f) Geheißerwerb

Geheißerwerb möglich

Die Übergabe nach § 929 S.1 BGB kann auch in der Weise erfolgen, dass auf Veräußerer- und/oder Erwerberseite eine *Geheißperson* eingeschaltet ist.

auf Veräußererseite

Als Geheißpersonen kommen nur solche Personen in Betracht, die *in keiner besitzrechtlichen Beziehung zum Veräußerer oder Erwerber* stehen, also weder deren Besitzdiener noch deren Besitzmittler sind.

Bsp.: Eigentümer E wurde seine Barockmadonna gestohlen. E entdeckt die Figur zufällig im Laden des Antiquitätenhändlers A. Wegen des mit dem Diebstahl verbundenen Ärgers beschließt E, die Figur an K zu verkaufen.

E hat wegen des Diebstahls zwar den Besitz verloren, wegen § 935 BGB nicht aber das Eigentum, selbst wenn A beim Erwerb gutgläubig gewesen sein sollte. A hingegen ist Besitzer, jedoch besitzt er nicht für E, sondern ist Eigenbesitzer. Die Übergabe zwischen E und K kann dadurch bewirkt werden, dass E den A anweist, die Figur nunmehr für K zu besitzen. Der Übereignungstatbestand ist abgeschlossen, sobald A mit K ein Besitzmittlungsverhältnis schließt bzw. A dem K die Sache tatsächlich übergibt. In beiden Fällen liegt eine Übereignung nach § 929 S.1 BGB vor, wobei A als Geheißperson auf Veräußererseite tätig wurde.

§ 2 RECHTSGESCHÄFTLICHER EIGENTUMSERWERB

auf Erwerberseite

Eine Übergabe i.S.d. § 929 S.1 BGB liegt auch dann vor, wenn der Erwerber nicht selbst Besitz erlangt, sondern wenn die Sache auf Geheiß des Erwerbers an eine von ihm benannte Geheißperson ausgehändigt wird.

Bsp.: K hat bei V eine Maschine gekauft, die V direkt an D liefern soll.

In dieser Konstellation könnte man annehmen, die Maschine werde direkt von V an D übereignet. Das ist aber nicht interessensgerecht, da V über das Verhältnis zwischen K und D regelmäßig nicht Bescheid wissen wird und dieses ihn auch nicht zu interessieren braucht. Eventuell wollte K die Maschine nur vermieten oder jedenfalls nur unter Eigentumsvorbehalt übereignen.

Daher müssen, selbst wenn zwischen K und D eine Eigentumsverschaffung gewollt war, zwei Übereignungen angenommen werden. Dabei kann die Übergabe im Verhältnis V - K nur in der Aushändigung der Maschine an D liegen.

Wurde zwischen K und D ein Kauf unter Eigentumsvorbehalt vereinbart, wäre die Übergabe unproblematisch, denn der Vorbehaltskauf begründet ein hinreichend konkretes Besitzmittlungsverhältnis i.S.d. § 868 BGB. Mit der Aushändigung an den Besitzmittler würde K mittelbaren Besitz erlangen, was für § 929 S.1 BGB ausreicht. Die Konstruktion versagt, wenn im Verhältnis K - D unbedingt übereignet werden soll. Zwischen Käufer und Verkäufer besteht dann keinerlei besitzrechtliche Beziehung.

Daher muss es für die Übergabe von V an K ausreichen, dass D auf Geheiß des K den Besitz ergreift. K wird dann allerdings nur für eine "juristische Sekunde" Eigentümer. Nach § 185 II 1 2.Alt. BGB erwirbt D sofort Eigentum von K durch die Übergabe seitens des V, der hier Geheißperson des K ist.[47] K erlangt hier also niemals Besitz. Dieser Bruch des Traditionsprinzips wird jedoch hingenommen.

auch doppelter Geheißerwerb (vor allem bei der Durchlieferung)

Werden gleichzeitig auf Erwerber- und Veräußererseite Geheißpersonen eingeschaltet, so ergibt sich die Möglichkeit einer Übereignung nach § 929 S.1 BGB, bei der weder der Veräußerer noch der Erwerber je Besitz an der Sache hatten. Die *h.M.*[48] erkennt diesen *doppelten Geheißerwerb* noch als Fall des § 929 S.1 BGB an.

> **life&law:**[49] Die Übergabe der Sache vom Veräußerer an den Erwerber kann auf Geheiß des Veräußerers durch einen Dritten und zugleich auf Geheiß des Erwerbers an eine von ihm bestimmte Person erfolgen, auch wenn diese ihm absprachewidrig nicht den Besitz vermittelt.

Ebenfalls ein Fall des doppelten Geheißerwerbs ist die im obigen Beispiel dargestellte Durchlieferung. Hier tritt D in der Übereignung V an K als Geheißperson des Erwerbers K auf. V agiert dagegen in der Übereignung K an D als Geheißperson des Veräußerers K.

2. Die Übereignung "kurzer Hand" nach § 929 S.2 BGB

Voraussetzungen

Voraussetzungen der Übereignung nach § 929 S.2 BGB:
- Einigung über den Eigentumsübergang
- Besitz des Erwerbers
- Berechtigung und Verfügungsbefugnis des Veräußerers

---

47 Vgl. PALANDT, § 929 Rn. 17.
48 Vgl. TIEDTKE, Jura 1984, 464; MEDICUS, BR, Rn. 565.
49 Life&Law 1999, 201 (Heft 4).

a) Voraussetzungen

hat Erwerber bereits Besitz: § 929 S.2 BGB

Gemäß § 929 S.2 BGB ist eine Übergabe entbehrlich, wenn der Erwerber bereits im Besitz der Sache ist. Grund dafür ist, dass die Besitzlage bereits derjenigen entspricht, welche durch die Übergabe herbeigeführt werden soll. Das Publizitätsprinzip ist somit gewahrt. Für diese Fälle der *Übereignung "kurzer Hand"* (lat. brevi manu traditio) genügt die bloße Einigung über den Eigentumsübergang.

> **hemmer-Methode:** Hatte der Erwerber dagegen selbst keinen Besitz, sondern war er bloß Besitzdiener, kommt eine Besitzverschaffung nach § 854 II BGB in Betracht, vgl. oben Rn. 33.

Bsp.: Die Oma hat der Enkelin einen schönen alten Ring geliehen. Dieser gefällt der Ring so gut, dass O erklärt, sie wolle ihn der E schenken.

In dieser Erklärung liegt neben der Schenkungsofferte zugleich auch ein Übereignungsangebot nach § 929 S.2 BGB. Dieses kann die E stillschweigend annehmen, § 151 S.1 BGB. Damit ist der Übereignungstatbestand des § 929 S.2 BGB gegeben.

jede Art von Besitz ausreichend

Der Erwerber muss bereits im Besitz der Sache sein. Dabei genügt jede Art von Besitz, gleichviel, ob unmittelbarer oder mittelbarer. Auch ist es gleichgültig, von wem der Erwerber den Besitz erlangt hat (das spielt erst beim gutgläubigen Erwerb nach § 932 I 2 BGB eine Rolle) und welche Besitzbeziehung zwischen ihm und dem Eigentümer besteht.

Veräußerer darf keinen Rest von Besitz behalten

Aber auch in diesem Fall darf der Veräußerer selbst keinerlei Besitz mehr zurückbehalten. Daher kann der unmittelbare Besitzer nicht nach § 929 S.2 BGB übereignen.[50] Hat der Erwerber nur mittelbaren Besitz, darf ihm dieser gerade nicht vom Veräußerer vermittelt werden.

Einigung

Die Einigung nach § 929 S.2 BGB kann bereits erfolgen, wenn der Erwerber noch keinen Besitz hat. Sie muss aber dann beim Besitzerwerb noch fortbestehen.[51]

Bsp.: A hat im Wald sein Taschenmesser verloren. Er sagt zu B: "Wenn Du es findest, darfst Du es behalten." B freut sich und macht sich auf die Suche.

Wenn er das Messer findet, erwirbt er in diesem Augenblick das Eigentum daran.

b) Einschaltung von Hilfspersonen

Die Einschaltung von dritten Personen in die Übereignung ist unproblematisch möglich, da die allein erforderliche Einigung von einem Boten oder Stellvertreter erklärt werden kann. Voraussetzung ist aber, dass der Erwerber (nicht der Vertreter) Besitz an der Sache hat, wobei natürlich auch hier mittelbarer Besitz genügt.

3. Das Übergabesurrogat des § 930 BGB

Voraussetzungen

> **Voraussetzungen der Übereignung nach §§ 929 S.1, 930 BGB:**
> - Einigung über den Eigentumsübergang nach § 929 S.1 BGB.
> - Vereinbarung eines konkreten Besitzmittlungsverhältnisses nach §§ 930, 868 BGB
> - Berechtigung und Verfügungsbefugnis des Veräußerers

---

50   Vgl. Palandt, § 929 Rn. 22.
51   Vgl. Palandt, § 929 Rn. 6.

§ 2 RECHTSGESCHÄFTLICHER EIGENTUMSERWERB

Übereignung nach §§ 929 S.1, 930 BGB
⇨ *Veräußerer bleibt Besitzer*

§ 930 BGB ermöglicht die Ersetzung der Übergabe durch Vereinbarung eines konkreten Besitzmittlungsverhältnisses *(§ 868 BGB)*, wenn der Veräußerer auch nach der Eigentumsübertragung noch Besitzer bleiben möchte. Eine Übereignung nach § 929 S.1 BGB scheidet in diesem Fall aus, da diese den vollständigen Besitzverlust des Veräußerers verlangt.

42

> *Bsp.: K hat aus der Schallplattensammlung des V eine LP gekauft und bezahlt. K möchte daher auch sofort Eigentümer werden. V aber will die LP zuerst noch auf Tonband überspielen und benötigt daher die Platte noch einen Tag.*
>
> *Hier könnte V dem K die Platte übergeben und dadurch nach § 929 S.1 BGB übereignen. Sofort danach könnte K dem V die Platte für einen Tag leihweise zurückgeben.*
>
> *Dieses Hin und Her der Übergabeakte kann durch eine Übereignung nach §§ 929 S.1, 930 BGB vermieden werden. V und K einigen sich über den Eigentumsübergang und ersetzen die Übergabe durch Abschluß eines Leihvertrages.*

a) Besitz des Veräußerers

Besitz des Veräußerers

Der Veräußerer muss auch nach der Übereignung noch im Besitz der Sache bleiben.

43

Übereignung durch unmittelbaren Besitzer

War der Veräußerer vor der Übereignung unmittelbarer Besitzer, bleibt er dies auch danach. Lediglich sein Besitzwille hat sich geändert. War er vor der Übereignung unmittelbarer Eigenbesitzer, besitzt er nun aufgrund des Besitzmittlungsverhältnisses als unmittelbarer Fremdbesitzer für den Erwerber.

Übereignung durch mittelbaren Besitzer
⇨ *Besitzstufung, § 871 BGB*

Auch ein mittelbarer Besitzer kann nach §§ 929 S.1, 930 BGB übereignen. Er bleibt nach der Übereignung mittelbarer Besitzer, doch wandelt sich auch hier sein Eigenbesitz in Fremdbesitz um, da er seinerseits dem Erwerber den Besitz mittelt. Es entsteht mehrstufiger mittelbarer Besitz nach § 871 BGB.

Nach der Übereignung ist somit der Erwerber mittelbarer Eigenbesitzer 2. Grades, der Veräußerer mittelbarer Fremdbesitzer 1. Grades und derjenige, der die tatsächliche Sachherrschaft ausübt, unverändert unmittelbarer Fremdbesitzer.[52]

> *Bsp.: Autoverleiher A kann auf diese Weise nach §§ 929, 930 BGB einen Wagen, den er an M vermietet hat, seiner Bank B zur Sicherheit übereignen.*

auch bei Mitbesitz des Erwerbers

Sind Veräußerer und Erwerber *Mitbesitzer* an einer Sache und wollen sie dies auch nach der Übereignung bleiben, kann der Veräußerer die Sache nach §§ 929 S.1, 930 BGB übereignen.

44

Standardbeispiel: Übereignung von Hausrat unter Ehegatten

> *Bsp.: Ehemann M und Ehefrau F haben Mitbesitz an der Wohnung und den darin befindlichen Einrichtungsgegenständen. Zur Silberhochzeit möchte M der F ein in seinem Eigentum stehendes, ererbtes Silberbesteck schenken.*
>
> *Da das Besteck auch nach der Übereignung in der Wohnung verbleibt und somit die Ehegatten weiterhin Mitbesitzer sind, kommt nur eine Übereignung nach §§ 929 S.1, 930 BGB in Betracht mit der Ehe als Besitzmittlungsverhältnis.*
>
> *Vor der Übereignung hatte der M unmittelbaren Eigen(mit)besitz und mittelbaren Eigenbesitz. Die F war unmittelbare Fremd(mit)besitzerin. Nach der Übereignung sind die Rollen vertauscht: M ist nun unmittelbarer Fremd(mit)besitzer und mittelt der F den mittelbaren Eigenbesitz.*

---

52 Vgl. PALANDT, § 930 Rn. 5.

Daneben ist diese unmittelbare Eigen(mit)besitzerin. Da die Konstruktion mit dem Besitzmittlungsverhältnis sehr gezwungen wirkt, wird in der *Literatur* auch vertreten, die Übereignung von Hausrat sei unter Ehegatten auch durch bloße Einigung möglich.[53]

b) Besitzmittlungsverhältnis, § 868 BGB

Besitzkonstitut ist in § 868 BGB geregelt

§ 930 BGB erfordert die Vereinbarung eines Besitzkonstituts, also eines Besitzmittlungsverhältnisses i.S.d. § 868 BGB zwischen dem Veräußerer und dem Erwerber, aufgrund dessen der Veräußerer dem Erwerber den Besitz mittelt.

Neben dem dinglichen Vertrag nach § 929 BGB ist zusätzlich ein weiterer Vertrag, die Vereinbarung des Besitzmittlungsverhältnisses, erforderlich.

Voraussetzungen

Voraussetzungen des § 868 BGB:
- Rechtsverhältnis i.S.d. § 868 BGB
- Besitzmittlungswille des unmittelbaren Besitzers
- Herausgabeanspruch des mittelbaren Besitzers gegen den unmittelbaren Besitzer

konkretes BMV: § 868 BGB nur beispielhaft

Es muss ein Rechtsverhältnis der in § 868 BGB beschriebenen Art zwischen Veräußerer und Erwerber vorliegen, wobei die Aufzählung in § 868 BGB nur beispielhaften Charakter hat. Es genügt auch ein anderes, ähnliches Rechtsverhältnis, solange es konkrete Rechte und Pflichten festlegt[54] (*sog. konkretes Besitzmittlungsverhältnis*). Eine abstrakte Vereinbarung des Inhaltes, dass der eine nunmehr für den anderen besitzen soll, genügt nicht.

auch vermeintliches BMV ist ausreichend

Ein Besitzmittlungsverhältnis kann auch dann bestehen, wenn der Vertrag zivilrechtlich unwirksam ist, solange der Besitzmittler den Besitz dem Oberbesitzer (rein tatsächlich) mittelt und irgendein Herausgabeanspruch besteht (z.B. aus § 812 BGB).[55] Ein sog. *vermeintliches* Besitzmittlungsverhältnis genügt, solange der Besitzmittler *Fremdbesitzerwillen* hat.

ebenso gesetzliches BMV ⇨ keine besondere Vereinbarung notwendig

Nach ganz überwiegender Meinung[56] genügt im Rahmen des § 930 BGB auch ein *gesetzliches Besitzmittlungsverhältnis*, z.B. die Ehe gem. § 1353 BGB oder das Eltern-Kind-Verhältnis gem. § 1626 BGB. Eine besondere Vereinbarung ist in diesen Fällen nicht erforderlich. Zur Übereignung nach §§ 929 S.1, 930 BGB genügt daher die bloße Einigung über den Eigentumsübergang und der Wille der Parteien, dass der Besitz im Rahmen des gesetzlichen Besitzmittlungsverhältnisses gemittelt werden soll.[57]

c) Das vorweggenommene Besitzkonstitut

antizipiertes BMV z.B. bei Sicherungsübereignung künftiger Sachen

Einigung und Vereinbarung des Besitzkonstituts können schon erfolgen, noch bevor der Veräußerer im Besitz der betreffenden Sache ist.[58] Man spricht in diesem Fall von einem vorweggenommenen oder auch einem ante- bzw. antizipierten Besitzkonstitut (lat. anticipare = vorwegnehmen bzw. ante = vor; nicht griech. anti = gegen).

---

53 BAUR/STÜRNER, § 51 V 4 b.
54 Vgl. BAUR/STÜRNER, § 7B III 1c; SCHMITZ, JuS 1975, 572.
55 Vgl. BAUR/STÜRNER, § 7B III 1b; PALANDT, § 868 Rn. 10.
56 Vgl. PALANDT, § 930 Rn. 6; PALANDT, § 868 Rn. 14; BGHZ 73, 253, 257; MüKo-JOOST, § 868 Rn. 38; BAUR/STÜRNER, § 51 V 4.
57 Vgl. PALANDT, § 930 Rn. 6 und der Beispielsfall oben unter Rn. 44.
58 Vgl. PALANDT, § 930 Rn. 9 f.

Dadurch ist beispielsweise die Sicherungsübereignung einer noch nicht existierenden, erst herzustellenden Sache möglich. Wirtschaftliche Bedeutung erlangt das antizipierte Besitzkonstitut bei der Sicherungsübereignung von Warenlagern mit wechselndem Bestand oder bei der mittelbaren Stellvertretung.

Bsp.: H übereignet seiner Bank alle Waren, die in seinem Keller liegen, und diejenigen Warenzugänge, die er in Zukunft dort einlagern wird nach §§ 929 S.1, 930 BGB, wobei H die Sachen für B verwahren soll. Hinsichtlich der künftigen Warenzugänge liegt ein antizipiertes Besitzkonstitut vor.

aber: Durchgangserwerb

Die Übereignung erfolgt hier nach §§ 929 S.1, 930 BGB mittels eines *antizipierten Besitzkonstituts* und einer *antizipierten Einigung*. Sobald die betreffende Sache in den Besitz des Veräußerers gelangt, wird der Erwerber aufgrund des antizipierten Besitzkonstitutes mittelbarer Besitzer und gleichzeitig aufgrund der antizipierten Einigung über §§ 929 S.1, 930 BGB Eigentümer.

Der Veräußerer hat das Eigentum nur für eine "juristische Sekunde". Der Erwerber wird jedoch nur Eigentümer, wenn bei Besitzerlangung durch den Veräußerer noch alle Voraussetzungen des Eigentumserwerbs vorliegen. So müssen die Einigung, das Besitzkonstitut und der Besitzmittlungswille in diesem Augenblick noch fortbestehen. Auch hier ist die Einigung bis zum Eigentumsübergang frei widerruflich.[59]

Der Veräußerer kann daher verhindern, dass der Erwerber den Besitz erlangt, wenn er bei Erwerb des Besitzes an der Sache erkennbar zum Ausdruck bringt, nun doch nicht für den Erwerber, sondern für sich selbst besitzen zu wollen. Dies muss er nicht gegenüber dem Erwerber erklären. Ein geheimer Vorbehalt dieser Art, der nach außen nicht erkennbar wird, genügt jedoch nicht (Gedanke des § 116 BGB). Es besteht eine Vermutung für das Fortbestehen eines einmal geäußerten Besitzmittlungswillens.[60]

Existiert dieser Wille erkennbar nicht mehr, so wird der Erwerber nicht mittelbarer Besitzer und deshalb auch nicht Eigentümer.

str., ob Ausführungshdlg. erforderlich

Umstritten ist, ob der Erwerber automatisch mit Besitzerwerb des Veräußerers Eigentümer wird oder ob zusätzlich zur Wahrung der Publizität eine Ausführungshandlung des Veräußerers erforderlich ist.

48

h.L. (-), anders ggf. aus Gründen der Bestimmtheit

Die h.L.[61] verneint das Erfordernis einer zusätzlichen *Ausführungshandlung*, da bei § 930 BGB die Publizität gerade bewusst hintangestellt wird. Es handelt sich eher um ein Problem der Bestimmtheit. Nur wenn das Übereignungsobjekt erst individualisiert werden muss, ist eine Ausführungshandlung der Bestimmtheit wegen nötig, an die jedoch keine größeren Anforderungen zu stellen sind. Nach a.A.[62] ist dagegen eine zusätzliche Ausführungshandlung erforderlich (z.B. Anbringen des Namens des Erwerbers auf dem Gegenstand). Dies sei wegen der Erkennbarkeit des Rechtserwerbs geboten. Jedoch werden auch von dieser Ansicht keine hohen Anforderungen an die Ausführungshandlung gestellt.

Abgrenzung zum gestatteten Insichgeschäft; Ausführungshandlung notwendig

Das antizipierte Besitzkonstitut ist vom *gestatteten Insichgeschäft* nach § 181 BGB zu unterscheiden. Bei § 181 BGB hängt die Durchführung noch von einer weiteren Willensentscheidung des Veräußerers ab.

49

---

59 Vgl. oben Rn. 27 f.
60 Vgl. PALANDT, § 930 Rn. 10.
61 Vgl. PALANDT, § 930 Rn. 6, 9; BAUR/STÜRNER, § 51 V 6.
62 Vgl. RGZ 140, 231; SCHMITZ, JuS 1975, 574.

Dieser muss das Insichgeschäft, d.h. die Einigung und die Vereinbarung des Besitzkonstituts, noch vornehmen. Anders als beim antizipierten Besitzkonstitut ist hier nach allgemeiner Meinung eine nach außen erkennbare Ausführungshandlung unerlässlich, weil sich die Rechtsgeschäfte "im Kopf" einer Person vollziehen. Beim antizipierten Besitzkonstitut geschieht der Eigentumsübergang später "automatisch" in dem Zeitpunkt, in welchem der Veräußerer Besitz erlangt.[63]

> **hemmer-Methode:** Ob ein antizipiertes Besitzkonstitut oder ein gestattetes Insichgeschäft vorliegt, ist durch Auslegung nach den Interessen der Parteien zu ermitteln. Z.B. spricht für ein Insichgeschäft, wenn der Veräußerer erst eine Auswahl treffen und von vielen bei ihm eingehenden Gegenständen nur die von ihm ausgewählten an den Erwerber weiterveräußern soll.

d) Einschaltung von Hilfspersonen

Da die Übergabe bei §§ 929 S.1, 930 BGB durch die rechtsgeschäftliche Vereinbarung eines Besitzmittlungsverhältnisses ersetzt wird, ist Stellvertretung nach den §§ 164 ff. BGB möglich.

4. Das Übergabesurrogat des § 931 BGB

Voraussetzungen

> **Voraussetzungen der Übereignung nach §§ 929 S.1, 931 BGB:**
> - Einigung über den Eigentumsübergang nach § 929 S.1 BGB
> - Abtretung des Herausgabeanspruchs nach §§ 931, 398 BGB
> - Berechtigung und Verfügungsbefugnis des Veräußerers

§§ 929 S.1, 931 BGB
Abtretung des Herausgabeanspruchs

Befindet sich die zu übereignende Sache im unmittelbaren oder mittelbaren Besitz eines Dritten, kann nach § 931 BGB die Übergabe durch die Abtretung des Herausgabeanspruchs des Veräußerers gegen den Dritten nach § 398 BGB ersetzt werden. An die Stelle des Realaktes der Übergabe tritt hier ebenso wie bei § 930 BGB neben den dinglichen Vertrag der Einigung ein weiteres Rechtsgeschäft, nämlich die Abtretung des Herausgabeanspruchs.

Bsp.: V hat dem D seinen Medicus für einen Monat geliehen. V gibt sein Studium auf und übereignet den Medicus an K durch Einigung und Abtretung seines Herausgabeanspruchs gegen D aus § 604 BGB nach §§ 929 S.1, 931 BGB.

Nach allem bisher Gesagten hat der mittelbare Besitzer drei verschiedene Möglichkeiten, eine Übereignung vorzunehmen: § 929 S.1 BGB, §§ 929 S.1, 930 BGB und §§ 929 S.1, 931 BGB.

a) Besitz eines Dritten

Besitz eines Dritten, gleich ob mittelbarer oder unmittelbarer

Ein Dritter, also ein anderer als der Erwerber oder Veräußerer, muss die zu übereignende Sache im Besitz haben. Dabei ist es unerheblich, ob der Dritte unmittelbarer oder nur mittelbarer Besitzer ist.

str. bei besitzloser Sache

Umstritten ist, wie eine Sache, die sich in niemandes Besitz befindet, übereignet werden kann.

Bsp.: Das Schiff des R ist gesunken. Wie kann er das Wrack auf dem Meeresgrund an S übereignen?

---

[63] Vgl. den Fall zu den §§ 929-931 BGB unter Rn. 59.

Das *RG*[64] hielt eine Übereignung einer besitzlosen Sache für unmöglich. Möglich sei nur eine Übereignung nach § 929 S.2 BGB mittels antizipierter Einigung. Dabei würde der Erwerber jedoch erst Eigentümer, wenn er an der Sache Besitz erlangt. Zum Teil[65] wird eine Übereignung nach §§ 929 S.1, 931 BGB für möglich gehalten. Jedoch ist in diesem Fall die Abtretung eines künftigen Herausgabeanspruchs erforderlich.

Die heute *h.M.*[66] lässt dagegen eine Übereignung nach §§ 929 S.1, 931 BGB zu, wobei die bloße Einigung über den Eigentumsübergang genügt. Da es hier am Besitz eines Dritten fehlt, existiert auch kein abtretbarer Herausgabeanspruch. Die bloße Einigung ist zum Eigentumserwerb ausreichend.

> Im Fall erwirbt S daher schon dann Eigentum, wenn er sich mit R über den Eigentumsübergang einigt. Ob das Schiff jemals geborgen werden kann, spielt keine Rolle.

b) Abtretung eines Herausgabeanspruchs

Abtretung nach §§ 398 ff. BGB

Die Abtretung des Herausgabeanspruchs richtet sich nach den §§ 398 ff. BGB. Eine Anzeige der Abtretung an den dritten Besitzer ist kein Wirksamkeitserfordernis. Die Abtretung ist formfrei und kann auch konkludent erfolgen. Insbesondere kann die Auslegung ergeben, dass die Einigung *stillschweigend* die Abtretung enthält oder umgekehrt.

> **hemmer-Methode:** Denken Sie in diesem Zusammenhang an das Gebot der laiengünstigen Auslegung. Den Parteien, die eine Sache veräußern wollen, die sich bei einem Dritten befindet, wird selten klar sein, dass hierzu eine Abtretung erforderlich ist. Da das Gesetz eine solche aber nun einmal verlangt, muss der Wille zur Abtretung notfalls unterstellt werden.

Der Anspruch braucht bei der Abtretung noch nicht fällig zu sein. Das Eigentum geht dennoch sofort über. Auch künftige Ansprüche gegen noch unbekannte Dritte können abgetreten werden. Das Eigentum geht dann mit der Anspruchsentstehung über. Hier kann jedoch die Bestimmbarkeit des Anspruchs Probleme bereiten.[67] Ist der Herausgabeanspruch in einem Wertpapier verbrieft (z.B. Orderlagerschein), so sind die wertpapierrechtlichen Übertragungsvorschriften zu beachten.

> **hemmer-Methode:** Der Schuldner, der bei der Abtretung nicht beteiligt ist, wird über § 404 BGB dadurch geschützt, dass ihm seine Einwendungen auch gegenüber dem Zessionar erhalten bleiben.
> Derselbe Gedanke liegt dem § 986 II BGB zugrunde: Auch gegenüber dem dinglichen Herausgabeanspruch des Erwerbers aus § 985 BGB kann sich der Besitzer mit dem Besitzrecht, das ihm gegenüber dem Veräußerer zustand, verteidigen.

aa) Mittelbarer Besitz des Veräußerers

mittelbarer Besitz beim Veräußerer ⇨ Abtretung des Herausgabeanspruchs

Ist der Veräußerer mittelbarer Besitzer, so muss er nach *einhelliger Ansicht*[68] im Rahmen des § 931 BGB seinen schuldrechtlichen Herausgabeanspruch aus dem Besitzmittlungsverhältnis abtreten.

---

64 RS 1918, 1536.
65 RGRK, § 931 Rn. 9.
66 Vgl. PALANDT, § 931 Rn. 2; MEDICUS, BR, Rn. 445.
67 Vgl. PALANDT, § 931 Rn. 5, 6.
68 Vgl. PALANDT, § 931 Rn. 3; BAUR/STÜRNER, § 51 VI 1a; BGH NJW 1959, 1536 f.

Durch diese Abtretung wird nach § 870 BGB der mittelbare Besitz auf den Erwerber übertragen, so dass sich die Übereignung in diesem Fall zusammensetzt aus der Einigung über den Eigentumsübergang nach § 929 S.1 BGB und der Übertragung des mittelbaren Besitzes nach §§ 931, 870 BGB.

bb) Kein mittelbarer Besitz, aber schuldrechtlicher Herausgabeanspruch

wenn mittelbarer Besitz (-) Abtretung von §§ 812, 823 BGB möglich

Ist der Veräußerer nicht mittelbarer Besitzer, steht ihm aber ein schuldrechtlicher Herausgabeanspruch aus §§ 812, 823 BGB zu, so ist nach *h.M.*[69] dieser Anspruch abzutreten. Nach *a.A.*[70] werden alle Fälle, in denen der Veräußerer keinen Besitz hat, einheitlich behandelt.

§ 985 BGB nicht abtretbar

Kein abtretbarer Anspruch bei einer Übereignung nach § 931 BGB ist der dingliche Herausgabeanspruch nach § 985 BGB. Dieser folgt dem Eigentum und nicht umgekehrt. Der Anspruch aus § 985 BGB entsteht in der Person des Erwerbers neu.

> **hemmer-Methode:** Merken Sie sich die Formulierung von *Medicus* (BR, Rn 445): **Die wichtigste Eigenart des dinglichen Anspruchs besteht darin, dass er regelmäßig nicht durch Abtretung von dem Stammrecht getrennt werden kann. "§ 985 BGB ist Ausfluss des Eigentums!"**

Beim Erwerb vom Berechtigten spielt es keine Rolle, ob der Anspruch aus dem Besitzmittlungsverhältnis oder ein sonstiger schuldrechtlicher Anspruch abgetreten wird, anders dagegen beim gutgläubigen Erwerb vom Nichtberechtigten.[71]

cc) Kein Besitz, kein Herausgabeanspruch

str., wenn Veräußerer keinen Besitz u. keinen Herausgabeanspruch hat

Umstritten ist der Fall, in welchem der Veräußerer keinen Besitz und außer dem Anspruch aus § 985 BGB auch keinen Herausgabeanspruch gegen den Dritten hat.

Mindermeinung: Abtretung von § 985 BGB

Nach einer *Mindermeinung*[72] ist in diesem Fall der Herausgabeanspruch des § 985 BGB abzutreten. Dessen Eigenschaft als dinglicher Anspruch stünde der Abtretbarkeit hier nicht entgegen, da dies nur zur Folge habe, dass der Anspruch nicht durch Abtretung vom Stammrecht getrennt werden könne. Hier solle aber das Stammrecht mit dem Eigentum übergehen.

h.M.: bloße Einigung ausreichend

Die ganz *h.M.*[73] lässt dagegen in diesem Fall - wie bei der besitzlosen Sache - für eine Übereignung nach §§ 929 S.1, 931 BGB die *bloße Einigung* über den Eigentumsübergang genügen. Die Begründungen divergieren.

Nach *Baur/Stürner*[74] hat das Eigentum, wenn der Veräußerer nicht mittelbarer Besitzer ist, keinen wesentlich anderen Inhalt als den Anspruch aus § 985 BGB. Überträgt er dieses Eigentum, so überträgt er "denknotwendig" auch den Anspruch aus § 985 BGB. Die Abtretung des Anspruchs nach § 985 BGB liegt daher schon in der Einigung über den Eigentumsübergang.

---

69 Vgl. PALANDT, § 931 Rn. 3.
70 BAUR/STÜRNER, § 51 VI 1.
71 Vgl. dazu Rn. 102 ff.
72 Vgl. SCHMITZ, JuS 1975, 575.
73 Vgl. PALANDT, § 931 Rn. 3; BAUR/STÜRNER, § 51 VI 1; MEDICUS, BR, Rn. 445.
74 BAUR/STÜRNER, § 51 VI 1.

Medicus[75] verneint das Erfordernis der Abtretung des Anspruchs aus § 985 BGB deshalb, weil bei besitzlosen Sachen auch dieser Anspruch fehle und hier unumstritten die bloße Einigung genüge. Auch *Palandt*[76] verneint die Abtretbarkeit des Anspruchs aus § 985 BGB.[77] Fehlt daher ein schuldrechtlicher Herausgabeanspruch, genügt für die Übereignung die bloße Einigung.

BGH: Ermächtigung, § 185 I BGB

Nach Ansicht des *BGH*[78] kann der Eigentümer den Erwerber nach § 185 I BGB *entsprechend* zur Geltendmachung des Anspruchs aus § 985 BGB im eigenen Namen ermächtigen. Dies soll für die Übereignung nach §§ 929 S.1, 931 BGB neben der Einigung genügen.

> **hemmer-Methode:** Brechen Sie keinen großartigen Streit vom Zaun: Es handelt sich jeweils nur um verschiedene rechtliche Konstruktionen, ohne dass sich im Ergebnis etwas ändern würde. Außerdem besitzt die erörterte Fallkonstellation kaum Klausurrelevanz.

c) Einschaltung von Hilfspersonen

Die die Übergabe ersetzende Abtretung kann als Rechtsgeschäft problemlos von einem Stellvertreter oder Boten erklärt werden.

III. Fall zu §§ 929 - 931 BGB

Fall zu §§ 929-931 BGB

Freiherr Arno von Armenkirch muss wegen der hohen Steuern seine wertvollen Ölgemälde aus altem Familienbesitz verkaufen. Um die Interessenten nicht in seinem Schloss empfangen zu müssen, hat er die Bilder beim Kunsthändler Hugo Hinkelstein deponiert, wo sie besichtigt werden können und wo A selbst die Verkaufsverhandlungen führt. Norbert Neureich würde gerne eines der Bilder erwerben - welches, ist ihm völlig egal. Er weiß aber genau, dass A gerade ihm überhaupt kein Bild verkaufen wird, da A den N für einen Banausen hält. N will daher seinen Freund Leo Lotterbeck, der den Eindruck eines seriösen und sachverständigen Kunstsammlers macht, zu A schicken, um irgendeines der Bilder zu erwerben. L erhält allerdings regelmäßig Besuch vom Gerichtsvollzieher.

N befürchtet daher, dass das Bild bei L gepfändet werden könnte. Außerdem ist L ständig mit seiner Miete im Rückstand. N fragt daher bei seinem Rechtsanwalt an, wie beim Erwerb des Bildes am besten vorzugehen sei.

Lösung:

N möchte das Eigentum an einem der Bilder erwerben. Für den befürchteten Fall einer Pfändung könnte N nach § 771 ZPO intervenieren, wenn er Eigentümer des Bildes wäre. N ist also daran interessiert, so bald wie möglich Eigentümer zu werden.

Direkterwerb

1. Direkterwerb A - N ?

Am günstigsten wäre es, L würde überhaupt nicht Zwischeneigentümer, sondern N würde direkt von A erwerben.

Vertretung

Die Möglichkeit, dass L als Stellvertreter des N auftritt (§ 164 I BGB), scheidet von vornherein aus, da A ja an N gerade nicht verkaufen will.

---

75 MEDICUS, BR, Rn. 445.
76 PALANDT, § 931 Rn. 3.
77 PALANDT, § 985 Rn. 1.
78 BGH WM 1964, 426.

Geschäft für den, den es angeht

Möglicherweise könnte die Übereignung als *"Geschäft für den, den es angeht"* zwischen A und N wirksam werden. Das "Geschäft für den, den es angeht" wird gewonnen aus der teleologischen Reduktion des Offenkundigkeitsgrundsatzes des § 164 I BGB.

Wenn es dem anderen Vertragsteil ohnehin gleichgültig ist, wer sein Vertragspartner wird, so braucht dessen Identität nicht offengelegt zu werden. Damit ergibt sich aber im vorliegenden Fall, dass kein "Geschäft für den, den es angeht" vorliegen kann. Dem A ist sein Geschäftspartner gerade nicht gleichgültig, da er an N keinesfalls verkaufen will. Darüber hinaus handelt es sich bei dem Verkauf von Kunstwerken auch nicht um ein „Bargeschäft des täglichen Lebens".

Somit scheidet ein Direkterwerb des N von A aus.

> **hemmer-Methode:** Denkbar wäre allenfalls ein sog. offenes Geschäft für den, den es angeht, d.h. L müsste deutlich machen, dass er nicht für sich, sondern für einen unbekannt bleibenden Dritten auftreten will. Soweit A damit einverstanden ist, verdient er keinen weitergehenden Schutz.

2. Zwischeneigentum des L

Zwischeneigentum

Es bleibt hier also nur die Möglichkeit, dass L im Rahmen einer mittelbaren Stellvertretung Zwischeneigentümer wird. L müsste dazu zunächst das Eigentum von A erwerben. Die dingliche Einigung nach § 929 S.1 BGB wird keine Schwierigkeiten bereiten, jedenfalls dann nicht, wenn L bar zahlt. Zusätzlich ist noch die Übergabe erforderlich.

§ 929 S.1 BGB

Eine solche Übergabe könnte nach § 929 S.1 BGB erfolgen, indem H, der ja die Bilder in Besitz hat, auf Anweisung des A das Bild an L übergibt. Unterstellt man, dass das Bild zu groß ist, um es gleich mitzunehmen, würde die Übergabe so erfolgen, dass H das Bild mit dem Lieferwagen zu L in die Wohnung bringt. Mit der Übergabe würde L Eigentümer und im selben Augenblick würde das Bild vom Vermieterpfandrecht nach § 562 BGB ergriffen. Selbst wenn das Eigentum schon nach einer juristischen Sekunde auf N übergehen würde, könnte N nur belastetes Eigentum erwerben. Diese Lösung entspricht damit nicht dem Interesse des N.

Besitzanweisung

Auch aus rein tatsächlichen Gründen ist es besser, wenn das Bild zunächst bei H bleibt. Dort ist eine Pfändung unwahrscheinlich. Eine Übergabe nach § 929 S.1 BGB könnte sich dann so vollziehen: A weist den H an, mit L einen Verwahrungsvertrag zu schließen, also jetzt für L zu besitzen. H tut das. Hier erfolgt die Übergabe durch Besitzanweisung. L wird mittelbarer Besitzer.

§§ 929 S.1, 931 BGB

Sollte H aus irgendwelchen Gründen hierzu nicht bereit sein, kann A dem L seinen Herausgabeanspruch aus dem noch laufenden Verwahrungsvertrag mit H (§ 695 BGB) abtreten. Damit überträgt A dem L den mittelbaren Besitz (§ 870 BGB). L erwirbt Eigentum nach §§ 929, 931 BGB. H braucht hierbei nicht mitzuwirken.

3. Übereignung an N

Eine Übereignung durch Einigung und Übergabe ist für N gefährlich, da L zwischenzeitlich Volleigentümer ist und in dieser Zeit das Bild vollkommen rechtmäßig gepfändet werden kann. Der Zeitraum, in welchem L Eigentümer ist, muss im Interesse des N möglichst kurz gehalten werden.

Insichgeschäft

Möglicherweise kann L dem N das Eigentum verschaffen, ohne erst N, der sich ja im Hintergrund hält, persönlich einzuschalten. L könnte ein Übereignungsangebot abgeben und dies als Vertreter des N annehmen. Die nötige Vertretungsmacht kann man als mit dem Auftrag an L konkludent erteilt ansehen, sofern L und N dies nicht schon ausdrücklich festgelegt haben. § 181 BGB steht dem nicht entgegen, denn L ist nach § 667 BGB zur Herausgabe des erlangten Eigentums verpflichtet, so dass er hier in Erfüllung einer Verbindlichkeit handelt.

§ 2 RECHTSGESCHÄFTLICHER EIGENTUMSERWERB

Auch die Übergabe kann durch Insichgeschäft erfolgen. L schließt mit N, vertreten durch L selbst, einen Verwahrungsvertrag. Dies ist dem L ausdrücklich oder konkludent gestattet. N wird damit Eigentümer nach §§ 929, 930 BGB.

Der mehrfach gestufte mittelbare Besitz (H-L-N) schadet nicht. Da aber alle diese Willenserklärungen stillschweigend nur im Kopf des L abgegeben werden, ist nach allgemeiner Ansicht zur Wirksamkeit eine besondere Ausführungshandlung erforderlich, um den genauen Zeitpunkt festzulegen.[79] Da hier L schlecht den oft zitierten Zettel mit dem Namen des N an dem Bild, das noch bei H steht, anbringen kann, genügt es, wenn er z.B. einen entsprechenden Vermerk niederschreibt.

antizipierte Einigung

Auch bei dieser Lösung vergeht eine gewisse Zeit, bis N Eigentümer wird. Am sichersten wäre es für N, wenn L nicht für eine tatsächliche Zeitspanne, sondern nur für eine "juristische Sekunde" Eigentümer würde, wenn also N sofort mit dem Erwerb des L das Eigentum erwerben würde. Dazu muss zunächst im Zeitpunkt des Erwerbs des L schon eine Einigung zwischen L und N vorliegen. Diese muss also vorweggenommen sein. Eine wirksame Einigung könnte aber am Bestimmtheitsgrundsatz scheitern, weil N irgendein Bild - egal welches erwerben will.

Der Bestimmtheitsgrundsatz besagt, dass im Zeitpunkt des Rechtsübergangs das Übereignungsobjekt bestimmt sein muss. In diesem Zeitpunkt steht aber fest, um welches Bild es sich handelt, nämlich um das, welches L von A gekauft hat. Eine antizipierte Einigung ist daher wirksam.

antizipiertes BMV

Eine tatsächliche Übergabe scheidet aus. Als Übergabesurrogat bietet sich ein antizipiertes Besitzkonstitut an (§ 930 BGB). Mit der Vereinbarung, dass L das Bild auf die beschriebene Weise erwerben soll, legen L und N ausdrücklich oder schlüssig fest, dass L das betreffende Bild für den N aufbewahren soll, um es ihm später herauszugeben. Damit entsteht mit Besitzerlangung durch L ein Besitzmittlungsverhältnis zwischen L und N. Die Tatsache, dass L seinerseits nur mittelbarer Besitzer ist, schadet nicht. Einer besonderen Ausführungshandlung bedarf es in diesem Fall nicht.[80]

Auf diese Weise erlangt N das Eigentum sofort mit dem Erwerb des L von A. Das Eigentum "läuft also nur durch L hindurch". N könnte damit gegen jede Pfändung nach § 771 ZPO vorgehen. Das Bild wird auch nicht vom Vermieterpfandrecht erfasst, wenn es L in seine Wohnung bringt, da es bereits dem N und nicht mehr dem L gehört.

Zusatzfrage

60

L und N vereinbaren wie oben vorzugehen. A übereignet an L durch Besitzanweisung. L nimmt die Übereignungsofferte an, will aber nun das Bild für sich erwerben und behalten. Wer ist Eigentümer des Bildes?

Lösung:

Als Eigentümer kommen nur L oder N in Frage. L hat von A Eigentum erworben. Er hat es dann wieder verloren, wenn N das Eigentum von L erworben hat.

Einigung

L und N hatten sich ursprünglich antizipiert geeinigt. Die Einigung ist jedoch bis zum Eigentumsübergang frei widerruflich. L wollte sich zwar von dieser Einigung lösen. Jedoch hat er dies nicht nach außen erkennbar werden lassen. Dem N ist also nicht, wie erforderlich, das Abgehen von der Einigung erkennbar geworden. Damit besteht die Einigung fort.

Übergabesurrogat

N müsste aber auch mittelbarer Besitzer geworden sein (§ 930 BGB). Der fehlende Besitzmittlungswille hindert den Erwerb des mittelbaren Besitzes. Ein einmal erklärter Besitzmittlungswille wird aber als fortbestehend vermutet, solange sich nichts anderes aus dem äußeren Verhalten des Besitzmittlers ergibt.

---

79 Vgl. PALANDT, § 868 Rn. 20.
80 Vgl. PALANDT, § 930 Rn. 6, 9.

Es ist dabei nicht erforderlich, dass der fehlende Besitzmittlungswille dem potentiellen mittelbaren Besitzer erkennbar wird, sofern er überhaupt nach außen sichtbar wird. Ein geheimer Vorbehalt (Mentalreservation) ist aber bzgl. der Besitzmittlung unbeachtlich,[81] obwohl es sich hier (auch) um eine Tatsache und nicht (nur) um ein Rechtsgeschäft handelt, also § 116 BGB gar nicht uneingeschränkt anwendbar ist.

Hier hat L nach außen gar nichts geäußert. Es liegt nur ein geheimer Vorbehalt vor, so dass ein Besitzmittlungsverhältnis entstanden ist.

N hat also das Eigentum an dem Bild erworben.

C. Erwerb vom Nichtberechtigten i.V.m. § 185 BGB

Berechtigter i.d.R. Eigentümer

Die §§ 929 - 931 BGB regeln den Erwerb vom Berechtigten. *Berechtigter* ist regelmäßig *der nicht in seiner Verfügungsbefugnis beschränkte wahre Eigentümer.*[82]

Daneben gibt es Fälle, in denen ein Nichteigentümer kraft Gesetzes zur Veräußerung berechtigt ist. Hiermit korrespondiert dann regelmäßig eine Beschränkung der Verfügungsbefugnis des Eigentümers.

Bsp.: Verfügungsbefugnis des Insolvenzverwalters nach § 80 I InsO, fehlende Verfügungsbefugnis des Insolvenzschuldners nach § 81 I 1 InsO. Gleiches gilt im Verhältnis Testamentsvollstrecker - Erbe, vgl. §§ 2205 S.2, 2211 I BGB. Auch der Faustpfandgläubiger ist bei Pfandreife zur Veräußerung des Pfandes in einer öffentlichen Versteigerung befugt, vgl. § 1242 I BGB.

> **hemmer-Methode:** Ist der Eigentümer in seiner Verfügungsbefugnis beschränkt, verfügt er aber gleichwohl über Gegenstände, auf die sich die Verfügungsbeschränkung bezieht, stellt sich auch hier die Frage nach der Stellung des redlichen Erwerbers.[83]
> Der Gesetzgeber ist hier unterschiedliche Wege gegangen. § 2211 II BGB ordnet die entsprechende Geltung der §§ 932 ff. BGB an, während § 82 I 2 InsO gutgläubigen Erwerb nur i.V.m. den §§ 892, 893 BGB, also nicht bei Mobilien, zulässt.
> Verfügt der Eigentümer schließlich über eine mit einem Pfandrecht belastete Sache, ist das ein Fall des § 936 BGB. Es stellt sich die Frage des lastenfreien Erwerbs.[84]

Verfügungsberechtigung nach § 185 BGB

Außer in den Fällen einer gesetzlichen Veräußerungsberechtigung oder Verfügungsbefugnis kann die Verfügung eines Nichtberechtigten i.V.m. § 185 BGB wirksam sein.

§ 185 BGB nur bei Verfügungen im eigenen Namen

§ 185 BGB umfasst *vier Fälle der Konvaleszenz*, wobei zwei auf die Zustimmung des Berechtigten zurückzuführen sind (§ 185 I und § 185 II 1 1.Alt BGB), mithin rechtsgeschäftlicher Natur sind. Wichtig ist, dass § 185 BGB nur für Verfügungen im eigenen Namen gilt.

Auf Verfügungen im fremden Namen finden ausschließlich die §§ 164 ff. BGB Anwendung,[85] im Falle der "Nichtberechtigung" insbesondere die §§ 177 ff. BGB.

---

81 Vgl. BGH WM 1979, 771.
82 PALANDT, § 929 Rn.5.
83 Dazu unter Rn. 126.
84 Dazu unter Rn. 113 ff.
85 PALANDT, § 185 Rn.1, vgl. aus der neueren Rspr. OLG Frankfurt a.M. NJW -RR 97, 17.

I. § 185 I BGB

§ 185 I BGB: Einwilligung des Berechtigten

Nach § 185 I BGB ist die Verfügung eines Nichtberechtigten wirksam, wenn sie mit *Einwilligung des Berechtigten* erfolgt. Einwilligung ist die vorherige Zustimmung i.S.d. §§ 182, 183 BGB.

regelmäßig bei verlängertem EV

Klassischer Anwendungsfall des § 185 I BGB ist die Ermächtigung zur Weiterveräußerung im ordnungsgemäßen Geschäftsverkehr beim verlängerten Eigentumsvorbehalt und der Sicherungsübereignung von Warenbeständen.

> *Bsp.: K kauft in dem Supermarkt des S 60 Flaschen Randersackerer Teufelskeller, die dieser von dem Winzer W unter verlängertem Eigentumsvorbehalt erworben hat. K kennt den W und weiß, dass dieser den Wein nur unter Vorbehalt des Eigentums abgibt.*
>
> *In diesem Fall erwirbt der K das Eigentum nach § 929 S.1 i.V.m. § 185 I BGB, da bei einem verlängerten Eigentumsvorbehalt der Vorbehaltskäufer gegen Abtretung der Kaufpreisforderung regelmäßig zur Weiterveräußerung im ordnungsgemäßen Geschäftsverkehr ermächtigt ist. Die Redlichkeit des Erwerbers spielt bei § 185 I BGB keine Rolle.*

> **hemmer-Methode:** Der kleine Fall zeigt, wie wichtig es ist, den § 185 BGB in der Prüfung zumindest gedanklich vorzuschalten. Ein Erwerb nach den §§ 932 ff. BGB wäre hier schon mangels Gutgläubigkeit nicht in Betracht gekommen (allenfalls § 366 I HGB). Auf diese Aspekte kommt es aber überhaupt nicht an, wenn die Übereignung schon nach § 185 BGB wirksam ist.
> Zeigen Sie dem Korrektor, dass Sie das System verstanden haben, indem Sie auf einen gutgläubigen Erwerb mit keinem Wort eingehen.

Bei Verfügung i.V.m. § 185 I BGB: kein Ausgleichsanspruch nach § 816 I 1 BGB

Der Nichtberechtigte, der mit der Einwilligung des Berechtigten verfügt, ist kein Nichtberechtigter i.S.d. § 816 I 1 BGB.[86] Die Vorschrift ist in dieser Konstellation nicht anwendbar. Der wahre Berechtigte steht deshalb aber nicht schutzlos. I.d.R. stehen ihm ohnehin gleichwertige Ansprüche gegen den Verfügenden zu. So hat der Vorbehaltsverkäufer nach wie vor seine eigene Kaufpreisforderung gegen den Vorbehaltskäufer und der Sicherungsnehmer nach wie vor seinen Darlehensrückzahlungsanspruch. Für einen zusätzlichen Erlösanspruch aus § 816 I 1 BGB besteht daher gar kein Bedürfnis.

II. § 185 II 1 1.Alt BGB

§ 185 II 1 1.Alt BGB: Genehmigung des Berechtigten relevant, um Rechtsfolgen des § 816 I 1 BGB herbeizuführen

Nach § 185 II 1 1.Alt BGB wird die Verfügung eines Nichtberechtigten wirksam, wenn der Berechtigte sie *genehmigt*. Nach § 184 I BGB hat die Genehmigung Rückwirkung. Die Bedeutung von § 185 II 1 1.Alt BGB ist vor allem im Zusammenspiel mit § 816 I BGB zu sehen. Anders als bei § 185 I BGB, bei dem § 816 I 1 BGB als Ausgleichsanspruch ausscheidet, dient die Genehmigungsmöglichkeit gerade dazu, die Rechtsfolgen des § 816 I 1 BGB herbeizuführen.

> *Bsp.: Dem Eigentümer E wird seine goldene Uhr gestohlen. Der Dieb D veräußert diese weiter an den gutgläubigen X, X wenig später an Y. E kann zunächst den X ausmachen und erhält von diesem den von Y gezahlten Kaufpreis. Wenig später entdeckt der E seine Uhr bei Y und möchte diese nun doch in natura wiederhaben. Hat E gegen Y einen Anspruch auf Herausgabe der Uhr?*

---

[86] PALANDT, § 816 Rn. 7.

Lösung:

E kann die Uhr von Y aus § 985 BGB herausverlangen, wenn er noch Eigentümer derselben ist. Wegen des Diebstahls waren zunächst alle Verfügungen über die Uhr unwirksam, § 935 I BGB, so dass das Eigentum nach wie vor dem E zustand. Die Verfügung des X könnte aber nach § 185 II 1 1.Alt BGB wirksam geworden sein, wenn E diese genehmigt hätte.

Für eine ausdrückliche Genehmigung ist im Sachverhalt nichts ersichtlich. Die *h.M.*[87] nimmt aber eine stillschweigende Genehmigung an, wenn der Berechtigte vom Verfügenden die Herausgabe des Erlöses nach § 816 I 1 BGB verlangt und diesen auch tatsächlich erhält. Dahinter steckt die Überlegung, dass der Veräußerer, der den Erlös, von dem er noch nicht einmal den selbst gezahlten Kaufpreis abziehen kann, herausgeben muss, wenigstens vor Ansprüchen seines Käufers nach §§ 311a II BGB sicher sein muss.

Durch die konkludent erteilte Genehmigung ist die Verfügung des X mithin wirksam geworden. Als einseitiger Gestaltungsakt ist die einmal erteilte Genehmigung auch unwiderruflich. E hat damit gegen Y keinen Anspruch auf Herausgabe der Uhr nach § 985 BGB.

> **hemmer-Methode:** Die Genehmigungsmöglichkeit bei einer zunächst unwirksamen Verfügung ist ein klassisches Klausurproblem. Die Genehmigung bezieht sich allerdings nur auf die Rechtsfolgen: die Verfügung bleibt die eines Nichtberechtigten, denn ansonsten entfiele mit der Genehmigung immer zugleich auch der Tatbestand des § 816 I 1 BGB. Denken Sie in diesem Kontext auch an folgende Aspekte: Zu erörtern, aber mit der *h.M.* abzulehnen ist ein Erlösanspruch aus § 985 BGB i.V.m. § 285 BGB. Der Eigentümer soll sich zwischen dem Anspruch aus § 985 BGB und der Genehmigungsmöglichkeit bei § 816 I 1 BGB entscheiden.
> Normalerweise muss der Genehmigende bei § 185 II 1 1.Alt BGB noch im Zeitpunkt der Genehmigung Berechtigter sein. Auch hiervon macht die *h.M.* eine Ausnahme, wenn die Genehmigung der Herbeiführung der Rechtsfolgen des § 816 I 1 BGB dient. Für die Schutzbedürftigkeit des Eigentümers macht es keinen Unterschied, ob der Anspruch aus § 985 BGB tatsächlich nicht durchsetzbar ist, weil der momentane Besitzer unbekannt ist, oder ob § 985 BGB aus rechtlichen Gründen scheitert, weil ein Dritter inzwischen kraft Gesetzes (z.B. nach §§ 946, 950 BGB) Eigentum erworben hat. In beiden Fällen soll sich der (ursprünglich) Berechtigte an den Veräußerer halten dürfen.

III. § 185 II 1 2.Alt BGB

§ 185 II 1 2.Alt BGB: der Nichtberechtigte erwirbt den Gegenstand

Nach § 185 II 1 2.Alt BGB wird eine Verfügung wirksam, wenn der Nichtberechtigte *den Gegenstand erwirbt*. Die Konvaleszenz tritt hier aber nur mit *Wirkung ex nunc* ein, da sich § 184 I BGB ausdrücklich nur auf die Genehmigung bezieht. Für die Heilung ist unerheblich, ob der Verfügende den Gegenstand als Einzel- oder Gesamtrechtsnachfolger erlangt.[88]

Bsp.: Neffe N verkauft und übereignet die Briefmarkensammlung seines Onkels O an den D, der Kenntnis von der wahren Eigentumslage hat. Wenig später verstirbt O, Alleinerbe ist N.

Eine Eigentumserwerb des D nach §§ 929 S.1, 932 BGB scheitert zunächst an der fehlenden Gutgläubigkeit des D, § 932 II BGB. Mit dem Tode des O ist die Verfügung des N allerdings konvalesziert. Der Eigentumserwerb des N nach § 1922 BGB stellt einen Fall des § 185 II 1 2.Alt BGB dar.

---

[87] BGH NJW 96, 2106; PALANDT, § 185 Rn.10.
[88] MÜKO-SCHRAMM, § 185 Rn. 57.

§ 2 RECHTSGESCHÄFTLICHER EIGENTUMSERWERB

> **hemmer-Methode:** In dieser Konstellation müssen Sie ausnahmsweise den Gutglaubenserwerb vor § 185 BGB prüfen. Das liegt aber nur daran, dass die möglichen Erwerbstatbestände in der historischen Reihenfolge zu prüfen sind und bei § 185 II 1 2.Alt BGB keine Rückwirkung angeordnet ist. Letztlich ist aber auch diese Reihenfolge logisch vorgegeben, denn Sie müssen in der Klausur immer fragen, zu welchem Zeitpunkt eine dingliche Rechtsänderung frühestens eingetreten sein könnte. Im Beispielsfall hätte der D aber bereits mit Übergabe Eigentum erwerben können, wenn er gutgläubig gewesen wäre (Voraussetzung außerdem: kein Abhandenkommen i.S.d. § 935 I BGB). Auf § 185 II 1 2.Alt BGB wäre es dann gar nicht mehr angekommen bzw. die Vorschrift wäre gar nicht einschlägig gewesen, da die Briefmarkensammlung zum Zeitpunkt des Erbfalls nicht mehr zum Nachlass des O gehört hätte.

§ 185 II 1 2.Alt BGB auch bei Verfügungen über ein künftiges Recht

§ 185 II 1 2.Alt BGB findet nach *h.M.* entsprechende Anwendung, wenn über ein *künftiges* Recht verfügt wird. An dieser Stelle ist dann allerdings umstritten, ob Direkt- oder Durchgangserwerb stattfindet.[89]

Die strikte Anwendung des Konvaleszenzprinzips würde für einen Durchgangserwerb sprechen. Der Nichtberechtigte wäre für eine "juristische Sekunde" Eigentümer.

> **hemmer-Methode:** Die unterschiedliche Konstruktion ist aber in vielen Fällen nicht so bedeutsam, wie es auf den ersten Blick scheint. Übereignet ein Vorbehaltskäufer, der sein Geschäft in gemieteten Räumen betreibt, sein Warenlager zur Sicherheit an eine Bank, stellt sich die Frage, ob das Eigentum der Bank im Falle des Bedingungseintritts mit dem Vermieterpfandrecht nach § 562 BGB belastet ist. Das scheint davon abzuhängen, ob man bei der Bank Durchgangs- oder Direkterwerb annimmt.
> Da aber inzwischen anerkannt ist, dass auch das Anwartschaftsrecht selbst von § 562 BGB erfasst wird bzw. in den Haftungsverband der Hypothek nach § 1120 BGB fällt,[90] erwirbt die Bank in jedem Fall nur das belastete Anwartschaftsrecht, bei dessen Erstarken zum Vollrecht § 1287 BGB analoge Anwendung findet. Die Frage, ob Direkt- oder Durchgangserwerb stattfindet, spielt also keine Rolle.[91]

IV. § 185 II 1 3.Alt BGB

§ 185 II 1 3.Alt BGB: Berechtigter wird Erbe des Nichtberechtigten

Die Verfügung wird nach der letzten Alternative des § 185 II 1 BGB auch dann wirksam, wenn der *Berechtigte den Nichtberechtigten beerbt* und für die Nachlassverbindlichkeiten unbeschränkt haftet.

> **hemmer-Methode:** Lassen Sie sich an dieser Stelle nicht von dem komplizierten Wortlaut des § 185 BGB verwirren. Zur Terminologie: Der Erblasser wird von den Erben beerbt. Nach § 185 II 1 3.Alt BGB wird die Verfügung also wirksam, wenn der Verfügende vom Berechtigten beerbt wird. Merke daher: Der Berechtigte muss Erbe des Nichtberechtigten werden! Das zunächst verwunderliche Ergebnis der Auslegung wird aber durch die Systematik des § 185 II BGB bestätigt. Der umgekehrte Fall, dass der Nichtberechtigte den Berechtigten beerbt, wird ja schon von § 185 II 1 2.Alt BGB erfasst, denn hier erwirbt der Nichtberechtigte den Gegenstand nach § 1922 BGB.

Konvaleszenz kraft Haftung

Hintergrund für die von § 185 II 1 3.Alt BGB angeordnete Konvaleszenz ist die Erleichterung bei der Abwicklung der Haftung des Erben. Man spricht daher auch von *"Konvaleszenz kraft Haftung"* oder der "Vereinigung von Recht und Pflicht".[92]

---

89   Vgl. hierzu MüKo-Schramm, § 185 Rn. 62.
90   BGHZ 35, 85; BGH NJW 65, 1475f.
91   Zu der Problematik ausführlich: Medicus, BR, Rn. 484.
92   Vgl. MüKo-Schramm, § 185 Rn. 63.

Bsp.: Die Ehefrau F verkauft und übereignet die Briefmarkensammlung ihres Mannes M an den gutgläubigen D. Kurz darauf verstirbt die F und wird von M allein beerbt. Als dieser die Veräußerung der Briefmarkensammlung erfährt, ist er empört und verlangt diese von D heraus. Zu Recht?

Lösung:

M könnte gegen D einen Herausgabeanspruch aus § 985 BGB haben. Ursprünglich war M Eigentümer. Auch die Veräußerung der Briefmarkensammlung an D hat zu keinem Eigentumsverlust geführt, wenn man aufgrund des Mitbesitzes von einem Abhandenkommen i.S.d. § 935 I BGB ausgeht.

Die Verfügung könnte aber nach § 185 II 1 3.Alt BGB wirksam sein. Unterstellt man, dass M für die Nachlassverbindlichkeiten unbeschränkt haftet, sind die Voraussetzungen der Vorschrift grundsätzlich erfüllt.

Durch die Konvaleszenz wird die Haftung des M vereinfacht. Da die F dem D kein Eigentum verschaffen konnte, wäre sie diesem nach § 311a II BGB zum Schadenersatzanspruch verpflichtet gewesen.

Für diesen Anspruch würde der M nach §§ 1922, 1967 BGB haften. Rein wirtschaftlich müsste der M den Verlust der Sache daher ohnehin tragen. Aus diesem Grund ist es einfacher, wenn die Verfügung durch die Rechtsnachfolge des M automatisch wirksam wird. Dieses Ergebnis wird über die Konvaleszenz nach § 185 II 1 3.Alt BGB erreicht. Da M sein Eigentum an der Briefmarkensammlung zum Zeitpunkt des Erbfalls (auch bei § 185 II 1 3.Alt BGB findet keine Rückwirkung statt) verloren hat, besteht ein Herausgabeanspruch aus § 985 BGB nicht.

V. Mehrere kollidierende Verfügungen, § 185 II 2 BGB

mehrere Verfügungen: Prioritätsgrundsatz

Werden über einen Gegenstand von einem Nichtberechtigten mehrere Verfügungen getroffen, so ordnet § 185 II 2 BGB die *Geltung des Prioritätsgrundsatzes* an, wenn die Verfügungen nicht in Einklang zu bringen sind.

66

Bei der Frage, ob die Verfügungen einander widersprechen, ist auf die Sicht des ersten Erwerbers abzustellen.

Bsp.: Bestellt der Nichtberechtigte am Montag ein Pfandrecht zugunsten des X und veräußert er die Sache am Dienstag an Y, so werden beide Verfügungen wirksam, denn dem Pfandrechtsgläubiger ist regelmäßig gleichgültig, wem die Sache gehört, wenn ihm nur das Pfandrecht erhalten bleibt. Y erwirbt daher nur mit dem Pfandrecht des X belastetes Eigentum. (Gutgläubig lastenfreier Erwerb nach § 936 BGB dürfte hier selten in Betracht kommen, wenn der Pfandgläubiger - und das ist die Regel - die Sache in Besitz hat (vgl. § 936 I S.3 BGB bzw. § 936 III BGB).

Bei umgekehrter zeitlicher Reihenfolge wird dagegen nur die Veräußerung des Eigentums wirksam, da es aus der Sicht des Erwerbers nicht gleichgültig ist, ob er belastetes oder unbelastetes Eigentum erwirbt. Die zeitlich nachfolgende Pfandrechtsbestellung ist mit der ersten Verfügung nicht in Einklang zu bringen.[93]

> **hemmer-Methode:** Denken Sie auch an die Anwendung des § 185 BGB in der Zwangsvollstreckung. Auch hier gilt nach *h.M.* § 185 II 2 BGB: Haben mehrere Gläubiger eine schuldnerfremde Sache gepfändet, haben die Pfandrechte nicht etwa den gleichen Rang, sondern das aufgrund der ersten Pfändung wirksam gewordene Pfändungspfandrecht genießt den Vorrang.[94]

---

93 Vgl. PALANDT § 185, Rn. 12.
94 Vgl. für die h.M. MÜKO-SCHRAMM, § 185 Rn 66; a.A. REINICKE/TIEDTKE, Kreditsicherung, S.226.

D. Gutgläubiger Erwerb vom Nichtberechtigten

I. Einführung

1. Zweck der Regelung

Zweck des gutgläubigen Erwerbs: Schutz des Rechtsverkehrs

Die §§ 929-931 BGB verlangen für die Eigentumsübertragung die Berechtigung des Veräußerers. Diese Berechtigung zur Eigentumsübertragung kann der Erwerber in den wenigsten Fällen überprüfen. Sicherheit und Leichtigkeit des Rechtsverkehrs wären erheblich beeinträchtigt, wenn der Erwerber befürchten müsste, kein Eigentum für seine Gegenleistung zu erwerben. Auf der anderen Seite steht der Schutz des Eigentümers, der sein Eigentum nicht in jedem Fall durch die Verfügung eines Nichtberechtigten verlieren darf.

Diesen Interessenskonflikt zwischen Erwerber und Eigentümer versuchen die Vorschriften über den gutgläubigen Erwerb in den §§ 932-935 BGB zu lösen. Der Erwerber erlangt nur das Eigentum, wenn er hinsichtlich des Eigentums gutgläubig und der Veräußerer durch den Rechtsschein des Besitzes *(vgl. § 1006 BGB)* legitimiert war. Allerdings darf die Sache dem Eigentümer oder seinem Besitzmittler nicht abhanden gekommen sein.

> **hemmer-Methode: Machen Sie sich schon jetzt zum besseren Verständnis die Wertungen klar, die hinter den gesetzlichen Vorschriften stehen.**
> **Aus Gründen des Verkehrsschutzes soll gutgläubiger Erwerb möglich sein. Ist die Sache abhanden gekommen, sieht das Gesetz den Eigentümer als schutzwürdiger an. Selbst der Gutgläubige erwirbt die Sache dann nicht. Zwischen Eigentümer und Erwerber (regelmäßig Besitzer) besteht dann ein EBV: Hier schützt das Gesetz wiederum den redlichen Erwerber, der im Falle des entgeltlichen Erwerbs weder Schadens- noch Nutzungsersatz schuldet (vgl. auch § 993 I BGB a.E.) und in weitem Maße Ersatz seiner Verwendungen beanspruchen kann (§§ 994 I, 996 BGB).**
> **Mehr als den Verlust der Sache muss daher auch der redliche Erwerber einer abhanden gekommenen Sache nicht befürchten!**
> **Lernen Sie die einzelnen Themengebiete nicht isoliert, sondern stellen Sie Verknüpfungen her! Nur so schaffen Sie ein grundlegendes Verständnis für die Materie und vermeiden das sture Pauken von Detailwissen.**

2. Rechtsgeschäft/Verkehrsgeschäft

Voraussetzung: rechtsgeschäftlicher Erwerb

Vor dem Hintergrund des Sinn und Zwecks des gutgläubigen Erwerbs erklärt sich beinahe von selbst, dass ein solcher nach den §§ 932-935 BGB nur möglich ist, wenn ein Rechtsgeschäft i.S.e. Verkehrsgeschäfts vorliegt. Voraussetzung ist somit zunächst ein *rechtsgeschäftlicher Erwerb* gemäß der §§ 929-931 BGB.[95]

Rechtsgeschäft als Verkehrsgeschäft

Bei einem Erwerb kraft Gesetzes gibt es keinen gutgläubigen Eigentumserwerb, da es hier an dem erforderlichen Vertrauenstatbestand fehlt. Der Erbe, dem die Erbschaft quasi in den Schoß fällt, kann im Wege der Universalsukzession nach § 1922 BGB nicht mehr Rechte verlangen, als der Erblasser selbst innehatte. Ein gesetzlicher Erwerb liegt auch dann vor, wenn der Erblasser durch Verfügung von Todes wegen - also einem Rechtsgeschäft - den Erben bestimmt hat.

---

[95] Vgl. MEDICUS, BR, Rn. 547; TIEDTKE Jura 1983, 461; WIEGAND, JuS 1974, 202.

Dem gesetzlichen Erwerb im Wege der Universalsukzession gleichzustellen ist der rechtsgeschäftliche Erwerb im Rahmen der *vorweggenommenen Erbfolge*, so dass auch hier ein gutgläubiger Erwerb nach den §§ 932 ff. BGB entfällt.[96] Der Erwerber verdient hier keinen Schutz, da ihm der gesetzliche Erwerb durch Erbgang keine bessere Rechtsposition verschafft hätte.[97]

Ein Verkehrsgeschäft liegt aber dann vor, wenn eine Grundstücksübertragung auf einen Dritten zur Erfüllung eines Vermächtnisses erfolgt.[98]

> **hemmer-Methode:** Auch wenn es sich vorliegend nicht um die Übereignung beweglicher Sachen handelt, ist diese Entscheidung für das vorliegende Skript von Bedeutung. Denn es wird bei der Definition des Verkehrsgeschäftes keine Differenzierung zwischen beweglichen und unbeweglichen Sachen vorgenommen.

Im betreffenden Fall war ein im Eigentum des Erblassers stehendes Grundstück auf den Erben übergegangen. Im Grundbuch war zuvor eine Grundschuld versehentlich gelöscht worden. Sodann wurde das Grundstück auf den Vermächtnisnehmer übertragen. Als der Inhaber der Grundschuld später seine Eintragung im Grundbuch verlangte, ging es um die Frage, ob ein lastenfreier Erwerb stattgefunden hatte. Da ein Verkehrsgeschäft stattgefunden hatte, konnte der Vermächtnisnehmer gutgläubig lastenfrei gem. § 892 BGB das Grundstück erwerben.

Achtung: nach h.M. gilt etwas anderes, wenn im Zuge einer Erbteilung oder eines Vorausvermächtnisses auf einen Miterben übertragen wird![99] Damit wird ein Dritter als Vermächtnisnehmer besser gestellt als ein Miterbe als Vorausvermächtnisnehmer.

> **hemmer-Methode:** Die Entgeltlichkeit ist keine Voraussetzung für den gutgläubigen Erwerb. Die §§ 932 ff. kommen auch zur Anwendung, wenn das zugrunde liegende Kausalgeschäft eine Schenkung ist. Aufgrund des Abstraktionsprinzips muss das auch so sein. Der geringeren Schutzwürdigkeit des unentgeltlichen Erwerbers hat der Gesetzgeber vielmehr im Bereicherungsrecht Rechnung getragen.
> Der Beschenkte muss die gutgläubig erworbene Sache nach § 816 I 2 BGB herausgeben. Dieser gesetzlich vorgesehene Durchgriff stellt eine Ausnahme von dem Grundsatz dar, dass der gutgläubige Erwerb nicht durch das Bereicherungsrecht aus den Angeln gehoben werden darf.

Verkehrsgeschäft nur bei Rechtssubjektswechsel

Ein Verkehrsgeschäft liegt vor, wenn auf der Erwerberseite mindestens eine Person beteiligt ist, die nicht auch auf der Veräußererseite steht.[100] Das Rechtsgeschäft muss somit einen Rechtssubjektswechsel bewirken. Für die Identität der Personen ist dabei eine *wirtschaftliche Betrachtungsweise* maßgebend.

> *Bsp. 1: A bringt einen LKW in die OHG ein, deren Gesellschafter neben ihm noch B und C sind. Hier liegt ein Verkehrsgeschäft vor, gutgläubiger Erwerb ist möglich, sofern alle am Erwerbsakt beteiligten Gesellschafter (der Einbringende ausgeschlossen) redlich sind.[101]*

> *Bsp. 2: Kein Verkehrsgeschäft liegt umgekehrt vor, wenn die Gesellschaft einen Gegenstand an einen Gesellschafter oder die Erbengemeinschaft einen Nachlassgegenstand an einen Miterben überträgt.*

---

96 Vgl. PALANDT § 892, Rn.3; BayObLG NJW-RR 1986, 882.
97 Vgl. MEDICUS, BR, Rn. 549.
98 OLG Naumburg, NJW 2003, 3209 = Life and Law 2004, 11 ff.
99 Vgl. PALANDT § 892, Rn.5.
100 Vgl. MEDICUS, BR, Rn. 548; PALANDT, § 892 Rn. 9.
101 MEDICUS, BR, Rn. 548.

Kein Verkehrsgeschäft liegt bei wirtschaftlicher Betrachtungsweise vor, wenn eine Sache von einer Ein-Mann-GmbH an den einzigen Gesellschafter (oder umgekehrt) veräußert wird.

Gleiches gilt, wenn sich ein Nichtberechtigter eine Eigentümergrundschuld bestellt.

II. Der gute Glaube, § 932 II BGB

Bösgläubigkeit des Vertreters
⇨ *§ 166 I BGB*
Bösgläubigkeit des Vertretenen
⇨ *ggf. § 166 II BGB*

Die Gutgläubigkeit des Erwerbers ist bei allen Erwerbstatbeständen der §§ 932-934 BGB Voraussetzung für einen Eigentumserwerb vom Nichtberechtigten. Bei Einschaltung eines Vertreters gilt § 166 BGB, so dass es nach § 166 I BGB grundsätzlich auf die *Kenntnis des Vertreters* ankommt. Nach § 166 II BGB ist auf die Kenntnis des Vertretenen abzustellen, wenn der Vertreter auf Weisung handelte.

> **hemmer-Methode:** § 166 II BGB ist auch anwendbar, wenn die Einigung erst durch eine Genehmigung wirksam wurde, z.B. weil für den Erwerber ein vollmachtsloser Vertreter auftrat, vgl. §§ 177 ff., 184 BGB. Da hier (noch stärker als bei der Weisung) die letzte Entscheidung über das Rechtsgeschäft beim Genehmigenden liegt, muss dessen Kenntnis maßgebend sein.

1. Definition des guten Glaubens nach § 932 II BGB

Definition, § 932 II BGB

In § 932 II BGB findet sich eine Legaldefinition des guten Glaubens. Danach ist der Erwerber nicht in gutem Glauben (= bösgläubig), wenn er weiß oder infolge grober Fahrlässigkeit nicht weiß, dass der Veräußerer nicht Eigentümer ist.

positive Kenntnis

Die Fälle positiver Kenntnis sind in Klausuren eher selten und dann meist eindeutig und problemlos.

oder grobe Fahrlässigkeit

Bösgläubigkeit liegt jedoch bereits dann vor, wenn der Erwerber grob fahrlässig nicht weiß, dass der Veräußerer nicht der Eigentümer ist. Grob fahrlässig handelt, wer gem. § 276 II BGB die im Verkehr erforderliche Sorgfalt in ungewöhnlich hohem Maße verletzt und insbesondere Nachforschungen unterlässt, die jedem hätten einleuchten müssen.[102] Die bloß leichte Fahrlässigkeit schadet dagegen nicht. Auch besteht für den Erwerber keine allgemeine Nachforschungspflicht, zumal das Gesetz die Gutgläubigkeit als den Regelfall ansieht und daher vermutet.

Umstände des Einzelfalls entscheidend

Die Frage, ob grobe Fahrlässigkeit vorliegt, ist eine *Wertungsfrage*, die von den jeweiligen *Umständen des Einzelfalls* abhängt. Wer bei einem unerklärlich niedrigen Schleuderpreis oder sonstigen verdächtigen Umständen nähere Nachforschungen unterlässt, handelt regelmäßig grob fahrlässig.[103]

> *Bsp.: Beim Kauf eines Gebrauchtwagens handelt der Erwerber grob fahrlässig, wenn er bei fehlendem oder einem auf eine andere Person lautenden Kfz-Brief weitere Nachforschungen unterlässt.[104] Vorsicht geboten ist auch bei Gegenständen, die üblicherweise auf Abzahlung veräußert werden.[105]*

---

102 Vgl. BGH NJW 1981, 1271; PALANDT, § 932 Rn. 10.
103 Vgl. OLG München, NJW 2003, 673 = Life and Law 2003, 311 ff.; zu Einzelfällen siehe PALANDT, § 932 Rn. 11.
104 Vgl. BGH NJW 1975, 735, 736.
105 Vgl. OLG Frankfurt/Main WM 1975, 1050.

> **life&law:**[106] Ein Vorführwagen ist hinsichtlich des guten Glaubens des Erwerbers wie ein Neuwagen zu behandeln mit der Folge, dass gutgläubiger Erwerb auch ohne Vorlage des KfZ-Briefs möglich ist.

> **hemmer-Methode:** Achten Sie hier in der Klausur auf die Umstände des Einzelfalls und beziehen Sie diese auch in Ihre Argumentation mit ein: Kann z.B. der Veräußerer eines PKW den Fahrzeugbrief (seit 01.01.2005: sog. Zulassungsbescheinigung) vorlegen, ist er aber nicht in diesem eingetragen, begründet dies beim Erwerb vom Privatmann höhere Nachforschungspflichten als beim Erwerb von einem Händler, der sich typischerweise inzahlunggenommene PKW nicht auf sich zulässt.[107]
> Ist der Privatverkäufer nicht im KfZ-Brief eingetragen, besteht eine Nachforschungspflicht aber grundsätzlich nur dann, wenn sich aufgrund der fehlenden Voreintragung Zweifel am Eigentum des Veräußerers ergeben. Werden beim Erwerb weitere Dokumente, wie eine Abmeldebescheinigung sowie ein auf den voreingetragenen Eigentümer lautender Kaufvertrag vorgelegt, soll nach Ansicht des LG Mönchengladbach ein gutgläubiger Erwerb ausnahmsweise nicht scheitern, auch wenn der Erwerber weitere Nachforderungen unterlässt.[108]

Allerdings besteht kein Erfahrungssatz dahingehend, dass bestimmte Waren regelmäßig unter Eigentumsvorbehalt verkauft oder als Sicherheit übereignet werden.[109]

Das kann allerdings bei gewerblichen Geschäften anders sein, wie der folgende BGH Fall verdeutlicht:[110]

V ist Vertragshändlerin des LKW-Herstellers H. Bei Lieferung behält sich H im Vertrag mit V stets das Eigentum bis zur vollständigen Bezahlung des Kaufpreises vor. Auch eine Verfügungsbefugnis erhält V nur unter der Bedingung der vollständigen Begleichung des Kaufpreises. Die KFZ-Briefe verwahrt H bis zur vollständigen Zahlung.

K betreibt eine Leasinggesellschaft, die schon häufig und in großem Umfang Leasinggegenstände erworben hat, auch bei V. K erwirbt einen LKW von V und überreicht diesem einen Scheck über den Kaufpreis. V löst diesen ein, leitet aber den Betrag nicht an H weiter.

Leasingnehmer S, dem der LKW inzwischen von K überlassen wurde, gibt diesen nach entsprechender Aufforderung an H heraus.

H veräußert den LKW unter Übergabe des KfZ-Briefes an einen Dritten D. K verlangt von H Herausgabe des Erlöses aus dieser Weiterveräußerung bzw. Schadensersatz. Zu Recht?

Anspruch aus § 816 Abs.1 S.1 BGB

In Betracht kommt Anspruch auf Herausgabe des erzielten Erlöses aus § 816 Abs.1 S.1 BGB.

Dann müsste H bei der Veräußerung an D als Nichtberechtigter gehandelt haben und die Verfügung müsste K gegenüber wirksam sein.

Fraglich ist zunächst die Nichtberechtigung des H. Ursprünglich war H als Hersteller des LKW Eigentümer desselben.

---

106 Life&Law 1999, 572 (Heft9)

107 Vgl. insofern BGH NJW 96, 314 = WM 96, 172; aber auch BGH NJW 96, 2226, wo betont wird, dass auch unter Kraftfahrzeughändlern zum Ausschluß der Unredlichkeit die Vorlage des Kfz-Briefes erforderlich ist; vgl. zusammenfassend PALANDT, § 932 Rn. 13 ff.

108 NJW 2005, 3578 f.

109 Vgl. BGH BB 1970, 150.

110 BGH NJW 2005, 1365 f.

§ 2 RECHTSGESCHÄFTLICHER EIGENTUMSERWERB

Eigentumsverlust des H durch Lieferung an V?

H hat sein Eigentum nicht im Rahmen der Lieferung an V verloren. Denn die Veräußerung an den V erfolgte unter Eigentumsvorbehalt. Demnach lagen im Verhältnis zwischen H und V zwar alle Voraussetzungen des Erwerbs nach § 929 S. 1 BGB vor (Einigung, Übergabe, Berechtigung).

Allerdings steht bei einer Veräußerung unter Eigentumsvorbehalt die dingliche Einigung i.S.d. § 929 S.1 BGB unter der aufschiebenden Bedingung vollständiger Kaufpreiszahlung, § 158 Abs.1 BGB.

Diese Bedingung ist laut Sachverhalt nicht eingetreten. Die Einigung konnte daher ihre Wirkung, nämlich den Übergang des Eigentums auf V, nicht entfalten.

Eigentumsverlust bei H durch gutgläubigen Erwerb des K?

Möglicherweise hat H aber das Eigentum durch die Verfügung des V gegenüber K verloren. V und K haben sich dinglich geeinigt; die Sache wurde zudem an K übergeben, § 929 S.1 BGB.

Problem: Berechtigung des V

V war aber nicht Eigentümer. Er wäre daher nur dann zur Vornahme der Verfügung berechtigt gewesen, wenn H ihn zur Veräußerung ermächtigt hätte, § 185 Abs.1 BGB. Zwar wurde im Vertrag zwischen H und V von einer Verfügungsbefugnis gesprochen. Diese wurde aber abhängig gemacht von der Zahlung des Kaufpreises.

Da diese aber nicht erfolgte, fehlten dem V die Verfügungsbefugnis und damit die Berechtigung insgesamt.

Gutgläubigkeit des K?

Möglicherweise hat K das Eigentum aber gutgläubig gem. § 932 Abs.1 BGB erworben. Die Gutgläubigkeit könnte sich vorliegend daraus ergeben, dass V Besitzer des LKW war. Als Anknüpfungspunkt für den gutgläubigen Erwerb streitet der Besitz gem. § 1006 Abs.1 BGB für das Eigentum.

Der Verfügende gilt also grundsätzlich durch den Besitz als legitimiert. Insoweit (!) durfte K vom Eigentum des V ausgehen. Allerdings handelt es sich bei einem LKW (sowie bei einem PKW) um eine Sache, bei der Besonderheiten bestehen.

Denn hinsichtlich des Eigentums an einem LKW streitet zusätzlich der KFZ-Brief für das Eigentum. Der KFZ-Brief ist im Rechtsverkehr ein anerkanntes Legitimationspapier. Gem. § 952 II BGB analog steht das Eigentum an dem KFZ-Brief dem Eigentümer des KFZ selbst zu. Daher verstärkt die Vorlage des KFZ-Briefes die Legitimation des Veräußerers.

Nach Ansicht des BGH spielt der KFZ-Brief bei der Veräußerung von KFZ eine entscheidende Rolle. Er vermittelt den Rechtsschein des Eigentums.

Die Anforderungen, die im Zusammenhang mit der Vorlage des KFZ-Briefes an den Erwerber gestellt werden, variieren je nach Art des Geschäfts.

Erwirbt beispielsweise ein Privatmann von einem Händler einen Neuwagen im ordentlichen Geschäftsgang, darf er grundsätzlich auf das Eigentum des Händlers vertrauen.

Etwas anderes gilt aber im kaufmännischen Geschäftsverkehr. Ein Kaufmann darf nicht blind auf das Eigentum seines Vertragspartners vertrauen, nur weil dieser Besitzer der Kaufsache ist.

Denn es ist eher die Ausnahme, dass ein Händler Eigentümer der von ihm veräußerten Waren ist, wenn er nicht gleichzeitig Hersteller der Ware ist. Ein kaufmännisch geübter Käufer weiß nämlich, dass Ware stets unter Eigentumsvorbehalt geliefert wird. Des Weiteren kann er nicht einfach von einer bereits erfolgten Begleichung des Kaufpreises durch den Händler ausgehen. Denn dem Händler fehlen vor der Weiterveräußerung in der Regel die liquiden Mittel, um den Kaufpreis zu begleichen.

K war daher nicht gutgläubig im Sinne des § 932 Abs.1 BGB.

§ 366 I HGB

Möglicherweise war K aber gutgläubig hinsichtlich der Befugnis des V, im eigenen Namen über die Sache verfügen zu dürfen, § 366 Abs.1 HGB.

§ 932 Abs.1 BGB schützt nur den guten Glauben an das Eigentum des Veräußerers. Da ein Kaufmann diesbezüglich oftmals nicht gutgläubig sein kann (s.o.), wäre die Geschäftsabwicklung im Handelsverkehr stets mit der Rechtsunsicherheit belegt, ob der Erwerber nun Eigentümer geworden ist oder nicht.

Dieser Gedanke steht im Widerspruch zum Grundsatz der Schnelligkeit des Handelsverkehrs.

Daher schützt § 366 Abs.1 HGB den Erwerber auch hinsichtlich der Gutgläubigkeit in Bezug auf die Befugnis des Veräußerers, für den Eigentümer verfügen zu dürfen. Diese Befugnis wird im Handelsverkehr regelmäßig erteilt. Denn andernfalls hätte der Händler überhaupt keine Möglichkeit, die Ware weiterzuveräußern, um das Geld für die Begleichung des Kaufpreises zu verdienen. Gleichwohl gibt es Fälle, in denen die Veräußerungsbefugnis fehlt. Ein solcher Fall ist hier gegeben.

Dann kann der Erwerber gleichwohl das Eigentum erwerben, wenn er gutgläubig i.S.d. § 366 Abs.1 HGB ist.

Auch diesbezüglich § 366 Abs.1 HGB wird für die Frage der Bösgläubigkeit der Maßstab des § 932 Abs.2 BGB herangezogen. Der Erwerber ist also bösgläubig, wenn er weiß oder grob fahrlässig nicht weiß, dass der Verkäufer nicht zur Weiterveräußerung ermächtigt ist.

Unter grober Fahrlässigkeit wird im Allgemeinen ein Handeln verstanden, bei dem die erforderliche Sorgfalt den gesamten Umständen nach in ungewöhnlich großem Maße verletzt worden ist und bei dem dasjenige unbeachtet geblieben ist, was im gegebenen Fall jedem hätte einleuchten müssen.

Diese grobe Fahrlässigkeit ist beim Erwerb von Kraftfahrzeugen in der Regel gegeben, wenn sich der Erwerber nicht den KFZ-Brief zeigen lässt, der bei jeder Befassung der Zulassungsbehörde mit dem Fahrzeug, insbesondere bei Meldungen über den Eigentumswechsel (§ 27 Abs.3 StVZO) vorzulegen ist und so den Schutz des dinglich Berechtigten vor Verfügungen eines Nichtberechtigten schützen soll.

Vorlage bei Neufahrzeugen unüblich

Allerdings ist es beim Erwerb von Neufahrzeugen nicht unüblich, wenn der Brief nicht vorgelegt wird. Dies gilt etwa dann, wenn der Brief erst noch angefertigt werden muss.

Allerdings können die Umstände des Einzelfalles auch beim Erwerb eines Neufahrzeuges dazu führen, dass der Erwerber bösgläubig ist.

Vorliegend liegen die Umstände so: Aufgrund der Vielzahl der Geschäfte, die der K im Leasinggeschäft bereits getätigt hat, konnte von ihm erwartet werden, dass er sich Kenntnis über die üblichen Vereinbarungen zwischen V und H verschafft. Sofern sich K der Kenntnis dieser Vereinbarungen verschließt, handelt er grob sorgfaltswidrig.

Um den gutgläubigen Erwerb Dritter an KFZ des Herstellers zu verhindern, wird der KFZ-Brief typischerweise häufig zurückgehalten, bis der Kaufpreis tatsächlich beglichen wurde. Davon musste K vorliegend ausgehen.

Letztendlich war der K nicht gutgläubig und konnte das Eigentum daher nicht erlangen.

Ergebnis

H ist demnach Eigentümer geblieben. Er handelte im Verhältnis zu D daher als Eigentümer und somit als Berechtigter. Die Verfügung eines Nichtberechtigten liegt demnach nicht vor. § 816 Abs.1 S.1 BGB scheidet daher aus.

2. Gegenstand des guten Glaubens

Bezugspunkt des guten Glaubens: Eigentum des Veräußerers

Gegenstand des guten Glaubens ist das *Eigentum des Veräußerers*. Der gute Glaube an die Geschäftsfähigkeit oder die Vertretungsmacht wird von den §§ 932 ff. BGB dagegen nicht geschützt.

71

> **hemmer-Methode:** Man kann es nicht oft genug sagen: der gute Glaube des Erwerbers ersetzt nur die mangelnde Berechtigung des Veräußerers. Fehler in diesem Bereich, die zudem vom Korrektor sehr übel genommen werden, vermeiden Sie durch einen konsequenten Aufbau. Prüfen sie zuerst Einigung und Übergabe i.S.d. §§ 929 - 931 BGB. Ist der Veräußerer nicht geschäftsfähig oder handelt es sich um einen falsus procurator, liegt schon keine wirksame (allenfalls eine schwebend unwirksame) Einigung vor. Die Frage eines gutgläubigen Erwerbs stellt sich nicht, denn auch dieser setzt zumindest eine wirksame Einigung voraus.

§§ 932 ff. BGB schützen nicht den guten Glauben an die Verfügungsbefugnis

Die §§ 932 ff. BGB schützen *nicht den guten Glauben an die Verfügungsbefugnis*. Erklärt der Veräußerer, er sei zwar nicht Eigentümer, aber von diesem zur Verfügung über die Sache ermächtigt, handelt der Erwerber auf eigene Gefahr. Ist die Ermächtigung tatsächlich vorhanden, greift § 185 I BGB ein: die Verfügung des Nichtberechtigten ist wirksam.

72

Fehlt sie, kann der Erwerber das Eigentum nicht erlangen, denn den durch den Besitz vermittelten Rechtsschein hat der Veräußerer selbst zerstört und der gute Glaube an die Richtigkeit der Aussagen des Veräußerers (an das "Geschwätz" oder "Gerede") wird vom Gesetz nicht geschützt.

Im Handelsrecht ist allerdings die Ausnahme des § 366 I HGB zu beachten.[111]

Von diesen Fällen zu unterscheiden ist der *gute Glaube an das Eigentum des zustimmenden Dritten*.

73

§§ 932 ff. BGB (+), wenn guter Glaube an das Eigentum des zustimmenden Dritten

> *Bsp.:* Z hat dem D eine Stereoanlage geliehen. Einige Zeit später einigt sich D mit dem Bruder des Z, dem Y, über den Eigentumsübergang auf D, wobei Z der Verfügung zustimmt. Danach stellt sich heraus, dass die Anlage nicht - wie von D angenommen - dem Z, sondern dem E gehörte. Dieser verlangt die Stereoanlage von D heraus. Zu Recht?

Liegt - im Gegensatz zu dem Fall, dass die Verfügungsbefugnis vom Veräußerer nur vorgeschwindelt wird - tatsächlich eine Zustimmung vor, die allerdings ebenfalls von einem Nichtberechtigten erteilt wurde, so kommt ein gutgläubiger Erwerb in Betracht, wenn der Erwerber den zustimmenden Dritten für den Eigentümer gehalten hat.[112]

eigentlicher Veräußerer ist der zustimmende Dritte

Dies erklärt sich daraus, dass in dieser Konstellation *der eigentliche Veräußerer der zustimmende Dritte* ist. Anstatt den Veräußerer zur Verfügung zu ermächtigen, hätte er diesem auch Vertretungsmacht erteilen können. Beim Handeln im fremden Namen wären die §§ 932 ff. BGB unmittelbar anwendbar gewesen, da Bezugspunkt für die Gutgläubigkeit selbstverständlich das Eigentum des Vertretenen gewesen wäre.

Rechtsschein muss von dem zustimmenden Dritten ausgehen

Voraussetzung für den gutgläubigen Erwerb ist allerdings, dass der *Rechtsscheintatbestand von der Person des zustimmenden Dritten* ausgeht.[113] Konsequenterweise ist für eine Übergabe i.S.d. § 929 S.1 BGB auch erforderlich, dass bei dem zustimmenden Dritten keinerlei Besitzposition zurückbleibt.

---

111   Dazu unter Rn. 123 f.

112   PALANDT, § 932 Rn.1, MEDICUS, BR, Rn. 566; TIEDTKE, Jura 83, 460, 461.

113   TIEDTKE, Jura 83, 460, 461.

Lösung:

E könnte die Stereoanlage nach § 985 BGB herausverlangen, wenn er noch Eigentümer derselben wäre. Möglicherweise hat D aber gutgläubig Eigentum an der Anlage erworben. D hat sich mit Y über den Eigentumsübergang geeinigt. Eine Übergabe war nach § 929 S.2 BGB entbehrlich, da D bereits im Besitz der Anlage war.

Y war allerdings Nichtberechtigter und wurde von D auch nicht für den Eigentümer gehalten. § 932 I 2 BGB ist damit nicht unmittelbar einschlägig. Die Verfügung des Y erfolgte aber unter Zustimmung des Z. Dieser war zwar gleichfalls Nichtberechtigter, wurde aber von D für den Eigentümer gehalten. Nach allgemeiner Auffassung ist auch in dieser Konstellation ein gutgläubiger Erwerb möglich, sofern nur der Rechtsscheintatbestand gerade in der Person des zustimmenden Dritten verwirklicht ist. Für den Gutglaubenserwerb nach §§ 929 S.2, 932 I 2 BGB bedeutet dies, dass der Erwerber den Besitz nicht vom Veräußerer, sondern von dem zustimmenden Dritten erhalten haben muss. Da dies aber vorliegend der Fall ist, liegen die Voraussetzungen eines gutgläubigen Erwerbs vor. E hat somit keinen Herausgabeanspruch nach § 985 BGB.

nicht ausreichend ist guter Glaube an Weisung

Nicht geschützt wird dagegen nach der überwiegenden Meinung der *Literatur* der gute Glaube an eine in Wirklichkeit nicht bestehende Weisung im Falle des Geheißerwerbs.[114]

3. Zeitpunkt

Gutgläubigkeit bei Vollendung des Rechtserwerbs

Der gute Glaube muss bei Vollendung des Rechtserwerbs vorliegen,[115] also bei vorangegangener Einigung bis zur Übergabe und bei vorangegangener Übergabe bis zum Zeitpunkt der Einigung. Bei bedingter Einigung ist der Rechtserwerb in diesem Sinne mit der bedingten Einigung und der Übergabe vollendet. Der gute Glaube muss somit nicht auch noch im Zeitpunkt des Bedingungseintrittes vorliegen (wichtig beim Erwerb unter Eigentumsvorbehalt).

> **hemmer-Methode:** Die Tatsache, dass Gutgläubigkeit zum Zeitpunkt der bedingten Einigung genügt, führt zum gutgläubigen Ersterwerb eines Anwartschaftsrechts vom vermeintlichen Eigentümer.[116]
> Bei Bedingungseintritt erstarkt dieses Anwartschaftsrecht automatisch zum Volleigentum. Dass für die Gutgläubigkeit der Zeitpunkt der Einigung und Übergabe und nicht des Bedingungseintritts maßgebend ist, erklärt sich auch aus der fehlenden Schutzwürdigkeit des Eigentümers: Dieser muss es hinnehmen, dass er durch eine unbedingte Verfügung eines Nichtberechtigten sein Eigentum verliert, falls der Erwerber gutgläubig ist.
> Insofern ist nicht einzusehen, warum er besser stehen soll, wenn der Nichtberechtigte nur bedingt übereignet. Ist der Erwerber im Zeitpunkt der bedingten Einigung und der Übergabe gutgläubig, genießt der Verkehrsschutz den Vorrang.

4. Beweislast

guter Glaube wird vermutet; Beweislast liegt bei demjenigen, der ihn bestreitet

Aus dem Wortlaut des § 932 I BGB ".. so wird der Erwerber Eigentümer, ... es sei denn, dass er ... nicht im guten Glauben ist" folgt, dass der *gute Glaube* des Erwerbers *vermutet wird*. Daraus ergibt sich folgende Beweislastregel: Wer sich auf den Eigentumserwerb beruft, muss die tatsächlichen Erwerbsvoraussetzungen beweisen; wer ihn bestreitet, muss Beweis antreten für die Nichtberechtigung des Veräußerers und für die tatsächlichen Umstände, die die Bösgläubigkeit des Erwerbers begründen.[117] Gelingt dieser Beweis nicht, so ist vom Eigentumserwerb auszugehen.

---

[114] So MEDICUS, BR, Rn. 564; PALANDT, § 932 Rn. 4; a.A. BGHZ 36, 56; vgl. dazu näher unten Rn. 93 f.

[115] Vgl. PALANDT, § 932 Rn. 14; TIEDTKE, Jura 1983, 462.; beachten Sie im Rahmen des Grundstücksrechts jedoch die Besonderheit des § 892 II BGB.

[116] Dazu ausführlich unter Rn. 151.

[117] Vgl. PALANDT, § 932 Rn. 15.

§ 2 RECHTSGESCHÄFTLICHER EIGENTUMSERWERB

> **hemmer-Methode:** Gerade auch in der Ausgestaltung der Beweislast zeigt sich, wie stark der Gedanke des Verkehrsschutzes ausgeprägt ist. Stellen Sie die Verbindungen zwischen materiellem Recht und Prozessrecht her. Ein nach materiellem Recht wirksam erfolgter Erwerb vom Nichtberechtigten wäre in vielen Fällen wertlos, wenn der Erwerber für die eigene Gutgläubigkeit im Prozess seinerseits Beweis antreten müsste.
> Für die Klausur hat § 932 BGB die Bedeutung, dass Sie die Gutgläubigkeit unterstellen dürfen, wenn der Sachverhalt über die Redlichkeit des Erwerbers keine Auskunft gibt (allerdings wohl eher selten!).

III. Ausschluss des gutgläubigen Erwerbs nach § 935 BGB

1. Begriff des Abhandenkommens

Abhandenkommen, § 935 I BGB

Gemäß § 935 I BGB ist gutgläubiger Erwerb ausgeschlossen, wenn die betreffende Sache dem Eigentümer abhanden gekommen ist.

"Verloren" und "gestohlen" sind dabei nur Unterfälle für den Begriff des Abhandenkommens. Das Abhandenkommen schließt jeden Erwerb aus. Nicht nur der Ersterwerber, sondern auch alle nachfolgenden Erwerber innerhalb einer Veräußerungskette können nicht gutgläubig erwerben. § 935 I BGB trägt dem Schutz des Eigentümers Rechnung, der hier schutzwürdiger ist, weil er die Sache nicht freiwillig aus der Hand gegeben hat.

Abhandenkommen: unfreiwilliger Besitzverlust

Ein Abhandenkommen liegt vor, wenn der Eigentümer den unmittelbaren Besitz *ohne (nicht notwendig gegen) seinen Willen* verliert, § 935 I 1 BGB.[118] Dem wird nach § 935 I 2 BGB der Fall gleichgestellt, dass dem unmittelbaren Besitzer, der Besitzmittler des Eigentümers ist, die Sache abhanden kommt. Daraus ergibt sich im Umkehrschluss: Veräußert der Besitzmittler des Eigentümers die Sache gegen dessen Willen an einen Dritten, liegt kein Abhandenkommen vor, mag der Verlust des mittelbaren Besitzes auch unfreiwillig sein.

> **hemmer-Methode:** Für die Frage des Abhandenkommens ist immer auf den Besitzverlust beim unmittelbaren Besitzer abzustellen, nie auf den mittelbaren Besitzer. Insofern entspricht § 935 I 2 BGB der Regelung des § 869 S.1 BGB, der klarstellt, dass dem mittelbaren Besitzer Besitzschutzansprüche nur zustehen, wenn gegenüber dem unmittelbaren Besitzer verbotene Eigenmacht begangen wurde.
> Dass es auf den unfreiwilligen Verlust des mittelbaren Besitzes nicht ankommt, erklärt sich aus folgender Überlegung: Der Eigentümer, der die Sache einem anderen (seinem Besitzmittler) überlässt, hat damit selbst das Risiko geschaffen, dass dieser die Sache treuwidrig veräußert.[119] Er hat den Besitz als Rechtsscheinträger für das Eigentum aus der Hand gegeben. Das Risiko eines treuwidrigen Handelns des Besitzmittlers bürdet das Gesetz mit Recht dem Eigentümer auf, denn von diesem kann verlangt werden, dass er zur Wahrung seiner eigenen Interessen seine Besitzmittler sorgfältig aussucht.

Verlust von Mitbesitz ausreichend

Für ein Abhandenkommen reicht der *Verlust von Mitbesitz* aus. Die Sache ist dem mitbesitzenden Eigentümer daher auch dann abhanden gekommen, wenn der andere Mitbesitzer sie ohne seinen Willen an einen Dritten veräußert.[120] Typisches Beispiel für Mitbesitzer sind die Ehegatten hinsichtlich des gemeinsamen Hausrates.

---

118 PALANDT, § 935 Rn. 2.
119 TIEDTKE, Jura 83, 460, 469 f.
120 TIEDTKE, Jura 83, 460, 469.

> **hemmer-Methode:** Veräußert ein Ehegatte im Falle des gesetzlichen Güterstandes einen ihm gehörenden Haushaltsgegenstand, so ist die Verfügung nach § 1369 I BGB absolut unwirksam.[121] Die Frage, ob § 1369 BGB analog anzuwenden ist, wenn ein Haushaltsgegenstand des anderen Ehegatten veräußert wird, kann häufig dahinstehen, weil bei einem gemeinsamen Hausstand regelmäßig § 935 BGB eingreift. Ähnlich kann sich § 935 BGB im Eltern-Kind-Verhältnis auswirken. Bezogen auf Gegenstände des Kindes sind die Eltern unmittelbare Mitbesitzer, das Kind ist mittelbarer Besitzer.
> Veräußert ein Elternteil eine dem Kind gehörende Sache ohne Wissen der restlichen Familie, so liegt Abhandenkommen vor. Allerdings nicht, weil das Kind seinen Besitz unfreiwillig verloren hat, sondern weil der (unmittelbare) Mitbesitz des anderen Ehegatten gebrochen wurde.

2. Problemfälle

(+) bei Weggabe durch einen Geschäftsunfähigen

Bei *Weggabe einer Sache durch einen Geschäftsunfähigen* liegt regelmäßig ein Abhandenkommen vor, während die h.M. bei beschränkter Geschäftsfähigkeit auf die Urteilsfähigkeit des Betreffenden abstellt.[122]

Im Ergebnis dürfte aber bei Weggabe durch einen beschränkt Geschäftsfähigen Abhandenkommen die Ausnahme sein.

Pr.: § 105a BGB

Ein neues Problem ergibt sich durch die Einführung des § 105a BGB. Übereignet der volljährige Geschäftsunfähige nunmehr im Rahmen eines alltäglichen Geschäfts einen Gegenstand, so wird man zumindest dann von einer freiwilligen Besitzaufgabe auszugehen haben, wenn man eine Anwendung des § 105a BGB auf das dingliche Erfüllungsgeschäft bejaht (vgl. Rn. 16a).[123]

> **hemmer-Methode:** § 105a BGB wirft mehr Fragen auf, als mit dieser Vorschrift gelöst wurden. Aus diesem Grund wird diese Norm im Examen künftig sicherlich eine gewisse Rolle spielen, da sowohl auf vertraglicher als auch auf sachenrechtlicher Ebene Klausurprobleme konstruiert werden können, mit denen man das Verständnis dieser neuen Vorschrift abprüfen kann.

bei Willensmängeln i.d.R. (-)

Auch bei Willensmängeln kann die Frage des Abhandenkommens nicht einheitlich beurteilt werden. Grundsätzlich gilt, dass Irrtum und Täuschung keine Unfreiwilligkeit des Besitzverlustes begründen, da es bei der Weggabe auf einen natürlichen und nicht auf einen rechtsgeschäftlichen Willen ankommt. Auch eine eventuell erfolgte Anfechtung der Übereignung ändert hieran nichts, da immer nur die dingliche Einigung, nicht aber der Realakt der Übergabe angefochten wird.[124]

Ist ausnahmsweise wie im Fall des § 854 II BGB auch die Übergabe einer Anfechtung zugänglich, kommt es für die Frage des Abhandenkommens darauf an, ob die Anfechtung vor oder nach der tatsächlichen Besitzergreifung erklärt wird.[125] Erfolgt sie zeitlich vorher, kommt das Holz im Walde abhanden, wenn der Erwerber es trotz der Anfechtung abholt. Anders bei der Anfechtung nach Besitzergreifung, denn dann geht das reale Moment des § 854 I BGB vor. Die Anfechtung bleibt ohne Auswirkung auf die Übergabe.

---

121 Hierzu ausführlich HEMMER/WÜST/GOLD, Familienrecht, Rn. 166 ff.
122 PALANDT, § 935 Rn. 3; TIEDTKE, Jura 83, 460, 471.
123 Vgl. CASPER in NJW 2002, 3425 [3428].
124 BAUR/STÜRNER, § 52 V 2 b bb.
125 TIEDTKE, Jura 83, 460, 470 f.

§ 2 RECHTSGESCHÄFTLICHER EIGENTUMSERWERB

bei Drohung nach Lit. (+), BGH strenger	Im Fall der *Drohung* i.S.d. § 123 I BGB wird von der *Literatur* ein Abhandenkommen durchweg bejaht.[126] Der Bedrohte gibt die Sache eben gerade nicht freiwillig heraus. Der *BGH*[127] stellt hier strengere Anforderungen und bejaht ein Abhandenkommen nur bei unwiderstehlicher Gewalt gleichstehendem seelischen Zwang. Die an dieser Stelle zwingend auftauchenden Abgrenzungsschwierigkeiten und die Gefahr willkürlicher Ergebnisse sind der Grund, warum die *Literatur* bei einer Drohung grundsätzlich ein Abhandenkommen annimmt.	81
(-) bei Wegnahme durch Hoheitsakt	Ähnlich stellt sich die Situation bei einer *Wegnahme aufgrund eines Hoheitsakts* (z.B. durch den Gerichtsvollzieher) dar. Auch hier lässt sich von einer freiwilligen Weggabe an sich nicht sprechen. Die *h.M.*[128] geht allerdings davon aus, dass der fehlende Wille des Besitzers durch die öffentlich-rechtliche Eingriffsbefugnis ersetzt wird. Konsequenterweise soll dies nicht gelten, wenn der Hoheitsakt nichtig ist.	82
(+) bei Unterschlagung durch Besitzdiener	Ein Abhandenkommen liegt auch vor, wenn der *Besitzdiener* die Sache *ohne den Willen des Besitzherrn* oder unter Verstoß gegen Weisungen desselben sich zueignet bzw. weggibt. Dabei kommt es nach *h.M.*[129] nicht darauf an, dass die Stellung als Besitzdiener nach außen erkennbar war.	83
aber: § 56 HGB lex specialis ggü. § 855 BGB	Handelt es sich bei dem Besitzdiener allerdings um einen *Ladenangestellten i.S.d.* § 56 HGB, schließt die fiktive Ermächtigung auch ein Abhandenkommen aus.[130] Insofern ist § 56 HGB als lex specialis gegenüber § 855 BGB anzusehen: die Befugnisse einer bestimmten Gruppe von Besitzdienern werden durch diese Vorschrift erweitert.	

> **hemmer-Methode:** Nur durch den Vorrang des § 56 HGB lassen sich Ungereimtheiten und Wertungswidersprüche vermeiden. Es kann nämlich nicht sein, dass § 56 HGB zugunsten des Geschäftsverkehrs die Vollmacht von Ladenangestellten fingiert, die dingliche Einigung nach § 929 S.1 BGB damit wirksam ist, gleichzeitig aber aufgrund der Weggabe ein Abhandenkommen i.S.d. § 935 BGB vorliegt. Lernen Sie nicht einfach stur Meinungen auswendig! Versuchen Sie vielmehr, das Problem zu erfassen und die Wertungen zu verstehen, die hinter den einzelnen Argumenten stehen. Nur auf diese Weise kommen Sie in der Klausur mit unbekannten Fällen und Fallkonstellationen zurecht.

(-) bei Weggabe durch Organe	Wird eine Sache unbefugt durch ein *Organ einer juristischen Person* weggegeben, liegt kein Abhandenkommen vor.[131] Zwar ist die juristische Person selbst Besitzerin, mangels eigener Handlungsfähigkeit kann die tatsächliche Sachherrschaft aber nur durch ihre Organe, die weder Besitzdiener noch Besitzmittler sind, ausgeübt werden. Daher kann der juristischen Person eine Sache nicht schon durch Veruntreuung durch eines ihrer Organe abhanden kommen.	84
(+) bei § 857 BGB	Nach § 857 BGB geht der Besitz auf den Erben über, und dies unabhängig davon, ob der Erbe Kenntnis von dem Anfall der Erbschaft hat oder nicht. Dieser *fiktive Erbenbesitz* hat Bedeutung insbesondere im Zusammenspiel mit § 935 BGB.	85

---

126 H.M. vgl. für viele: PALANDT, § 935 Rn. 3; BAUR/STÜRNER, § 52 V 2 b bb; TIEDTKE, Jura 83, 460, 471.
127 BGHZ 4, 1934.
128 PALANDT, § 935 Rn. 3; TIEDTKE, Jura 83, 460, 471; BAUR/STÜRNER, § 52 V 2 b cc.
129 PALANDT, § 935 Rn. 4; BAUR/STÜRNER, § 52 V 2 a bb; TIEDTKE, Jura 83, 460, 470; a.A. WIELING, § 10 V 3 c.
130 H.M.: vgl. PALANDT, § 935 Rn. 4; TIEDTKE, Jura 83, 460, 470.
131 BGHZ 57, 166; PALANDT, § 854 Rn 12.

anders, wenn Erbschein vorhanden

Veräußert ein Dritter, mag er sich auch gutgläubig für den Erben halten, einen zum Nachlass gehörenden Gegenstand, ist dieser dem wahren Erben abhanden gekommen.[132] Ein gutgläubiger Erwerb findet damit nicht statt. Von diesem Grundsatz gibt es aber zwei Ausnahmen: Die §§ 857, 935 BGB werden ausgeschaltet, wenn der Veräußerer im Besitz eines Erbscheines nach § 2366 BGB ist.

Da der Erwerber durch § 2366 BGB so gestellt wird, als hätte er es mit dem wahren Erben zu tun, kann § 857 BGB hier keine Rolle spielen.

Auf der anderen Seite wird hierdurch schon die Beschränkung des § 2366 BGB deutlich, denn § 935 BGB bleibt selbstverständlich relevant, wenn der Erblasser wegen § 935 BGB selbst kein Eigentum erwerben konnte oder die Sache eigenhändig gestohlen hatte.[133]

§ 935 BGB greift zudem nicht ein, wenn der vorläufige Erbe über einen Nachlassgegenstand verfügt und seine Erbenstellung später aufgrund einer Anfechtung der Annahme wieder verliert.[134]

Ein Abhandenkommen, das sich nur über eine doppelte Fiktion (§ 857 BGB und §§ 1957 I, 1953 BGB) begründen ließe, vermag sich gegenüber der zunächst tatsächlichen Besitzergreifung durch den vorläufigen Erben nicht durchzusetzen.

str., wenn unmittelbarer Besitzer nicht Besitzmittler des Eigentümers

Umstritten ist schließlich die Frage, ob § 935 I 1 BGB anwendbar ist, wenn dem *unmittelbaren Besitzer, der nicht Besitzmittler des Eigentümers ist,* die Sache abhanden kommt.

Bsp: Der Minderjährige A veräußert ohne Einwilligung seiner Eltern sein Fahrrad an den Händler H. Diesem wird es vom Dieb D gestohlen, welcher es an den gutgläubigen E weiterveräußert. Ist A Eigentümer geblieben?

Ursprünglich war A Eigentümer. Die Übereignung an H ist nach §§ 107, 108 BGB (schwebend) unwirksam. Auch der Diebstahl hat selbstverständlich zu keinem Eigentumsverlust geführt. Fraglich ist aber, ob E von D gutgläubig Eigentum erworben hat. Die Voraussetzungen der §§ 929, 932 BGB liegen zwar vor, allerdings ist das Rad dem H abhanden gekommen. Jedoch war H kein Besitzmittler des A, da er aufgrund des vermeintlich wirksamen Vertrages das Rad für sich und nicht für A besaß, so dass sich die Frage nach der analogen Anwendbarkeit des § 935 I 2 BGB stellt. Die *h.M.*[135] lehnt diese ab, da die Interessenlage nicht vergleichbar sei, wenn die Sache einer Person abhanden komme, mit der den Eigentümer kein Besitzmittlungsverhältnis verbinde. Außerdem kann man angesichts der ausdrücklichen Erwähnung des Besitzmittlers in § 935 I 2 BGB bereits an einer planwidrigen Regelungslücke zweifeln.[136] Die Gegenansicht stellt dem gegenüber entscheidend darauf ab, dass es der Tendenz des Gesetzes entspreche, gutgläubigen Erwerb bei unfreiwilligem Besitzverlust auszuschließen. Mit der herrschenden Meinung hat A aber das Eigentum an E verloren.

3. Unbeachtlichkeit des Abhandenkommens, § 935 II BGB

Abhandenkommen unschädlich: bei Geld

Nach § 935 II BGB ist ein gutgläubiger Erwerb in zwei Fällen trotz Abhandenkommens möglich: zum einen, wenn es sich um Geld oder Inhaberpapiere handelt, zum anderen, wenn der Erwerb im Rahmen einer öffentlichen Versteigerung erfolgt.

---

132 Unstr., PALANDT, § 935 Rn. 4; TIEDTKE, Jura 83, 460, 470.
133 Ausführlich dazu unter Rn. 122.
134 PALANDT, § 857 Rn. 2.
135 Vgl. TIEDTKE, Jura 83, 460, 470; a.A. BAUR/STÜRNER, § 52 V 2 a aa.
136 Vgl. PALANDT, § 935 Rn. 1 m.w.N.

§ 2 RECHTSGESCHÄFTLICHER EIGENTUMSERWERB

§ 935 BGB soll die Umlauffähigkeit des Geldes schützen und greift daher selbstverständlich nur dann ein, wenn es objektiv die Funktion eines Zahlungsmittels hat, nicht also, wenn es sich bei Münzen um reine Sammlerstücke handelt.

> **hemmer-Methode:** Beachten Sie den vom Gesetzgeber gewählten Regel-Ausnahme-Mechanismus: gutgläubiger Erwerb aus Gründen des Verkehrsschutzes grundsätzlich möglich - zum Schutz des Eigentümers nicht bei abhanden gekommener Sache - zum Schutz des Verkehrs gilt dies wiederum nicht bei Geld. § 935 II BGB überwindet nur das Abhandenkommen. Gutgläubig muss der Erwerber jedenfalls sein. Allerdings spielt dieses Erfordernis bei Geld regelmäßig keine große Rolle, da auch der Bösgläubige Eigentum schnell durch Vermischung kraft Gesetzes erlangen kann, §§ 848 I, 947 II BGB. Der ursprünglich Berechtigte ist dann auf die Kondiktion aus §§ 951, 812 I 1 2.Alt BGB verwiesen.

bei Erwerb in einer öffentlichen Versteigerung (§ 383 III BGB)

Abhandenkommen schadet ebenfalls nicht beim Erwerb in einer öffentlichen Versteigerung. Gemeint ist hiermit die Versteigerung i.S.d. § 383 III BGB, nicht die in der Zwangsvollstreckung nach §§ 814 ff. ZPO.

88

Der Ersteher erlangt - Gutgläubigkeit vorausgesetzt - nach §§ 1242 I, 1244 BGB auch dann das Eigentum, wenn dem Pfandgläubiger aufgrund des Abhandenkommens der Sache kein Pfandrecht zustand. Hintergrund für diese Regelung ist die erhöhte Legitimationswirkung, die von einer öffentlichen Versteigerung ausgeht.

> **hemmer-Methode:** Unterscheiden Sie die öffentliche Versteigerung nach BGB unbedingt von der Verwertung in der Zwangsvollstreckung. Bei den §§ 1235 ff. BGB wird der Gerichtsvollzieher oder die sonstige Versteigerungsperson nicht als Hoheitsträger, sondern als Vertreter des Pfandgläubigers tätig. Der Ersteher erwirbt das Eigentum aufgrund einer privatrechtlichen Übereignung i.S.d. §§ 929 ff. BGB.
> Bei der Versteigerung einer gepfändeten Sache erwirbt der Ersteher Eigentum kraft Hoheitsaktes. Die dingliche Übertragung bezeichnet das Gesetz hier als Ablieferung, § 817 II ZPO. Da es sich hier nicht um rechtsgeschäftlichen Erwerb handelt, schadet dem Ersteigerer noch nicht einmal Bösgläubigkeit.

IV. Die einzelnen Erwerbstatbestände, §§ 932-934 BGB

§§ 932-934 BGB ⇔ §§ 929-931 BGB

Jedem Erwerbstatbestand nach §§ 929-931 BGB entspricht ein Gutglaubenstatbestand nach §§ 932-934 BGB. Die §§ 932 ff. BGB überwinden die fehlende Berechtigung des Veräußerers. Je nachdem, auf welche Weise der Erwerber das Eigentum erhalten soll, müssen neben dem guten Glauben weitere Anforderungen erfüllt sein.

89

Lesen Sie zunächst die Vorschriften und nehmen Sie eine Zuordnung vor.

90

Gegenüberstellung der Tatbestände

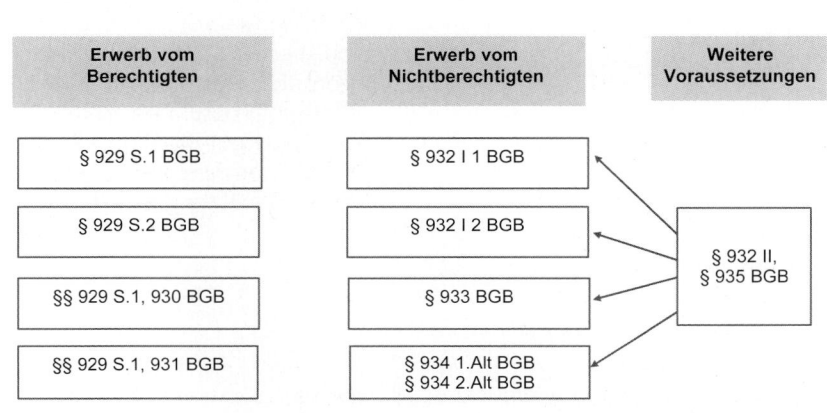

Erwerb vom Berechtigten	Erwerb vom Nichtberechtigten	Weitere Voraussetzungen
§ 929 S.1 BGB	§ 932 I 1 BGB	
§ 929 S.2 BGB	§ 932 I 2 BGB	§ 932 II, § 935 BGB
§§ 929 S.1, 930 BGB	§ 933 BGB	
§§ 929 S.1, 931 BGB	§ 934 1.Alt BGB § 934 2.Alt BGB	

1. §§ 929 S.1, 932 I 1 BGB

Voraussetzungen

Voraussetzungen des gutgläubigen Erwerbs nach §§ 929 S.1, 932 I 1 BGB:

- Tatbestand des § 929 S.1 BGB (bis auf Berechtigung)
- guter Glaube, § 932 I 1, II BGB
- kein Abhandenkommen, § 935 BGB

Einigung und Übergabe nach § 929 S.1 BGB

Zwischen dem nichtberechtigten Veräußerer und dem Erwerber muss der komplette Übereignungstatbestand des § 929 S.1 BGB erfüllt sein, d.h. Veräußerer und Erwerber müssen sich über den Eigentumsübergang einigen und die Sache muss übergeben werden.

> **hemmer-Methode:** Zur Erinnerung: Eine Übergabe i.S.d. § 929 S.1 BGB liegt auch dann vor, wenn der Erwerber (nur) mittelbarer Besitzer wird. Voraussetzung ist allerdings, dass sich der Veräußerer jeder Besitzposition entledigt und sich der unmittelbare Besitz spätestens zum Zeitpunkt der Übergabe bei einer Person befindet, die im Lager des Erwerbers steht.

Die mangelnde Berechtigung des Veräußerers wird durch den guten Glauben des Erwerbers überwunden. Gutgläubigkeit ist wie stets bis zur Vollendung des Rechtserwerbs erforderlich, bei einer bedingten Übereignung schadet Bösgläubigkeit zum Zeitpunkt des Bedingungseintritts nicht mehr.

Einschaltung von Hilfspersonen problemlos

Sowohl auf Erwerber- als auch auf Veräußererseite können wie beim Erwerb vom Berechtigten Hilfspersonen eingeschaltet werden. Der Erwerber erlangt unmittelbaren Besitz, wenn ein Besitzdiener für ihn tätig wird, er wird mittelbarer Besitzer, wenn er einen Besitzmittler eingeschaltet hat. Schließlich liegt eine Übergabe i.S.d. §§ 929 S.1, 932 I 1 BGB auch dann vor, wenn ein Dritter, der in keiner besitzrechtlichen Beziehung zum Erwerber steht, auf dessen Geheiß den Besitz ergreift. So liegt der Fall regelmäßig bei der Durchlieferung.[137]

Insofern kann man auch sagen, dass Anknüpfungspunkt für den Rechtsschein nicht notwendigerweise der Besitz selbst, sondern die Besitzverschaffungsmacht des Veräußerers ist.

umstr. bei Scheingeheißperson

Umstritten ist dagegen die Behandlung der sog. *Scheingeheißperson*. Hier händigt der besitzende Dritte dem Erwerber die Sache nicht auf Weisung des Veräußerers aus, sondern weil er selbst - auf eigene Rechnung - an den Erwerber übereignen will. Der Erwerber nimmt jedoch gutgläubig an, dass eine entsprechende Weisung des Veräußerers vorliegt. Die *Literatur*[138] verlangt für die Übergabe, dass sich die Geheißperson tatsächlich dem Willen des Veräußerers unterordnet. Sei dies nicht der Fall, so könne der Erwerber lediglich gutgläubig bzgl. des Vorhandenseins des Rechtsscheinträgers sein. Für einen gutgläubigen Erwerb reiche das aber nicht aus, erforderlich sei vielmehr der "durch den wirklich vorhandenen Rechtsscheinträger gestützte gute Glaube an das Recht".[139]

---

[137] Vgl. oben Rn. 37.
[138] Vgl. PALANDT, § 932 Rn. 4; MÜKO-QUACK, § 929 Rn. 145; TIEDTKE, Jura 1983, 460, 463.
[139] MEDICUS, BR, Rn. 564.

§ 2 RECHTSGESCHÄFTLICHER EIGENTUMSERWERB

Rspr.: gutgläubiger Erwerb möglich

Die *Rspr.*[140] bejaht dagegen gutgläubigen Erwerb auch beim Scheingeheiß, sofern die Übergabe sich bei objektiver Betrachtungsweise aus der Sicht des Erwerbers als auf einer Weisung des Veräußerers beruhend darstellen musste.

> **Hemdenlieferungsfall:**[141] *A betreibt eine Hemdenfabrik. Als sich diese in wirtschaftlichen Schwierigkeiten befindet, nimmt Kaufmann V, der schon früher Hemdengeschäfte für A vermittelt hat, die Sanierung in die Hand. V schließt in eigenem Namen mit B einen Kaufvertrag über die Lieferung von Hemden. B lässt die Hemden bei A abholen. A geht bei der Lieferung davon aus, dass er eine eigene Verkäuferpflicht erfüllt, weil V als Vertreter gehandelt hat. B zahlt den Kaufpreis an V.*
>
> *A verlangt von B Zahlung, hilfsweise Herausgabe der Hemden.*
>
> Ein Zahlungsanspruch aus § 433 II BGB scheidet mangels Vertrag zwischen A und B aus. V hat nicht im Namen des A gehandelt.
>
> In Betracht kommt ein Anspruch auf Herausgabe aus § 985 BGB.
>
> Nach der *Rspr.* hat B gutgläubig Eigentum von V erworben. Ein Erwerb von A scheidet aus, da V auch bei der dinglichen Einigung nicht im Namen des A gehandelt hat. Es ist daher von einer (antizipierten) dinglichen Einigung zwischen V und B bei Abschluss des Kaufvertrages auszugehen.
>
> Auch die Übergabe ist erfolgt. B hat unmittelbaren Besitz an den Hemden erlangt, A hat sich jeder Besitzposition entledigt. Fraglich ist aber, ob B den Besitz auf Veranlassung des Veräußerers V erlangt hat.
>
> Nach Ansicht der *Literatur* ist beim Geheißerwerb erforderlich, dass sich der Dritte tatsächlich dem Willen des Veräußerers unterwirft. Fehlt es hieran, so soll ein gutgläubiger Erwerb ausscheiden, da die §§ 932 ff. BGB nicht den guten Glauben an eine nicht bestehende Weisung schützen.
>
> Zu einem anderen Ergebnis gelangt die *Rspr.*, die auf den objektiven Empfängerhorizont abstellt und den Anschein der Unterwerfung genügen lässt. Für die *Rspr.* spricht der Verkehrsschutz des Dritten, dem nicht zugemutet werden kann, zu untersuchen, ob eine tatsächliche Unterwerfung stattgefunden hat oder nicht.
>
> Die Übereignung scheitert auch nicht an § 935 BGB, denn die Sache ist dem A nicht abhanden gekommen. Folgt man der Ansicht der *Rspr.*, so hat B gutgläubig Eigentum an den Hemden erworben. Ein Anspruch des A aus § 985 BGB besteht nicht.
>
> Auch bereicherungsrechtliche Ansprüche gegen den Erwerber scheiden aus. Das ergibt sich bereits aus dem Grundsatz des Vorrangs der Leistungskondiktion, da aus der maßgeblichen Sicht des B eine Leistung des V und nicht des A vorliegt. Im Übrigen gilt allgemein, dass der gutgläubige Erwerb nicht über das Bereicherungsrecht aus den Angeln gehoben werden darf.
>
> A muss sich daher an den Veräußerer V halten, von dem er nach § 816 I 1 BGB Herausgabe des erlangten Kaufpreises verlangen kann.

94

---

hemmer-Methode: In der Klausurlösung erscheinen beide Ansichten als gut vertretbar. Die *Rspr.* stellt den Schutz des Erwerbers in den Vordergrund, für den nicht ersichtlich und auch kaum überprüfbar ist, ob sich der Dritte tatsächlich der Weisung des Veräußerers unterordnen wollte. Die *Literatur* ist dagegen bemüht, die Möglichkeit des gutgläubigen Erwerbs auf Kosten des wahren Berechtigten nicht noch weiter ausufern zu lassen.

---

140 BGHZ 36, 56, 60; BGH NJW 1974, 1132 ff.
141 Nach BGH NJW 1974, 1132 ff.

> Entscheiden Sie sich ggf. klausurtaktisch. Wenn Sie mit der *Literatur* den Eigentumserwerb verneinen, liegen die Folgeprobleme regelmäßig im EBV, wenn die Sache sich verschlechtert oder untergeht. Zu diskutieren sind dann Ansprüche aus §§ 989, 990 BGB, die aber bei Redlichkeit des Besitzers im Ergebnis ausscheiden. Folgen Sie der *Rspr.*, stellen sich Folgeprobleme regelmäßig nicht, denn mit dem gutgläubigen Erwerb sind dem ursprünglich Berechtigten auch weitere Ansprüche abgeschnitten. Die Lösung der *Rspr.* ist aber interessant, wenn sich bei den Ansprüchen gegen den Veräußerer weitere Probleme eröffnen. So kann dieser etwa nach § 818 III BGB entreichert sein oder die Sache über dem objektiven Wert veräußert haben. Die Frage, was dann im Rahmen des § 816 I 1 BGB herauszugeben ist, ist ein Klassiker.[142]

2. §§ 929 S.2, 932 I 2 BGB

Voraussetzungen

Voraussetzungen des gutgläubigen Erwerbs nach §§ 929 S.2, 932 I 2 BGB:

- Tatbestand des § 929 S.2 BGB (bis auf Berechtigung)
- Besitz vom Veräußerer erlangt, § 932 I 2 BGB
- guter Glaube, § 932 I 1, II BGB
- kein Abhandenkommen, § 935 BGB

Besitz muss gerade vom Veräußerer erlangt sein

Veräußert der wahre Berechtigte eine Sache "kurzer Hand" nach § 929 S.2 BGB, ist es gleichgültig, von wem der Erwerber den Besitz erlangt hat. Anders beim Erwerb vom Nichtberechtigten. Nach § 932 I 2 BGB ist neben dem guten Glauben des Erwerbers erforderlich, dass dieser den Besitz gerade vom Veräußerer erlangt hat. Nur dann spricht der Rechtsschein des Besitzes für den Veräußerer, der das Vertrauen auf das Eigentum und damit den gutgläubigen Erwerb rechtfertigt.

> *Bsp.: E verleiht seinen Schirm an M. V behauptet, er habe den Schirm von E nach §§ 929 S.1, 931 BGB erworben und übereignet ihn nun nach § 929 S.2 BGB an M.*
>
> *Hat die Übereignung zwischen E und V tatsächlich stattgefunden, kann M das Eigentum von V nach § 929 S.2 BGB unproblematisch erwerben. Anders, wenn die Übereignung E - V gar nicht stattgefunden hat oder unwirksam ist. In diesem Fall ist V Nichtberechtigter. Ein gutgläubiger Erwerb des M nach § 932 I 2 BGB scheitert daran, dass er den Besitz nicht von V, sondern von E erhalten hat.*

mittelbarer Besitz beim Erwerber ausreichend

Nicht erforderlich für einen Erwerb nach §§ 929 S.2, 932 I 2 BGB ist dagegen, dass der Erwerber noch unmittelbarer Besitzer der Sache ist. Die Übereignung kann auch dann "kurzer Hand" erfolgen, wenn dieser die Sache inzwischen beispielsweise weiterverliehen hat.[143]

Glaubt der Erwerber nicht an das Eigentum des Veräußerers, wohl aber an das des zustimmenden Dritten,[144] ist gutgläubiger Erwerb nur möglich, wenn der Erwerber den Besitz gerade von dem zustimmenden Dritten erlangt und Letzterer jede Besitzposition aufgegeben hat.[145]

---

142 Vgl. HEMMER/WÜST/GOLD, Bereicherungsrecht, Rn. 382 ff.
143 BAUR/STÜRNER, § 52 II 2.
144 Zu dieser Konstellation bereits ausführlich oben Rn. 73.
145 Vgl. BGHZ 56, 123 (sog. Bagger-Fall), dazu WIESER, JuS 72, 567 und WACKE, JuS 73, 683.

Maßgeblicher Zeitpunkt für den guten Glauben ist hier immer die *Einigung*, da diese stets nach der Besitzerlangung erfolgt und den Rechtserwerb abschließt.

3. §§ 929 S.1, 930, 933 BGB

Voraussetzungen

Voraussetzungen des gutgläubigen Erwerbs nach §§ 929 S.1, 930, 933 BGB:

- Tatbestand der §§ 929 S.1, 930 BGB (bis auf Berechtigung)
- Übergabe durch den Veräußerer, § 933 BGB
- guter Glaube zum Zeitpunkt der Übergabe, §§ 933, 932 II BGB
- kein Abhandenkommen § 935 BGB

bei § 933 BGB Übergabe der Sache erforderlich

Bei der Übereignung durch Einigung und Besitzkonstitut nach §§ 929 S.1, 930 BGB wird der Erwerber erst dann gutgläubig Eigentümer, wenn der nichtberechtigte Veräußerer die Sache an den Erwerber gemäß § 933 BGB übergibt und der Erwerber zu diesem Zeitpunkt noch gutgläubig ist. Dingliche Einigung und Vereinbarung des Besitzkonstituts führen daher auch bei gutem Glauben noch nicht zum Eigentumserwerb. Das liegt daran, dass der Veräußerer, der regelmäßig den unmittelbaren Besitz an der Sache behält, sich somit nicht jeder Besitzposition entledigt.

Übergabe ist identisch mit § 929 S.1 BGB

Gleichwohl bedeutet Übergabe bei § 933 BGB dasselbe wie im Rahmen des § 929 S.1 BGB. *Auch der Erwerb mittelbaren Besitzes reicht aus*, sofern sich der unmittelbare Besitz bei einer Person befindet, die im Lager des Erwerbers steht.

hemmer-Methode: Hoffentlich nerven Sie die ständigen Wiederholungen. Das wäre ein gutes Zeichen. Aber das Wissen, dass mittelbarer Besitz für eine Übergabe bei allen (!) Erwerbstatbeständen der §§ 929 ff. BGB ausreicht, ist selbst nicht bei allen Examenskandidaten verankert. Wahrscheinlich steht hier bei vielen einfach der alltägliche Sprachgebrauch im Wege, wonach man mit einer Übergabe immer die Erlangung tatsächlicher Sachherrschaft verbindet. Sofern das Gesetz nicht differenziert (so aber z.B. bei § 869 BGB), ist mit Besitz i.S.d. BGB immer auch der mittelbare Besitz gemeint.

Bsp.: Der Nichtberechtigte N hat eine Maschine an K veräußert, wobei vereinbart wird, dass N die Maschine noch einen Monat unentgeltlich nutzen darf. Danach übergibt N die Maschine dem M, mit dem K einen Mietvertrag über dieselbe geschlossen hat.

Zum Zeitpunkt der Veräußerung ist ein gutgläubiger Eigentumserwerb des K zu verneinen. Da nach §§ 929 S.1, 930 BGB übereignet werden sollte, wäre nach § 933 BGB die Übergabe der Maschine erforderlich gewesen. An ihr fehlt es, denn N blieb weiterhin unmittelbarer Besitzer. Eine Übergabe i.S.d. § 933 BGB liegt aber vor, als N die Maschine bei M abliefert, denn aufgrund des zwischen M und K geschlossenen Mietvertrages wurde K auf diese Weise mittelbarer Besitzer. Der Erwerb mittelbaren Besitzes reicht auch aus, da sich der Veräußerer N mit der Übergabe an M jeder Besitzposition entledigte.

Wenn K zu diesem Zeitpunkt noch gutgläubig war, ist ein Erwerb vom Nichtberechtigten nach §§ 929 S.1, 930, 933 BGB zu bejahen.

Wegnahme aufgrund Ermächtigung für § 933 BGB ausreichend?

I.R.d. Gutglaubenserwerbs nach § 933 BGB kann sich die Frage stellen, ob es für eine Übergabe ausreicht, wenn der Veräußerer den Erwerber *ermächtigt*, die Sache unter bestimmten Voraussetzungen in Besitz zu nehmen, und der Erwerber dies später auch tut.

Kompressorfall: X führt für Y Bauarbeiten aus. Für Vorauszahlungen und gelieferte Materialien ließ sich die Y von der X drei Kompressoren zur Sicherheit übereignen. Y wusste nicht und konnte dies auch nicht wissen, dass die Kompressoren bereits der B-Bank zur Sicherheit übereignet waren. Im Sicherungsvertrag zwischen Y und X hieß es: "Y ist berechtigt, die Kompressoren in unmittelbaren Besitz zu nehmen, wenn X ihre vertraglichen Pflichten nicht erfüllt." Als die X ihre Arbeit einstellt, nimmt die Y am nächsten Tag die Kompressoren in unmittelbaren Besitz. Hat Y Eigentum erworben?

Da X im Zeitpunkt der Übereignung nach §§ 929 S.1, 930 BGB aufgrund der vorherigen Sicherungsübereignung Nichtberechtigter war, kommt nur ein Eigentumserwerb über § 933 BGB in Betracht. Fraglich ist, ob das Abholen der Kompressoren durch Y mit der Genehmigung der X im Sicherungsvertrag eine Übergabe darstellt. Der *BGH*[146] verneinte in diesem Fall das Vorliegen des Merkmales "auf Veranlassung des Veräußerers".

Um etwaigen Missbräuchen vorzubeugen und das Aufleben von Selbsthilferechten auf deutschen Baustellen zu verhindern, spricht in der Tat vieles dafür, an die Übergabe i.S.d. § 933 BGB nicht allzu laxe Anforderungen zu stellen.

> **hemmer-Methode:** In der Klausur kollidieren bei einer Übereignung nach §§ 929 S.1, 930 BGB regelmäßig Eigentumsvorbehalt und Sicherungsübereignung: Übereignet der Vorbehaltskäufer sein gesamtes Warenlager zur Sicherheit an seine Bank, so scheitert ein gutgläubiger Eigentumserwerb bzgl. der Vorbehaltsware regelmäßig an der nach § 933 BGB erforderlichen Übergabe. Dagegen verfügt der Vorbehaltskäufer über das Anwartschaftsrecht als Berechtigter. Insofern kommt es auf § 933 BGB nicht an.[147] Aufgrund der Abhängigkeit des Anwartschaftsrechts vom Bestehen des Kaufpreisanspruchs ist ein solcher Erwerb aber häufig nicht viel wert, da mit einem Rücktritt des Vorbehaltsverkäufers sich das Anwartschaftsrecht quasi in Luft auflöst. Aufgrund der Erschwerung des gutgläubigen Erwerbs im Rahmen des § 933 BGB kann man daher sagen: Der Eigentumsvorbehalt geht der Sicherungsübereignung vor.[148]

4. §§ 929 S.1, 931, 934 BGB

§§ 931, 934 BGB

Erfolgt die Veräußerung mittels Einigung und Abtretung des Herausgabeanspruchs gemäß §§ 929 S.1, 931 BGB, so unterscheidet § 934 BGB hinsichtlich des gutgläubigen Erwerbs danach, ob der Veräußerer mittelbarer Besitzer war oder nicht. 101

a) Mittelbarer Besitz, § 934 1.Alt BGB

Voraussetzungen

> **Voraussetzungen des gutgläubigen Erwerbs nach §§ 929 S.1, 931, 934 1.Alt BGB:**
> - Tatbestand der §§ 929 S.1, 931 BGB (bis auf Berechtigung)
> - guter Glaube, §§ 934, 932 II BGB
> - kein Abhandenkommen, § 935 BGB

102

bei mittelbarem Besitz Einigung und Abtretung (§ 934 1.Alt. BGB)

War der Veräußerer mittelbarer Besitzer, so genügt nach § 934 1.Alt BGB die Einigung und die Abtretung des Herausgabeanspruchs aus dem Besitzmittlungsverhältnis, wenn der Erwerber zum Zeitpunkt der Abtretung gutgläubig ist. 103

---

146 BGHZ 67, 207; zu dieser Entscheidung Damrau, JuS 78, 519.
147 Vgl. auch der Fall unter Rn. 107.
148 Baur/Stürner, § 52 II 3 c.

Bei §§ 929, 931 BGB ist der Rechtserwerb mit Einigung und Abtretung abgeschlossen. Eine spätere Bösgläubigkeit vor Erlangung des unmittelbaren Besitzes schadet daher nicht. Dass der Erwerber (nur) mittelbaren Besitz erlangt, ist (im Gegensatz zu §§ 929 S.1, 930 BGB) unschädlich, da sich der Veräußerer jeder Besitzposition entledigt. Bei §§ 929 S.1, 931 BGB wird der mittelbare Besitz *restlos und endgültig* übertragen.[149]

b) Kein mittelbarer Besitz, § 934 2.Alt BGB

Voraussetzungen

Voraussetzungen des gutgläubigen Erwerbs nach §§ 929 S.1, 931, 934 2.Alt BGB:

- Tatbestand der §§ 929 S.1, 931 BGB (bis auf Berechtigung)
- Erwerb des Besitzes von dem Dritten
- guter Glaube zum Zeitpunkt der Besitzerlangung, §§ 934, 932 II BGB
- kein Abhandenkommen, § 935 BGB

104

sonst Besitzerlangung notwendig, § 934 2.Alt. BGB

Ist der Veräußerer nicht mittelbarer Besitzer, so verlangt § 934 2.Alt BGB für den gutgläubigen Erwerb die Besitzerlangung des Erwerbers von dem besitzenden Dritten. Da der Rechtserwerb erst mit der Besitzerlangung vollendet ist, muss der gute Glaube noch in diesem Zeitpunkt vorliegen. In diesem Fall besteht kein Besitzmittlungsverhältnis und kein Herausgabeanspruch aus demselben, der abgetreten werden könnte. Da der Veräußerer auch nicht Eigentümer ist, entfällt sogar ein Anspruch aus § 985 BGB. Somit wird hier ein nicht bestehender, also ein nur behaupteter oder vermeintlicher Herausgabeanspruch abgetreten,[150] sofern kein sonstiger Herausgabeanspruch (§§ 823, 812 BGB) besteht, der auch dem Nichteigentümer zustehen kann.[151] All dies ist aber für einen Rechtsscheintatbestand nicht ausreichend.[152] Ein gutgläubiger Erwerb kann daher erst dann stattfinden, wenn der Erwerber den Besitz von dem Dritten erhält.

105

auch für § 934 2.Alt BGB mittelbarer Besitz ausreichend

Für die Besitzerlangung i.S.d. § 934 2.Alt BGB genügt ebenfalls mittelbarer Besitz.[153]

106

Bsp.:[154] N findet einen Reparaturschein über eine Uhr und tritt dem gutgläubigen K seinen vermeintlichen Herausgabeanspruch gegen den Uhrmacher U ab.

Damit ist K noch nicht zum Eigentümer geworden, denn N war nicht mittelbarer Besitzer (§ 934 1.Alt BGB), da der Uhrmacher für seinen Vertragspartner, den Eigentümer, besitzen will. K wird aber Eigentümer, wenn der Uhrmacher ihm die reparierte Uhr aushändigt, K also unmittelbaren Besitz erlangt, aber auch in dem Fall, dass U mit K (auch konkludent) ein neues Besitzmittlungsverhältnis schließt (indem er beispielsweise sagt, K könne die Uhr in zwei Tagen abholen, dann sei er mit der Reparatur fertig).

Dadurch, dass der U zu erkennen gibt, nun für K besitzen zu wollen, zerstört er unweigerlich das mit dem ursprünglichen Eigentümer bestehende Besitzmittlungsverhältnis, so dass K mittelbaren Alleinbesitz erlangt. Auch in diesem Fall sind die Anforderungen des § 934 2.Alt BGB erfüllt.

---

149 Zu der Problematik des Nebenbesitzes vgl. den Fall unter Rn. 107.
150 Vgl. BGH NJW 1978, 696.
151 Vgl. SCHMITZ, JuS 1974, 720.
152 Vgl. SCHMITZ, JuS 1974, 720.
153 Auch hier kann das Problem des Nebenbesitzes zu erörtern sein; zu dieser Figur ausführlich im Fall unter Rn. 107.
154 Nach BAUR/STÜRNER, § 52 II c aa bzw. TIEDTKE, Jura 83, 460, 468.

> **hemmer-Methode:** Die Übereignung durch Abtretung des Herausgabeanspruchs (§§ 929 S.1, 931 BGB) ist in der Klausur regelmäßig abzugrenzen gegenüber dem Fall, dass der Veräußerer den unmittelbaren Besitzer anweist, mit dem Erwerber ein neues Besitzmittlungsverhältnis zu schließen.
> Hierbei handelt es sich um eine Übereignung nach § 929 S.1 BGB ggf. i.V.m. § 932 I 1 BGB. Was die Parteien gewollt haben, ist durch Auslegung zu ermitteln, §§ 133, 157 BGB.
> Der Weg über § 929 S.1 BGB hat für den Erwerber den Vorteil, dass der unmittelbare Besitzer diesem keine Einwendungen aus dem alten Besitzmittlungsverhältnis entgegenhalten kann.
> Auf der anderen Seite sind Veräußerer und Erwerber bei der Übereignung nach §§ 929 S.1, 931 BGB nicht auf die Mitwirkung des unmittelbaren Besitzers angewiesen. Auch das kann von Vorteil sein.
> Haben Sie sich in der Klausur für eine Übereignung nach §§ 929 S.1, 931 BGB entschieden, müssen Sie im Fall des Erwerbs vom Nichtberechtigten genau untersuchen, ob der Veräußerer mittelbarer Besitzer war. Dieses Merkmal ist fallentscheidend, wenn der Erwerber zwischen der Abtretung des (vermeintlichen) Herausgabeanspruchs und der Besitzerlangung bösgläubig wird. Im Fall des § 934 1.Alt BGB hat der Erwerber Eigentum erworben, während der Erwerb nach § 934 2.Alt BGB scheitert!

V. Fall zu den §§ 932-935 BGB

Fall zu §§ 932-935 BGB

V verkauft und übereignet eine Maschine unter Eigentumsvorbehalt an K. Noch vor vollständiger Kaufpreiszahlung übereignet K die Maschine zur Sicherung eines Kredites an C, wobei vereinbart wird, dass K die Maschine weiter benutzen darf. C seinerseits tritt alle Rechte aus der Sicherungsübereignung "sicherungshalber" an D ab. V verlangt nun "seine" Maschine von K heraus.[155]

Lösung:

Ein Anspruch des V gegen K als unmittelbaren Besitzer auf Herausgabe nach § 985 BGB setzt voraus, dass V noch Eigentümer der Maschine ist. Ursprünglich war V Eigentümer.

1. Übereignung V an K

V hat das Eigentum auch nicht durch Übereignung an K verloren, da diese nur bedingt erfolgte *(§§ 929 S.1, 158 I BGB)* und die Bedingung (Restkaufpreiszahlung) noch nicht eingetreten ist.

2. Sicherungsübereignung K an C

Übereignung K an C

V könnte das Eigentum durch die Übereignung von K an C verloren haben. Es war aber nicht K, sondern immer noch V Eigentümer. C konnte somit nur vom Nichtberechtigten erwerben.

a) § 185 I BGB

§ 185 I BGB

V hat den K weder ausdrücklich noch stillschweigend ermächtigt, über die Maschine zu verfügen. Diese war auch nicht zur Veräußerung bestimmt. Ein Erwerb des C nach §§ 929 S.1, 930, 185 I BGB scheidet somit aus.

b) §§ 929 S.1, 930, 933 BGB

§§ 929 S.1, 930, 933 BGB

Damit kann C von K nur gutgläubig nach §§ 929 S.1, 930, 933 BGB Eigentum erworben haben. Eine Einigung über die Eigentumsübertragung liegt laut Sachverhalt vor. Die Übergabe wurde durch die Sicherungsabrede mit der Vereinbarung des Rechts zur weiteren Nutzung ersetzt. Ein hinreichend konkretes Besitzkonstitut liegt damit nach ganz allgemeiner Auffassung vor.

---

155   Nach BGHZ 50, 45; vgl. auch MEDICUS, BR, Rn. 559 ff.; PALANDT, § 868 Rn. 4.

§ 2 RECHTSGESCHÄFTLICHER EIGENTUMSERWERB

Nach § 933 BGB ist jedoch neben dem guten Glauben des Erwerbers (dieser ist bei C sicherlich gegeben) noch die Übergabe der Sache erforderlich. Eine solche hat jedoch gerade nicht stattgefunden, da K die Sache weiter benutzen sollte. C hat somit nicht gutgläubig das Eigentum nach §§ 929 S.1, 930, 933 BGB erworben. V blieb Eigentümer.

3. "Sicherungsübereignung" C an D

Übereignung C an D

V könnte sein Eigentum durch die Vereinbarung zwischen C und D verloren haben. Die Auslegung ergibt, dass C und D eine Übereignung nach §§ 929 S.1, 931 BGB beabsichtigt hatten. Eine Sicherungsübereignung nach §§ 929 S.1, 930 BGB (eine solche hätte mehrstufigen mittelbaren Besitz zur Folge) scheidet aus, da C gerade keinen Besitz behalten, sondern diesen auf D übertragen wollte. Eine Einigung über die Eigentumsübertragung und die Abtretung des Herausgabeanspruchs aus der Sicherungsabrede zwischen K und C liegen laut Sachverhalt vor.

§§ 929 S.1, 931, 934 1.Alt. BGB

C war jedoch Nichtberechtigter. D könnte das Eigentum daher nur gutgläubig nach §§ 929 S.1, 931, 934 1.Alt. BGB erworben haben. Dann müsste C mittelbarer Besitzer gewesen sein. C hat mit K ein Besitzkonstitut (= Sicherungsabrede) vereinbart, so dass C grundsätzlich mittelbarer Besitzer wurde.

§ 139 BGB

Dieses Besitzkonstitut könnte jedoch, wie der *BGH* prüft, nach § 139 BGB nichtig sein, so dass C nicht mittelbarer Besitzer wäre. Nach § 139 BGB muss dabei ein Teil eines einheitlichen Rechtsgeschäftes nichtig sein, damit auch der Rest nichtig ist. Einigung und Besitzkonstitut sind Teile des einheitlichen Rechtsgeschäftes der Übereignung. Die Einigung war jedoch nicht nichtig (z.B. nach §§ 105, 134, 138, 142 I BGB), sondern nur erfolglos, weil C kein Eigentum erwarb. Nach *richtiger Ansicht*[156] liegt somit der Tatbestand des § 139 BGB nicht vor. Das Besitzmittlungsverhältnis ist wirksam. Dafür spricht auch, dass C nach §§ 929 S.1, 930, 933 BGB mit Übergabe der Maschine ohne weiteres Eigentum gutgläubig erworben hätte. Da eine Übergabe hier noch hätte erfolgen können, können Einigung und Besitzkonstitut nicht als unwirksam angesehen werden.

Anwartschaft

Gegen die Anwendung des § 139 BGB auf die fehlgeschlagene Übereignung spricht auch, dass die Parteien jedenfalls eine Übertragung des Anwartschaftsrechts gewollt haben. Zu diesem Ergebnis gelangt man im Wege der ergänzenden Vertragsauslegung (§§ 133, 157 BGB) bzw. der Umdeutung nach § 140 BGB. Der Sicherungsgeber will dem Sicherungsnehmer regelmäßig alle Rechte verschaffen, die ihm an den von der Sicherungsabrede erfassten Gegenständen zustehen.

Wenn sich dem Sachverhalt keine entgegenstehenden Anhaltspunkte entnehmen lassen, so ist daher davon auszugehen, dass wenigstens das Anwartschaftsrecht vom Berechtigten übertragen werden soll, wenn schon der gutgläubige Erwerb bzgl. des Eigentums scheitert. Aber auch die Übertragung des Anwartschaftsrechts nach §§ 929 S.1, 930 BGB analog erfordert die Vereinbarung eines Besitzmittlungsverhältnisses. Schon aus diesem Grund ist das Besitzkonstitut als wirksam anzusehen. C war daher mittelbarer Besitzer der Maschine, so dass die Voraussetzungen für einen gutgläubigen Erwerb nach §§ 929 S.1, 931, 934 1.Alt BGB an sich vorliegen.

Nebenbesitz

Die Übertragung des Eigentums von C an D könnte jedoch daran scheitern, dass C nur sog. mittelbaren Nebenbesitz[157] erlangt hat, § 934 1.Alt BGB aber mittelbaren Alleinbesitz voraussetzt.[158] Ein Eigentumserwerb des D wäre also ausgeschlossen, wenn C und V als mittelbare Besitzer gleichstufig nebeneinander standen (Nebenbesitz) und die Übertragung dieses Nebenbesitzes nicht für §§ 929 S.1, 931, 934 BGB an D ausreicht.

---

156 Vgl. MEDICUS, BR, Rn. 560.

157 Vgl. MEDICUS, BR, Rn. 561.

158 Str. PALANDT, § 868 Rn. 2.

Fraglich ist aber, inwieweit die Figur des Nebenbesitzes überhaupt anzuerkennen ist. Der Nebenbesitz wäre der gleichstufige mittelbare Besitz mehrerer Personen. Kein Nebenbesitz wäre dagegen der gestufte mittelbare Besitz i.S.d. § 871 BGB.[159]

Im Fall besteht ein solches Stufenverhältnis gerade nicht. K müsste hier gleichzeitig für C und V, und zwar für jeden alleine besitzen. Insbesondere müsste er bereit sein, die Sache bei Beendigung des Besitzmittlungsverhältnisses sowohl an C als auch an V herauszugeben. Dies wäre problemlos möglich, wenn C und V Mitbesitzer wären, § 866 BGB, was aber gerade nicht der Fall ist. K kann daher nicht zwei Personen, die nicht durch das Band des Mitbesitzes verbunden sind, gleichzeitig den Besitz mitteln. Die h.M.[160] lehnt die Konstruktion des Nebenbesitzes aus diesem Grund ab. Ein weiteres Argument gegen den Nebenbesitz ist, dass das BGB viele Arten des Besitzes kennt (wie z.B. unmittelbaren/mittelbaren Besitz, Teilbesitz/Mitbesitz), aber gerade keinen Nebenbesitz. Es ist daher davon auszugehen, dass die Fälle der besitzrechtlichen Beteiligung mehrerer im Gesetz abschließend geregelt sind.

Einzelne Stimmen in der *Literatur*[161] bejahen dagegen die Figur des Nebenbesitzes. Eine Eigentumsübertragung nach §§ 929 S.1, 931, 934 BGB kommt nach dieser Ansicht nicht in Betracht, weil § 934 BGB Alleinbesitz voraussetze und Nebenbesitz somit nicht ausreiche. Voraussetzung für einen gutgläubigen Erwerb sei, dass der Erwerber "besitzrechtlich näher an die Sache herankomme als der Eigentümer".[162]

Anders aber die *h.M.*: K konnte nur für einen Oberbesitzer besitzen. Durch die Sicherungsübereignung an C hat er zum Ausdruck gebracht, dass er nunmehr nur noch für C besitzen will und nicht mehr für V. C war somit mittelbarer (Allein-)Besitzer. Da D auch gutgläubig war, hat er nach §§ 929 S.1, 931, 934 1.Alt BGB Eigentum an der Maschine erworben. V hat sein Eigentum verloren.

§ 934 BGB - § 933 BGB

Dieses Ergebnis erscheint zunächst seltsam. Der unmittelbar besitzende K kann dem C kein Eigentum verschaffen, wohl aber der nur mittelbar besitzende C dem D. Es scheint hier ein Wertungswiderspruch zwischen § 933 BGB und § 934 1.Alt BGB vorzuliegen, da der Erwerber in beiden Fällen mittelbarer Besitzer wird, aber nur der Weg über § 934 1.Alt BGB zum Eigentumserwerb führt.

Letztlich entspricht das Ergebnis aber dem Grundkonzept des gutgläubigen Erwerbs und ist in der unterschiedlichen Struktur der Erwerbstatbestände selbst angelegt. Während sich der Veräußerer bei der Übereignung nach § 929 S.1, 931, 934 1.Alt BGB von seinem (mittelbaren) Besitz vollständig trennt, bleibt er bei § 930 BGB im Besitz der Sache. Voraussetzung für einen gutgläubigen Erwerb ist nach den §§ 932 ff. BGB aber in jeder Konstellation, dass der Veräußerer jedwede Besitzposition aufgibt.

Dabei ist egal, ob es sich um unmittelbaren oder mittelbaren Besitz handelt, wenn der Besitzverlust nur ein vollständiger ist. Daran fehlt es im Fall der §§ 929 S.1, 930, 933 BGB, bevor die Übergabe erfolgt. Das Ergebnis der *h.M.* entspricht damit eindeutig dem Willen des Gesetzgebers. V hat damit sein Eigentum an D verloren. Der Anspruch aus § 985 BGB besteht nicht.

VI. Wirkungen des gutgläubigen Erwerbs

1. Wirkung

Wirkung: Erwerber wird Volleigentümer

Der gutgläubige Erwerber wird grundsätzlich ohne jede Einschränkung Volleigentümer, seine Stellung ist nicht anders, als wenn er das Eigentum vom Berechtigten erworben hätte.

108

---

159 Vgl. PALANDT, § 868 Rn. 3; MEDICUS, BR, Rn. 562.

160 Vgl. PALANDT, § 868 Rn. 2; TIEDTKE, Jura 1983, 469.

161 Vgl. MEDICUS, BR, Rn. 561, ähnlich auch BAUR/STÜRNER, § 52 II 4 c bb.

162 MEDICUS, BR, Rn. 558.

§ 2 RECHTSGESCHÄFTLICHER EIGENTUMSERWERB

Veräußert er die Sache weiter, so verfügt er als Berechtigter i.S.d. §§ 929 ff. BGB. Auf den guten Glauben des Zweiterwerbers kommt es nicht an.

keine Ansprüche gegen den Erwerber aus den §§ 823 ff., 812 ff. BGB

Der Eigentumsverlust des ursprünglich Berechtigten ist *endgültig*. Der ursprünglich Berechtigte hat gegen den Erwerber auch keinen Schadensersatzanspruch aus § 823 I BGB wegen fahrlässiger Verletzung des Eigentums.

Der Möglichkeit des gutgläubigen Erwerbs nach den §§ 932 ff. BGB liegt die Wertung zugrunde, dass unterhalb der Schwelle der groben Fahrlässigkeit eine Eigentumsverletzung im Sinne des Deliktsrechts nicht vorliegt.

> **hemmer-Methode:** Auch an dieser Stelle gilt der Satz, dass das Institut des gutgläubigen Erwerbs nicht durch das Delikts- oder Bereicherungsrecht aus den Angeln gehoben werden darf.
> Hiervon gibt es nur (die schon erwähnte) Ausnahme des § 816 I 2 BGB. Der unentgeltliche Erwerber ist zur Rückübereignung verpflichtet, wird aber auf der anderen Seite durch die mögliche Berufung auf § 818 III BGB geschützt.
> Verschenkt der unentgeltliche Erwerber die Sache weiter, ist auch in diesem Fall für den ursprünglich Berechtigten noch nicht tabula rasa. Kann sich nämlich der erste unentgeltliche Erwerber erfolgreich auf § 818 III BGB berufen, greift die Aushilfshaftung des § 822 BGB. Der ursprünglich Berechtigte erhält seine Sache doch noch zurück!

2. Rückerwerb des Nichtberechtigten

Grundsatz: Nichtberechtigter wird Eigentümer

Der gutgläubige Erwerber wird Volleigentümer und kann über die Sache als Berechtigter verfügen. Fraglich ist, ob dies auch dann uneingeschränkt gelten soll, wenn die Sache an den Veräußerer zurückübertragen wird. Erfolgt der Rückerwerb aufgrund eines selbständigen Rechtsgeschäftes, entspricht die Annahme des Erwerbs vom Berechtigten *allgemeiner Meinung*.[163] Dass der ursprünglich Nichtberechtigte das Eigentum vom Berechtigten soll erwerben können, erscheint in anderen Konstellationen aber unbillig. Zahlreiche Stimmen in der *Literatur*[164] lassen diesen Grundsatz daher nur mit Ausnahmen zu.

Ausnahmen:

Insbesondere in drei Fällen wird ein *automatischer Rückerwerb des ursprünglichen Eigentümers* angenommen:

(-) bei Hin- und Herübereignung

- Die *"Hin- und Herübereignung"* war von vornherein geplant, um dem Nichtberechtigten das Eigentum zu verschaffen.

(-) bei (Rücktritt wegen Mängeln oder Anfechtung)

- Es liegt lediglich ein *unselbständiges Rechtsgeschäft* vor, das die Rückgängigmachung des ersten Vertrages bezweckt (z.B. Rücktritt wg. Mängeln gem. §§ 437 Nr.2 Alt.1, 440, 323 bzw. 634 Nr.3 Alt.1, 636, 323 BGB oder bei Anfechtung).

(-) bei Sicherungsübereignung

- Die Übereignung war von vornherein *nur vorläufiger Natur* (z.B. Sicherungsübereignung)

Problem: automatischer Rückerwerb des ursprünglichen Eigentümers schwer zu begründen

Auch wenn das Ergebnis allgemeinen Billigkeitserwägungen entspricht, bereitet die dogmatische Begründung eines automatischen Rückerwerbs des früheren Eigentümers Schwierigkeiten. Vor allem das *Abstraktionsprinzip* erweist sich hier als kaum überwindbare Hürde.

---

163 PALANDT, § 932 Rn. 17.
164 Vgl. BAUR/STÜRNER, § 52 IV 2; LOPAU, JuS 1971, 233 ff.; TIEDTKE, Jura 1983, 473.

Zum Teil wird mit der Figur des *"Geschäfts für den, den es angeht"*, ein Eigentumserwerb des früheren Eigentümers angenommen. Dabei wird auf das Handeln für den früheren Eigentümer verzichtet. Es fehlt aber in der Regel der innere Wille, für den früheren Eigentümer zu erwerben.

Auch § 139 BGB kann nicht herangezogen werden, denn die Unwirksamkeit des schuldrechtlichen Rechtsgeschäfts z.B. aufgrund Anfechtung führt nicht automatisch dazu, dass die an sich wirksame Übereignung entfällt. Nur wenn auch die Übereignung angefochten wird, kommt man dazu, dass das Eigentum automatisch an den früheren Eigentümer zurückfällt. Es verbietet sich daher, den gutgläubigen Erwerb und den Rückerwerb generell rechtlich als Einheit zu betrachten.

Auch eine *teleologische Reduktion von § 932 BGB* ist Bedenken ausgesetzt. Danach würde der Gutglaubenserwerb des Dritten ex nunc entfallen, sobald die Übereignung rückabgewickelt wird. Das liefe auf die Umdeutung eines zunächst wirksamen Rechtsgeschäftes hinaus. Anführen lässt sich schließlich der Rechtsgedanke des § 158 II, nach dem bei Bedingungseintritt der *frühere Rechtszustand* wieder eintritt. Zumindest im Fall einer Sicherungsübereignung könnte man argumentieren, dass somit das Eigentum wieder an den ursprünglichen Eigentümer zurückfällt, sobald die Sicherungsübereignung endet.

e.A.: immer Erwerb des ursprünglich Nichtberechtigten

Da sich schließlich die Begründungsschwierigkeiten für einen automatischen Rückerwerb des fiktiven Eigentümers nicht völlig ausräumen lassen, wird in der *Literatur* auch vertreten, dass die Rückübertragung ohne Ausnahme zum Eigentumserwerb des ursprünglich Nichtberechtigten führe.

ursprünglicher Eigentümer hat nur schuldrechtliche Ansprüche

Das soll selbst dann gelten, wenn der Rückerwerb von vornherein geplant war, da die Übertragung auf den Erwerber wegen dessen Gutgläubigkeit nicht nichtig war.[165] Im Ergebnis ist der frühere Eigentümer nach dieser Ansicht auf Schadensersatzansprüche gegen den früheren Nichtberechtigten (jetzt Eigentümer der Sache) beschränkt. Aus pVV gem. § 280 I i.V.m. § 241 II BGB, Delikt i.V.m. § 249 BGB, notfalls aus Bereicherungsrecht ergibt sich eine Verpflichtung zur Rückübereignung.

> **hemmer-Methode:** Den Streit zum Rückerwerb des Nichteigentümers müssen Sie kennen. Wenn Sie die verschiedenen Argumente ausführlich diskutieren, ist es gleichgültig, wie Sie sich im Ergebnis entscheiden. Ein bewusstes Hochhalten des Abstraktionsprinzips, gegen das so viele Klausurbearbeiter in fahrlässiger Weise immer wieder verstoßen, macht auf den Korrektor aber sichtlich einen positiven Eindruck. Sie zeigen auf diese Weise, dass Sie die Dogmatik verstanden haben und Fälle nicht einfach aus dem Bauch heraus lösen.

VII. Gutgläubig lastenfreier Erwerb

Voraussetzungen

> **Voraussetzungen des lastenfreien Erwerb nach § 936 BGB:**
>
> - Erwerb des Eigentums, § 936 I 1 BGB
>   ⇨ vom Berechtigten nach §§ 929-931 BGB
>   ⇨ vom Nichtberechtigten nach §§ 932 ff. BGB (kein Abhandenkommen i.S.d. § 935 BGB)

---

165 PALANDT, § 932 Rn. 17.

§ 2 RECHTSGESCHÄFTLICHER EIGENTUMSERWERB

- beim Eigentumserwerb vom Berechtigten (außer § 929 S.1): Rechtsscheintatbestand wie beim Eigentumserwerb vom Nichtberechtigten, § 936 I 2, 3 BGB, durch qualifizierten Besitzerwerb
- guter Glaube bzgl. Lastenfreiheit, §§ 936 II, 932 II BGB
- kein Abhandenkommen i.S.d. § 935 BGB beim Inhaber des Rechts

nicht nur Erwerb, sondern auch Lastenfreiheit zu prüfen

In der Klausur ist die Prüfung der Rechtslage mit Beantwortung der Frage, ob der Erwerber Eigentümer einer Sache geworden ist, häufig noch nicht zu Ende. Auch dem Erwerber ist in vielen Fällen mit der bloßen Feststellung seines Eigentums nicht gedient. Vielmehr wird er auch wissen wollen, ob er zugleich unbelastetes Eigentum erworben hat, denn das Eigentum ist ggf. wertlos, wenn der Eigentümer z.B. aufgrund eines nach wie vor bestehenden Pfandrechts eines Dritten, das den Wert der Sache aufzehrt, die Versteigerung derselben dulden muss. Wirtschaftlich ist die Frage des lastenfreien Erwerbs daher genauso bedeutsam wie die Frage des Vollrechtserwerbs selbst.

114

> **hemmer-Methode:** Auch wenn bei der Frage des lastenfreien Erwerbs ersichtlich der Schwerpunkt der Klausur liegt, prüfen Sie zunächst sauber den Erwerb des Eigentums. Die Einhaltung dieser Prüfungsreihenfolge ist zwingend:
> Zum einen setzt der lastenfreie Erwerb den Erwerb des Eigentums voraus (vgl. § 936 I 1 BGB), zum anderen handelt es sich um ein Gebot der Logik. Die Frage, ob belastetes oder unbelastetes Eigentum erworben wurde, kann sich erst stellen, wenn feststeht, dass überhaupt Eigentum erworben wurde. Vorher hängen alle Ausführungen zur Lastenfreiheit in der Luft!

§ 936 BGB sowohl beim Eigentumserwerb vom Berechtigten als auch vom Nichtberechtigten

Die Frage des lastenfreien Erwerbs stellt sich gleichermaßen beim Erwerb vom Berechtigten wie auch vom Nichtberechtigten. Beim Erwerb vom Eigentümer tritt Lastenfreiheit allerdings nur dann ein, wenn auf Veräußererseite ein Rechtsscheintatbestand vorliegt, aufgrund dessen der Erwerber auch das Eigentum gutgläubig vom Nichtberechtigten hätte erwerben können.[166]

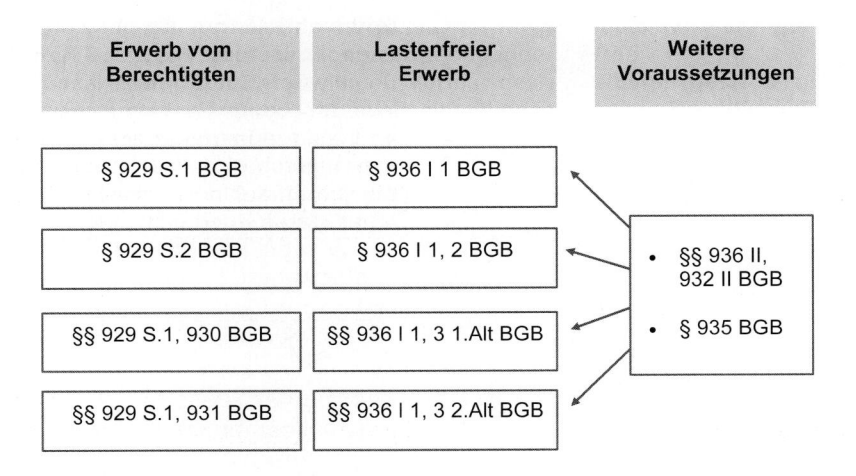

Erwerb vom Berechtigten	Lastenfreier Erwerb	Weitere Voraussetzungen
§ 929 S.1 BGB	§ 936 I 1 BGB	§§ 936 II, 932 II BGB
§ 929 S.2 BGB	§ 936 I 1, 2 BGB	
§§ 929 S.1, 930 BGB	§§ 936 I 1, 3 1.Alt BGB	§ 935 BGB
§§ 929 S.1, 931 BGB	§§ 936 I 1, 3 2.Alt BGB	

115

---

166 TIEDTKE, Jura 83, 460, 472.

116

Erwerb vom Nichtberechtigten	Lastenfreier Erwerb	Weitere Voraussetzungen
§§ 929 S.1, 932 I 1 BGB		
§§ 929 S.2, 932 I 2 BGB	§ 936 I 1 BGB	• §§ 936 II, 932 II BGB
§§ 929 S.1, 930, 933 BGB		• § 935 BGB
§§ 929 S.1, 931, 934 BGB		

117

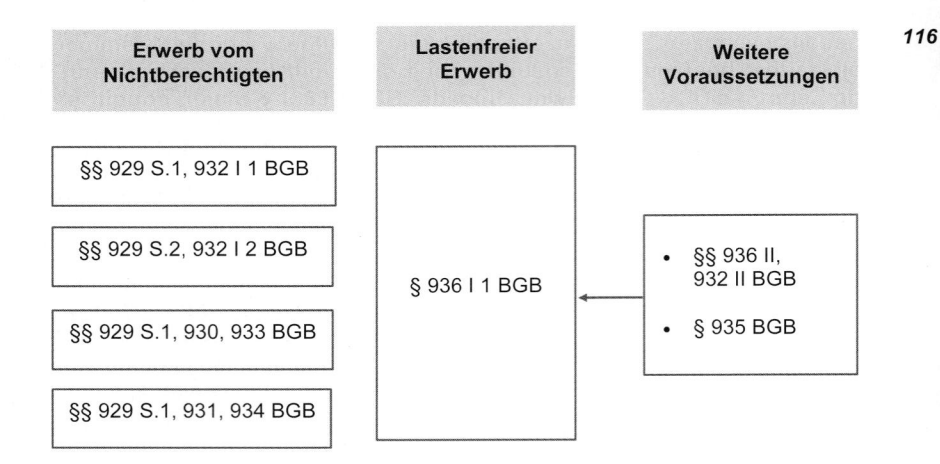

Vergleichen Sie die beiden Schaubilder. Obwohl lastenfreier Erwerb sowohl beim Eigentumserwerb vom Berechtigten als auch vom Nichtberechtigten in Betracht kommt, fällt die Prüfung des § 936 BGB vom Umfang her unterschiedlich aus.

Wird das Eigentum vom Nichtberechtigten erworben, ist ein weiterer Rechtsscheintatbestand bei § 936 BGB nicht zu prüfen, denn dieser war ja bereits zum Erwerb des Eigentums erforderlich. Für den lastenfreien Erwerb kommt es nur noch auf die Gutgläubigkeit bzgl. des Rechts des Dritten an und darauf, dass diesem die Sache nicht abhanden gekommen ist.

beim Erwerb vom Berechtigten: bei § 936 BGB Rechtsscheintatbestand erforderlich

Anders beim Erwerb vom Berechtigten. Ein irgendwie gearteter Rechtsschein war beim Eigentumserwerb nicht erforderlich. Aus diesem Grund liegt hier bzgl. der Lastenfreiheit der Schwerpunkt der Prüfung des § 936 BGB.[167]

Erfolgt z.B. die Veräußerung gem. §§ 929, 930 BGB, und hat ein Dritter ein Recht an der Sache (hier: Vermieterpfandrecht), erlischt dieses nur bzw. erst dann, wenn dem Erwerber die Sache übergeben wird, § 936 I S.3 BGB (gemeint ist dieselbe Voraussetzung wie bei § 933 BGB).[168]

> **hemmer-Methode:** Begreifen Sie die dargestellten Grundsätze nicht als Unterschiede, die Sie auswendig lernen müssten! Versuchen Sie die Grundkonzeption des § 936 BGB zu verstehen.
> Die Besitzerlangung ist beim Erwerb vom Nichtberechtigten schon Voraussetzung für den Erwerb des Vollrechts selbst. Gutgläubigkeit und kein Abhandenkommen vorausgesetzt, tritt Lastenfreiheit dann automatisch ein. Das ist auch plausibel, denn wenn schon das Vollrecht gutgläubig erworben werden kann, dann müssen erst recht weniger starke Rechte "wegerworben" werden können, die Dritten an der Sache zustehen. Nur beim Eigentumserwerb vom Berechtigten ist die Besitzerlangung daher zusätzliche Voraussetzung für die Lastenfreiheit.

118

§ 935 BGB ggf. zweimal zu prüfen

Wichtig ist, dass § 935 BGB im Rahmen des § 936 BGB ggf. zweimal zu prüfen ist: zum ersten, wenn es um die Frage des Eigentumserwerbs geht, zum anderen bei der Frage der Lastenfreiheit.

Bsp. 1: E verpfändet seine Uhr dem G, der sie zu U zur Reparatur bringt. U veräußert die Uhr an X.

---

167 Vgl. zur Prüfung des § 936 BGB auch den Fall unter Rn. 126.
168 Vgl. BGH Life and Law 2006, 86 ff.

§ 2 RECHTSGESCHÄFTLICHER EIGENTUMSERWERB

Gutgläubigkeit des X unterstellt, hat dieser von U das Eigentum nach §§ 929 S.1, 932 I 1 BGB erworben. § 935 BGB steht nicht entgegen, denn der G als unmittelbarer Besitzer hat die Uhr freiwillig aus der Hand gegeben. Nur auf ihn kommt es in dieser Situation an, vgl. § 935 I S.2 BGB. Dass der Verlust des mittelbaren Besitzes für G und E (G ist zur Zeit der Veräußerung mittelbarer Fremdbesitzer 1. Stufe, E mittelbarer Eigenbesitzer 2. Stufe) unfreiwillig ist, schadet nicht (Umkehrschluss aus § 935 I 2 BGB).

X hat auch nach § 936 I 1 BGB lastenfreies Eigentum erworben, da er von dem Pfandrecht des G keine Kenntnis hatte. Auch dem Pfandrechtsinhaber G ist die Uhr nicht abhanden gekommen, entsprechend § 935 I 1 BGB.[169] Damit hat X die Uhr lastenfrei zu Eigentum erworben.

Bsp. 2: E bringt seinen Wagen in die Reparaturwerkstatt des R. Nach der Reparatur holt er ihn, ohne zu bezahlen, heimlich mit dem Zweitschlüssel vom Hof des R und veräußert ihn an T.

Das Eigentum hat T unproblematisch vom Berechtigten erworben, § 929 S.1 BGB. Es stellt sich aber die Frage, ob das Eigentum an dem Wagen nach wie vor mit dem gesetzlichen Werkunternehmerpfandrecht nach § 647 BGB belastet ist. Bzgl. der Lastenfreiheit ist zwar von der Gutgläubigkeit des T i.S.d. §§ 936 II, 932 II BGB auszugehen, allerdings ist der Wagen dem R abhanden gekommen.

T hat damit nur belastetes Eigentum erworben. Begleicht der E die Werklohnforderung des R nicht, kann R den Wagen von T zur Verwertung herausverlangen, §§ 985, 1227, 1257, 647 BGB.

beachte: § 936 III BGB

Zu beachten ist schließlich die Regelung des § 936 III BGB: Wird eine Sache nach §§ 929 S.1, 931 BGB übereignet, so erlischt das Recht des besitzenden Dritten auch dem gutgläubigen Erwerber gegenüber nicht.

> **hemmer-Methode:** § 936 III BGB schützt genauso wie § 986 II BGB die Stellung des besitzenden Dritten, wenn eine Sache durch Abtretung des Herausgabeanspruchs veräußert wird. Das Gesetz sieht hier den Erwerber als weniger schutzwürdig an, da er mit Einreden rechnen muss, wenn er weiß, dass sich die gekaufte Sache bei einem Dritten befindet.
> Auf der anderen Seite ist der Besitzer schutzwürdig, da die Veräußerung bei § 931 BGB ohne seine Mitwirkung und eventuell auch ohne seine Kenntnis erfolgt.

Bsp. 3: E veräußert den nach wie vor bei R befindlichen PKW an T nach §§ 929 S.1, 931 BGB. Selbst wenn T gutgläubig sein sollte, weil E ihm eventuell vorgeschwindelt hat, er habe die Werklohnforderung des R bereits beglichen, erlischt das Werkunternehmerpfandrecht wegen § 936 III BGB nicht.

§ 936 III BGB gilt auch für das AnwR

Auch das *Anwartschaftsrecht des Vorbehaltskäufers* ist ein Recht i.S.d. § 936 III BGB.[170]

Bsp.: V verkauft an K unter Eigentumsvorbehalt eine Maschine. Dieselbe Maschine veräußert er dann nach § 931 BGB an X. X erwirbt hier Eigentum vom Berechtigten. Mit Bedingungseintritt verliert er jedoch sein Eigentum nach § 161 I BGB. X war aber hinsichtlich des Anwartschaftsrechts gutgläubig. Nach § 161 III BGB sind die §§ 932 ff. BGB entsprechend anwendbar. Damit gilt aber auch § 936 III BGB. Das Anwartschaftsrecht des K ist somit nicht erloschen. Der gute Glaube nützt dem X nicht.

---

169 PALANDT, § 936 Rn. 3.
170 Allg. Meinung, vgl. nur PALANDT, § 936 Rn.1; TIEDTKE, Jura 83, 460, 472; MEDICUS, BR, Rn. 462.

VIII. Sonderfälle des gutgläubigen Erwerbs

1. Erbschein, § 2366 BGB

§ 2366 BGB überwindet §§ 857, 935 I BGB

Nach § 2366 BGB wird der Erwerb vom Scheinerben ebenso beurteilt wie ein Erwerb vom wahren Erben. Auf diese Weise wird das Abhandenkommen der Nachlassgegenstände nach §§ 857, 935 I BGB überwunden. Da sich der öffentliche Glaube aber nicht auf die Zugehörigkeit einer Sache zum Nachlass erstreckt, hilft die Vorschrift nicht weiter, wenn der Erblasser selbst Nichtberechtigter war.

121

§ 2366 BGB i.V.m. §§ 932 ff. BGB ⇨ doppelt gutgläubiger Erwerb

Somit ergibt sich die Möglichkeit eines gutgläubigen Erwerbs nachlassfremder Sachen vom Scheinerben nach §§ 932 ff. BGB i.V.m. § 2366 BGB *(sog. doppelt gutgläubiger Erwerb)*.[171]

122

> *Bsp.: V ist durch Erbschein fälschlich als Erbe des O ausgewiesen. Er veräußert ein Radio, das sich im Besitz des O befand, an den K. In Wirklichkeit gehört es dem E. K weiß, dass das Radio von O immer benutzt worden ist und glaubt auch, dass dieser Eigentümer gewesen sei. Von der Existenz eines Erbscheines weiß er nichts. Wer ist Eigentümer, wenn*
>
> *a) E das Radio dem O geliehen hatte?*
>
> *b) E das Radio von O gestohlen worden war?*

Ein gutgläubiger Erwerb nach §§ 929 S.1, 932 BGB scheidet aus, da dem wahren Erben die Sache gem. §§ 935, 857 BGB durch Besitzergreifung seitens des V abhanden gekommen ist. Ein Erwerb über § 2366 BGB scheidet ebenfalls aus. Zwar überwindet § 2366 BGB den im Verhältnis wahrer Erbe - Scheinerbe vorliegenden § 935 BGB, jedoch liegt hier kein Erbschaftsgegenstand vor, da das Radio nicht im Eigentum des Erblassers O stand.

Subjektive Kenntnis des Erwerbers vom Vorhandensein des Erbscheins ist nicht erforderlich, da es sich wie beim Grundbuch um einen öffentlichen Glauben handelt. Erforderlich und ausreichend ist das Bewusstsein, einen Erbschaftsgegenstand zu erwerben.

Hier könnte aber ein sog. *doppelt gutgläubiger* Erwerb erfolgt sein, wenn der Erwerber i.S.d. § 2366 BGB gutgläubig hinsichtlich des vermeintlichen Erbrechtes des Scheinerben und i.S.d. § 932 BGB gutgläubig hinsichtlich des Eigentums des Erblassers ist. Zweck des § 2366 BGB ist es, den Erwerber im Verhältnis zum Eigentümer so zu stellen, als hätte er vom wirklichen Erben erworben. Bei Nichtberechtigung des wirklichen Erben wäre aber ein gutgläubiger Erwerb nach § 932 BGB grundsätzlich möglich gewesen. Daher muss auch in diesem Fall ein gutgläubiger Erwerb möglich sein. Andernfalls hätte das System des gutgläubigen Erwerbs zwischen §§ 932 ff. BGB und §§ 2366, 2367 BGB eine systemwidrige Lücke. Ein doppelt gutgläubiger Erwerb über §§ 2366, 932 BGB kommt jedoch nur in Frage, wenn tatsächlich ein gutgläubiger Erwerb vom Nichtberechtigten (wahren Erben) nach den §§ 932 ff. BGB möglich gewesen wäre. Ist der gutgläubige Erwerb bereits ausgeschlossen, weil § 935 BGB im Verhältnis Erblasser (und somit über 857 BGB im Verhältnis Erbe) - wahrer Eigentümer vorliegt, dann kann auch § 2366 BGB dieses Manko nicht überwinden[172]

Im Fall a) hat K, da er hinsichtlich beider Tatsachen laut Sachverhalt gutgläubig war, Eigentum an dem Radio erworben. Bei einer Leihe liegt gerade kein Abhandenkommen i.S.d. § 935 BGB vor. Anders im Fall b), wo das Radio durch den Diebstahl gemäß § 935 BGB abhanden gekommen ist. Hier bleibt E Eigentümer.

---

171 Vgl. PALANDT, § 2366 Rn. 5 ff.
172 MEDICUS, BR, Rn. 568; HEMMER/WÜST, Erbrecht, Rn. 236 ff.

> **hemmer-Methode:** Die Verkettung des § 2366 BGB mit den allgemeinen Gutglaubenstatbeständen ist ein immer wieder beliebtes Klausurthema.
> Veräußert der Scheinerbe keine bewegliche Sache, sondern ein Grundstück, bei dem der Erblasser zu Unrecht als Eigentümer im Grundbuch eingetragen war, so lässt sich der Fall i.V.m. § 892 BGB parallel lösen.
> Im Zweifel wird der Scheinerbe nicht gleich das Eigentum übertragen, sondern lediglich eine Vormerkung bewilligt haben. Es stellt sich dann das Problem des gutgläubigen Ersterwerbs einer Vormerkung.
> Zum Schluss: Denken Sie daran, dass es bei § 2366 BGB nicht darauf ankommt, ob der Erbschaftsgegenstand als solcher gutgläubig erworben werden kann. Da der Erwerber so gestellt wird, als ob er mit dem wahren Erben kontrahiert hätte, ist hier auch der Erwerb einer (tatsächlich bestehenden) Forderung möglich.[173]
> Neben § 405 BGB ist dieser Fall eine weitere Ausnahme von dem Grundsatz, dass es einen gutgläubigen Forderungserwerb im BGB nicht gibt.

2. §§ 366 HGB, 1244 BGB

§ 366 HGB, § 1244 BGB guter Glaube an Verfügungsbefugnis, nicht an Eigentum

In den Fällen der §§ 366 HGB, 1244 BGB weiß der Erwerber, dass der Veräußerer nicht Eigentümer ist. Er glaubt jedoch, dass der Berechtigte der Verfügung im eigenen Namen zugestimmt hat (§ 366 HGB) bzw. dass der Veräußerer ein Pfandrecht hat (§ 1244 BGB). In beiden Fällen ist ein gutgläubiger Eigentumserwerb möglich. Geschützt wird hier ausdrücklich der gute Glaube an die Verfügungsbefugnis des Veräußerers, indem die analoge Anwendung der §§ 932 ff. BGB angeordnet wird.

> **life&law:**[174] Veräußert ein Kaufmann Waren außerhalb seines - nicht auf Veräußerungsgeschäfte angelegten - Geschäftsbetriebs, sind erhöhte Anforderungen an den guten Glauben des Erwerbers gem. § 366 HGB zu stellen.

> **hemmer-Methode:** Im Hinblick auf § 935 BGB besteht zwischen beiden Vorschriften aber ein wichtiger Unterschied. Während § 366 I HGB auf die §§ 932 ff. BGB allgemein verweist, so dass § 935 BGB mit umfasst ist, wird die Vorschrift bei der Verweisung in § 1244 BGB ausdrücklich ausgenommen. Wegen § 935 II BGB hat dies allerdings ohnehin nur klarstellende Bedeutung. Bei dem Erwerb in einer öffentlichen Versteigerung wirkt sich also auch ein Abhandenkommen nicht aus.

umstr.: § 366 HGB auch bei Handeln im fremden Namen?

h.M. (-)

Im Rahmen des § 366 I HGB ist umstritten, ob dieser auch dann greift, wenn der Veräußerer *in fremdem Namen* handelt. Das wird zum Teil bejaht mit dem Argument, das HGB differenziere nicht in allen Fällen hinreichend genau zwischen Vertretungsmacht und Ermächtigung i.S.d. § 185 BGB.[175] Im Interesse des Vertrauens im Handelsverkehr sei eine weite Auslegung des § 366 HGB veranlasst.

Gegen diese Ansicht spricht aber, dass in Fällen der fehlenden Vertretungsmacht häufig die Grundsätze der Rechtsscheinvollmachten Platz greifen und der Erwerber bei Handeln des Veräußerers in fremdem Namen zudem weniger schutzwürdig ist, da er zumindest prinzipiell die Möglichkeit hat, sich von der Vertretungsmacht des Veräußerers zu überzeugen.

---

173 MEDICUS, BR, Rn. 571.
174 Life&Law 1999, 201 (Heft 4).
175 K. SCHMIDT, Handelsrecht, § 23 III 2.

Schließlich spricht gegen eine analoge Anwendung des § 366 HGB, dass der Betreffende zwar Eigentum erlangen würde, dieses aber aus ungerechtfertigter Bereicherung zurückgewähren müsste, weil § 366 HGB jedenfalls nicht die schuldrechtliche causa zustande bringt.[176] Die Ansicht, die den fehlenden Rechtsgrund in § 366 HGB selbst oder etwa in § 179 BGB sieht, ist abzulehnen.[177]

> **hemmer-Methode:** § 366 HGB kommt nur zur Anwendung, wenn der Veräußerer Kaufmann ist, wobei es genügt, wenn die Voraussetzungen des § 5 HGB vorliegen. Nicht ausreichend ist dagegen, dass der Veräußerer Scheinkaufmann ist, denn die nachteiligen Rechtsfolgen des § 366 HGB treffen nicht ihn, sondern den wahren Berechtigten, der sein Eigentum an den redlichen Erwerber verliert.[178]

3. Erwerb in der Zwangsvollstreckung, § 898 ZPO

§ 898 ZPO: gutgläubiger Erwerb möglich

Auch in der Zwangsvollstreckung ist nicht jeder gutgläubige Erwerb ausgeschlossen. Ist der Verkäufer nicht übereignungswillig, kann ihn der Käufer verklagen. Das stattgebende Urteil ersetzt nach § 894 ZPO die dingliche Einigungserklärung, und die Wegnahme durch den Gerichtsvollzieher steht nach § 897 ZPO einer Übergabe gleich.

Aufgrund der §§ 894, 897, 898 ZPO wird die Rechtslage so angesehen, als ob der Veräußerer freiwillig geleistet hätte[179] (die Wegnahme durch den Gerichtsvollzieher, § 897 I ZPO, führt also nicht zum abhanden kommen i.S.d. § 935 I BGB). Insofern soll auch ein gutgläubiger Erwerb möglich sein, wenn der Schuldner zur Übereignung einer Sache verurteilt wird, die ihm nicht gehört.

Die Voraussetzungen der §§ 932 ff. BGB müssen aber vorliegen, d.h. der Erwerber wird nicht Eigentümer im Falle der Bösgläubigkeit und auch nicht, wenn die Sache abhanden gekommen war. Auch der rechtskräftige Titel kann den § 935 BGB nicht überwinden.

IX. Schutz des guten Glaubens an die Verfügungsbefugnis des Berechtigten

§§ 932 ff. BGB z.T. analog anwendbar, wenn dem Berechtigten die Verfügungsbefugnis fehlt

Die §§ 932 ff. BGB schützen in direkter Anwendung nur den guten Glauben an das Eigentum des Veräußerers. Es gibt aber auch Fälle, in denen der Veräußerer zwar Eigentümer, zur Verfügung über die Sache aber gleichwohl nicht befugt ist.

Beispiele hierfür sind der Erbe bei Anordnung von Testamentsvollstreckung (§ 2211 I BGB), der nicht befreite Vorerbe bzgl. zum Nachlass gehöriger Grundstücke (§ 2113 I BGB), der Gemeinschuldner (§ 80 I InsO) und die Fälle relativer Verfügungsverbote i.S.d. §§ 135 I, 136 BGB. In diesen Fällen ordnet das Gesetz vielfach die entsprechende Anwendung der §§ 932. ff. BGB an.

So in §§ 135 II, 136, 2211 II, 2113 III BGB, nicht aber im Fall der Veräußerung einer beweglichen Sache durch den Gemeinschuldner (Umkehrschluss aus § 81 I 2 InsO, der nur die §§ 892, 893 BGB für unberührt erklärt).

---

[176] MEDICUS, BR, Rn. 567; TIEDTKE, Jura 83, 460, 474.
[177] Hierzu TIEDTKE, Gutgläubiger Erwerb, S.230.
[178] TIEDTKE, Gutgläubiger Erwerb, S.228.
[179] TIEDTKE, Jura 83, 460, 476.

Bsp.: Gläubiger G lässt bei seinem Schuldner S aufgrund eines rechtskräftigen Titels dessen Steinway-Flügel nach § 808 II ZPO (durch Anbringung eines Kuckucks) pfänden. S entfernt das Pfandsiegel und veräußert den Flügel an den D, der von der Pfändung keine Kenntnis hat. D läßt den Steinway abholen und stellt ihn bei sich auf. Als G die Vorgänge rekonstruieren kann, verlangt er von D den Flügel heraus. Zu Recht?

Als Anspruchsgrundlage kommen die §§ 804 II ZPO, 1227, 985 BGB in Betracht, wenn dem G nach wie vor ein Pfändungspfandrecht an dem Steinway zusteht.[180] Andererseits könnte der D aber nach §§ 929 S.1, 936 BGB lastenfrei Eigentum erworben haben.

Beim Eigentumserwerb bestehen Bedenken nicht hinsichtlich der Berechtigung des Veräußerers (S war unstreitig Eigentümer), wohl aber hinsichtlich der Verfügungsbefugnis. Die aufgrund der Pfändung eingetretene Verstrickung führt zu einem behördlichen Veräußerungsverbot i.S.d. § 136 BGB.[181] Nach §§ 135 II, 136 BGB finden die §§ 932 ff. BGB aber entsprechende Anwendung. Da D bzgl. der Verstrickung auch gutgläubig war, ist ein Eigentumserwerb zu bejahen.

Bei einer Übereignung nach § 929 S.1 BGB ist im Rahmen des § 936 I BGB ein weiterer Rechtsscheintatbestand nicht erforderlich, da der Veräußerer mit der Übergabe der Sache jede besitzrechtliche Position aufgibt.

D war des Weiteren auch gutgläubig bzgl. des Pfändungspfandrechts des G. Schließlich steht dem lastenfreien Erwerb auch nicht § 935 I BGB entgegen, denn der Steinway ist dem unmittelbaren Besitzer (das ist nach wie vor der Vollstreckungsschuldner S) nicht abhanden gekommen. D braucht den Flügel daher nicht an G herauszugeben.

> **hemmer-Methode:** Die Verfügungsbeschränkungen im Rahmen des gesetzlichen Güterstandes (§§ 1365, 1369 BGB) fallen nicht unter § 135 BGB. Es handelt sich um absolute Veräußerungsverbote, bei denen jeglicher gutgläubiger Erwerb ausscheidet.
> Auch die von der *Rspr.*[182] und *h.L.*[183] vertretene subjektive Einzeltheorie, wonach der Erwerber entgegen § 1365 BGB bei einem einzelnen Gegenstand (regelmäßig einem Grundstück) Eigentum erwirbt, wenn er bei Abschluss des Verpflichtungsgeschäftes keine Kenntnis davon hat, dass es sich um beinahe das gesamte Vermögen des Ehegatten handelt, stellt dogmatisch keinen Fall des gutgläubigen Erwerbs dar, sondern eine Restriktion auf der Ebene des objektiven Tatbestands des § 1365 BGB.
> Im Ergebnis ist dann aber auch die absolute Verfügungsbeschränkung keinesfalls mehr unüberwindbar.

---

[180] Zu dessen Entstehungsvoraussetzungen ausführlich HEMMER/WÜST, ZPO II, Rn. 130 ff.
[181] Vgl. HEMMER/WÜST, ZPO II, Rn. 121 ff.
[182] BGHZ 43, 174; 106, 253.
[183] Vgl. die Nachweise bei MEDICUS, BR, Rn. 537 ff.

§ 3 DAS ANWARTSCHAFTSRECHT

A. Einführung

I. Begriff und Wesen des Anwartschaftsrechts

Definition: Gesicherte Rechtsposition bei mehrstufigem Erwerbstatbestand

Ein Anwartschaftsrecht liegt vor, wenn von einem *mehrstufigen* Entstehungstatbestand eines Rechts schon so viele Erfordernisse erfüllt sind, dass von einer gesicherten Rechtsposition des Erwerbers gesprochen werden kann, die der Veräußerer nicht mehr durch eine *einseitige* Erklärung bzw. das Unterlassen einer Erklärung zu zerstören vermag.[184] Allen Anwartschaften ist somit eigentümlich, dass der Erwerb eines Rechts bereits eingeleitet sein muss, da andernfalls die Erwerberposition noch nicht geschützt wäre. Zum anderen darf dieser Rechtserwerb aber auch noch nicht vollendet sein, da sonst das Vollrecht schon beim Erwerber läge. Ein Anwartschaftsrecht ist daher nur bei mehrstufigen Erwerbstatbeständen denkbar.

127

wesensgleiches minus, Vorstufe zum Vollrecht

Das Anwartschaftsrecht ist *mehr als eine bloße Erwerbsaussicht*, aber gleichzeitig *weniger als das Vollrecht*. Das Anwartschaftsrecht stellt eine Vorstufe des Vollrechts dar und wird daher im Vergleich zum Eigentum nicht als aliud, sondern als *wesensgleiches minus*[185] betrachtet.

128

Trotz der oben wiedergegebenen Definition, die heute als allgemein anerkannt gelten kann, ist der Begriff des Anwartschaftsrechts nicht unumstritten. *Medicus* zieht es beispielsweise vor, von Anwartschaften und nicht von Anwartschaftsrechten zu sprechen.[186] In der Tat kann der Begriff Anwartschaftsrecht dazu verleiten, Rechtsfolgen aus dem Schlagwort selbst herleiten zu wollen. Das ist aber der falsche Weg. Nicht weil jemandem ein Anwartschaftsrecht zusteht, hat er eine gesicherte Position, sondern weil und soweit seine Position gesichert ist, darf man von einem Anwartschaftsrecht sprechen.[187]

129

Die Verwendung des Begriffes Anwartschaftsrecht ist aber ungefährlich (und im Übrigen extrem praktikabel), wenn man hierunter nichts weiter als eine zusammenfassende Bezeichnung für die Befugnisse versteht, die einer Person bei einem mehrstufigen Erwerbstatbestand ohnehin nach dem Gesetz zustehen.

> **hemmer-Methode:** Ob Anwartschaft oder Anwartschaftsrecht, das ist zunächst natürlich ein Streit um Worte. Jedenfalls was die Rechtsstellung des Vorbehaltskäufers anbelangt, hat sich die Bezeichnung Anwartschaftsrecht absolut durchgesetzt. Gleichwohl sollten Sie die Überlegung nachvollziehen, die hinter dem Streit um den richtigen Begriff steht, da Sie auf diese Weise vor allem Ihre Argumentation in der Klausur überprüfen können.
> Wenn Sie sich dabei ertappen zu schreiben: "A hatte ein Anwartschaftsrecht an der Sache, deshalb ist er bei Bedingungseintritt Eigentümer derselben geworden", sollten sie noch einmal überlegen. Der bloße Hinweis auf ein Anwartschaftsrecht ersetzt keine tragfähige Begründung. Regelmäßig wird sich die Rechtsstellung des "Anwartschaftsberechtigten" direkt aus dem Gesetz herleiten lassen. Schreiben Sie daher besser: "Da Zwischenverfügungen des Vorbehaltsverkäufers im Fall des Bedingungseintritts nach § 161 I 1 BGB absolut unwirksam sind, hat A mit der vollständigen Zahlung des Kaufpreises das Eigentum an der Sache erworben." Die Aussage des § 161 I 1 BGB ist in diesem Fall eindeutig, der Hinweis auf ein Anwartschaftsrecht an sich entbehrlich.

---

[184] Vgl. BGH NJW 1955, 544.
[185] Vgl. BGHZ 28, 16, 21; BGHZ 35, 85, 89.
[186] MEDICUS, BR, Rn. 456.
[187] MEDICUS, BR, Rn. 487.

II. Erscheinungsformen der Anwartschaften

Arten des AnwR

Als Vorstufen subjektiver Rechte lassen sich obligatorische, dingliche, immaterialgüterrechtliche (vgl. § 9 PatG, § 8 WZG) und erbrechtliche Anwartschaften unterscheiden.[188]

130

Examensrelevant sind ausschließlich die *dinglichen Anwartschaften*. Hier lassen sich drei Anwartschaftsrechte unterscheiden: der bedingte Erwerb, der Grundstückserwerb vor Eintragung und der Erwerb von Grundpfandrechten vor Briefübergabe oder Valutierung.

131

bedingter Erwerb

Der *bedingte Erwerb* erscheint in den meisten Fällen in der Gestalt des Eigentumsvorbehalts. Möglich, aber seltener ist er bei der Sicherungsübereignung. Die Übereignung erfolgt unter der aufschiebenden Bedingung der Kaufpreiszahlung bzw. der auflösenden Bedingung der Rückzahlung des Darlehens, so dass dem Käufer bzw. Sicherungsgeber vor Bedingungseintritt ein Anwartschaftsrecht zusteht.

132

Grundstückserwerb vor Eintragung

Beim Erwerb von Grundstücken entsteht eine Anwartschaft zwischen Eintragungsantrag und Eintragung, sofern der Antrag vom Auflassungsempfänger gestellt und solange er nicht zurückgewiesen wurde. Eine Anwartschaft entsteht auch ohne den Eintragungsantrag, wenn die Parteien die Auflassung erklärt haben und zugunsten des Erwerbers eine Auflassungsvormerkung eingetragen ist.

133

Grundpfandrechte vor Briefübergabe

Beim Erwerb von (Brief-)Grundpfandrechten entsteht eine Anwartschaft zwischen Entstehung und Briefübergabe bzw. bei der Hypothek auch vor Valutierung *(§§ 1163 II, 1192 I bzw. § 1163 I 1 BGB)*.

134

Exkurs

Exkurs: Erbrechtliche Anwartschaften

Erbaussicht ist kein AnwR auch bei Erbvertrag (-)

Dem gewöhnlichen gesetzlichen oder testamentarischen Erben steht zu Lebzeiten des Erblassers lediglich eine *Erbaussicht* zu, nicht aber bereits ein Anwartschaftsrecht auf das Erbe. Diese Aussicht kann jederzeit durch den Erblasser durch testamentarische Enterbung oder Widerruf des Testaments (§ 2253 I BGB) zerstört werden. Es existiert somit keine gesicherte Rechtsstellung des Erben, die durch einseitiges Handeln des Erblassers nicht mehr beseitigt werden könnte. Nach *BGH*[189] und ganz *h.L.* steht auch dem durch Erbvertrag (§§ 2274 ff. BGB) begünstigten Erben oder Vermächtnisnehmer zu Lebzeiten des Erblassers nur eine Aussicht und keine Anwartschaft zu.

135

aber bei Nacherbschaft AnwR (+)

Anders beurteilt sich dagegen die *Stellung des Nacherben* (vgl. §§ 2100 ff. BGB) *nach dem Eintritt des Erbfalls*. Der Nacherbe erlangt als Erbe des Erblassers mit dessen Tod eine eigenständige erbrechtliche Position, deren "Erstarken" nur noch vom Eintritt des Nacherbfalls (i.d.R. der Tod des Vorerben, vgl. auch § 2106 I BGB) abhängt und somit nicht mehr zerstört werden kann. *Rspr.*[190] und *h.L.* nehmen daher in diesem Fall ein Anwartschaftsrecht des Nacherben an, welches auch übertragen werden kann (vgl. auch 2108 II 1 BGB).[191]

Exkurs Ende

---

188 SCHWERDTNER, Jura 1980, 609; RAISER, Dingliche Anwartschaften, Tübingen 1961, S.13.
189 BGHZ 12, 115, 118.
190 BGHZ 37, 319, 325 f.
191 Vgl. zum Ganzen SCHWERDTNER, Jura 1980, 610 f.

B. Das Anwartschaftsrecht des Vorbehaltskäufers

I. Einführung

Entstehung durch Vereinbarung eines EV

Im Folgenden wird es ausschließlich um das Anwartschaftsrecht des Vorbehaltskäufers gehen, da dieses bei weitem die größte Klausurrelevanz hat. Da das Anwartschaftsrecht durch Vereinbarung eines Eigentumsvorbehalts zur Entstehung gelangt, überschneiden sich hier zwei Themenkomplexe, die folglich nicht getrennt dargestellt werden können. 136

EV Sicherungsmittel für den Verkäufer

Der Vorbehalt des Eigentums ist ein *Sicherungsmittel für den Warenlieferanten*, der trotz Übergabe der Sache zunächst (regelmäßig bis zur vollständigen Zahlung des Kaufpreises) Eigentümer bleibt. Auf diese Weise hat er eine starke Stellung. Er kann die Sache ggf. vindizieren, in der Einzelzwangsvollstreckung steht ihm die Drittwiderspruchsklage nach § 771 ZPO und im Konkurs des Vorbehaltskäufers das Aussonderungsrecht nach § 47 I 2 InsO zu. Der Eigentumsvorbehalt hat daher als Sicherungsmittel im Wirtschaftsleben eine überragende Bedeutung. 137

Käufer hat i.d.R. Nutzungs- und Veräußerungsbefugnis

Auf der anderen Seite steht der Vorbehaltskäufer als Inhaber des Anwartschaftsrechts. Er kann die Sache vor Bezahlung des vollständigen Kaufpreises nutzen und sogar weiterveräußern, wodurch er in vielen Fällen überhaupt erst in die Lage versetzt wird, die Sache seinerseits zu bezahlen. Aber auch dem Anwartschaftsrecht selbst kommt ein erheblicher wirtschaftlicher Wert zu, der mit Tilgung der Kaufpreisraten beständig steigt. Im umgekehrten Verhältnis nimmt der Wert des Vorbehaltseigentums ab. 138

Bsp.: K kauft bei V eine Maschine zum Preis von 100.000,- €. 40.000,- € sind sofort fällig, den Rest soll K in sechs Monatsraten zu je 10.000,- € abbezahlen. Das Wertverhältnis von Vorbehaltseigentum und Anwartschaftsrecht stellt sich wie folgt dar:

Abschluss des Kaufvertrages bzw. Übergabe der Maschine
- 60 — Eigentum des Vorbehaltsverkäufers
- 40 — Anwartschaftsrecht des Vorbehaltskäufers

nach vier Monaten
- 20 — Eigentum des Vorbehaltsverkäufers
- 80 — Anwartschaftsrecht des Vorbehaltskäufers

Eigentumsvorbehalt und Anwartschaftsrecht haben daher für beide Seiten eine immense wirtschaftliche Bedeutung. Das Spannungsfeld zwischen dem Sicherungsinteresse des Vorbehaltsverkäufers und dem Verwertungsinteresse des Vorbehaltskäufers führt zu zahlreichen Problemen: in der Klausur wie in der Praxis! 139

§ 3 DAS ANWARTSCHAFTSRECHT

Nur ein Beispiel: Obwohl es sich nur um eine Sache handelt, kann doch der Vorbehaltsverkäufer über *sein* Eigentum, der Vorbehaltskäufer über *sein* Anwartschaftsrecht verfügen. Beide treten bzgl. ihrer Position als Berechtigte auf. Wenn es aber irgendwann um die endgültige Verwertung der Sache geht, kann die Entscheidung nur zugunsten der einen oder der anderen Seite ausfallen. Wie dieser Konflikt zu lösen ist, dazu weiter unten.

Die vorliegende Darstellung stellt das Anwartschaftsrecht des Vorbehaltskäufers in den Vordergrund, da hier vor allem die sachenrechtlichen Probleme interessieren. Genau umgekehrt wäre zu verfahren, wenn man auf den Aspekt der Kreditsicherung abstellt. In diesem Fall wäre die Perspektive des Vorbehaltsverkäufers maßgebend. Diesbzgl. wird auf die Ausführungen im Skript Kreditsicherungsrecht verwiesen.

II. Begründung des Anwartschaftsrechts

bedingte Übereignung
⇨ *bei EV besteht AnwR*

Beim Verkauf einer Sache unter Eigentumsvorbehalt wird das Anwartschaftsrecht des Käufers dadurch begründet, dass der Verkäufer dem Käufer die Kaufsache übergibt und beide sich darüber einig sind, dass das Eigentum unter der aufschiebenden Bedingung der vollständigen Kaufpreiszahlung vom Verkäufer auf den Käufer übergeht (§§ 929, 158 I BGB).

140

> **hemmer-Methode:** Bei der Sicherungsübereignung können Sicherungsgeber und Sicherungsnehmer eine auflösende Bedingung (§ 158 II BGB) vereinbaren. Bei Tilgung der Darlehensschuld fällt das Eigentum automatisch an den Sicherungsgeber zurück. Bis dahin steht ihm genau wie dem Vorbehaltskäufer ein Anwartschaftsrecht zu.
> In der Praxis überwiegt aber die unbedingte Sicherungsübereignung, bei der der Sicherungsnehmer (regelmäßig eine kreditgewährende Bank) nur schuldrechtlich zur Rückübereignung verpflichtet ist. Die Stellung der Bank ist in diesem Fall stärker, da von ihrer Seite noch eine Mitwirkungshandlung bzw. -erklärung erforderlich ist, ehe der Sicherungsgeber wieder Eigentümer wird.
> Welchen Weg die Parteien des Sicherungsvertrages gewählt haben, ist unter Berücksichtigung der widerstreitenden Interessen durch Auslegung zu ermitteln.[192]

EV schon im Kaufvertrag
⇨ *Anspruch nur auf bedingte Übereignung*

Die Vereinbarung eines Eigentumsvorbehalts kann *bereits im Kaufvertrag* enthalten sein. Der Verkäufer ist dann von vornherein nur zur bedingten Übereignung verpflichtet. Ist von einem Eigentumsvorbehalt im Kaufvertrag aber keine Rede, hat der Käufer aus § 433 I 1 BGB einen Anspruch auf unbedingte Übereignung.

Bei der Frage, ob der Verkäufer auch jetzt noch die Vereinbarung eines Eigentumsvorbehalts durchsetzen kann, sind zwei Zeiträume zu unterscheiden.

141

bis zur Übergabe: VVK kann EV einseitig durchsetzen

Ist die Übergabe noch nicht erfolgt, kann der Verkäufer vertragswidrig erklären, er behalte sich das Eigentum bis zur vollständigen Kaufpreiszahlung vor, sog. *nachträglicher vertragswidriger Eigentumsvorbehalt.*

142

VK wird i.d.R. bedingtes Einigungsangebot annehmen

Der Käufer hat dann nur die Möglichkeit, dieses Angebot anzunehmen oder aber die Annahme der Sache zu verweigern (wozu er berechtigt wäre!). In letzterem Fall erhielte er aber weder das Eigentum noch das Anwartschaftsrecht.

---

192   PALANDT, § 930 Rn. 15; vgl. auch REINICKE/TIEDTKE, Kreditsicherung, S.142 ff.

Die Auslegung des Parteiverhaltens wird daher regelmäßig ergeben, dass der Käufer wenigstens bedingtes Eigentum erwerben will. In der Annahme der Sache kann dann zugleich auch die stillschweigende Abänderung des Kaufvertrags, der den Verkäufer ursprünglich zur unbedingten Übereignung verpflichtete, zu sehen sein.[193] Voraussetzung für die nachträgliche Durchsetzung eines Eigentumsvorbehalts ist aber, dass dem Käufer oder einer *zur Vertragsgestaltung befugten* Person spätestens bei der Übergabe eine entsprechende Erklärung des Verkäufers zugeht,[194] denn ansonsten darf und muss der Käufer annehmen, der Verkäufer wolle vertragsgemäß unbedingt übereignen.

> **hemmer-Methode:** Differenzieren Sie an dieser Stelle genau zwischen dem schuldrechtlichen und dem dinglichen Geschäft. Der schuldrechtliche Anspruch des Käufers auf unbedingte Übereignung ist irrelevant, denn es kann nur das Übereignungsangebot angenommen werden, das der Verkäufer tatsächlich abgegeben hat. Dinglich setzt sich also in jedem Fall der Verkäufer durch.

nach Übergabe EV einseitig nicht mehr möglich

Ist die Übergabe einmal erfolgt, hat der Käufer Eigentum erlangt. Einen Eigentumsvorbehalt kann der Verkäufer ab diesem Zeitpunkt nicht mehr *einseitig* durchsetzen. Er ist auf die Mitwirkung des Käufers angewiesen. Zur dogmatischen Begründung eines nachträglichen Eigentumsvorbehalts bieten sich zwei Wege an.

für nachträgliche bedingte Übereignung zwei Konstruktionen möglich

Die *Rspr.*[195] nimmt zwei Übereignungsvorgänge an. Der Erwerber übereignet die Sache zunächst wieder an den Verkäufer zurück, §§ 929 S.1, 930 BGB. Daraufhin übereignet sie der Verkäufer erneut an den Käufer, dieses Mal aber bedingt nach §§ 929 S.2, 158 I BGB. Die *h.L.*[196] hält diesen Weg für umständlich und kommt mit einem einzigen Übertragungsvorgang zu demselben Ergebnis. Nach §§ 929 S.1, 930, 158 II BGB überträgt der Erwerber das um das Anwartschaftsrecht gekürzte (und damit auflösend bedingte) Eigentum an den Veräußerer zurück. Vereinbarte Bedingung ist auch hier die vollständige Kaufpreiszahlung.

> **hemmer-Methode:** Die beiden Begründungmodelle zum nachträglichen Eigentumsvorbehalt müssen Sie kennen. In der Klausur genügt aber eine knappe Darstellung, da beide Ansichten zu demselben Ergebnis gelangen. Für die Lösung der *Literatur* spricht vor allem auch der Wille der Parteien, die regelmäßig nicht von einer "Hin- und Herübereignung" ausgehen werden.

EV und AnwR nicht akzessorisch

Das durch den Eigentumsvorbehalt entstandene Anwartschaftsrecht ist *nicht akzessorisch* in dem Sinn, wie es die Vormerkung oder Hypothek sind. Der Verkäufer kann die Kaufpreisforderung abtreten, ohne dass sich an seinem Vorbehaltseigentum etwas ändert, der Käufer kann das Anwartschaftsrecht übertragen, ohne dass der Erwerber auch die Kaufpreisschuld übernehmen müsste.

aber : AnwR setzt Bestehen einer Schuld voraus

Bedingungseintritt muss möglich sein

Immerhin setzt aber auch das Anwartschaftsrecht das *Bestehen einer Schuld* voraus,[197] denn nur dann ist ein Bedingungseintritt denkbar, bei dem das Anwartschaftsrecht zum Vollrecht erstarken kann. Insofern kann man von einer schuldrechtlichen Abhängigkeit sprechen, da ein Anwartschaftsrecht nur solange Bestand haben kann, als der *Bedingungseintritt* (wegen Bestehens der Forderung) noch *möglich* ist.

---

193 Im Einzelnen natürlich eine Frage der Auslegung, vgl. REINICKE/TIEDTKE, Kreditsicherung, S.206 f.
194 BGH, NJW 79, 213; PALANDT, § 929 Rn.29.
195 BGH NJW 53, 217.
196 Vgl. nur RAISER, NJW 53, 217; BAUR/STÜRNER, § 51 II 7 b; PALANDT, § 929 Rn. 30.
197 GERNHUBER, BR, S.124.

§ 3 DAS ANWARTSCHAFTSRECHT

> **hemmer-Methode:** Diese schuldrechtliche Abhängigkeit kann man auch als Schwäche des Anwartschaftsrechts bezeichnen. In der Klausur kann sie sich an verschiedenen Stellen bemerkbar machen.
> So ist z.B. unstreitig, dass die Existenz der Forderung Voraussetzung für einen gutgläubigen Erwerb des Anwartschaftsrechts ist.[198]
> Auch ist in den problematischen Fällen des Werkunternehmerpfandrechts unbestritten, dass das Anwartschaftsrecht des Vorbehaltskäufers von § 647 BGB erfasst wird. Aber dieses Pfandrecht am Anwartschaftsrecht ist wertlos, wenn (wie das in der Klausur regelmäßig der Fall ist) der Vorbehaltsverkäufer gem. § 323 I BGB vom Kaufvertrag zurücktritt.[199]
> Da mit dem Rücktritt der Anspruch aus § 433 II BGB entfällt und es zum Bedingungseintritt nicht mehr kommen kann, fällt das Anwartschaftsrecht in sich zusammen. Der Konflikt zwischen dem Eigentümer und dem Werkunternehmer lässt sich einigermaßen befriedigend nur mit Verwendungsersatzansprüchen aus dem Eigentümer-Besitzer-Verhältnis lösen.

Vereinbarung eines EV ⇨ Besitzmittlungsverhältnis i.S.d. § 868 BGB

Die Vereinbarung eines Eigentumsvorbehalts führt dazu, dass zwischen Vorbehaltsverkäufer und Vorbehaltskäufer ein *Besitzmittlungsverhältnis* i.S.d. § 868 BGB besteht.[200] Bis zum Bedingungseintritt ist der Vorbehaltskäufer unmittelbarer Fremdbesitzer, der dem Vorbehaltsverkäufer den Besitz mittelt. Hierin besteht ein wichtiger Unterschied zum Kauf mit unbedingter Übereignung. Der für § 868 BGB erforderliche Herausgabeanspruch besteht in dem Rückgewähranspruch aus § 346 I i.V.m. §§ 323, 449 II BGB. Dass sich dieser Anspruch bei "Vertragstreue" des Vorbehaltskäufers eventuell nie realisiert, ist unerheblich, da für ein Besitzmittlungsverhältnis bereits ein potentieller Herausgabeanspruch genügt.[201]

145

> **hemmer-Methode:** Beachten Sie, dass es dieser potentielle Rückgewähranspruch ist, den der Vorbehaltsverkäufer abtritt, wenn er die Sache nach §§ 929 S.1, 931 BGB an einen Dritten übereignet (§ 985 BGB ist ja schon seinem Wesen nach nicht abtretbar!).
> Auch hier spielt es keine Rolle, dass sich dieser Anspruch womöglich nie realisiert, denn im Falle des Bedingungseintritts ist die zugunsten des Dritten erfolgte Zwischenverfügung nach § 161 I 1 BGB ohnehin unwirksam.

Die bloße Abrede, dass das Eigentum erst bei vollständiger Kaufpreiszahlung übergehen soll, bezeichnet man als *einfachen* Eigentumsvorbehalt. In der Praxis sind aber zusätzliche Vereinbarungen die Regel. Als Oberbegriff hat sich die Bezeichnung erweiterter Eigentumsvorbehalt eingebürgert.

Exkurs: Formen des erweiterten Eigentumsvorbehalts[202]

- verlängerter Eigentumsvorbehalt

verlängerter EV

Am gebräuchlichsten ist in der Praxis der verlängerte Eigentumsvorbehalt. Der Vorbehaltsverkäufer ermächtigt den Vorbehaltskäufer hierbei, über die Vorbehaltsware im Rahmen des ordnungsgemäßen Geschäftsverkehrs zu verfügen, § 185 I BGB. Die Endabnehmer sind daher nicht auf einen gutgläubigen Erwerb nach den §§ 932 ff. BGB bzw. § 366 I HGB angewiesen.

146

---

198 Vgl. dazu sofort unten Rn. 155.

199 Vgl. auch MEDICUS, BR, Rn. 589.

200 PALANDT, § 868 Rn. 15.

201 Vgl. PALANDT, § 868 Rn. 9.

202 Vgl. hierzu PALANDT/PUTZO, § 449 Rn. 16 ff.

Im Gegenzug tritt der Vorbehaltskäufer dem Vorbehaltsverkäufer im Voraus die Forderungen aus der Weiterveräußerung ab, gleichzeitig wird jedoch der Vorbehaltskäufer seinerseits ermächtigt, die Forderungen im eigenen Namen einzuziehen. Von einem erweiterten Eigentumsvorbehalt spricht man auch, wenn eine sog. Verarbeitungsklausel vereinbart ist, aufgrund derer der Vorbehaltsverkäufer entgegen § 950 BGB Eigentümer der neu hergestellten Sache bleibt.[203]

> **hemmer-Methode:** Die Sicherung des Vorbehaltsverkäufers endet in jedem Fall, wenn der Endabnehmer an den Vorbehaltskäufer zahlt. Das sog. Weiterleitungsrisiko trägt also generell der Vorbehaltsverkäufer. Das ist auch der Grund, warum im Verhältnis verlängerter Eigentumsvorbehalt <=> echtes Factoring die Vertragsbruchstheorie keine Anwendung findet.

Zu der Thematik des verlängerten Eigentumsvorbehaltes in Verbindung mit § 366 I BGB vgl. folgendes Beispiel:[204]

B schloss am 11. August 2002 mit der S-GmbH eine als Kaufvertrag überschriebene Vereinbarung über Windkraftanlagen zum Preis von insgesamt 2,3 Mio € ab. Mit Faxschreiben vom 15. Oktober 2002 bestellte die S-GmbH daraufhin bei der A zwei Stahlrohrtürme zur Befestigung des Windrades zum Preis von jeweils 115.000,00 €. Die A fertigte am 14. Januar 2003 eine Bestätigung dieser Bestellung unter Bezugnahme auf die "beiliegenden Verkaufs- und Lieferbedingungen", worin ein verlängerter Eigentumsvorbehalt vereinbart wurde..

Noch vor jedweder Auslieferung hatte die B bereits am 30. Dezember 2002 die mit der S-GmbH vereinbarte Vertragssumme von 2,3 Mio. € vollständig an diese bezahlt. Nachdem die S-GmbH die A in der Folge auch noch mit dem Transport der Stahlrohrtürme sowie zweier Fundamenttöpfe beauftragt hatte, wurden die Stahlrohrtürme am 6. April 2003 zur Baustelle geliefert. Auf den Rechnungsbetrag für die Stahlrohrtürme bezahlte die S-GmbH lediglich einen Teilbetrag. Der Restbetrag blieb offen.

Die A meint, sie sei Eigentümerin der gelieferten Turmsegmente geblieben, weil ein verlängerter Eigentumsvorbehalt vereinbart gewesen sei.

Sie ist weiterhin der Ansicht, die B hätte das Eigentum an den Turmsegmenten auch nicht gutgläubig erworben, weil ihnen infolge grober Fahrlässigkeit der im Bereich des Anlagen-, Stahl- und Silobaus handelsübliche Eigentumsvorbehalt unbekannt geblieben sei.

Die B ist demgegenüber der Ansicht, sie habe mit der Auslieferung in Vollziehung des Vertrages mit der S-GmbH von dieser das Eigentum an den vier Turmsegmenten erworben, weil die Übergabe durch die A als Geheißperson der S-GmbH erfolgt sei. Zumindest aber habe die B das Eigentum im guten Glauben an die Verfügungsbefugnis der S-GmbH gemäß §§ 929, 932 BGB, § 366 I HGB erworben. Rechtslage?

Ursprünglich war A Eigentümerin; sie könnte das Eigentum jedoch zwischenzeitlich verloren haben.

Übereignung an die S-GmbH?

Zunächst könnte die S-GmbH das Eigentum an den Turmsegmenten gemäß § 929 BGB erlangt haben. Unabhängig von der Frage der Übergabe müssten sich beide Parteien dafür über einen Eigentumsübergang einig gewesen sein.

Allerdings haben die A und die S-GmbH einen verlängerten Eigentumsvorbehalt durch die Allgemeinen Geschäftsbedingungen der A vereinbart. Demnach stand eine etwaige Einigung jedenfalls unter der aufschiebenden Bedingung vollständiger Kaufpreiszahlung.

---

203   Vgl. dazu unter Rn. 277.

204   BGH Life and Law 2004, 165 ff.

§ 3 DAS ANWARTSCHAFTSRECHT

Eigentumserwerb der B?

Die A könnte jedoch ihr Eigentum verloren haben, als sie die Turmsegmente an die B auslieferte. Diese könnte Eigentum von der S-GmbH erworben haben und A dabei als sog. Geheißperson der S-GmbH aufgetreten sein.

Die B könnte dabei von der S-GmbH als Verfügungsbefugte gemäß §§ 929, 185 BGB das Eigentum erworben haben.

Die B und die S-GmbH waren sich über den Eigentumsübergang einig. Die Übergabe erfolgte durch die A als Geheißperson der S-GmbH, da die A weder Besitzdiener noch Besitzmittler der S-GmbH war.

> **hemmer-Methode:** Bei der Übergabe muss der Veräußerer seinen unmittelbaren oder mittelbaren Besitz vollständig aufgeben. Die Übergabe kann dabei auch in der Weise erfolgen, dass auf Veräußerer- oder Erwerberseite eine Geheißperson eingeschaltet wird. Als Geheißperson kommen nur solche Personen in Betracht, die in keiner besitzrechtlichen Beziehung zum Veräußerer oder Erwerber stehen.

Verfügungsbefugnis der S-GmbH?

Die S-GmbH müsste als Nichteigentümerin verfügungsbefugt gewesen sein, § 185 BGB. Danach ist die Verfügung eines Nichtberechtigten wirksam, wenn sie mit Einwilligung des Berechtigten erfolgt. Einwilligung ist dabei die vorherige Zustimmung, §§ 182, 183 BGB.

Generell wird durch die Vereinbarung eines verlängerten Eigentumsvorbehalts der Vorbehaltskäufer zur Weiterveräußerung ermächtigt, s.o. Jedoch ist Wirksamkeitsvoraussetzung für die Ermächtigung nach § 185 BGB, dass im Gegenzug die Kaufpreisforderung aus der Weiterveräußerung wirksam abgetreten wird.

Hier hatte die B bereits vor jeglicher Auslieferung der Turmsegmente seitens der A ihre Kaufpreisschuld erfüllt mit Bezahlung am 30. Dezember 2002. Dies hat zur Folge, dass im Zeitpunkt der Auslieferung keine abzutretende Forderung mehr bestand, da die B ihre Schuld bei der S-GmbH gemäß § 362 BGB erfüllt hatte.

Da somit keine Forderung mehr abgetreten werden konnte, wurde auch die Ermächtigung zur Weiterveräußerung nicht wirksam. Die S-GmbH verfügte deshalb als Nichtberechtigte ohne Ermächtigung gemäß § 185 BGB.

Gutgläubiger Erwerb gemäß § 932 BGB, § 366 I HGB?

Ein Eigentumserwerb durch die B kann somit nur noch gutgläubig erfolgt sein. Dabei ermöglicht § 366 I HGB[205] unter Kaufleuten den Erwerb beweglicher Sachen vom Nichtberechtigten auch dann, wenn der Erwerber nicht an dessen Eigentümerstellung glaubt, aber an dessen Verfügungsbefugnis nach § 185 BGB.

§ 366 I HGB ist damit eine Sondervorschrift des gutgläubigen Erwerbs im Handelsrecht. Dies hat seine Ursache darin, dass Waren heute grundsätzlich nur unter Eigentumsvorbehalt geliefert werden und man deshalb regelmäßig bösgläubig bezüglich des Eigentums des Kaufmanns an der Ware ist. Da auf die S-GmbH die in Betreff der Kaufleute gegebenen Vorschriften Anwendung finden, vgl. §§ 13 III GmbHG, 6 HGB, ist § 366 I HGB anwendbar. Der Erwerber muss gemäß § 366 I HGB nicht Kaufmann sein.

Die B müsste gutgläubig im Sinne von § 932 II BGB hinsichtlich der Verfügungsbefugnis der S-GmbH gewesen sein. Nur Kenntnis und grob fahrlässige Unkenntnis schaden. Positive Kenntnis von der fehlenden Verfügungsbefugnis der S-GmbH hatte die B nicht.

Grob fahrlässige Unkenntnis der B?

Fraglich ist demnach, ob die B grob fahrlässig handelte. Grob fahrlässige Unkenntnis bedeutet, dass der Erwerber die im Verkehr erforderliche Sorgfalt in ungewöhnlich hohem Maße verletzt und dasjenige unbeachtet gelassen hat, was im gegebenen Fall sich jedem aufdrängt. Dies bestimmt sich nach objektiven Kriterien, sodass die persönlichen Verhältnisse des Erwerbers und Handelsgewohnheiten den Maßstab nicht mindern. Umgekehrt jedoch verschärfen diese den Maßstab ebenso wie im Einzelfall gegebene Besonderheiten.

---

[205] Vgl. zu § 366 HGB auch oben, Rn. 123 f.

Hier gehören sowohl die S-GmbH als auch die B derselben Branche an wie die A. Deshalb hätte die B mit einem kraft Handelsbrauchs bestehenden verlängerten Eigentumsvorbehalt rechnen müssen. Der Erwerber einer Sache handelt nämlich auch dann grob fahrlässig, wenn er nach den Umständen, insbesondere bei Bestehen eines entsprechenden Handelsbrauchs, mit einem verlängerten Eigentumsvorbehalt des Herstellers rechnen muss und weiß, dass die für die Verfügungsbefugnis im Rahmen eines solchen verlängerten Eigentumsvorbehalts konstitutive Vorausabtretung ins Leere geht, weil er selbst seine Leistung an seinen abtretungspflichtigen Vertragspartner im Voraus bereits erbracht hat.

Der B ist in diesem Fall deshalb vorzuwerfen, dass sie einerseits weiß, bereits den Kaufpreis bezahlt zu haben, andererseits daraus als Angehörige der Windkraftbranche ebenso weiß, dass in diesem Fall der übliche verlängerte Eigentumsvorbehalt ins Leere geht. Aus diesen Umständen musste ihr zwingend bewusst sein, dass die S-GmbH nicht Verfügungsbefugte nach § 185 BGB sein konnte.

Ergebnis: Ein gutgläubiger Erwerb hat nicht stattgefunden. A ist immer noch Eigentümerin.

- weitergeleiteter Eigentumsvorbehalt

weitergeleiteter EV — Hier wird der Vorbehaltskäufer verpflichtet, die gekaufte Sache nur in der Weise weiter zu übereignen, dass der Vorbehaltsverkäufer bis zu seiner Befriedigung Eigentümer der Sache bleibt. Eine solche Vereinbarung ist in der Praxis ungewöhnlich und würde gegen § 307 I,II BGB verstoßen. Der Abnehmer muss nämlich schon dann Eigentümer werden, wenn er seinen Gläubiger, den Vorbehaltskäufer, befriedigt.[206]   **147**

- nachgeschalteter Eigentumsvorbehalt

nachgeschalteter EV — In diesem Fall verkauft der Vorbehaltskäufer, ohne den Eigentumsvorbehalt offenzulegen, die Sache seinerseits nur unter Eigentumsvorbehalt weiter. Der Vorbehaltsverkäufer verliert sein Eigentum, wenn entweder der Vorbehaltskäufer oder der Endabnehmer zahlt. Liegt zwischen Vorbehaltsverkäufer und Vorbehaltskäufer eine entsprechende Vereinbarung vor, spricht man von einem pflichtgemäß nachgeschalteten Eigentumsvorbehalt, ansonsten von einem freiwillig nachgeschalteten.   **148**

- Kontokorrentvorbehalt

Kontokorrentvorbehalt — Der Vorbehaltskäufer soll in diesem Fall nur dann Eigentümer der Sache werden, wenn nicht bloß die spezielle Kaufpreisforderung, sondern alle Forderungen aus der Geschäftsbeziehung beglichen sind. Nach der *Rspr.*[207] ist eine solche Vereinbarung zumindest unter Kaufleuten zulässig, wobei allerdings zur Vermeidung eines Verstoßes gegen § 307 I,II BGB eine Freigabeklausel erforderlich sein kann. Dem übermäßigen Anwachsen des Sicherungsguts stellt der *BGH*[208] den Fall gleich, dass der Eigentumsübergang der Vorbehaltsware trotz vollständiger Bezahlung durch eine vergleichsweise geringfügige offene Forderung aus der Geschäftsbeziehung verhindert wird.   **149**

- Konzernvorbehalt

Konzernvorbehalt — Hierbei handelt es sich um einen Kontokorrentvorbehalt, bei dem der Käufer zum Eigentumserwerb alle gegen ihn bestehenden Forderungen getilgt haben muss, die zum Konzern des Vorbehaltsverkäufers gehören. Ein solcher EV ist unmittelbar nichtig, unabhängig davon, ob er vor oder nach Kaufvertragsschluss vereinbart wurde, § 449 III BGB.   **150**

---

206 REINICKE/TIEDTKE, Kreditsicherung, S. 233.
207 BGHZ 94, 105, 112; ablehnend REINICKE/TIEDTKE, Kreditsicherung, S.230.
208 BGH NJW 94, 1154, 1155.

§ 3 DAS ANWARTSCHAFTSRECHT

Nicht erfasst von der Vorschrift ist der Konzernvorbehalt auf Käuferseite, also der Fall, in dem der Vorbehaltsverkäufer noch Forderungen gegen Dritte hat, die mit dem Käufer verbunden sind.[209]

> **hemmer-Methode:** Von besonderer Klausurrelevanz ist an sich nur der verlängerte Eigentumsvorbehalt. Gerade das Verhältnis zur Sicherungsglobalzession und zum Factoring ist ein beliebter Examensprüfstoff. Aber auch von den anderen Arten des Eigentumsvorbehalts sollten Sie zumindest einmal gehört haben. Jedenfalls als kurze Zusatzfrage ("Erklären Sie die Begriffe...," "Welche Arten des Eigentumsvorbehalts kennen Sie?" oder "Wie wäre der Fall zu entscheiden, wenn die Parteien einen Kontokorrentvorbehalt vereinbart hätten?") muss auch mit ihnen gerechnet werden.

Exkurs Ende

AnwR entsteht auch beim Erwerb vom vermeintlichen Eigentümer ⇨ §§ 932 ff. BGB unmittelbar anwendbar

Ein Anwartschaftsrecht entsteht durch die Vereinbarung eines Eigentumsvorbehalts auch dann, wenn der Veräußerer nicht Eigentümer der Sache ist, der Erwerber ihn aber gutgläubig dafür hält und die Sache nicht abhanden gekommen ist. Die §§ 932 ff. BGB sind *direkt anwendbar*, da die Übertragung von Eigentum gewollt ist. Der einzige Unterschied zur "normalen" Eigentumsübertragung besteht darin, dass die Einigung unter der Bedingung der vollständigen Kaufpreiszahlung erfolgt. Maßgeblicher Zeitpunkt für die Gutgläubigkeit ist nicht der Bedingungseintritt, sondern bei § 929 S.1 BGB regelmäßig die Übergabe,[210] da durch sie das Rechtsgeschäft vollendet wird. Der Bedingungseintritt steht dagegen außerhalb des rechtsgeschäftlichen Erwerbstatbestandes.

151

Bsp.: V verkauft und übereignet ein ihm von E nur geliehenes Fahrrad an D unter Eigentumsvorbehalt. Nach der Übergabe, aber bevor er die letzte Rate gezahlt hat, erfährt D vom Eigentum des E.

D hat hier gutgläubig ein Anwartschaftsrecht vom vermeintlichen Eigentümer erworben. Zahlt er die letzte Rate, erstarkt dieses automatisch zum Volleigentum. Dass D inzwischen bösgläubig geworden ist, schadet nicht, denn der Eigentümer ist in dieser Konstellation gar nicht schutzwürdig. Er hätte sein Eigentum bereits mit der Übergabe verloren, wenn V an D unbedingt übereignet hätte.

> **hemmer-Methode:** Unterscheiden Sie den gutgläubigen Erwerb des Anwartschaftsrechts vom vermeintlichen Eigentümer von der Frage, ob ein gutgläubiger Erwerb auch bei der Übertragung des Anwartschaftsrechts selbst (dazu sogleich unter IV) möglich ist.
> Diese Unterscheidung von Ersterwerb und Zweiterwerb begegnet Ihnen im Sachenrecht bei fast allen Rechten an Sachen. Während der Ersterwerb (Erwerb der Vormerkung, Hypothek oder des Pfandrechts vom vermeintlichen Eigentümer) durchweg anerkannt und deshalb unproblematisch ist, wird die Klausur erst beim Zweiterwerb (Erwerb des Rechts bzw. der Forderung, die es sichert, vom vermeintlichen Rechtsinhaber) richtig interessant. Eine einheitliche Behandlung der erwähnten Sicherungen ist hier nicht möglich.
> Vorgesehen ist der gutgläubige Zweiterwerb bei der Hypothek (§ 892 bzw. §§ 892, 1138 BGB), ausgeschlossen dagegen beim Pfandrecht an beweglichen Sachen. Bei der Vormerkung und beim Anwartschaftsrecht schließlich gehört die Frage, ob es einen gutgläubigen Zweiterwerb gibt, zu den umstrittensten Problemen dieser beiden Institute.

---

209 Vgl. BÜLOW, DB 1999, 2196.
210 Unstreitig, vgl. nur PALANDT, § 932 Rn. 14.

III. Übertragung des Anwartschaftsrechts

Übertragung nach den §§ 929 ff. BGB, nicht §§ 398, 413 BGB

Das Anwartschaftsrecht stellt eine eigenständige Rechtsposition dar. Dieses unterfällt als wesensgleiches minus weitgehend den Vorschriften über das Volleigentum und wird wegen des Publizitätserfordernisses nach den §§ 929 ff. BGB analog übertragen, nicht nach §§ 413, 398 BGB durch Abtretung.

Übertragung des Eigentums und Übertragung des Anwartschaftsrechts sind daher in der Fallbearbeitung sauber zu trennen.

> *Bsp.: K hat von V Waren unter Eigentumsvorbehalt erworben. Noch vor Zahlung der letzten Rate übereignet er seine gesamten Lagerbestände an die Bank B zur Sicherung eines Kredits.*

Übertragung von Eigentum i.d.R. als Nichtberechtigter

Über das Eigentum kann der Vorbehaltskäufer nur mit Zustimmung des Vorbehaltsverkäufers (§ 185 BGB) oder nach den Regelungen des gutgläubigen Erwerbs (§§ 932 ff. BGB) als Nichtberechtigter wirksam verfügen. Bzgl. des Anwartschaftsrechts ist er dagegen Berechtigter.

> **hemmer-Methode:** Die Wirksamkeit einer Verfügung über das Anwartschaftsrecht hängt nicht von der Zustimmung des Vorbehaltsverkäufers ab. Soweit Vorbehaltsverkäufer und -käufer vereinbaren, dass über das Anwartschaftsrecht nicht verfügt werden darf, hat diese Abrede wegen § 137 BGB nur schuldrechtliche, nicht aber dingliche Wirkung.

Da von einer Zustimmung des V nach § 185 I BGB nicht auszugehen ist (der Vorbehaltsverkäufer ist regelmäßig damit einverstanden, dass seine Waren im ordnungsgemäßen Geschäftsverkehr weiterveräußert, nicht aber zur Sicherheit an eine Bank übereignet werden), war B bzgl. des Eigentumserwerbs auf die §§ 932 ff. BGB angewiesen. Ein solcher scheitert aber an der für § 933 BGB erforderlichen Übergabe. Die Auslegung der Parteierklärungen ergibt aber, dass zumindest die Übertragung des Anwartschaftsrechts gewollt ist.[211]

Hierüber kann K nach §§ 929 S.1, 930 BGB analog als Berechtigter verfügen. Zahlt K die letzte Kaufpreisrate, erstarkt das Anwartschaftsrecht in der "Person" der B automatisch zum Vollrecht (Direkterwerb!).

Die Übertragung des Anwartschaftsrechts nach den §§ 929 S.1, 930 BGB (also häufig bei Sicherungsübereignungen) kann interessante besitzrechtliche Folgen aufwerfen.

> *Bsp.: Sachverhalt wie oben. Dieses Mal überträgt K aber ausdrücklich nur das Anwartschaftsrecht an die B.*

bei Übertragung nur des AnwR nach §§ 929 S.1, 930 BGB analog ⇨ Besitzstufung i.S.d. § 871 BGB

Die Übertragung des Anwartschaftsrechts nach §§ 929 S.1, 930 BGB entsprechend, führt dazu, dass auf einmal zwei mittelbare Besitzer vorhanden sind. Das wirft die Frage auf, ob in diesen Fällen *mittelbarer Nebenbesitz* (so man seine Existenz anerkennt) oder eine Besitzstufung i.S.d. § 871 BGB gegeben ist.

Doch auch diejenigen Stimmen in der *Literatur*, die ansonsten den Nebenbesitz anerkennen, halten das Institut in dieser Konstellation für nicht anwendbar.[212] Der entscheidende Unterschied zum Fräsmaschinenfall[213] besteht darin, dass bei der ausdrücklichen Übertragung nur des Anwartschaftsrechts der Erwerber nicht mittelbarer Eigenbesitzer, sondern bloß mittelbarer Fremdbesitzer (1. Stufe) wird. Das spricht eher für eine *Besitzstufung* i.S.d. § 871 BGB, wobei der Vorbehaltsverkäufer mittelbarer Eigenbesitzer 2. Stufe wird.

---

[211] Vgl. zu diesem Problem schon ausführlich im Fall zu den §§ 932-935 BGB (Rn. 107).
[212] MEDICUS, BR, Rn. 562; BAUR/STÜRNER, § 59 V 2 b.
[213] BGHZ 50, 45; vgl. die Darstellung unter Rn. 107.

Dass insoweit offen bleibt, auf welche Weise es dem Erwerber gelingt, sich in das zwischen dem Vorbehaltsverkäufer und Vorbehaltskäufer bestehende Besitzmittlungsverhältnis einzuschieben, wird hingenommen.

IV. Erwerb des Anwartschaftsrechts vom Nichtberechtigten

gutgläubiger Zweiterwerb: AnwR selbst Verfügungsobjekt

Bei der nun zu untersuchenden Frage geht es nicht um den gutgläubigen Erwerb eines Anwartschaftsrechts vom Scheineigentümer, sondern um den Fall, dass das Anwartschaftsrecht selbst Verfügungsobjekt ist (*sog. Zweiterwerb*). Der Veräußerer tritt hier nicht mit der Behauptung auf, er sei Eigentümer, wolle aber das Eigentum nur bedingt übertragen, sondern er gibt sich als Anwartschaftsberechtigter (und damit als Nichteigentümer) zu erkennen und will dieses vermeintlich ihm zustehende Anwartschaftsrecht übertragen.

Wenn man die §§ 929 ff. BGB bei der Übertragung des Anwartschaftsrechts entsprechend anwendet, erscheint ein gutgläubiger Erwerb nach den §§ 932 ff. BGB nur als logische Konsequenz. Das Problem besteht aber in folgendem:

Da der Erwerber das fehlende Eigentum des Veräußerers kennt, fehlt an sich auch der Rechtsschein des Besitzes (§ 1006 BGB), der einen gutgläubigen Erwerb legitimieren könnte. Der Erwerb des Anwartschaftsrechts ist daher in diesem Fall umstritten.

Zu unterscheiden sind an dieser Stelle zwei Fälle: das Anwartschaftsrecht existiert tatsächlich, steht aber nicht dem Veräußerer zu, und das Anwartschaftsrecht existiert überhaupt nicht.

> *Bsp.: V hat K eine Schreibmaschine unter Eigentumsvorbehalt verkauft und übergeben. K verleiht die Maschine an F. F verkauft die Maschine an D mit der Behauptung, er habe die Schreibmaschine unter Eigentumsvorbehalt von V erworben und bereits 250 € von 300 € abgezahlt. Tatsächlich bestand ein Anwartschaftsrecht nur in Höhe von 100 €.*
>
> *Abwandlung: V hat F die Schreibmaschine geliehen. F verkauft und übergibt die Maschine an D mit der Behauptung, er habe die Maschine von X unter Eigentumsvorbehalt gekauft.*
>
> *Ist D Inhaber eines Anwartschaftsrechts geworden?*

1. Das Anwartschaftsrecht existiert nicht

AnwR existiert nicht ⇨ kein gutgläubiger Erwerb

Dieser Fall ist unstreitig. Das Bestehen eines Anwartschaftsrechts setzt immer voraus, dass bei Bedingungseintritt ein Erstarken zum Vollrecht möglich ist. Hieran fehlt es aber, wenn eine offene Kaufpreisforderung (und damit ein Anwartschaftsrecht) überhaupt nicht existiert. Die §§ 932 ff. BGB scheiden daher auch analog jedenfalls dann aus, wenn ein Anwartschaftsrecht mit erfüllbarer Schuld in dritter Hand überhaupt nicht vorhanden ist.[214]

> In der Abwandlung hat D daher kein Anwartschaftsrecht an der Schreibmaschine erworben. V hat gegenüber D den Herausgabeanspruch aus § 985 BGB.

2. Das Anwartschaftsrecht existiert

h.M.: §§ 932 ff. BGB analog, wenn Erwerber gutgläubig

Ein Erstarken zum Vollrecht ist dagegen möglich, wenn das Anwartschaftsrecht zwar nicht dem Veräußerer, wohl aber einem Dritten zusteht. Die h.M.[215] wendet in diesem Fall die §§ 932 ff. BGB analog an, wenn der Erwerber hinsichtlich der Berechtigung des Veräußerers gutgläubig ist.

---

214 GERNHUBER, BR, S. 126; MEDICUS, BR, Rn. 475, BAUR/STÜRNER, § 59 II 3 c; PALANDT, § 929 Rn. 46.
215 Vgl. PALANDT, § 929 Rn. 46; BAUR/STÜRNER, § 59 V 3 b; RAISER, Dingliche Anwartschaften, S. 38, GERNHUBER, BR, S. 126, REINICKE/TIEDTKE, Kreditsicherung, S.223.

Die analoge Anwendung rechtfertigt sich dadurch, dass das Anwartschaftsrecht nichts anderes ist als das sich in der Entwicklung befindliche Eigentum.

Die Gutgläubigkeit wird jedoch nur im Hinblick auf die Existenz des Anwartschaftsrechts geschützt. Keinen Schutz erfährt der *obligatorische Teil* des Anwartschaftsrechts. Das Anwartschaftsrecht wird somit nur in der Höhe erworben, in welcher es tatsächlich besteht.[216]

> Im Ausgangsfall hat somit D ein Anwartschaftsrecht in Höhe von 100 € erworben. Zahlt er die restlichen 200 €, erstarkt sein Anwartschaftsrecht automatisch zum Vollrecht (kein Durchgangserwerb!).

a.A. (-), da Rechtsschein des Besitzes zerstört

Ein großer Teil der *Literatur* verneint dagegen mit unterschiedlichen Begründungen auch in diesem Fall einen gutgläubigen Erwerb des Anwartschaftsrechts.[217] Grund hierfür ist vor allem die Tatsache, dass der Veräußerer, der zugibt, nicht Eigentümer, sondern nur Anwartschaftsberechtigter zu sein, den für ihn von der Sache ausgehenden *Rechtsschein des Besitzes zerstört* hat. Insofern ist nicht ersichtlich, worauf der Erwerber ernstlich noch vertrauen soll. Im Prinzip muss er sich auf das "Gerede" des Verkäufers verlassen.[218]

Medicus (a.a.O.) meint daher, eine derart durch eine schuldrechtliche Komponente mitbestimmte Rechtsposition wie das Anwartschaftsrecht eigne sich für den gutgläubigen Erwerb nicht.

> **hemmer-Methode:** Den Streit zum gutgläubigen Erwerb des Anwartschaftsrechts müssen Sie kennen, da es sich hierbei um ein klassisches Klausurproblem handelt. Auffallend ist, dass es zu diesem Punkt beinahe keine *Rspr.* gibt. Insofern liegt die Vermutung nahe, dass der Streit kaum praktisch wird, sondern vielmehr akademischer Natur ist. Denn der nichtberechtigte Veräußerer, der in der Lage wäre, dem Erwerber nach den §§ 932 ff. BGB analog ein Anwartschaftsrecht zu verschaffen, könnte dies auch bzgl. des Vollrechts. Um den Erwerber nicht stutzig zu machen, wird sich der Veräußerer daher regelmäßig direkt als Eigentümer ausgeben. Die entsprechende Anwendung der §§ 932 ff. BGB erübrigt sich dann.

V. Schutz des Anwartschaftsrechts

1. Schutz vor Zwischenverfügungen des Vorbehaltsverkäufers

Schutz des Vorbehaltskäufers gegen Verfügungen des Verkäufers

Da der Vorbehaltsverkäufer bis zur vollständigen Zahlung des Kaufpreises Eigentümer der Kaufsache bleibt, ist er hinsichtlich des Eigentums auch weiterhin dinglich verfügungsberechtigt. Überträgt er das Eigentum an einen Dritten, so erwirbt dieser vom Berechtigten. Die §§ 932 ff. BGB sind nicht unmittelbar anwendbar.

> *Bsp.:* K erwirbt bei V eine Maschine unter Eigentumsvorbehalt. Zur Absicherung eines Kredits übereignet V diese Maschine an die Bank B. Als V nicht mehr zahlt, verlangt B die Maschine von K heraus. Besteht das Anwartschaftsrecht des K noch?

Verfügungen während Schwebezeit ⇨ § 161 I BGB

Schutz gewährt dem Vorbehaltskäufer hier die Regelung des § 161 I 1 BGB. Danach sind in der Schwebezeit getroffene Zwischenverfügungen bei Eintritt der Bedingung insoweit unwirksam, als sie die von der Bedingung abhängige Wirkung vereiteln oder beeinträchtigen würden.

---

216 MEDICUS, BR, Rn. 475; PALANDT, § 929 Rn. 46.
217 Vgl. WIEGAND, JuS 1974, 211; SCHWERDTNER, Jura 1980, 665; BROX, JuS 1984, 662; MEDICUS, BR, Rn. 475.
218 MEDICUS, BR, Rn. 475.

Mit Eintritt der Bedingung wird somit der Vorbehaltskäufer Eigentümer, der Dritte verliert das durch die Zwischenverfügung erworbene Eigentum.

> **hemmer-Methode:** Da die Auflassung von Grundstücken einer Bedingung nicht zugänglich ist (§ 925 II BGB), hat der Gesetzgeber statt dessen die Möglichkeit der Eintragung einer Vormerkung vorgesehen. Was Zwischenverfügungen des Eigentümers angeht, so ist die Regelung des § 883 II BGB aber inhaltlich identisch mit der des § 161 I 1 BGB. Ein Unterschied besteht nur hinsichtlich der Durchsetzung. Bei der Vormerkung führt § 883 II BGB dazu, dass dem Verkäufer trotz zwischenzeitlicher Eintragung des Dritten seine Verpflichtung aus § 433 I 1 BGB nicht unmöglich wird.
> Gegenüber dem eingetragenen Dritten besteht der Anspruch aus § 888 BGB. Beim bedingten Eigentumserwerb an beweglichen Sachen ist der Weg einfacher. Da Einigung und Übergabe bereits erfolgt sind, erwirbt der Anwartschaftsberechtigte das Eigentum mit Bedingungseintritt ebenso automatisch, wie der durch die Zwischenverfügung Begünstigte es verliert.

aber: § 161 III BGB
⇨ *gutgläubiger Erwerb mögl.*

Nach § 161 III BGB ist aber ein gutgläubiger Erwerb nicht per se ausgeschlossen, vielmehr gelten die §§ 932 ff. BGB *entsprechend*, d.h. der durch die Zwischenverfügung begünstigte Dritte muss gutgläubig hinsichtlich der Tatsache sein, dass über den Gegenstand nicht bedingt verfügt worden ist.

159

bzgl. AnwR:
⇨ *936 III BGB analog*

Dieser Gutglaubensschutz wird jedoch in der Regel durch § 936 III BGB, der von der Verweisung mit umfasst und auf das Anwartschaftsrecht zumindest entsprechend anzuwenden ist, wieder eingeschränkt. Normalerweise hat der Vorbehaltskäufer bei der bedingten Übereignung den unmittelbaren Besitz an der Kaufsache erhalten. Ein gutgläubiger Erwerb eines Dritten (ohne Mitwirkung des Besitzmittlers) ist daher regelmäßig nur durch Abtretung des Herausgabeanspruchs nach §§ 929 S.1, 931 BGB möglich. Was die Lastenfreiheit angeht, so gelten in diesem Fall aber die §§ 161 III, 936 III BGB: Das Recht des besitzenden Dritten erlischt auch bei Gutgläubigkeit des Erwerbers nicht.

Das Anwartschaftsrecht des K ist daher durch die Veräußerung der Maschine von V an B nicht untergegangen, §§ 161 I, III, 936 III BGB. Damit ist ein Erstarken zum Vollrecht bei Bedingungseintritt noch möglich. Jedenfalls wenn K die letzte Rate zahlt, besteht ein Herausgabeanspruch des B nach § 985 BGB nicht (zu der Frage, wie sich K vor Bedingungseintritt gegen § 985 BGB verteidigen kann, sogleich unter Rn. 164 ff.).

ggf. Schadensersatz, § 160 I BGB

Daneben hat der Vorbehaltskäufer einen Schadensersatzanspruch nach § 160 I BGB.

160

> **hemmer-Methode:** Umstritten ist die Position des Anwartschaftsberechtigten, wenn der Vorbehaltsverkäufer durch die Nichtannahme der letzten Kaufpreisrate den Bedingungseintritt vereitelt. Während der Vorbehaltskäufer nach e.A. über § 162 II BGB geschützt ist, sieht Medicus hierin allein eine Frage des Annahmeverzugs, so dass der Vorbehaltskäufer nur Eigentümer werden kann, wenn er die letzte Rate hinterlegt und sein Rücknahmerecht ausschließt, §§ 372, 376 II Nr.1, 378 BGB.[219]

---

[219] Medicus, BR, Rn. 464.

2. Schutz beim Herausgabeverlangen des Vorbehaltsverkäufers

a) Schutz des Vorbehaltskäufers

bei Herausgabeverlangen des Verkäufers: § 986 I 1 BGB

Dem Herausgabeverlangen des Vorbehaltsverkäufers nach § 985 BGB kann der Vorbehaltskäufer aufgrund seines Kaufvertrages ein *obligatorisches Recht zum Besitz* nach § 986 I 1 BGB entgegenhalten.

bei Veräußerung nach §§ 929 S.1, 931 BGB: § 986 II BGB

Hat der Vorbehaltsverkäufer die Sache einem Dritten nach §§ 929 S.1, 931 BGB veräußert, wird der Schutz des Vorbehaltskäufers gegenüber dem Dritten neben § 161 BGB durch § 986 II BGB ergänzt. Dem Herausgabeverlangen des Dritten kann der Vorbehaltskäufer über § 986 II BGB ebenfalls sein obligatorisches Recht zum Besitz aus dem Kaufvertrag entgegenhalten.

> *Bsp.: V hat dem K eine Maschine unter Eigentumsvorbehalt veräußert. Noch vor Zahlung der letzten Rate, übereignet V die Maschine an D nach §§ 929 S.1, 931 BGB. D verlangt nun die Maschine von K gemäß § 985 BGB heraus.*

> Gegenüber V hat K ein Recht zum Besitz aus dem Kaufvertrag (§ 986 I BGB). Der Kaufvertrag wirkt aber als schuldrechtliches Besitzrecht grundsätzlich nicht gegenüber Dritten. An dieser Stelle greift jedoch die Ausnahme des § 986 II BGB. Bei einer Übereignung nach §§ 929 S.1, 931 BGB kann der Besitzer sein Besitzrecht auch gegenüber dem neuen Eigentümer geltend machen. Ein Herausgabeanspruch des B aus § 985 BGB besteht nicht.

> **hemmer-Methode: Machen Sie sich die Parallele zu den §§ 404 ff. BGB klar. Auch § 986 II BGB ist Ausdruck des Gedankens, dass sich die Stellung des Schuldners durch die Abtretung nicht verschlechtern soll. Erfolgt die Übereignung daher durch Abtretung des Herausgabeanspruchs, muss sich der Schuldner, der im Besitz der Sache ist, auch gegen die Vindikation wehren können.**

§ 986 II BGB analog bei §§ 929 S.1, 930 BGB

§ 986 II BGB findet zudem analoge Anwendung, wenn der Vorbehaltsverkäufer die Sache an einen Dritten nach §§ 929 S.1, 930 BGB weiterveräußert.[220] § 986 II BGB bietet dem Vorbehaltskäufer daher hinreichenden Schutz gegenüber dem Herausgabeverlangen des Vorbehaltsverkäufers oder eines Dritten. Aufgrund des obligatorischen Besitzrechts aus dem Kaufvertrag kommt es auf die Frage, inwieweit das Anwartschaftsrecht ein gegenüber jedermann wirkendes dingliches Recht zum Besitz gewährt, in diesem Verhältnis gar nicht an.[221]

b) Schutz des Anwartschaftserwerbers

bei Drittbesitz: AnwR als Recht zum Besitz?

Erwirbt ein Dritter vom Vorbehaltskäufer die Anwartschaft, besteht mangels Rechtsbeziehungen zwischen Drittem und Eigentümer kein schuldrechtliches Besitzrecht im Verhältnis zum Eigentümer. Auch § 986 II BGB greift nicht ein, da nicht die Eigentümerstellung gewechselt hat, sondern der Inhaber des Anwartschaftsrechts. Auch liegt i.d.R. keine Veräußerung nach §§ 929 S.1, 931 BGB vor. Der Schutz des Anwartschaftsinhabers ist daher in diesen (und vergleichbaren, s. Bsp.) Fällen allenfalls bei Anerkennung eines *dinglichen Besitzrechts* aus der Anwartschaft selbst möglich.

> *Bsp.:[222] Eigentümer E übereignet der Bank B eine Maschine zur Sicherheit nach §§ 929 S.1, 930 BGB. Danach verkauft E die Maschine an K unter Eigentumsvorbehalt und übergibt sie ihm.*

---

220 PALANDT, § 986 Rn. 10.
221 PALANDT, § 929 Rn. 42.
222 Nach BGHZ 10, 69 ff.

nach h.L. (+)

Hielt K den E für den Eigentümer, so hat er (und das ist unstreitig) jedenfalls ein Anwartschaftsrecht an der Maschine erworben (Fall des gutgläubigen Ersterwerbs - die §§ 932 ff. BGB finden unmittelbare Anwendung). Problematisch ist dagegen, wie sich K vor Bedingungseintritt gegen den Anspruch der B aus § 985 BGB zur Wehr setzen kann.

Die *h.L.* räumt dem Erwerber der Anwartschaft ein dingliches Besitzrecht aus der Anwartschaft selbst ein.[223] Begründet wird dies damit, dass dem Anwartschaftsberechtigten mit der Besitzübergabe das im Eigentum enthaltene Recht auf Besitz und Nutzung bereits übertragen worden ist.

Rspr.: Besitzrecht (-) aber § 242 BGB

Die *Rspr. und Teile der Lit.* verneinen dagegen ein dingliches Besitzrecht aus der Anwartschaft,[224] da der Anwartschaftsberechtigte gerade noch nicht Inhaber eines dinglichen Rechts sei. Der *BGH* vermeidet ein unbilliges Ergebnis mit einem Besitzrecht aus § 242 BGB (dolo facit, qui petit, quod statim redditurus est). Dieses Mittel versagt jedoch, wenn die Zahlung der letzten Rate und damit der Eigentumsübergang nicht unmittelbar bevorstehen.

a.A.: Übertragung von obligatorischem Besitzrecht auf Erwerber

Eine differenzierende Meinung vertritt *Brox*.[225] War der Vorbehaltskäufer zur Übertragung des Anwartschaftsrechts gegenüber dem Vorbehaltsverkäufer berechtigt, erwirbt der Dritte auch das obligatorische Recht zum Besitz aus dem Kaufvertrag. War der Vorbehaltskäufer dazu nicht berechtigt, so soll ihm - wie nach Ansicht der *Rspr.* - kein Besitzrecht zustehen.

Im Fall ist entscheidend, ob dem K ein Besitzrecht gegenüber der B gemäß § 986 I BGB zusteht. Nach der *h.L.* ergibt sich ein dingliches Besitzrecht aus der Anwartschaft selbst, so dass der Herausgabeanspruch scheitert. Die *Rspr.* lehnt dagegen die Existenz eines dinglichen Besitzrechts aus der Anwartschaft ab. Danach besteht ein Herausgabeanspruch der B gegen K aus § 985 BGB. Diesem Anspruch steht allerdings § 242 BGB entgegen, wenn die Zahlung der letzten Rate unmittelbar bevorsteht, da die B dem K die Maschine sofort (ebenfalls nach § 985 BGB) zurückgeben müsste.

> **hemmer-Methode:** Die Frage nach einem dinglichen Recht aus der Anwartschaft selbst ist einer der seltenen Fälle, in denen sich der Schutz des Anwartschaftsberechtigten nicht schon aus dem Gesetz selbst ergibt.[226] Hier muss dann ausnahmsweise wirklich mit dem Wesen und der Funktion des Anwartschaftsrechts diskutiert werden.
> Prüfen Sie aber, ob es in der Klausur auf den dargestellten Streit tatsächlich ankommt. Lässt sich der Fall allein mit Hilfe des § 986 II BGB lösen, sollten Sie nur kurz andeuten, dass Sie die Diskussion um das dingliche Besitzrecht beim Anwartschaftsrecht kennen, und im Übrigen dahinstehen lassen. Die Schwerpunkte der Klausur liegen dann sicherlich in einem anderen Bereich.

3. Schutz des Anwartschaftserwerbers vor nachträglicher Erweiterung des Eigentumsvorbehalts

Problem: Nachträgliche Erweiterung des EV

Als sehr problematisch und damit klausurrelevant stellt sich die Frage des Schutzes des Anwartschaftserwerbers dar, wenn Vorbehaltsverkäufer und Vorbehaltskäufer den Eigentumsvorbehalt (und damit die Bedingung) *nachträglich erweitern*, obwohl der Vorbehaltskäufer das Anwartschaftsrecht bereits vorher einem Dritten übertragen hat.[227]

---

[223] Vgl. PALANDT, § 929 Rn. 41; BAUR/STÜRNER, § 59 V 5 b cc; RAISER, Dingliche Anwartschaften, S. 62; SCHWERDTNER, Jura 1980, 664.

[224] Vgl. BGHZ 10, 69; MEDICUS, BR, Rn. 465.

[225] BROX, JuS 1984, 659.

[226] Vgl. MEDICUS, BR, Rn. 465, 487.

[227] Vgl. zum Ganzen: LOEWENHEIM, JuS 1981, 721 ff.

Bsp.: V verkauft und übereignet dem K am 1. Januar einen Computer unter Eigentumsvorbehalt. Am 1. Februar überträgt K das Anwartschaftsrecht an dem Computer sicherungshalber auf die Bank B. Am 1. März ergänzen V und K den Kaufvertrag vom Januar dahingehend, dass der Eigentumsvorbehalt solange gelten soll, bis sämtliche gegenwärtigen und künftigen Forderungen des V gegen den K getilgt sind. Am 1. April bezahlt K die letzte Rate für den Computer, die restlichen Verbindlichkeiten kann er mangels Liquidität nicht begleichen. Wer ist nun Eigentümer des Computers?

Einfluss auf AnwR?

Die entscheidende Frage in den hier einschlägigen Fällen lautet, ob es rechtlich zulässig ist, dass Vorbehaltsverkäufer und Vorbehaltskäufer die Bedingung nachträglich ändern, obwohl der Käufer gar nicht mehr Inhaber des Anwartschaftsrechts ist. Dies ist umstritten:

e.A.: (+), weil direkte Abhängigkeit von schuldrechtlichem Grundgeschäft

169

Früher wurde in der *Literatur*[228] meist vertreten, dass die Gestaltungsfreiheit der Parteien des zugrunde liegenden Schuldverhältnisses nicht durch die Übertragung des Anwartschaftsrecht eingeschränkt werde. Dem übertragenen Anwartschaftsrecht hafte eben die Schwäche an, dass es unlösbar mit dem zugrunde liegenden Rechtsgeschäft verknüpft sei, so dass Eigentumsvorbehalt und Bedingung nachträglich geändert werden könnten.

Nach dieser Auffassung wäre im Ausgangsfall die Bedingung (am 1. April) noch nicht eingetreten, so dass V weiterhin Eigentümer des Computers wäre.

a.A.: grds. (-), weil AnwR abstrakt

170

Nach *a.A.*[229] muss der Anwartschaftsberechtigte dagegen gesichert sein, dass ihm seine dingliche Rechtsposition durch Veränderung des schuldrechtlichen Kausalgeschäfts nicht ohne seine Beteiligung entzogen wird. Das Anwartschaftsrecht sei ein vollwertiges Gut des Rechtsverkehrs, und der Vorbehaltskäufer habe nach Übertragung seiner Rechtspositionen mit diesem Gut nichts mehr zu tun. Eine Ausnahme soll nur dann gelten, wenn der Vorbehaltsverkäufer bei Änderung der Bedingung keine Kenntnis von der Weiterübertragung habe.

Nach dieser Meinung wäre der Ausgangsfall je nach Kenntnis oder Unkenntnis des V zu entscheiden (Tatfrage).

BGH: Grenze ist willkürliches Einwirken auf AnwR

171

Der *BGH*[230] und die wohl *h.L.*[231] vertreten eine differenzierende Lösung. Das Anwartschaftsrecht ist danach keinesfalls völlig losgelöst von den schuldrechtlichen Vereinbarungen zu sehen. Jedes dem kausalen Vertrag immanente Risiko (z.B. Anfechtung oder Rücktritt wegen Mängeln gem. §§ 437 Nr.2 Alt.1, 440, 323 BGB des Kaufvertrages) hat demnach auch Auswirkungen auf das Anwartschaftsrecht. Anders nur, wenn Vorbehaltsverkäufer und Vorbehaltskäufer willkürlich auf das Grundgeschäft einwirken.

Eine solche Einwirkung hat nichts mehr mit den dem Anwartschaftsrecht typischerweise anhaftenden schuldrechtlichen Schwächen zu tun. Dogmatisch begründet der *BGH* diese Ausnahme damit, dass der Vorbehaltskäufer mit der Übertragung seines Rechts die *Rechtszuständigkeit* verloren habe. Auch der Rechtsgedanke des § 162 BGB kann hier herangezogen werden.

Nach der *h.M.* wäre im Ausgangsfall die Erweiterung des Eigentumsvorbehalts unzulässig, so dass die Bank B am 1. April Eigentum an dem Computer erworben hätte.

---

228 SERICK, EV und Sicherungsübereignung I, S.251 ff.
229 FLUME, AcP 161, 385, 393 f.
230 BGHZ 75, 221.
231 MEDICUS, BR, Rn. 473; LOEWENHEIM, JuS 1981, 721; REINICKE/TIEDTKE, Kreditsicherung, S. 222 f.

4. Schutz gegenüber Eingriffen Dritter

a) Besitzschutz

Besitzschutz des AnwR nach §§ 861, 862, 1007 BGB

Als Besitzer stehen dem Anwartschaftsberechtigten bei Besitzentziehung oder Besitzstörung die Besitzschutzansprüche nach §§ 861, 862, 1007 BGB zu.

Nach § 869 BGB kann diese Ansprüche auch der Vorbehaltsverkäufer als mittelbarer Besitzer geltend machen (der Eigentumsvorbehalt ist ein Besitzmittlungsverhältnis i.S.d. § 868 BGB![232]). Der Vorbehaltsverkäufer kann jedoch Herausgabe nach § 869 S.2 BGB nur an den Vorbehaltskäufer verlangen.

b) Deliktsrechtlicher Schutz

bzgl. Beschädigung Schutz des AnwR nach §§ 823 ff. BGB

Wird eine Vorbehaltssache durch einen Dritten beschädigt, entstehen Ansprüche aus §§ 823 ff. BGB. Auch hier fordert die Wesensgleichheit von Anwartschaft und Eigentum, dass sich der Schutz der §§ 823 ff. BGB nicht nur auf das Eigentum, sondern auch auf das Anwartschaftsrecht bezieht. Dies gilt insbesondere, wenn das Anwartschaftsrecht schon einen erheblichen Umfang erreicht hat. Damit entsteht ein Konkurrenzproblem zwischen Ansprüchen des Eigentümers und solchen des Anwartschaftsberechtigten, da der Schädiger im Ergebnis natürlich nur einmal für den entstandenen Schaden aufkommen muss.

> *Bsp.: K hat bei V einen PKW unter Eigentumsvorbehalt gekauft und bereits 6.000,- € von 10.000,- € angezahlt. Bei einem von D verschuldeten Unfall wird der PKW völlig zerstört. K und V machen gegenüber D Schadensersatzansprüche geltend. An wen muss D und ggf. in welchem Umfang zahlen?*

Als Eigentümer kann der Vorbehaltsverkäufer den Substanzschaden nach § 823 I BGB verlangen. § 823 I BGB steht auch dem Vorbehaltskäufer in seiner Eigenschaft als Besitzer zu. Aus § 823 I BGB bekäme der Vorbehaltskäufer jedoch nur Ersatz des Schadens, der sich aus der Entziehung des Besitzes und der Nutzungen ergibt, nicht aber den Substanzschaden.

sonstiges Recht i.S.v. § 823 I BGB

Nach *ganz h.M.*[233] stellt jedoch das Anwartschaftsrecht ein *sonstiges Recht i.S.d.* § 823 I BGB dar, so dass der Vorbehaltskäufer auf diese Weise auch Ersatz des Substanzschadens verlangen kann.

Fraglich bleibt, an wen der Schädiger zu zahlen hat. Erhielte der Vorbehaltsverkäufer den ganzen Schadensersatz, bliebe unberücksichtigt, dass durch die bereits gezahlten Raten die Sache wirtschaftlich zum Teil dem Vorbehaltskäufer zustand.

Könnte der Vorbehaltsverkäufer den Restkaufpreis verlangen, wäre er zudem um den Zwischenzins bereichert, weil die Zahlung nicht in Raten erfolgt, sondern auf einmal. Der Zwischenzins muss aber dem Käufer zugute kommen.[234] Gewährt man mit dem *BGH*[235] dem Käufer nur einen Anspruch auf Ersatz des Werts abzüglich des noch nicht gezahlten Kaufpreises, wird der Käufer benachteiligt, da er wegen § 446 S.1 BGB trotz Untergangs der Kaufsache weiterhin zur Zahlung des Restkaufpreises verpflichtet ist. Erhält umgekehrt der Käufer den ganzen Schadensersatz, ist der Verkäufer hinsichtlich des Restkaufpreises nicht mehr gesichert.

---

232 Vgl. oben Rn. 145.
233 BGHZ 55, 20, 26; BAUR/STÜRNER, § 59 V 5 a.
234 Vgl. REINICKE/TIEDTKE, Kreditsicherung, S. 224.
235 BGHZ 55, 20, 31f.

Leistung an Verkäufer u. Käufer §§ 432, 1281 BGB analog

Um den Interessen beider Parteien am besten gerecht zu werden, wendet die h.M.[236] die §§ 432, 1281 BGB analog an. Der Schädiger hat also an Vorbehaltsverkäufer und -käufer gemeinschaftlich zu leisten. Diese müssen sich dann über die Aufteilung des Schadensersatzes auseinander setzen.

a.A. Gesamtgläubiger, § 428 BGB analog

Nach a.A.[237] sind Vorbehaltsverkäufer und -käufer analog § 428 BGB Gesamtgläubiger. Dies hat jedoch den Nachteil, dass der Schädiger nach seiner Wahl an eine der beiden Parteien befreiend leisten kann, wodurch dem anderen Gläubiger das Insolvenzrisiko des Empfängers aufgebürdet wird.

Im Fall hat damit D nach h.M. an K und V gemeinschaftlich analog §§ 432, 1281 BGB den gesamten Schaden von 10.000,- € zu leisten. Die Aufteilung dieser Summe obliegt K und V.

> **hemmer-Methode:** Weiß der Schädiger nichts vom Eigentum des Vorbehaltsverkäufers, wird er allerdings über § 851 BGB geschützt und kann mit befreiender Wirkung an den Besitzer, also regelmäßig den Vorbehaltskäufer, leisten.
> Dasselbe Problem der Forderungszuständigkeit stellt sich, wenn der PKW gestohlen und anschließend veräußert wird. Entsprechend § 432 BGB müssen sowohl der Eigentümer als auch der Anwartschaftsberechtigte die Verfügung des Nichtberechtigten gem. § 185 II 1 1.Alt BGB genehmigen, um die Rechtsfolge des § 816 I 1 BGB herbeizuführen. Die Genehmigung bezieht sich aus konstruktiven Gründen nur auf die Rechtsfolge. Die Herausgabe des Erlangten kann dann wiederum nur an beide erfolgen.

zudem deliktischer Herausgabeanspruch

Dem Anwartschaftsberechtigten steht nach § 823 i.V.m. § 249 I BGB auch ein deliktischer Herausgabeanspruch zu.

c) §§ 812 ff. BGB

Schutz auch durch Bereicherungsrecht

Die §§ 812 ff. BGB, insbesondere die Eingriffskondiktion, schützen ebenfalls sowohl den Vorbehaltsverkäufer als Eigentümer als auch den Vorbehaltskäufer als Anwartschaftsberechtigten.[238] Konkurrieren Ansprüche des Vorbehaltsverkäufers und des -käufers (z.B. bei §§ 951, 812 I 1 2.Alt BGB, wenn ein Dritter nach §§ 946 ff. BGB Eigentum an der Vorbehaltssache erwirbt), so ist diese Konkurrenz wie bei § 823 BGB durch analoge Anwendung der §§ 432, 1281 BGB zu lösen.[239]

175

d) §§ 985 ff., 1004 BGB

bei § 985 BGB analog Konkurrenz zwischen Käufer und Verkäufer

Problematisch ist, ob auch die §§ 985 ff. BGB analog auf das Anwartschaftsrecht anzuwenden sind. Diese Ansprüche hat unzweifelhaft der Vorbehaltsverkäufer als Eigentümer. Würden diese auch dem Vorbehaltskäufer gewährt, so ergäbe sich eine Konkurrenz der Eigentumsansprüche wegen derselben Sache zwischen Vorbehaltsverkäufer und -käufer.

176

M.M.: Ermächtigung nach § 185 BGB

Nach der Ansicht von *Brox*[240] wird diese Konkurrenz vermieden, wenn der Vorbehaltsverkäufer den Vorbehaltskäufer zur Geltendmachung seines Anspruchs gem. § 185 I BGB ermächtigt.

---

236 PALANDT, § 929 Rn. 43; BROX, JuS 1984, 660; BAUR/STÜRNER, § 59 V 5 a.
237 LENT/SCHWAB, § 30 II 7.
238 Vgl. PALANDT, § 929 Rn. 43; RAISER, Dingliche Anwartschaften, S.84.
239 Vgl. PALANDT, § 929 Rn. 43; RAISER, Dingliche Anwartschaften, S.84.
240 BROX, JuS 1984, 660.

§ 3 DAS ANWARTSCHAFTSRECHT

Dem Schutz des Vorbehaltskäufers ist dadurch Genüge geleistet. Zu einer solchen Ermächtigung soll der Vorbehaltsverkäufer aus dem Kaufvertrag heraus verpflichtet sein.[241] Gleiches gilt auch für den Beseitigungs- und Unterlassungsanspruch aus § 1004 BGB.

h.M.: § 986 I 2 BGB

Nach *h.M.*[242] werden sowohl der Vorbehaltskäufer als Anwartschaftsinhaber als auch der Vorbehaltsverkäufer als Eigentümer über die §§ 985 ff., 1004 BGB geschützt. Hinsichtlich des Herausgabeanspruchs wird eine Konkurrenz schon durch die gesetzliche Regelung des § 986 I 2 BGB vermieden, wonach der Eigentümer Herausgabe nur an den unmittelbaren Besitzer (das ist regelmäßig der Vorbehaltskäufer) verlangen kann. Die Geltendmachung und Erfüllung von Schadensersatzansprüchen regelt sich wie bei § 823 BGB.

VI. Einzelfragen zum Anwartschaftsrecht

1. Pfandrecht am Anwartschaftsrecht, Haftungsverband

vertragliches Pfandrecht

Ein vertragliches Pfandrecht an einem Anwartschaftsrecht ist nach *ganz h.M.*[243] zulässig, wenn auch in der Praxis selten. Nach *h.M.*[244] finden die für die Verpfändung von Sachen geltenden Vorschriften der §§ 1204 ff. BGB Anwendung. Nach *a.A.* kommen die Vorschriften zur Bestellung eines Pfandrechts an Rechten zur Anwendung, wobei jedoch über § 1274 I 2 BGB die §§ 1205, 1206 BGB ebenfalls eingreifen. Der Streit kann somit dahinstehen, da jedenfalls eine Besitzübergabe bzw. ein Surrogat erforderlich ist.

177

§§ 562, 647, 1120 BGB

Gesetzliche Pfandrechte an beweglichen Sachen (Vermieterpfandrecht nach § 562 BGB, Werkunternehmerpfandrecht *nach* § 647 BGB) entstehen nur an solchen Sachen, die im Eigentum des Mieters bzw. Bestellers stehen. Auch der Haftungsverband von Grundpfandrechten erstreckt sich nach §§ 1120, 1192 BGB nur auf solches Zubehör des Grundstücks, welches sich im Eigentum des Grundstückseigentümers befindet. Damit entstünde ein gesetzliches Pfandrecht bzw. ein Grundpfandrecht am Zubehör beim Kauf unter Eigentumsvorbehalt erst bei Bedingungseintritt.

178

bei Haftungsfragen Gleichstellung mit Eigentum
⇨ Pfandrecht schon am AnwR

Dieses Ergebnis würde dem vom Gesetz beabsichtigten Schutz des Vermieters, Unternehmers bzw. Grundpfandrechtsinhabers nicht gerecht. Das Anwartschaftsrecht stellt bereits, ebenso wie das Eigentum, eine vermögenswerte Position dar. Eine unterschiedliche Behandlung in Haftungsfragen erscheint nicht gerechtfertigt. Daher stehen nach *h.M.*[245] Anwartschaftsrecht und Eigentum in Haftungsfragen gleich.

bei Bedingungseintritt: § 1287 BGB entsprechend

Mit *Bedingungseintritt* wandelt sich ein gesetzliches oder vertragliches *Pfandrecht an der Anwartschaft* in ein *Pfandrecht an der Sache* um. Das ergibt sich bereits aus der Gleichbehandlung von Anwartschaftsrecht und Eigentum sowie dem Rechtsgedanken des § 1287 BGB. Der Rang richtet sich nach dem Entstehungszeitpunkt des Pfandrechts an der Anwartschaft.

179

> **hemmer-Methode:** Machen Sie sich den eigentlichen Anwendungsbereich von § 1287 BGB klar. Gegenstand des Pfandrechts ist zunächst eine Forderung, die auf Verschaffung des Eigentums gerichtet ist. Klassisches Beispiel: § 433 I 1 BGB.

---

[241] Vgl. BROX, JuS 1984, 660.
[242] PALANDT, § 929 Rn. 43.
[243] Vgl. BGHZ 35, 85, 93.
[244] BGHZ 35, 85, 93.
[245] BGHZ 35, 85 ff.; BGH NJW 1985, 376; MEDICUS, BR, Rn. 484; BAUR/STÜRNER, § 39 IV 1.

> Die Erfüllung dieses Anspruchs nach § 362 I BGB müsste an sich auch zum Erlöschen des Pfandrechts führen. Das ist aber wenig sinnvoll, denn die Pfändung eines solchen Verschaffungsanspruchs geschieht regelmäßig gerade mit Blick auf den Erwerb des Gegenstandes. Daher sieht § 1287 BGB vor, dass sich das Pfandrecht an der Sache selbst fortsetzt.
>
> Wenn das aber bereits für eine Forderung gilt, die lediglich auf die Verschaffung des Eigentums gerichtet ist, dann ergibt sich die Anwendbarkeit des § 1287 BGB auf das Anwartschaftsrecht aus einem Erst-Recht-Schluss, denn hier ist der Pfandrechtsschuldner nicht bloß Inhaber einer Forderung, sondern bereits eines Anwartschaftsrechts, also eines "mehr".

Problem: Übertragung vor Bedingungseintritt

Hat der Anwartschaftsberechtigte seine Anwartschaft vor Bedingungseintritt auf einen Dritten übertragen, so stellt sich die Frage, ob der Dritte nach Bedingungseintritt ein mit dem (Grund-)Pfandrecht belastetes oder unbelastetes Eigentum erwirbt. Dies könnte davon abhängen, ob der Dritte das Eigentum bei Bedingungseintritt direkt erwirbt oder der Anwartschaftsberechtigte für eine logische Sekunde Eigentümer wird (Durchgangserwerb).

h.M.: kein Durchgangs-, sondern Direkterwerb

Nach h.M.[246] findet *kein Durchgangserwerb*, sondern *Direkterwerb* statt. Da jedoch das (Grund-)Pfandrecht bereits an dem Anwartschaftsrecht entsteht, verliert diese konstruktive Unterscheidung zwischen Durchgangs- und Direkterwerb ihre Bedeutung. Unabhängig von dieser Unterscheidung erstarkt das Anwartschaftsrecht zum Vollrecht in der Form, in welcher es bestanden hat. Da bereits das Anwartschaftsrecht belastet war, gilt gleiches auch für das Eigentum nach Bedingungseintritt. Das einmal entstandene (Grund-)Pfandrecht am Anwartschaftsrecht bleibt (abgesehen von der Möglichkeit eines gutgläubig lastenfreien Erwerbs bzw. einer Enthaftung nach den §§ 1121 f. BGB) auch bei Verfügungen über das Anwartschaftsrecht erhalten.

> *Bsp.:* K hat bei V einen LKW für seinen Betrieb unter Eigentumsvorbehalt erworben und bringt ihn auf sein Betriebsgelände. An dem Grundstück steht H eine Hypothek zu. Noch vor Zahlung des Restkaufpreises übereignet K den LKW zur Sicherung eines Darlehens an D. Zwei Monate später reichen die Mittel des K eben noch aus, um die noch offene Restschuld bei V zu tilgen. H will daher wegen seiner fälligen Forderung die Hypothek verwerten und in das Grundstück vollstrecken. D sieht sein Sicherungseigentum an dem LKW gefährdet und möchte verhindern, dass dieser mit samt dem Grundstück versteigert wird. Kann sich D erfolgreich gegen die Zwangsversteigerung des LKWs wehren?

Da der LKW unproblematisch Zubehör des Grundstücks ist (vgl. §§ 97, 98 BGB), würde der Ersteher mit dem Zuschlag über §§ 90 II, 55 I, 20 II ZVG i.V.m. § 1120 BGB auch Eigentümer des LKWs werden. Das würde nach § 55 II ZVG sogar dann gelten, wenn der LKW nicht im Eigentum des Vollstreckungsschuldners stünde. Um dies zu verhindern, muss D seine Rechte an dem LKW mit der Drittwiderspruchsklage geltend machen, § 771 ZPO i.V.m. § 37 Nr.5 ZVG.

Die Drittwiderspruchsklage des D wäre auch erfolgreich, wenn ihm bzgl. des LKWs ein die Veräußerung hinderndes Recht i.S.d. § 771 ZPO zustünde. Das ist für das Sicherungseigentum gerade umstritten. Während einige Stimmen in der *Literatur* den Sicherungsnehmer auf die Klage nach § 805 ZPO verweisen wollen, geht die *h.M.* davon aus, dass auch dem Sicherungseigentümer die Drittwiderspruchsklage zusteht.[247]

An dem Sicherungseigentum des D bestehen auch keine Zweifel. Zwar konnte D zunächst nicht das Eigentum erwerben (keine Ermächtigung nach § 185 I BGB, für einen gutgläubigen Erwerb fehlt es bei § 933 BGB an der Übergabe), aber der Erwerb des Anwartschaftsrechts war nach §§ 929 S.1, 930 BGB analog vom Berechtigten K möglich.

---

246 BGHZ 20, 88.

247 Zu den Argumenten vgl. im Einzelnen Rn. 250.

§ 3 DAS ANWARTSCHAFTSRECHT

Mit Zahlung des Restkaufpreises durch K ist das Anwartschaftsrecht in der Person des D zum Vollrecht erstarkt. Damit müsste die Drittwiderspruchsklage des D an sich erfolgreich sein.

D müsste sich aber den Einwand aus § 242 BGB gefallen lassen, wenn er trotz seines Sicherungseigentums zur Duldung der Zwangsvollstreckung verpflichtet wäre. Er würde sich eines widersprüchlichen Verhaltens schuldig machen, wenn er die Freigabe des LKWs verlangte, obwohl H Sekunden später auf der Duldung der Zwangsvollstreckung bestehen könnte (dolo-facit-Einrede).

Es stellt sich daher die Frage, ob D eventuell nur mit der Hypothek belastetes Eigentum erworben hat. An dieser Stelle ist von Bedeutung, dass schon das Anwartschaftsrecht in den Haftungsverband der Hypothek nach § 1120 BGB fiel. Nur dieses belastete Anwartschaftsrecht konnte K nach §§ 929 S.1, 930 BGB analog auf D übertragen. Dabei ist es zu einer Enthaftung nach den §§ 1121, 1122 BGB nicht gekommen. § 936 BGB ist schon grundsätzlich nicht anwendbar, da die Enthaftungstatbestände des Hypothekenrechts als leges speciales vorgehen. Bei Bedingungseintritt konnte das belastete Anwartschaftsrecht auch nur zu belastetem Eigentum erstarken. Der Gedanke des § 1287 BGB passt gleichermaßen für das Anwartschaftsrecht und gilt insbesondere auch zugunsten von Grundpfandgläubigern.

Da D somit nur belastetes Eigentum erworben hat und die Zwangsversteigerung dulden muss, steht der Drittwiderspruchsklage der Einwand aus § 242 BGB entgegen. Um unnötige Kosten zu vermeiden, ist dem D daher zu raten, nichts gegen die Zwangsversteigerung zu unternehmen, sondern diese geschehen zu lassen.

> **hemmer-Methode:** Der oben dargestellte Fall ist aufgrund seiner Verknüpfung von Zwangsvollstreckungsrecht und Hypothekenrecht anspruchsvoll. Gleichwohl handelt es sich um ein Niveau, mit dem im Examen gerechnet werden muss. Gehen Sie die Lösung noch einmal durch und versuchen Sie insbesondere die Verweisungskette im ZVG nachzuvollziehen. Die gute Klausur zeichnet sich insbesondere durch den richtigen Einstieg aus. Die Konsequenzen, die sich daraus ergeben, dass das Anwartschaftsrecht in den Haftungsverband der Grundpfandrechte fällt, gehören dagegen zum gehobenen sachenrechtlichen Standardwissen.

Problem: Kann AnwR von VVK und VK ohne Zustimmung des Pfandrechtsgläubigers aufgehoben werden?

Wenn das Anwartschaftsrecht einmal mit einem gesetzlichen Pfandrecht belastet ist bzw. in den Haftungsverband eines Grundpfandrechts fällt, stellt sich die Frage, ob Vorbehaltsverkäufer und Vorbehaltskäufer das Anwartschaftsrecht ohne Zustimmung des (Grund-)Pfandrechtsinhabers wieder aufheben können.

BGH (+)

Der *BGH*[248] hat diese Frage bejaht, da die Pfandrechtsgläubiger ohnehin mit einer Enthaftung des Zubehörs rechnen müssten.

a.A.: (-), § 1276 BGB analog

Nach *a.A.*[249] ist in dieser Konstellation die Vorschrift des § 1276 BGB analog anzuwenden. Auch wenn das Anwartschaftsrecht nach den §§ 1204 ff. BGB verpfändet werde, müsse der Gedanke des § 1276 BGB zum Tragen kommen, da das BGB an keiner Stelle vorsehe, dass der Gläubiger sein Pfandrecht allein dadurch verlieren könne, dass der Gegenstand, an dem es bestehe, durch Rechtsgeschäft ohne seine Zustimmung aufgehoben werde.

> **hemmer-Methode:** Hierbei handelt es sich zugegebenermaßen schon um ein sehr spezielles Problem. Da die Entscheidung des *BGH* aber auch im *Medicus* diskutiert wird, muss auch hiermit im Examen gerechnet werden. Vermeiden Sie aber stures Auswendiglernen! Versuchen Sie vielmehr, die Problematik zu erfassen.

181

---

248 BGHZ 92, 280; zustimmend MEDICUS, BR, Rn. 484.
249 REINICKE/TIEDTKE, Kreditsicherung, S.227.

> Dass gegen eine willkürliche Aufhebung des Anwartschaftsrechts Bedenken bestehen, wenn dieses von einem gesetzlichen Pfandrecht erfasst wird und der Pfandrechtsgläubiger diesem Vorgang nicht zustimmt, liegt auf der Hand. Der Clou in der Klausur besteht dann schon darin, den § 1276 BGB zu finden und eine analoge Anwendung zu diskutieren. Wenn Sie soweit gekommen sind, spielt das Ergebnis selbst keine Rolle mehr!

2. Anwartschaftsrecht und Zwangsvollstreckung

a) Vollstreckung durch Gläubiger des Vorbehaltsverkäufers

§ 809 ZPO
⇨ *Rechtsschutz des VK über § 766 ZPO*

182 Hat der Vorbehaltskäufer die Sache in Gewahrsam (so wohl im Regelfall), ist eine Pfändung gem. § 809 ZPO nur möglich, wenn der Vorbehaltskäufer zur Herausgabe bereit ist. Dies wird kaum der Fall sein. Gegen eine gleichwohl erfolgte Pfändung kann sich der Vorbehaltskäufer mit der *Erinnerung* nach § 766 ZPO wehren.

> **hemmer-Methode:** Die Verletzung von § 809 ZPO stellt den typischen Fall einer zulässigen Dritterinnerung dar. Ähnlich wie im öffentlichen Recht müssen Sie hier schon im Rahmen der Zulässigkeit bei der Beschwer erwähnen, dass die Verletzung einer drittschützenden Norm zumindest möglich ist. Sachenrechtliche Klausuren haben ihren Einstieg häufig in der Zwangsvollstreckung. Wiederholen Sie bei dieser Gelegenheit die Rechtsbehelfe in der Zwangsvollstreckung: Hemmer/Wüst, ZPO II, Rn. 234 ff.

AnwR = Recht i.S.v. § 771 ZPO

183 Hat der Vorbehaltsverkäufer ausnahmsweise Gewahrsam an der Sache (denkbar, wenn die Sache sich zur Reparatur erneut beim Vorbehaltsverkäufer befindet), könnte dem Vorbehaltskäufer aufgrund seines Anwartschaftsrechts die *Drittwiderspruchsklage* nach § 771 ZPO zustehen, sofern dieses ein "die Veräußerung hinderndes Recht" darstellt.

Dagegen könnte sprechen, dass nach § 161 I 1 BGB der Vorbehaltsverkäufer zu weiteren Verfügungen über die Sache berechtigt ist. Dazu zählen nach § 161 I 2 BGB auch Verfügungen im Rahmen der Zwangsvollstreckung. Bei Bedingungseintritt sind diese Verfügungen nach § 161 I 1 BGB aber insoweit unwirksam, als sie die von der Bedingung abhängige Wirkung vereiteln oder beeinträchtigen. Damit wäre der Vorbehaltskäufer schon hierdurch geschützt.

Der Gerichtsvollzieher verschafft im Rahmen der Versteigerung dem Ersteher das Eigentum aber durch staatlichen Hoheitsakt und nicht rechtsgeschäftlich.

Diese Eigentumsverschaffung ist keine Verfügung im Wege der Zwangsvollstreckung i.S.d. § 161 I 2 BGB, weil der Ersteher das Eigentum endgültig und nicht bloß auflösend bedingt erwirbt. Der Anwartschaftsberechtigte ist also über § 161 I 2 BGB nicht hinreichend geschützt. Daher kann er nach *h.M.*[250] nach § 771 ZPO Drittwiderspruchsklage erheben.

ansonsten auch Ersatz nach §§ 823 I, 812 I 1 2.Alt. BGB

184 Versäumt der Anwartschaftsberechtigte die Drittwiderspruchsklage, hat er bei Verschulden des vollstreckenden Gläubigers einen Schadensersatzanspruch aus § 823 I BGB. Unabhängig vom Verschulden kommt ein Bereicherungsanspruch aus § 812 I 1 2.Alt BGB in Betracht.[251]

---

250 BGHZ 55, 20, 27; MEDICUS, BR, Rn. 466.
251 Vgl. BGHZ 55, 20; MEDICUS, BR, Rn. 466.

b) Vollstreckung durch den Vorbehaltsverkäufer

Der Vorbehaltsverkäufer kann die im Gewahrsam des Vorbehaltskäufers befindliche Kaufsache nach §§ 808 ff. ZPO zur Befriedigung seiner Kaufpreisforderung pfänden lassen.[252] Die Pfändung einer gläubigereigenen Sache ist zulässig (vgl. auch § 811 II ZPO).

Nach der *h.M.* (gemischt öffentlich-privatrechtliche Theorie) entsteht mangels Eigentums des Vorbehaltskäufers (= Vollstreckungsschuldners) zwar kein Pfändungspfandrecht, aber die Sache wird verstrickt, was als Grundlage für die Verwertung ausreichend ist. Der Erlös steht dem Vorbehaltsverkäufer über § 1247 BGB analog ohnehin zu.

Rücktrittsfiktion gem. § 503 II 4 BGB

Im Falle eines vom Anwendungsbereich der §§ 491 ff. erfassten Kaufvertrages (auch ein entgeltlicher Zahlungsaufschub ist ein Kreditvertrag i.S.d. § 499 I BGB) könnte der Vorbehaltsverkäufer einer Vollstreckungsgegenklage des Vorbehaltskäufers nach § 767 ZPO ausgesetzt sein, falls die *Rücktrittsfiktion* des § 503 II 4 BGB eingreift und dadurch die Kaufpreisforderung entfällt.

§ 503 II 4 BGB will den Vorbehaltskäufer davor schützen, weiterhin die Kaufpreisraten zahlen zu müssen, obwohl ihm Besitz und Nutzungsmöglichkeit der Sache durch den Verkäufer entzogen worden sind.

bloße Pfändung nicht ausreichend, Rücktrittsfiktion erst mit Verwertung der Sache

Im Falle der Zwangsvollstreckung liegt eine Wegnahme i.S.d. § 503 II 4 BGB jedoch nur dann vor, wenn dem Käufer Besitz und Nutzung tatsächlich entzogen worden sind. Die bloße Pfändung der Sache löst nach Ansicht des *BGH* diese Wirkung noch nicht aus.[253] Das Rücktrittsrecht gilt erst dann als ausgeübt, wenn die Sache verwertet wird, sei es durch Versteigerung oder nach § 825 ZPO. Nach *a.A.*[254] genügt der bloße Besitzverlust bei der Pfändung, wenn der Gerichtsvollzieher die Sache wegnimmt.

> **hemmer-Methode:** Die *Rspr.* des *BGH* führt allerdings dazu, dass der Vorbehaltskäufer mit einer Vollstreckungsgegenklage kaum jemals erfolgreich sein wird. Das Problem liegt ausnahmsweise nicht bei der Präklusion des § 767 II ZPO. Die Einwendung ist unzweifelhaft erst nach der letzten mündlichen Verhandlung entstanden. Problematisch ist vielmehr der Zeitpunkt. Der Kaufpreisanspruch erlischt mit der Rücktrittsfiktion des § 503 II 4 BGB. Wenn diese nach der *Rspr.* aber erst mit der Verwertung der Sache ausgelöst wird, ist die Vollstreckungsgegenklage vorher unbegründet. Ist die Verwertung einmal erfolgt, greift zwar die Rücktrittsfiktion, aber die Zwangsvollstreckung ist beendet, für eine Vollstreckungsgegenklage ist kein Raum mehr. Unter diesem Blickwinkel wird verständlich, warum in der *Literatur* für die Rücktrittsfiktion teilweise ein früherer Zeitpunkt angenommen wird.

c) Vollstreckung durch Gläubiger des Vorbehaltskäufers/ Pfändung des Anwartschaftsrechts

Pfändung der Vorbehaltssache ⇨ VVK hat § 771 ZPO

Pfändet ein Gläubiger des Vorbehaltskäufers die Sache durch den Gerichtsvollzieher, wird diese zwar verstrickt, es entsteht aber nach der sog. gemischt privatrechtlich-öffentlichrechtlichen Theorie *(h.M.)*[255] kein Pfändungspfandrecht, da es sich um eine schuldnerfremde Sache handelt.

---

[252] Vgl. hierzu auch HEMMER/WÜST, ZPO II, Rn. 112.
[253] So h.M. vgl. BGHZ 39, 97 ff.
[254] Vgl. BROX, JuS 1984, 666.
[255] Zu den Theorien vgl. HEMMER/WÜST, ZPO II, Rn. 130 ff.

Der Vorbehaltsverkäufer hat unstreitig die Möglichkeit, sich gegen die Pfändung mit der Drittwiderspruchsklage nach § 771 ZPO zu wehren,[256] bzw. er kann nach erfolgter Versteigerung einen Bereicherungsanspruch aus § 812 I 1 2.Alt. BGB gegen den Pfändungsgläubiger geltend machen.

Gläubiger können über § 267 I BGB Bedingungseintritt herbeiführen

Die pfändenden Gläubiger haben allerdings ihrerseits die Möglichkeit, der Drittwiderspruchsklage des Vorbehaltsverkäufers den Boden zu entziehen. Durch Zahlung der noch offenen Kaufpreisschuld (die im Verhältnis zum Wert des Vollstreckungsgegenstandes eventuell nur noch ganz gering ist) nach § 267 I BGB können sie den Bedingungseintritt selbst herbeiführen.

Der Vorbehaltskäufer, d.h. der Vollstreckungsschuldner erwirbt dann automatisch das Eigentum, und nach § 185 II 1 2.Alt. BGB analog entsteht auch das Pfändungspfandrecht, denn die Verstrickung ist ja nach wie vor wirksam.[257]

aber: bei Widerspruch des Schuldners § 267 II BGB möglich

Nun ist es aber auch denkbar, dass der Vorbehaltsverkäufer die Drittleistung durch die Gläubiger ablehnt, weil der Schuldner widersprochen hat, § 267 II BGB. In diesem Fall müsste die Drittwiderspruchsklage des Vorbehaltsverkäufers erfolgreich bleiben, die pfändenden Gläubiger gingen leer aus. Allerdings ist bis jetzt unbeachtet geblieben, dass dem Käufer in der Form des Anwartschaftsrechts eine eigene vermögenswerte Position zusteht.

daher Pfändung des AnwR nach h.M. über §§ 857 I, 828 ff. ZPO

⇨ *keine Widerspruchsmöglichkeit nach § 267 II BGB*

Auf diese müssen die Gläubiger des Vorbehaltskäufers in irgendeiner Weise Zugriff nehmen können. Zur *Pfändung des Anwartschaftsrechts* bietet sich zunächst die Rechtspfändung nach §§ 857 I, 828 ff. ZPO an. Erforderlich ist also ein Beschluss des Vollstreckungsgerichts. Wirksam ist die Pfändung mit Zustellung an den Drittschuldner (vgl. § 829 III ZPO), in diesem Fall an den Vorbehaltsverkäufer. Diese hat zur Folge, dass der Vorbehaltskäufer (= Vollstreckungsschuldner) sein Widerspruchsrecht nach § 267 II BGB nicht mehr ausüben darf.[258] Die *Ausübung des Widerspruchsrechts* stünde einer *Verfügung über den Vollstreckungsgegenstand* i.S.d. § 829 I 2 ZPO gleich. Auch der Vorbehaltsverkäufer könnte eine Zahlung des Vollstreckungsgläubigers nicht mehr ablehnen, denn in einem solchen Fall würde die Bedingungsfiktion des § 162 I BGB Platz greifen.

Rechtspfändung ausreichend, damit bei Bedingungseintritt ein PPR an der Sache selbst entsteht?

Wurde zuvor aber nicht die Sache selbst gepfändet, so ist fraglich, ob die Rechtspfändung alleine ausreicht, damit bei Bedingungseintritt ein Pfändungspfandrecht an der Sache selbst entsteht.

Die Anhänger der *Theorie der Rechtspfändung*[259] nehmen das an. Das Pfändungspfandrecht am Anwartschaftsrecht soll sich an der Sache selbst entsprechend §§ 1287 BGB, 847 ZPO automatisch fortsetzen.

h.M. (-), fehlende Publizität

Diese Auffassung ist allerdings kaum mit dem Publizitätsprinzip zu vereinbaren. Nach § 808 ZPO erfordert die Sachpfändung, dass der Gerichtsvollzieher die Sache in Besitz nimmt oder, wenn er sie im Gewahrsam des Schuldners belässt, ein Pfandsiegel anbringt.

Ein automatisches Erstarken des Pfändungspfandrechts hätte zur Folge, dass die Sache mit einem Pfändungspfandrecht belastet wäre, ohne dass der Gerichtsvollzieher in entsprechender Weise tätig geworden wäre.

---

256 Vgl. PALANDT, § 929, Rn. 52.

257 Bei der Sachpfändung ganz h.M., vgl. nur PALANDT, § 185 Rn. 4.

258 REINICKE/TIEDTKE, Kreditsicherung, S. 224.

259 Vgl. MEDICUS, BR, Rn. 486; BAUR/STÜRNER, § 59 V 4 a.

§ 3 DAS ANWARTSCHAFTSRECHT

Da es an den Voraussetzungen des § 808 I, II 2 ZPO fehlt, wäre das so entstandene Pfandrecht quasi unsichtbar.

⇨ sog. Doppelpfändung, Pfändung der Sache und des AnwR

Die h.M.[260] folgt daher der *Theorie von der Doppelpfändung*, wonach neben der Pfändung des Anwartschaftsrechts im Wege der Rechtspfändung die Sache selbst nach § 808 ZPO gepfändet werden muss.

Die Rechtspfändung verhindert, dass der Schuldner sein Widerspruchsrecht nach § 267 II BGB ausübt, die Pfändung der Sache ermöglicht, dass sich das Pfändungspfandrecht am Anwartschaftsrecht bei Bedingungseintritt automatisch an der Sache selbst fortsetzt.

merke: Pfändung der Sache nur für dingliche Surrogation erforderlich

> **hemmer-Methode:** Seien Sie mit dem Begriff "Doppelpfändung" vorsichtig. Die Aussage "Die Pfändung des Anwartschaftsrechts erfolgt im Wege der Doppelpfändung" ist zwar nicht total falsch, zumindest aber ungenau.
> Zur Pfändung des Anwartschaftsrechts ist nur die Rechtspfändung erforderlich. Die Pfändung der Sache dient einzig und allein dazu, bei Bedingungseintritt ohne Verstoß gegen das Publizitätsprinzip eine automatische Surrogation zu ermöglichen. Es wird also das Anwartschaftsrecht nach §§ 857 I, 828 ff. ZPO und die Sache selbst nach § 808 ZPO gepfändet, keinesfalls aber das Anwartschaftsrecht in irgendeiner Weise "doppelt".

a.A.: Theorie der Sachpfändung

Neben der *Theorie der Rechtspfändung* und der *Doppelpfändung* wird auch noch die *Theorie der Sachpfändung* vertreten,[261] die das Problem der möglichen Drittwiderspruchsklage des Vorbehaltsverkäufers dadurch lösen will, dass diesem bzgl. des Restkaufpreises nur die Klage auf vorzugsweise Befriedigung nach § 805 ZPO gegeben wird. Zu beachten ist, dass nach dieser Auffassung das Anwartschaftsrecht in der Form der Sachpfändung gepfändet wird. Aber auch hier ergeben sich Bedenken wegen des Pfändungspfandrechts, da der Sache nicht anzusehen ist, ob sie selbst oder nur das Anwartschaftsrecht gepfändet ist.

190

> **hemmer-Methode:** Entscheiden Sie sich in der Klausur für die *h.M.*, indem Sie das Publizitätsprinzip hochhalten. Am wichtigsten ist ohnehin, dass Sie herausarbeiten, wo in dieser Fallkonstellation das eigentliche Problem liegt und warum sowohl Rechtspfändung bzgl. des Anwartschaftsrechts als auch Sachpfändung erforderlich sind. Lassen Sie sich nicht entmutigen, wenn Sie die komplizierte Argumentation nicht gleich beim ersten Lesen verstanden haben! Versuchen Sie sich in die Rolle des pfändenden Gläubigers zu versetzen, der sich mit dem Vorbehaltsverkäufer um die beim Schuldner befindliche Vorbehaltssache streitet. Das Verständnis der widerstreitenden Interessen führt dann beinahe zwangsläufig zur Entwicklung der Theorie von der Doppelpfändung!

Pfändung des AnwR
⇨ Rangwahrung

Die Rechtspfändung des Anwartschaftsrechts hat auch Bedeutung für die *Rangwahrung*. Pfänden mehrere Gläubiger eine schuldnerfremde Sache, so erwirbt zunächst keiner ein Pfändungspfandrecht. Erwirbt der Vollstreckungsschuldner den Gegenstand, werden die Pfändungen ex nunc wirksam. Dabei ist streitig, ob die entstandenen Pfandrechte den gleichen Rang haben oder ob entsprechend § 185 II 2 BGB die zuerst erfolgte Pfändung Vorrang genießt.[262]

191

---

260 BGH NJW 54, 1325; Reinicke/Tiedtke, Kreditsicherung, S. 224 ff.; Palandt, § 929 Rn. 56.
261 Brox, JuS 84, 665.
262 So die wohl h.M., anders aber Reinicke/Tiedtke, Kreditsicherung, S. 226.

Dagegen ist unstreitig, dass derjenige Gläubiger den Vorrang genießt, der zugleich auch das Anwartschaftsrecht nach §§ 857 I, 828 ff. ZPO gepfändet hat.[263]

Bsp.: A, B und C haben nacheinander eine von K unter Eigentumsvorbehalt erworbene Sache gepfändet. Bei Zahlung des Restkaufpreises durch X werden die Pfändungen nach § 185 II 1 2.Alt BGB (analog) wirksam.

Nach wohl *h.M.* hat das Pfändungspfandrecht des A den ersten Rang, das des B den zweiten usw., während nach anderer Ansicht alle Pfändungspfandrechte gleichrangig sind. Hat dagegen der B auch das Anwartschaftsrecht gepfändet, genießt sein Pfändungspfandrecht vor denen von A und C den Vorrang.

3. Verjährung der Kaufpreisforderung

Problem: § 985 BGB auch nach Verjährung der Kaufpreisforderung?

Der Vorbehaltsverkäufer kann die Sache auch *nach Verjährung der Kaufpreisforderung* vom Vorbehaltskäufer nach § 985 BGB herausverlangen. Seit der Schuldrechtsreform ist diese Konstellation in § 216 II 2 BGB kodifiziert.

(+), § 216 II 2 BGB

Die dingliche Sicherheit soll verwertet werden können, auch wenn die zu sichernde Forderung verjährt ist.

kein Besitzrecht mehr i.S.d. § 986 I BGB

Dem Käufer, der den Kaufpreis wegen Verjährung verweigert, steht auch aus dem Kaufvertrag kein Besitzrecht mehr zu, das er dem Vorbehaltsverkäufer nach § 986 I BGB entgegenhalten könnte.

Die Berufung auf ein Besitzrecht bei gleichzeitiger Zahlungsverweigerung stellt vielmehr ein widersprüchliches Verhalten dar, das dem Käufer nicht gestattet werden kann.

> **hemmer-Methode:** In der Klausur sind an dieser Stelle zunächst Ausführungen zum Rücktrittsrecht des Vorbehaltsverkäufers erforderlich, denn regelmäßig wird der Verkäufer, der die Sache nach Verjährung herausverlangt, zunächst den Rücktritt nach §§ 323 i.V.m. 449 II BGB erklären.
> Bei § 986 I BGB prüfen Sie dann zunächst das Besitzrecht aus dem Kaufvertrag. Dies könnte aufgrund des Rücktritts entfallen sein. Das ist aber nicht der Fall: Voraussetzung für einen wirksamen Rücktritt ist die Fälligkeit der Leistung im Rahmen des § 323 I BGB. Hieran fehlt es jedoch ab Eintritt der Verjährung. Der Verkäufer kann damit nach Eintritt der Verjährung nicht mehr nach § 323 I BGB vom Kaufvertrag zurücktreten, § 218 I S.1 BGB.[264] Das Besitzrecht des Käufers aus dem Kaufvertrag besteht an sich fort.
> Erst an dieser Stelle kommt dann § 216 II 2 BGB ins Spiel. Der Käufer kann sich nicht gleichzeitig auf ein Besitzrecht berufen und die Zahlung des Kaufpreises wegen Verjährung verweigern. Der Anspruch des Vorbehaltsverkäufers aus § 985 BGB geht also durch.[265]

---

263 PALANDT, § 929 Rn. 55; REINICKE/TIEDTKE, Kreditsicherung, S. 226.

264 Näher dazu HEMMER/WÜST, Die Schuldrechtsreform, Rn. 355 f.

265 Zu den sonstigen Fragen, die sich bei der Rückabwicklung stellen, vgl. REINICKE/TIEDTKE, Kreditsicherung, S. 214.

§ 4 DAS PFANDRECHT AN BEWEGLICHEN SACHEN UND RECHTEN

A. Einführung

I. Arten der Pfandrechte

verschiedene Arten von Pfandrechten

Was die Entstehung angeht, so sind drei Arten von Pfandrechten zu unterscheiden:

vertragliches Pfandrecht

- das *vertragliche* Pfandrecht (sog. Faustpfandrecht), das durch rechtsgeschäftliche Bestellung (Verpfändung) entsteht

gesetzliches Pfandrecht

- das *gesetzliche* Pfandrecht, das ohne rechtsgeschäftliche Erklärungen durch Einbringung (z.B beim Vermieter-/Verpächterpfandrecht nach § 562, 581 II BGB) bzw. aufgrund von Besitz (z.B. beim Werkunternehmerpfandrecht nach § 647 BGB) entsteht.

Pfändungspfandrecht

- das *Pfändungspfandrecht,* das bei beweglichen Sachen aufgrund der Pfändung durch den Gerichtsvollzieher nach den §§ 803 ff. ZPO entsteht.[266]

Ist das Pfandrecht einmal entstanden, finden aufgrund der Verweisungsvorschriften des § 1257 BGB und § 804 II ZPO weitgehend die Regeln über das vertragliche Pfand Anwendung.

Bsp.: Über §§ 804 II ZPO, 1227, 985 BGB hat der Gläubiger eines Pfändungspfandrechts einen Herausgabeanspruch gegenüber einem Dritten, dem kein Recht zum Besitz an der Sache zusteht, wobei zu beachten ist, dass Herausgabe nur an den Gerichtsvollzieher verlangt werden kann. Über §§ 1257, 1233 ff., 647 BGB kann der Werkunternehmer bei Fälligkeit seiner Werklohnforderung die Sache versteigern lassen.

> **hemmer-Methode:** Beachten Sie auch die unterschiedliche Terminologie bei den verschiedenen Pfandrechten: Bei einer Pfandrechtsbestellung nach § 1205 BGB *ver*pfändet der Eigentümer die Sache. In der Zwangsvollstreckung wird dagegen nicht *ver*pfändet, sondern *ge*pfändet bzw. die Vollstreckungsgläubiger lassen durch den Gerichtsvollzieher *pfänden*.
> Sprachliche Fehler in diesem Bereich wirken nicht nur anfängerhaft, sondern signalisieren ein mangelndes Verständnis der Materie. Daher unbedingt vermeiden!

II. Begriff/Wesen des Pfandrechts

Def.: § 1204 I BGB

Nach § 1204 BGB kann eine bewegliche Sache zur Sicherung einer Forderung in der Weise belastet werden, dass der Gläubiger das Recht hat, die Befriedigung aus der Sache zu suchen. (Nach § 1273 I BGB kann Gegenstand eines Pfandrechts auch eine Forderung sein.)

Diese eigentümliche Umschreibung, die quasi der Legaldefinition der Hypothek in § 1113 I BGB entspricht, betont zwei wichtige Aspekte des Pfandrechts.

---

[266] Hierzu HEMMER/WÜST, ZPO II, Rn. 130 ff.

SACHENRECHT II

Eigentümer haftet nur mit dem belasteten Gegenstand, kein Zahlungsanspruch des Gläubigers

Der Gläubiger kann *Befriedigung aus der Sache* suchen, d.h. der Verpfänder (regelmäßig der Eigentümer der belasteten Sache) muss bei Fälligkeit der zu sichernden Forderung (vgl. § 1228 II BGB) den Verkauf der Pfandsache nach den §§ 1233 ff. BGB dulden. Zu mehr ist er nicht verpflichtet, insbesondere nicht dazu, den Gläubiger im Wege der Zahlung zu befriedigen. Die §§ 1224, 1225 BGB statuieren ausschließlich eine Berechtigung, verschaffen dem Pfandrechtsgläubiger aber keinen Zahlungsanspruch. Insofern begründet das Pfandrecht nur eine *Haftung, aber keine Schuld*.[267]

Akzessorietät

Des Weiteren kommt durch § 1204 I BGB bereits die *Akzessorietät* des Pfandrechts zum Ausdruck: "zur Sicherung einer Forderung".

Pfandrecht ist Anhängsel der Forderung

Das Pfandrecht ist wie die Hypothek nur ein *unselbständiges Anhängsel* der Forderung. Nur diese kann übertragen werden, wodurch das Pfandrecht automatisch mit übergeht, vgl. §§ 1250 I, 401 I BGB. Da es einen gutgläubigen Forderungserwerb nicht gibt, ist auch ein gutgläubiger Erwerb des Pfandrechts bei der Übertragung (sog. Zweiterwerb[268]) nicht denkbar.

Aktivseite: Personenidentität zwingend

Wird die Übertragung des Pfandrechts bei der Forderungsabtretung ausgeschlossen, hat diese Vereinbarung das Erlöschen des Pfandrechts zur Folge, § 1250 II BGB. Diese strenge Ausgestaltung der Akzessorietät führt dazu, dass auf der *Aktivseite* Inhaber der Forderung und Inhaber des Pfandrechts nie auseinander fallen.[269]

Passivseite: Personenidentität nicht erforderlich

Auf der *Passivseite* ist Personenidentität dagegen nicht erforderlich. Verpfändet der persönliche Schuldner eine ihm gehörende Sache, liegt Personenidentität zwar vor. Der Eigentümer kann an seiner Sache aber auch ein Pfandrecht für eine fremde Schuld bestellen. Schließlich müssen auch Verpfänder und Inhaber des Pfandrechtsgegenstandes nicht identisch sein. Der Verpfänder kann vom Berechtigten zur Verpfändung nach § 185 I BGB ermächtigt sein oder die Nichtberechtigung durch den guten Glauben des Pfandrechtsgläubigers überwunden werden. Im letzten Fall sind auf Passivseite damit sogar drei Beteiligte denkbar: persönlicher Schuldner, Verpfänder und Inhaber des Pfandrechtsgegenstandes.[270]

Pfandrecht: dingliches Recht zum Besitz

Das Pfandrecht gewährt seinem Inhaber ein gegenüber jedermann wirkendes, *dingliches Recht zum Besitz*.

> *Bsp.: Der persönliche Schuldner S verpfändet dem Gläubiger G einen Ring, den ihm sein Vater V nur geliehen hat. Wirksamkeit der zu sichernden Forderung und Gutgläubigkeit des G vorausgesetzt, erwirbt G nach §§ 1207, 1205 I 1, 932 I 1 BGB ein Pfandrecht an dem Ring. Dieses führt dazu, dass V den Ring von G nicht nach § 985 BGB herausverlangen kann. Das wirksam entstandene Pfandrecht gewährt ein eigenes (dingliches) Recht zum Besitz i.S.d. § 986 I 1 BGB.*

> **hemmer-Methode:** Wie gleich noch zu zeigen sein wird, erfordert eine wirksame Pfandrechtsbestellung immer die Übertragung des Besitzes. Anders als bei einer Übereignung nach §§ 929 S.1, 930 BGB kann der Pfandrechtsschuldner nicht im (Allein-)Besitz der Sache bleiben.
> Diese Umständlichkeit hat die wirtschaftliche Bedeutung des Pfandrechts geschmälert und dazu geführt, dass an seine Stelle weitgehend die Sicherungsübereignung und die Sicherungszession getreten sind, die Besitzübertragung bzw. Publizität nicht erfordern.

---

[267] PALANDT, Überbl. v. § 1204 Rn. 1.
[268] Dazu unter Rn. 214.
[269] SCHWAB/PRÜTTING, § 69 II.
[270] PALANDT, Überbl. v. § 1204 Rn. 3.

§ 4 DAS PFANDRECHT AN BEWEGLICHEN SACHEN UND RECHTEN

> Bei Baur/Stürner werden daher Faustpfand als Legalordnung, Sicherungsübereignung, -zession und Eigentumsvorbehalt dagegen als Wirklichkeitstatbestand bezeichnet.[271]
>
> Dieser Zusammenhang zwischen Gesetz und Praxis ist grundlegend für das Verständnis der "modernen" Sicherungsinstitute. Um den Weg über die §§ 1204 ff. BGB zu vermeiden, wird dem Sicherungsnehmer ein "Mehr" an Rechtsmacht eingeräumt, als an sich erforderlich wäre. Auch Sicherungsübereignung und -zession dienen ausschließlich dazu, dem Sicherungsnehmer ein Verwertungsrecht für den Fall der Uneinbringlichkeit der zu sichernden Forderungen einzuräumen.
>
> Wenn es also um die Verwertung geht, können die Vorschriften über das Pfandrecht bei den fiduziarischen Sicherheiten durchaus analog (oder zumindest dem Gedanken nach) anwendbar sein.

B. Das vertragliche Pfandrecht an beweglichen Sachen

I. Entstehung

Voraussetzungen der Pfandrechtsbestellung

> **Voraussetzungen einer Pfandrechtsbestellung:**
>
> - Einigung, § 1205 I 1 BGB
> - Übergabe, § 1205 I 1 BGB (bei § 1205 I 2 BGB entbehrlich, bei §§ 1205 II, 1206 BGB durch Surrogat)
> - zu sichernde Forderung (§ 1204 BGB)
> - Berechtigung und Verfügungsbefugnis des Bestellers (ansonsten ggf. § 1207 BGB)

198

> **hemmer-Methode:** Geraten Sie in der Klausur nicht gleich in Schrecken, wenn auf einmal eine Pfandrechtsbestellung auftaucht. Schon beim ersten Überfliegen der Voraussetzungen müsste Ihnen einiges bekannt vorkommen.
>
> Wenn Sie das den §§ 929 ff. BGB zugrundeliegende System verstanden haben, werden Sie auch mit dem Pfandrecht keine Probleme haben. Der Gesetzgeber hat in den §§ 1204 ff. BGB eine detaillierte Regelung getroffen, so dass sich die meisten Probleme tatsächlich anhand des Gesetzes lösen lassen.

1. Einigung

Einigung: abstrakt dinglicher Vertrag

§ 1205 I 1 BGB verlangt für die Pfandrechtsbestellung wie § 929 S.1 BGB für die Übereignung eine Einigung zwischen den Parteien. Das zu § 929 S.1 BGB Gesagte gilt an dieser Stelle entsprechend: es handelt sich um einen abstrakt dinglichen Vertrag, Geschäftsfähigkeit ist selbstverständlich erforderlich, Stellvertretung unproblematisch möglich.

199

Einigung formlos

Die Einigung ist formlos wirksam und kann insbesondere auch durch Bezugnahme auf allgemeine Geschäftsbedingungen erfolgen.

200

auch in ABGen möglich

> *Bsp: K bringt seinen bei V unter Eigentumsvorbehalt erworbenen PKW zu U in die Reparatur. Die AGB des U, die in den Vertrag wirksam einbezogen wurden, enthalten eine Klausel, wonach der Besteller dem Werkunternehmer ein vertragliches Pfandrecht an den in den Besitz des Unternehmers gelangten Gegenständen einräumt. Steht dem U an dem Wagen des V ein Pfandrecht zu?*

---

271 BAUR/STÜRNER, §§ 55, 56.

Die *Rspr.*[272] bejaht in dieser Konstellation einen Pfandrechtserwerb i.V.m. den §§ 1207, 932 I 1 BGB.

Dagegen halten einige Stimmen in der *Literatur*[273] eine solche Verpfändungsklausel wegen Verstoßes gegen § 307 I, II BGB für unwirksam. Da dem Werkunternehmer an den Sachen des Bestellers nach § 647 BGB ohnehin ein gesetzliches Pfandrecht zustehe, habe die Klausel nur Bedeutung für die Fälle, in denen der Besteller Nichtberechtigter sei. Weil aber ein gutgläubiger Erwerb des gesetzlichen Pfandrechts nach h.M. ausscheide (Wortlautargument des § 1257 BGB „...entstandenes Pfandrecht..." aber nicht Entstehung, d.h. nicht § 1207 BGB), solle der Erwerb eines Pfandrechts nun rechtsgeschäftlich ermöglicht werden. Hierin wird eine unangemessene Benachteiligung des Bestellers gesehen, da ihm angesonnen werde, eine ihm nicht gehörende Sache zu verpfänden, worauf er sich in einer Individualvereinbarung nicht eingelassen hätte.

Schließt man sich dem *BGH* an, der allein formal nach der wirksamen Einbeziehung der AGB fragt, steht dem U an dem Wagen des V ein vertragliches Pfandrecht i.S.d. § 1204 I BGB zu.

> **hemmer-Methode:** In der Klausur liegt der Fall regelmäßig so, dass der Werkunternehmer vergessen hat, auf seine AGB zu verweisen. Nur dann können Sie alle Theorien zum gutgläubigen Erwerb des Werkunternehmerpfandrechts "abklappern", um sich schließlich mit der *Rspr.* für die Lösung über das EBV zu entscheiden.[274]

Inhalt der Einigung: Belastung der Sache

Die Einigung im Rahmen des § 1205 I 1 BGB hat selbstverständlich einen anderen Inhalt als bei § 929 S.1 BGB. Die Parteien einigen sich darüber, dass dem Gläubiger an der Sache ein Pfandrecht zustehen soll. Der Verpfänder (i.d.R. der Eigentümer) überträgt einen Teil der ihm an der Sache zustehenden Befugnisse, nämlich das *Verwertungsrecht*. Die Pfandrechtsbestellung kann man daher auch als *Teilveräußerung* bezeichnen.[275]

2. Übergabe bzw. deren Surrogate

Publizität erforderlich

Die Pfandrechtsbestellung nach den §§ 1205 f. BGB erfordert Publizität. Die Sache muss in irgendeiner Weise übergeben werden. Die Übergabe und ihre Surrogate sind bei den §§ 1205 f. BGB parallel zu den Übereignungstatbeständen konstruiert, beim Erwerb vom Nichtberechtigten wird direkt auf einzelne Vorschriften der §§ 932 ff. BGB verwiesen. Auch insofern ist die Bezeichnung "Teilveräußerung" treffend.

Gegenüberstellung der Tatbestände

Übereignung	Pfandrechtsbestellung vom Berechtigten	Pfandrechtsbestellung vom Nichtberechtigten
§ 929 S.1 BGB	§ 1205 I 1 BGB	§§ 1207, 932 I 1 BGB
§ 929 S.2 BGB	§ 1205 I 2 BGB	§§ 1207, 932 I 2 BGB
§ 929 S.1, 930 BGB	---	---
§ 929 S.1, 931 BGB	§ 1205 II BGB	§§ 1207, 934 1.Alt BGB
---	§ 1206 1.Alt BGB	§§ 1207, 932 I 1 BGB
---	§ 1206 2.Alt BGB	§§ 1207, 934 1.Alt BGB

---

[272] BGHZ 68, 323; 101, 307, zustimmend MEDICUS, BR, Rn. 592.
[273] REINICKE/TIEDTKE, Kreditsicherung, S. 281; Picker, NJW 78, 1417.
[274] Vgl. hierzu zu den Fall unter § 4 C.
[275] REINICKE/TIEDTKE, Kreditsicherung, S. 226.

§ 4 DAS PFANDRECHT AN BEWEGLICHEN SACHEN UND RECHTEN

Übergabe i.S.d. § 1205 I 1 BGB: auch der Erwerb mittelbaren Besitzes

Bei dem Grundtatbestand des § 1205 I 1 BGB ist die Übergabe der Sache erforderlich. Hierfür genügt wie bei § 929 S.1 BGB der Erwerb mittelbaren Besitzes.

204

Weist der Eigentümer seinen Besitzmittler an, fortan für den Pfandrechtsgläubiger zu besitzen, und schließt der unmittelbare Besitzer mit diesem ein neues Besitzmittlungsverhältnis, liegt eine Pfandrechtsbestellung nach § 1205 I 1 BGB und nicht nach § 1205 II BGB vor.[276]

§ 1205 I 2 BGB entspricht § 929 S.2 BGB

§ 1205 I 2 BGB entspricht dem § 929 S.2 BGB - insofern keine Probleme.

205

keine Verpfändung durch Besitzkonstitut

Eine Verpfändung durch *Vereinbarung eines Besitzkonstituts* sehen die §§ 1205 f. BGB nicht vor. Die Publizität ist hier strenger verwirklicht als bei der Übertragung des Eigentums.[277]

206

> Bsp.: B hat dem A ein Darlehen von € 1.000,- gewährt. Zur Sicherheit verpfändet A dem B seinen Computer, wobei sich beide einig sind, dass A diesen noch einen Monat benutzen darf. Einen Monat später findet wie geplant die Übergabe des Computers statt. Hat B an diesem ein Pfandrecht erworben?

Die zunächst vorgenommene Pfandrechtsbestellung der Parteien geht ins Leere. Eine Verpfändung durch Vereinbarung eines Besitzkonstituts ist nicht möglich. Auch eine Umdeutung nach § 140 BGB in eine Sicherungsübereignung scheidet aus, denn diese stellt gegenüber einer Pfandrechtsbestellung ein Mehr dar.

Auch die Annahme einer Pfandrechtsbestellung bei der Übergabe ist nicht unproblematisch, denn es fehlt zu diesem Zeitpunkt an sich an einer Einigung, da die Parteien davon ausgehen, diese bereits erklärt zu haben.

Dass der B in dieser Konstellation kein Pfandrecht erwerben soll, ist aber merkwürdig, denn selbst für einen Eigentumserwerb vom Nichtberechtigten hätten die Voraussetzungen des § 933 BGB vorgelegen. Dem Parteiwillen wird es daher regelmäßig entsprechen, bei Übergabe eine hilfsweise Einigung der Parteien zu unterstellen.[278] B hat daher mit der Übergabe ein Pfandrecht erworben.

§ 1205 II BGB entspricht § 931 BGB

aber Anzeige an den Besitzer erforderlich

§ 1205 II BGB entspricht konstruktiv § 931 BGB. Die Übergabe nach § 1205 I 1 BGB kann durch die Abtretung des Herausgabeanspruchs nach § 870 BGB ersetzt werden. Auch hier zeigt sich wieder die gegenüber der Übereignung strengere Publizität. Während der Erwerbstatbestand bei § 931 BGB mit der Abtretung abgeschlossen ist, verlangt § 1205 II BGB die Abtretungsanzeige an den Besitzer. Andernfalls entsteht das Pfandrecht nicht.[279]

207

Voraussetzung bei § 1205 II BGB: mittelbarer Besitz des Verpfänders

Ein weiterer Unterschied zu § 931 BGB besteht darin, dass für die Pfandrechtsbestellung nach § 1205 II BGB mittelbarer Besitz des Verpfänders unabdingbare Voraussetzung ist (Wortlaut des § 1205 II BGB: "...einer im *mittelbaren* Besitz des Eigentümers...").[280]

Fehlt es an dieser Voraussetzung, wird die Sache dem (vermeintlichen!) Pfandrechtsgläubiger später aber ausgehändigt, stellt sich dieselbe Frage wie oben, ob man bei der Übergabe eine hilfsweise Einigung der Beteiligten annehmen kann.[281]

---

276   BGH NJW 59, 1536; PALANDT, § 1205 Rn. 9.
277   REINICKE/TIEDTKE, Kreditsicherung, S. 266.
278   REINICKE/TIEDTKE, Kreditsicherung, S. 268.
279   PALANDT, § 1205 Rn. 10.
280   REINICKE/TIEDTKE, Kreditsicherung, S. 269.
281   Vgl. Rn. 206.

§ 1206 BGB: Einräumung von qualifiziertem Mitbesitz

Wenn der Pfandrechtsschuldner schon nicht im Alleinbesitz der Sache bleiben kann, so lässt das Gesetz für die Pfandrechtsbestellung immerhin die Einräumung von *qualifiziertem Mitbesitz* genügen, § 1206 BGB. Mitverschluss nach § 1206 1.Alt BGB liegt nur dann vor, wenn der Eigentümer die Sachherrschaft nicht ohne die Mitwirkung des Pfandgläubigers ausüben kann.

> *Bsp.: Die Pfandsache befindet sich in einem Tresor, der sich nur mit zwei Schlüsseln öffnen lässt, von denen einer in der Hand des Gläubigers ist.*

Dagegen ist selbstverständlich unschädlich, wenn der Pfandgläubiger alleine handeln kann.[282] Qualifizierter Mitbesitz liegt nach § 1206 2.Alt BGB schließlich auch dann vor, wenn der Besitzer die Sache nur an Eigentümer und Pfandgläubiger gemeinsam herausgeben darf, sog. Pfandhaltervertrag.

3. Existenz der zu sichernden Forderung

Als streng akzessorisches Recht setzt das Pfandrecht das Bestehen der zu sichernden Forderung voraus.

Akzessorietät
⇨ *Existenz der Forderung Voraussetzung für Pfandrecht*

> **hemmer-Methode:** Die zu sichernde Forderung ist nicht (!) der Rechtsgrund für den dinglichen Bestellungsakt des Pfandrechts. Vielmehr existiert stets (oder muss existieren, wenn die Pfandrechtsbestellung nicht kondizierbar sein soll) eine schuldrechtliche Abrede, in der sich der Schuldner zur Bestellung des Pfandrechts verpflichtet. Wie so häufig können Verpflichtungs- und Verfügungsgeschäft selbstverständlich zusammenfallen.

Ist die Darlehensforderung, für die das Pfandrecht bestellt wird, nichtig, stellt sich wie bei der Bürgschaft und Hypothek die Frage, ob sich der Parteivereinbarung entnehmen lässt, dass jedenfalls der Kondiktionsanspruch gesichert sein soll.[283]

Zahlungsanspruch

Bei der zu sichernden Forderung muss es sich um einen *Zahlungsanspruch* handeln oder zumindest um eine Forderung, die in einen solchen übergehen kann, vgl. § 1228 II 2 BGB.

> *Bsp.: Auch ein Anspruch aus § 433 I 1 BGB kann daher durch ein Pfandrecht gesichert werden, weil über §§ 280 ff. BGB die Möglichkeit besteht, dass sich der Erfüllungs- in einen Schadensersatzanspruch umwandelt.[284] Zur Verwertung ist der Gläubiger aber erst berechtigt, wenn er tatsächlich Schadensersatz verlangen könnte, § 1228 II 2 BGB.*

§ 1204 II BGB: Pfandrecht auch für künftige oder bedingte Forderung

Nach § 1204 II BGB kann ein Pfandrecht auch für eine *künftige oder bedingte Forderung* bestellt werden. Dieselbe Regelung trifft § 1113 II BGB für die Hypothek. Allerdings besteht zwischen Faust- und Grundpfandrecht an dieser Stelle ein wesentlicher Unterschied: Nach § 1163 I 1 BGB steht die Hypothek bis zur Valutierung dem Eigentümer zu. Es handelt sich um eine Eigentümergrundschuld, § 1177 I 1 BGB.

Ein Pfandrecht an der eigenen Sache kennen die §§ 1204 ff. BGB dagegen nicht. Im Fall des § 1204 II BGB entsteht das Pfandrecht daher nicht erst, wenn die Forderung zur Entstehung gelangt, sondern schon mit der Bestellung des Pfandes.[285]

---

[282] PALANDT, § 1206 Rn. 2.
[283] Vgl. hierzu BGHZ 23, 293; HEMMER/WÜST, Kreditsicherung, Rn. 19 f.
[284] BAUR/STÜRNER, § 55 B II 2 c.
[285] BAUR/STÜRNER, § 55 B II 2 b.

§ 4 DAS PFANDRECHT AN BEWEGLICHEN SACHEN UND RECHTEN

> **hemmer-Methode:** Prüfen Sie die Existenz der zu sichernden Forderung immer vor der Berechtigung des Verfügenden. Sie geraten auf diese Weise nicht in Versuchung, vorschnell einen gutgläubigen Erwerb zu bejahen. Wie bei den §§ 932 ff. BGB gilt auch hier: der gute Glaube des Erwerbers überwindet nur die fehlende Berechtigung des Veräußerers - nicht mehr und nicht weniger.
> Fehlt es bereits an der zu sichernden Forderung, sind Ausführungen zur Gutgläubigkeit des Pfandrechtsgläubigers überflüssig!

4. Berechtigung bzw. gutgläubiger Erwerb

Berechtigter ist regelmäßig der Eigentümer (bzw. § 185 I BGB)

Berechtigter i.S.d. §§ 1205, 1206 BGB ist regelmäßig der Eigentümer oder wer mit dessen Ermächtigung nach § 185 I BGB handelt. Auch die übrigen Tatbestände der Konvaleszenz nach § 185 II BGB finden Anwendung.

Sind alle diese Voraussetzungen nicht gegeben, hilft dem Erwerber nur noch seine Gutgläubigkeit. § 1207 BGB erklärt die §§ 932, 934, 935 BGB für anwendbar (für die Zuordnung vgl. das Schaubild unter Rn. 203).

> **hemmer-Methode:** An dieser Stelle sind weitere Ausführungen entbehrlich. Sollten Sie bei sich dennoch Verständnisschwierigkeiten feststellen (wenn Sie sich mit dem Sachenrecht zum ersten Mal beschäftigen, ist das sogar wahrscheinlich!), wiederholen Sie noch einmal den Erwerb vom Nichtberechtigten bei der Übereignung. Wenn Sie diesen Komplex wirklich verstanden haben, können Sie das Kapitel "Entstehung des Pfandrechts" an sich überspringen und darauf vertrauen, jeden Fall anhand des Gesetzes zu lösen!
> Dass § 1207 BGB den § 933 BGB nicht erwähnt, sollte für Sie selbstverständlich sein. Bei § 934 BGB kommt schließlich nur die 1.Alt in Betracht, denn nach § 1205 II BGB ist die Verpfändung durch Abtretung des Herausgabeanspruchs ohnehin nur möglich, wenn der Verpfänder mittelbarer Besitzer ist.

§ 1208 BGB: gutgläubiger Erwerb des Vorrangs

Während sich beim Eigentumserwerb die Frage der Lastenfreiheit stellt, ist eine so weitreichende Regelung wie § 936 BGB beim Pfandrecht nicht erforderlich. Der gutgläubige Pfandrechtsgläubiger ist schon dann ausreichend geschützt, wenn sein Pfandrecht den *Vorrang* genießt. Diesen gutgläubigen Erwerb des Vorrangs ermöglicht § 1208 BGB.

> **hemmer-Methode:** Wie Sie bei § 936 BGB zunächst prüfen, ob überhaupt Eigentum erworben wurde, müssen Sie bei § 1208 BGB zuerst den Pfandrechtserwerb an sich feststellen. Die Frage des Vorrangs stellt sich nicht, wenn ein Pfandrecht schon deshalb nicht erworben werden konnte, weil die Sache dem Eigentümer abhanden gekommen war!

Bsp. 1: B verpfändet dem A seinen PKW, der sich noch bei U in der Reparatur befindet, nach § 1205 II BGB. Er schwindelt dem A vor, dass die Werklohnforderung des U längst beglichen sei. Als sich die Wahrheit herausstellt, streiten A und U um den Vorrang der Pfandrechte.

Nach § 1208 BGB ist ein gutgläubiger Erwerb des Vorrangs an sich möglich. Allerdings wird auch § 936 III BGB für anwendbar erklärt, d.h. das gesetzliche Pfandrecht des U verliert seinen Vorrang selbst dann nicht, wenn der Erwerber gutgläubig ist.

Bsp. 2: SV wie oben, nur hat B den Wagen wieder heimlich an sich gebracht und verpfändet ihn an A nach § 1205 I 1 BGB.

Ein gutgläubiger Erwerb des Vorrangs von seiten des A scheitert auch in dieser Konstellation, da dem U die Sache abhanden gekommen ist, §§ 1208, 935 I BGB.

II. Übertragung des Pfandrechts

Übergang des Pfandrechts mit Abtretung der Forderung

Das Pfandrecht ist nie selbst Gegenstand der Übertragung, sondern geht automatisch mit über, wenn die Forderung, für die es besteht, abgetreten wird, §§ 1250 I, 401 I BGB.

Übergabe der Pfandsache nicht erforderlich

Die Abtretung erfolgt auch bei einer durch ein Pfandrecht gesicherten Forderung formlos nach § 398 BGB. Die Übergabe der Pfandsache ist keine Voraussetzung für die Übertragung der Forderung.

Der Zessionar erwirbt das Pfandrecht automatisch und hat gegenüber dem Zedenten bzgl. der Sache den Herausgabeanspruch nach § 1251 I BGB.

Wird bei der Abtretung der Forderung der Übergang des Pfandrechts ausgeschlossen, so erlischt es, § 1250 II BGB.

kein gutgläubiger Zweiterwerb

Ein *gutgläubiger Zweiterwerb* ist beim Pfandrecht nicht möglich.[286] Besteht die abgetretene Forderung nicht, erwirbt der Zessionar auch dann kein (forderungsentkleidetes) Pfandrecht, wenn ihm die Sache übergeben wurde. Eine dem § 1138 BGB entsprechende Regelung kennen die §§ 1204 ff. BGB nicht.

Schließlich erwirbt der Zessionar auch dann kein Pfandrecht, wenn zwar die Forderung besteht, aber die Pfandrechtsbestellung aus irgendwelchen Gründen unwirksam ist. Hier würde der Erwerb zwar nicht an der Akzessorietät scheitern, es fehlt aber aufgrund der formlosen Abtretung der Rechtsschein, der einen gutgläubigen Erwerb legitimieren könnte.[287]

> **hemmer-Methode:** Bei der Übertragung und der Frage des gutgläubigen Zweiterwerbs unterscheiden sich Hypothek und Pfandrecht: Bei der Hypothek ist ein gutgläubiger Zweiterwerb möglich, da die Forderung nach sachenrechtlichen Grundsätzen übertragen wird, § 1154 BGB. Bei dem Faustpfand "zwingt die Dienerin der Herrin aber gerade nicht die Form auf." Die Abtretung der Forderung bleibt formlos möglich und geschieht ohne Publizität.
> Diese ist im Sachenrecht aber stets erforderlich, wenn ein gutgläubiger Erwerb in Betracht kommen soll. Insofern ist der Ausschluss eines gutgläubigen Zweiterwerbs beim Pfandrecht konsequent!

III. Rechtsverhältnisse unter den Beteiligten

auf der Aktivseite immer Personenidentität

Wegen der strengen Akzessorietät steht auf der Aktivseite immer nur ein Gläubiger. Auf der Passivseite sind maximal drei Personen denkbar: der persönliche Schuldner, der Verpfänder und ggf. (der vom Verpfänder verschiedene) Eigentümer des Pfandrechtsgegenstandes.

In den meisten Fällen stehen auf der Passivseite aber nur zwei Personen: der persönliche Schuldner und der von diesem verschiedene Eigentümer, der sich zur Verpfändung der Sache bereit erklärt hat oder aber den Pfandverkauf deshalb dulden muss, weil der Gläubiger gutgläubig ein Pfandrecht vom Nichtberechtigten erworben hat.

---

[286] Ganz h.M., vgl. SCHWAB/PRÜTTING, § 71 IX; BAUR/STÜRNER, § 55 B V 3.

[287] Zur Problematik des gutgläubigen Zweiterwerbs Life&Law 2001, 365 ff.

§ 4 DAS PFANDRECHT AN BEWEGLICHEN SACHEN UND RECHTEN

```
                    Gläubiger
         z.B. § 488 BGB    § 1204 I BGB
              ↙                 ↘
      persönlicher          Eigentümer
       Schuldner          (i.d.R. der
                           Verpfänder)
```

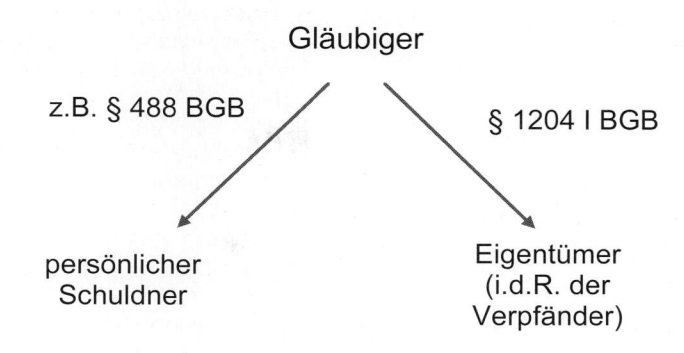

Verpfändet der persönliche Schuldner eine ihm gehörende Sache, fallen alle drei Personen zusammen.

> **hemmer-Methode:** Auch wenn auf der Passivseite nur eine Person steht, müssen Sie sich klar machen, dass dem Gläubiger verschiedene Ansprüche zustehen: zum einen die gesicherte Forderung (z.B. der Darlehensrückzahlungsanspruch aus § 488 I S.2 BGB), zum anderen der Anspruch auf Duldung der Verwertung des Pfandrechts (regelmäßig im Wege des Pfandverkaufs nach den §§ 1233 ff. BGB).

1. Verhältnis Gläubiger ⇔ persönlicher Schuldner

nur forderungsbezogene Einwendungen/Einreden

Der persönliche Schuldner kann gegenüber dem Gläubiger alle Einwendungen und Einreden geltend machen, die die Forderung selbst betreffen. *Pfandrechtsbezogene* Einwendungen stehen ihm nicht zu. Das Pfandrecht ist an die Forderung angelehnt und nicht umgekehrt.[288]

Erlöschen der Forderung, § 362 I BGB ⇨ § 1252 BGB

Befriedigt der persönliche Schuldner den Gläubiger, erlischt die Forderung nach § 362 I BGB und mit ihr das Pfandrecht, § 1252 BGB. Wem auch immer die Pfandsache gehörte, der Eigentümer hat wieder unbelastetes Eigentum. Ist der persönliche Schuldner nicht zugleich der Verpfänder oder der Eigentümer der Pfandsache, steht ihm ein Herausgabeanspruch bzgl. der Sache nicht zu.[289]

Der Verpfänder kann die Sache nach § 1223 I BGB herausverlangen, dem vom Verpfänder verschiedenen Eigentümer steht der Anspruch aus § 985 BGB zu. Das Besitzrecht des Gläubigers ist mit dem Erlöschen des Pfandrechts entfallen.

2. Verhältnis Gläubiger ⇔ Eigentümer

gesetzliches Schuldverhältnis

Zwischen dem Pfandgläubiger und dem Verpfänder (regelmäßig der Eigentümer) entsteht allein durch die Verpfändung ein *gesetzliches Schuldverhältnis*.[290]

Verwahrungspflicht, § 1215 BGB

Der Pfandgläubiger ist zur Verwahrung verpflichtet, § 1215 BGB. Über §§ 1216, 683, 670 BGB kann er eventuell *Ersatz von Verwendungen* verlangen, die er auf die Pfandsache gemacht hat.

pfandrechtsbezogene Einwendungen/Einreden

Dem Eigentümer stehen gegenüber dem Gläubiger selbstverständlich die pfandrechtsbezogenen Einwendungen/Einreden zu.

---

288 REINICKE/TIEDTKE, Kreditsicherung, S. 270.
289 PALANDT, § 1223 Rn. 1.
290 PALANDT, Überbl. v. § 1204 Rn. 3; SCHWAB/PRÜTTING, § 71 IV.

Bsp.: Der Verpfänder kann einwenden, bei der Pfandrechtsbestellung geschäftsunfähig gewesen oder arglistig getäuscht worden zu sein. Der Verpfänder kann geltend machen, der Gläubiger habe sich ihm gegenüber zur Stundung bereit erklärt.

mittelbar pfandrechtsbezogene Einwendungen

Einwendungen, die die Existenz der Forderung betreffen, stehen dem Eigentümer *mittelbar als pfandrechtsbezogene* Einwendungen zu.[291]

Bsp.: Die Forderung ist nicht zur Entstehung gelangt oder wieder erloschen. Aufgrund der Akzessorietät kann in diesem Fall auch kein Pfandrecht bestehen. Die Nichtexistenz der Forderung führt also zu einer pfandrechtsbezogenen Einwendung.

schuldnerbezogene Einreden und § 770 BGB

Der Eigentümer kann schließlich die *schuldnerbezogenen und die Einreden des Bürgen* nach § 770 BGB geltend machen, § 1211 BGB (der dem § 1137 BGB bei der Hypothek entspricht). Ausgenommen sind nur die Verjährungseinrede (vgl. 216 I BGB) und die Einrede der beschränkten Erbenhaftung (vgl. § 1211 I 2 BGB).

bei Befriedigung durch Verpfänder bzw. Eigentümer: cessio legis, §§ 1225, 1249 BGB

Der Gläubiger hat gegenüber dem Eigentümer/Verpfänder *keinen Anspruch auf Zahlung*. Der Eigentümer ist aber zur Befriedigung des Gläubigers berechtigt, um so die Versteigerung des Pfands zu verhindern. Tut er dies, so geht die Forderung des Gläubigers nach § 1225 BGB auf ihn über. Dieselbe Rechtsfolge sieht § 1249 BGB vor, wenn der vom Verpfänder verschiedene Eigentümer den Gläubiger befriedigt.

Forderungsübergang
⇨ *§ 1256 I 1 BGB grds. Konsolidation*

Die Konsequenz aus dem Forderungsübergang für das Pfandrecht ergibt sich aus § 1256 BGB. Da es beim Mobiliarpfand ein Eigentümerpfandrecht nicht gibt, führt die Vereinigung von Eigentum und Pfand zum Erlöschen des Pfandrechts (sog. *Konsolidation*). Von diesem Grundsatz sieht das Gesetz nur zwei Ausnahmen vor: § 1256 I 2 und § 1256 II BGB (lesen!).

> **hemmer-Methode:** Denken Sie daran, dass es bei mehreren akzessorischen Sicherheiten aufgrund der cessio legis, die über §§ 412, 401 BGB auch den Übergang anderer Sicherheiten bewirkt, zum berühmten "Wettlauf der Sicherungsgeber" kommen kann. Um Unbilligkeiten zu vermeiden, geht die wohl *h.M.* nach dem Gedanken der §§ 774 II, 426 BGB von Gesamtschuldnerschaft der Sicherungsgeber aus. Wiederholen Sie diesen Problemkreis anhand von Hemmer/Wüst/Sorge: Rückgriffsansprüche Rn. 552 ff.

3. Verhältnis persönlicher Schuldner ⇔ Eigentümer

persönlicher Schuldner i.d.R. der im Innenverhältnis Verpflichtete

Regelmäßig ist der persönliche Schuldner auch *im Innenverhältnis* zur Befriedigung des Gläubigers verpflichtet. Ausgleichsansprüche zwischen Eigentümer und persönlichem Schuldner werden dann nicht akut.

Das Pfandrecht erlischt nach §§ 362 I, 1252 BGB aber auch dann, wenn der persönliche Schuldner ausnahmsweise vom Eigentümer Ersatz verlangen kann.

§ 1164 BGB nicht analog

Eine dem § 1164 BGB entsprechende Vorschrift fehlt beim Mobiliarpfand, und auch eine Analogie kommt nach *h.M.* mangels planwidriger Regelungslücke nicht in Betracht.[292] Der Schuldner hat gegenüber dem Eigentümer mithin nur einen ungesicherten Ersatzanspruch.

---

291 REINICKE/TIEDTKE, Kreditsicherung, S. 271.

292 Vgl. REINICKE/TIEDTKE, Kreditsicherung, S. 273 f.

Befriedigt der Verpfänder bzw. Eigentümer den Gläubiger, führen die §§ 1225, 1249 i.V.m. § 1256 BGB i.d.R. zum Erlöschen des Pfandrechts.

Der Eigentümer/Verpfänder kann gegen den Schuldner aus der übergegangenen Forderung vorgehen, eventuell besteht daneben ein selbständiger Regressanspruch aus § 670 BGB. Einwendungen aus dem Verhältnis zum Eigentümer bleiben dem Schuldner auch gegenüber dem übergegangenen Anspruch erhalten, §§ 1225 S.2, 774 I 3 BGB.

> **hemmer-Methode:** Die Ausführungen sind an dieser Stelle bewusst knapp gehalten. Wenn Sie das System der akzessorischen Sicherheiten einmal verstanden haben, kann es Ihnen gleichgültig sein, ob Sie in der Klausur auf eine Bürgschaft, eine Hypothek oder ein Faustpfandrecht stoßen. Die Fälle lassen sich parallel lösen. Wenn es Ihnen im Rahmen des Pfandrechts zu schnell ging, wiederholen Sie einfach die entsprechenden Kapitel zur Bürgschaft und zur Hypothek im Kreditsicherungsrecht.

IV. Verwertung des Pfandrechts

Verbot einer Verfallklausel, § 1229 BGB

Da die Pfandsache häufig mehr wert ist als die Forderung, die sie sichert, können Verpfänder und Gläubiger nicht von vornherein vereinbaren, dass das Eigentum bei Fälligkeit der Forderung automatisch dem Gläubiger zufallen soll, § 1229 BGB.

219

Verwertung i.d.R. in der Form des Pfandverkaufs
⇨ Eigentumserwerb des Erstehers nach den §§ 929 ff. BGB

Das Gesetz sieht vielmehr einen *Pfandverkauf* im Rahmen einer *öffentlichen Versteigerung* vor, §§ 1233 I, 1234 ff. BGB. Ist der Gläubiger im Besitz eines vollstreckbaren Titels, kann der Pfandverkauf auch nach den Vorschriften der ZPO erfolgen, § 1233 II BGB. Bei dem Pfandverkauf nach den §§ 1234 ff. BGB findet ein rechtsgeschäftlicher Eigentumserwerb i.S.d. §§ 929 ff. BGB statt. Sowohl Kaufvertrag (vgl. hierzu § 156 BGB) als auch Übereignung kommen zwischen dem Pfandgläubiger, vertreten durch den Gerichtsvollzieher, und dem Ersteher zustande. Der Gerichtsvollzieher wird hierbei nicht als Hoheitsträger tätig.

Aufgrund des ihm zustehenden Verwertungsrechts (zur Erinnerung: die Pfandrechtsbestellung ist eine Teilveräußerung) ist der Pfandgläubiger zur Verfügung über den Gegenstand im eigenen Namen berechtigt.[293]

§ 1242 I BGB

Ist die Versteigerung rechtmäßig (prüfen Sie diesbzgl. die in § 1243 I BGB aufgezählten Vorschriften!), steht der Ersteigerer so, als ob er vom Eigentümer erworben hätte, § 1242 I BGB.

220

§ 1244 BGB

Stand dem Veräußerer kein Pfandrecht an der Sache zu, kommt über § 1244 BGB ein gutgläubiger Erwerb vom Nichtberechtigten in Betracht. Ein Abhandenkommen wirkt sich nicht aus, §§ 1244, 935 II BGB.

> **hemmer-Methode:** Der gute Glaube des Erwerbers muss sich auf das Pfandrecht und nicht auf das Eigentum beziehen. Häufig taucht in der Klausur vor der Versteigerung ein Eigentümer auf, der den potentiellen Ersteher bösgläubig machen will, indem er ihn über die Eigentumsverhältnisse an der Sache aufklärt. Das ist eine Falle, denn auch wenn die Pfandrechtsbestellung nicht durch den Eigentümer selbst erfolgte, kann der Veräußerer ein Pfandrecht kraft seines guten Glaubens erlangt haben. Der Ersteher erwirbt das Eigentum in diesem Fall nach § 1242 I BGB vom Berechtigten, Gutgläubigkeit ist also gar nicht erforderlich!

---

293 REINICKE/TIEDTKE, Kreditsicherung, S. 278.

§ 1247 S.2 BGB: dingliche Surrogation	Stand dem Gläubiger an der Sache in Wirklichkeit kein Pfandrecht zu, darf ihm auch nicht der Erlös aus der Versteigerung zustatten kommen. § 1247 S.2 BGB sieht daher eine dingliche Surrogation vor. Der Eigentümer kann den Erlös nach § 985 BGB bzw. nach Vermengung über §§ 951, 812 I 1 2.Alt BGB herausverlangen.	221

C. Gesetzliches Pfandrecht an beweglichen Sachen

Verweisung des § 1257 BGB	§ 1257 BGB erklärt die Vorschriften über das durch Rechtsgeschäft *bestellte* Pfandrecht auf ein *kraft Gesetzes entstandenes* Pfandrecht für entsprechend anwendbar.	222
Problem: Gutgläubiger Erwerb eines gesetzlichen Pfandrechts	Das einzige Problem bei den gesetzlichen Pfandrechten ist dann auch in dieser Verweisungsnorm selbst angelegt, denn indem sich die Verweisung nur auf die Vorschriften bezieht, die ein existierendes Pfandrecht voraussetzen, sind die Bestellungsvorschriften ausdrücklich ausgenommen. Ein gutgläubiger Erwerb erscheint damit ausgeschlossen.	
bei besitzlosen Pfandrechten unstr. (-)	Für *besitzlose* Pfandrechte wie das Vermieterpfandrecht nach § 562 BGB entspricht das ganz *h.M.*[294] Der Vermieter erwirbt ein Pfandrecht nur an den Sachen, die dem Mieter gehören. Da der Vermieter an den eingebrachten Sachen keinen Besitz erlangt, fehlt es für einen Rechtsschein an jedwedem Anknüpfungspunkt.	223
umstr. bei § 647 BGB	Umstritten ist die Rechtslage bei den gesetzlichen Pfandrechten, bei denen der Gläubiger im Besitz der Sache ist. Standardbeispiel: das Werkunternehmerpfandrecht nach § 647 BGB.	224
h.M. (-)	Mit Hinweis auf § 366 III HGB wird zum Teil ein gutgläubiger Erwerb zugelassen,[295] während die wohl *h.M.* ihn auch hier verneint: Dass zur Entstehung des Pfandrechts die Übergabe der Sache erforderlich sei, rechtfertige keine andere Beurteilung, da die Besitzübergabe nicht zum Zwecke der Verfügung über das Eigentum erfolge und ihr damit nicht die gleiche Legitimationswirkung wie bei § 1207 BGB zukomme.[296]	

> *Bsp.: K hat bei V einen PKW unter Eigentumsvorbehalt erworben. Nach dem Kaufvertrag ist er zur Reparatur auf eigene Rechnung verpflichtet. Nach einem Unfall bringt er den PKW zu U in die Reparatur. Dabei vergisst U, auf seine AGB hinzuweisen, die eine Verpfändungsklausel enthalten. Als K in der Folgezeit weder den Kaufpreis noch die Reparaturkosten bezahlen kann, streiten U und V, der vom Kaufvertrag wirksam zurückgetreten ist, um den Wagen. Kann V den Wagen von U herausverlangen?*
>
> *Lösung:*
>
> *V könnte Herausgabe des Wagens eventuell nach § 985 BGB verlangen.*
>
> *Nach der Lehre von der Subsidiarität der Vindikation*[297] *ist die Vorschrift im Verhältnis V/U allerdings nicht anwendbar. Der Eigentümer, der eine Sache freiwillig weggebe, sei auf vertragliche Rückgabeansprüche beschränkt. Die h.M. lehnt eine solche Beschränkung der Vindikation aber ab, da § 985 BGB dann nur noch bei unfreiwilligem Besitzverlust von Bedeutung wäre.*[298]

225

---

[294] Vgl. nur BAUR/STÜRNER, § 55 C II 2 a; REINICKE/TIEDTKE, Kreditsicherung, S. 279.
[295] Vgl. nur BAUR/STÜRNER, § 55 C II 2 a.
[296] BGH NJW 92, 2570; PALANDT, § 1257 Rn.2.
[297] RAISER, JZ 61, 529 ff.
[298] Vgl. MEDICUS, BR, Rn. 593.

§ 4 DAS PFANDRECHT AN BEWEGLICHEN SACHEN UND RECHTEN

Da Eigentum des V und Besitz des U unstreitig sind, steht und fällt der Herausgabeanspruch mit einem Besitzrecht des U i.S.d. § 986 I BGB.

VVK nicht Besteller, Verpflichtungsermächtigung unzulässig

Ein solches könnte sich aus § 647 BGB ergeben. Das Werkunternehmerpfandrecht entsteht nur an Sachen, die im Eigentum des Bestellers stehen. Mit der Figur der Verpflichtungsermächtigung könnte aber eventuell der V selbst als Besteller anzusehen sein.

Wegen der Umgehung des Offenkundigkeitsgrundsatzes bei der Stellvertretung wird die Verpflichtungsermächtigung von der *h.M.*[299] als unzulässig abgelehnt. Im Übrigen kommt es auf ihre Zulässigkeit hier auch gar nicht an, denn der V wollte aus der Reparatur gerade nicht selbst verpflichtet werden. Als Besteller kann daher nur der K angesehen werden, dem der Wagen aber nicht gehörte.

> **hemmer-Methode:** Unstreitig ist, dass zunächst auch das Anwartschaftsrecht des K von § 647 BGB erfasst wird, denn insofern ist der K Berechtigter. Hier zeigt sich aber wieder die Schwäche des Anwartschaftsrechts, die aus seiner schuldrechtlichen Abhängigkeit resultiert. Mit dem Rücktritt des Vorbehaltsverkäufers entfällt der ursprüngliche Erfüllungsanspruch, der Bedingungseintritt ist nicht mehr möglich, das Anwartschaftsrecht und mit ihm das gesetzliche Pfandrecht muss untergehen.

§ 185 analog

Medicus will die Entstehung des Werkunternehmerpfandrechts mit einer entsprechenden Anwendung des § 185 BGB begründen.[300] Aber auch hiergegen bestehen Bedenken, denn das gesetzliche Pfandrecht entsteht gerade nicht aufgrund einer Verfügung, sondern unabhängig vom Willen der Beteiligten.[301] Außerdem ist schon fraglich, ob eine Zustimmung des Vorbehaltsverkäufers überhaupt vorliegt.

h.M.: kein gutgläubiger Erwerb des § 647 BGB

Damit kann dem U aus § 647 BGB nur dann ein Besitzrecht zustehen, wenn das Pfandrecht gutgläubig erworben werden kann. Die *h.M.* lehnt den gutgläubigen Erwerb eines gesetzlichen Pfandrechts im Hinblick auf den Wortlaut des § 1257 BGB außerhalb des Anwendungsbereiches von § 366 III HGB ab.[302] Mangels planwidriger Regelungslücke scheidet auch eine analoge Anwendung aus, zumal Spezialvorschriften (vgl. Art. 2 I EGHGB) einer Analogie ohnehin nur in sehr begrenztem Maße zugänglich sind.

Ein Besitzrecht i.S.d. § 986 I BGB steht dem U damit nicht zu. Wegen seiner (notwendigen) Verwendungen kann er nach der *Rspr.*[303] allerdings ein Zurückbehaltungsrecht nach § 1000 BGB geltend machen. Dem steht nicht entgegen, dass der U die Verwendungen zu einem Zeitpunkt gemacht hat, als er noch berechtigter Besitzer war, denn insofern darf der zunächst berechtigte Besitzer nicht schlechter stehen als der von Anfang an unberechtigte Besitzer.

U ist nach alledem zur Herausgabe des Wagens an V nur Zug um Zug gegen Ersatz der gemachten Verwendungen verpflichtet.

> **hemmer-Methode:** Beim Werkunternehmerpfandrecht handelt es sich um einen Klassiker. In der Klausur wird von Ihnen erwartet, dass Sie die verschiedenen Lösungsmodelle abspulen können. Versuchen Sie aber auch zu verstehen, warum sich das Problem mit keinem Modell wirklich befriedigend lösen lässt.
> Die Zeit hat das BGB einfach eingeholt. Wer hat im Jahre 1900 schon ein KFZ in die Werkstatt gebracht?

---

299 Vgl. PALANDT, § 185 Rn. 13.
300 MEDICUS, BR, Rn. 594.
301 PALANDT, § 185 Rn. 3; BGHZ 34, 122, 126 f.
302 BGHZ 34, 153; PALANDT, § 1257 Rn. 2; REINICKE/TIEDTKE, Kreditsicherung, S. 279 f; SCHWAB/PRÜTTING, § 70 III 3.
303 BGHZ 34, 122.

D. Pfandrecht an Rechten

§ 1273 I BGB: Pfandrecht an einem Recht

Nach § 1273 I BGB kann Gegenstand eines Pfandrechts auch ein Recht sein. Über § 1273 II BGB finden in diesem Fall größtenteils die Vorschriften über das Pfandrecht an beweglichen Sachen Anwendung, sofern die §§ 1274 ff. BGB nicht etwas anderes bestimmen. Wichtig sind vor allem die Sondervorschriften für die Verpfändung von Forderungen, §§ 1279 ff. BGB.

226

I. Entstehung

§ 1274 I BGB: Übertragungsvorschriften maßgebend bei Forderungen: §§ 1279, 1280 BGB

Für die Bestellung eines Pfandrechts an einem Recht sind nach § 1274 I BGB die für die Übertragung dieses Rechts geltenden Vorschriften maßgebend. Erforderlich ist daher wenigstens die dingliche Einigung zwischen den Parteien. Soll eine Forderung verpfändet werden, so ist neben der formlosen Abtretung nach §§ 1274 I 1, 398 BGB die *Anzeige an den Schuldner* Wirksamkeitsvoraussetzung, §§ 1279, 1280 BGB.

227

> **hemmer-Methode:** Auch hier zeigt sich wieder, dass der Gesetzgeber beim Pfandrecht auf die Publizität besonderen Wert gelegt hat.
> Da aber keiner gerne bereit ist, seine finanziellen Engpässe offen zu legen, ist auch die Verpfändung von Forderungen in der Praxis durch die Sicherungsabtretung weitgehend abgelöst worden.
> Wird der Sicherungsgeber - wie das bei der Sicherungszession regelmäßig der Fall ist - zur Einziehung der Forderungen im eigenen Namen ermächtigt, braucht von der Abtretung und der Kreditbeschaffung keiner etwas zu erfahren. Das ist dem Vertrauen im Geschäftsverkehr förderlich!

Ein gutgläubiger Erwerb bei der Bestellung des Pfandrechts ist möglich, sofern das belastete Recht seinerseits gutgläubig erworben werden kann.[304] Insofern kommt gutgläubiger Erwerb nur bei Grundpfandrechten in Betracht.

II. Übertragung

Übertragung: §§ 1273 II, 1250 I, 398 BGB

Auch das Pfandrecht an einem Recht ist nicht Gegenstand einer selbständigen Übertragung. Mit Abtretung der gesicherten Forderung geht das verpfändete Recht automatisch mit über, §§ 1273 II, 1250 I, 398 BGB.

228

III. Verwertung

Verwertung: § 1277 BGB

Die Verwertung eines Pfandrechts an einem Recht, das keine Forderung darstellt, richtet sich nach § 1277 BGB: der Pfandgläubiger braucht einen vollstreckbaren Titel.

229

bei Forderungen: §§ 1281, 1282 BGB

Einfacher ist die Verwertung, wenn eine Forderung verpfändet wurde. *Vor Pfandreife* kann der Schuldner nur an Gläubiger und Pfandgläubiger gemeinschaftlich leisten, § 1281 BGB.

Nach Pfandreife (d.h. mit Fälligkeit i.S.d. § 1228 II BGB) ist der Pfandgläubiger dagegen berechtigt, die Forderung allein einzuziehen, § 1282 BGB.

§ 1287 BGB: dingliche Surrogation

Relevant ist an dieser Stelle schließlich noch die von § 1287 BGB angeordnete *dingliche Surrogation*.

230

---

304 REINICKE/TIEDTKE, Kreditsicherung, S. 285.

War die Forderung auf Verschaffung eines Gegenstandes gerichtet (Bsp.: § 433 I 1 BGB), so erwirbt der Gläubiger mit der Leistung des Schuldners den Gegenstand, der Pfandgläubiger automatisch ein Pfandrecht an der Sache, das an die Stelle des erloschenen Pfandrechts an der Forderung tritt.

> **hemmer-Methode:** Erinnern Sie sich? § 1287 BGB wurde bereits beim Anwartschaftsrecht thematisiert, als es um die Begründung ging, warum sich ein Pfandrecht am Anwartschaftsrecht bei Bedingungseintritt automatisch als Pfandrecht an der Sache selbst fortsetzt.
>
> Das Argument lautete dort: wenn schon bei Forderungen, dann doch erst recht bei einem Anwartschaftsrecht!
>
> Die Ausführungen zur Verpfändung von Rechten/Forderungen sind hier bewusst auf ein Minimum beschränkt. Sollten Sie mit diesem Problem in der Klausur tatsächlich einmal konfrontiert werden, behalten Sie die Nerven und verschaffen sich einen Überblick über die gesetzlichen Vorschriften!
>
> Der Fall lässt sich dann mit Sicherheit durch einfache Gesetzesanwendung lösen!
>
> Lernen Sie keine Details auswendig, sondern arbeiten Sie an einem sachenrechtlichen Grundverständnis, auf das Sie auch bei nicht so gängigen Materien vertrauen können!

§ 5 DIE SICHERUNGSÜBEREIGNUNG

A. Einführung

keine Verpfändung durch Besitzkonstitut

Eine Verpfändung durch Vereinbarung eines Besitzkonstituts sieht das Gesetz nicht vor. Der Schuldner, der einen Kredit durch ein Pfandrecht an einer Sache absichern will, kann nicht im (Allein-)Besitz derselben bleiben.

⇨ in der Praxis: Sicherungsübereignung

Dieses Übergabeerfordernis hat dazu geführt, dass das Pfandrecht in der Praxis weitgehend durch die Sicherungsübereignung abgelöst worden ist. Der Schuldner muss die Maschine nutzen, die Waren verkaufen können, um das Geld für die Rückzahlung des Kredits zu erwirtschaften. Daher bietet sich eine Übereignung zur Sicherheit nach den §§ 929 S.1, 930 BGB an.

> **hemmer-Methode:** Schreiben Sie in der Klausur keinesfalls, die Sicherungsübereignung sei in § 930 BGB geregelt. Für eine Sicherungsübereignung kann jeder der vier Tatbestände der §§ 929-931 BGB gewählt werden. Die Vereinbarung eines Besitzkonstituts ist nur der am häufigsten gewählte Weg, da er den Interessen der Parteien am besten entspricht: der Sicherungsgeber behält regelmäßig den (unmittelbaren) Besitz, während der Sicherungsnehmer mittelbarer Besitzer wird - eine Rechtsstellung, die ihm vollständig ausreicht.

treuhänderische Bindung des Eigentums

Der Gläubiger erhält in diesem Fall *nach außen hin rechtlich mehr, als nach dem Innenverhältnis* an sich *erforderlich* wäre.[305] Dieses "Mehr" an Rechtsmacht wird durch die treuhänderische Bindung des Eigentums aufgefangen.

Verfügt der Sicherungsnehmer über das Eigentum, so handelt er vor Fälligkeit regelmäßig treuwidrig, die Verfügung ist aber gleichwohl wirksam. Liegt (und das ist in der Praxis die Regel) eine unbedingte Übereignung mit bloß schuldrechtlicher Rückgewährverpflichtung vor, so findet noch nicht einmal § 161 I 1 BGB Anwendung, wonach eine Zwischenverfügung bei Bedingungseintritt unwirksam wird. Der Sicherungsgeber ist also regelmäßig auf vertragliche Schadensersatzansprüche beschränkt.

Sicherungsübereignung jedenfalls gewohnheitsrechtlich anerkannt

Die Sicherungsübereignung ist der Sache nach ein Pfandrecht, bei dem der Schuldner im Besitz der Sache bleibt. Gegen dieses Institut vorgebrachte Bedenken[306] sind von der praktischen Notwendigkeit schnell überholt worden, so dass die Sicherungsübereignung jedenfalls gewohnheitsrechtlich anerkannt ist.

§ 216 II 1

Da das Gesetz zur Sicherungsübereignung schweigt (lediglich § 216 II 1 BGB deutet ihre Möglichkeit an), mussten und müssen Grundsätze ständig neu von *Rspr.* und *Lehre* entwickelt werden.

> **hemmer-Methode:** Für die Klausur bedeutet das, dass es mit einer reinen Gesetzessubsumtion wie beim Pfandrecht nicht getan ist.
> Schon als Examenskandidat sind Sie daher gezwungen, die aktuellen Tendenzen in der *Rspr.* mitzuverfolgen.

---

[305] SCHWAB/PRÜTTING, § 34 II.
[306] Vgl. hierzu SCHWAB/PRÜTTING, § 34 V.

B. Besonderheiten bei der Übereignung

Da für eine Sicherungsübereignung jeder Übereignungstatbestand gewählt werden kann, werden im Folgenden nur die Besonderheiten erörtert, die sich aus dem Zweck der Übereignung (zur Sicherheit) ergeben.

I. Die Einigung

Sicherungseigentum nicht akzessorisch

Von der Grundkonzeption her ist die Sicherungsübereignung eine *nicht akzessorische Sicherheit*,[307] d.h. der Sicherungsnehmer wird auch dann Eigentümer, wenn die Forderung nicht zur Entstehung gelangt, er behält sein Eigentum auch dann, wenn der Sicherungsgeber seine Schuld tilgt. Die Existenz der Forderung kann aber zur Bedingung für den Erwerb des Sicherungseigentums gemacht werden.

möglich: Ersatzakzessorietät

So können die Parteien vereinbaren, dass das Eigentum bei Tilgung der Schuld automatisch an den Sicherungsgeber zurückfallen soll (diesem steht dann vorher ein Anwartschaftsrecht an dem Sicherungsgut zu) oder auch erst mit der Begründung der Forderung zur Entstehung gelangen soll. Auf diese Weise erreichen die Parteien eine *Ersatzakzessorietät*.[308]

In der Praxis ist allerdings, insbesondere wenn es um die Sicherung mehrerer Forderungen geht, die unbedingte Sicherungsübereignung die Regel, da sie für den Sicherungsnehmer aufgrund der erforderlichen Mitwirkungshandlung die größere Sicherheit bietet. Allenfalls bei der Sicherung einer einzelnen Forderung ist die *Rspr.* geneigt, eine auflösende Bedingung anzunehmen.[309] Ansonsten sei im Zweifel von einer obligatorischen Verpflichtung zur Rückübereignung auszugehen.[310]

II. Bestimmtheitsgrundsatz

Beachte: Bestimmtheitsgrundsatz!

Die Einhaltung des *Bestimmtheitsgrundsatzes* ist an sich kein spezielles Problem der Sicherungsübereignung, wird aber gerade bei ihr häufig relevant.

Das liegt an zwei Aspekten: zum einen erfolgt die Übereignung i.d.R. nach den §§ 929 S.1, 930 BGB (die Sachen bleiben regelmäßig, wo sie sind), zum anderen werden häufig auch künftige Sachen zur Sicherheit übereignet (die Sachen sind dann noch gar nicht beim Sicherungsgeber).

Erkennbarkeit für Dritten, der Kenntnis von der Sicherungsabrede hat

Der Bestimmtheitsgrundsatz verlangt daher, dass anhand äußerer Abgrenzungskriterien für jeden Dritten, der Kenntnis von der Sicherungsabrede hat, eindeutig erkennbar ist, welche Sachen von der Sicherungsübereignung erfasst sind und welche nicht.[311]

Die Zugehörigkeit zu der Sicherungsübereignung darf sich nicht erst durch Unterlagen außerhalb des Vertrages (Warenbücher, Rechnungen etc.) feststellen lassen.

---

307 Unstreitig, vgl. nur PALANDT, § 930 Rn.13; REINICKE/TIEDTKE, Kreditsicherung, S. 141.

308 REINICKE/TIEDTKE, Kreditsicherung, S. 141.

309 Für die Sicherungsabtretung: BGH NJW 86, 977; kritisch dazu REINICKE/TIEDTKE, Kreditsicherung, S. 142 ff.

310 BGH NJW 84, 1184.

311 PALANDT, § 930 Rn. 2; REINICKE/TIEDTKE, Kreditsicherung, S. 133.

> **hemmer-Methode:** Übereignet der Sicherungsgeber seinen gesamten Lagerbestand, liegt das Problem nicht beim Bestimmtheitsgrundsatz, denn es ist eindeutig, welche Waren übereignet werden sollen: nämlich alle! In diesen Fällen stellt sich vielmehr die Frage der Übersicherung, also eines Verstoßes gegen § 138 I BGB bzw. § 307 I,II BGB.
> Ein Verstoß gegen den Bestimmtheitsgrundsatz liegt dagegen vor, wenn alle Waren veräußert werden bis auf die, an denen dem Sicherungsgeber nur ein Anwartschaftsrecht zusteht. In diesem Fall lässt sich nämlich nur anhand der offenen Rechnungen feststellen, welche Waren übereignet wurden. Die Bezahlung sieht man ihnen nicht an!

Raumsicherungsverträge
Markierungsverträge

Bei der Sicherungsübereignung von Warenlagern hat sich die Unterscheidung von *Raumsicherungsverträgen* und *Markierungsverträgen* eingebürgert.

Beim Raumsicherungsvertrag werden alle Waren übereignet, die sich in einem bestimmten Raum befinden,[312] beim Markierungsvertrag dagegen nur solche, die die von den Parteien vereinbarte Kennzeichnung aufweisen.

zur Bestimmtheit ggf. Ausführungshandlung erforderlich
⇨ *nur Durchgangserwerb des SiN*

Erstreckt sich die Sicherungsübereignung auch auf die künftigen Lagerzugänge (sog. antizipierte Sicherungsübereignung), kann der Bestimmtheitsgrundsatz eine Ausführungshandlung erforderlich machen: Der Sicherungsgeber muss die Waren in den betreffenden Raum bringen oder er muss die vereinbarte Markierung vornehmen.[313] Dies hat zur Folge, dass *nur ein Durchgangserwerb* stattfindet. 237

> **hemmer-Methode:** Hierin liegt eine Schwäche der Sicherungsübereignung gegenüber der Sicherungszession, denn der Sicherungsgeber hat durch das Unterlassen der Ausführungshandlung die Möglichkeit, den Eigentumserwerb des Sicherungsnehmers zu verhindern.
> Wird die erforderliche Ausführungshandlung dagegen vorgenommen, so hindert der Sicherungsgeber den Eigentumserwerb nicht allein dadurch, dass er nicht mehr den Willen zur Übereignung hat. Zwar ist die dingliche Einigung bis zur Übergabe frei widerruflich, aber für einen solchen Widerruf verlangt die heute *h.M.* äußere Erkennbarkeit bzw. den Zugang der Erklärung.

Bestimmtheit nur zum Zeitpunkt der Übereignung erforderlich

Maßgebender Zeitpunkt für die Bestimmtheit ist die Vollendung des Übereignungstatbestandes. Steht bei Abschluss des Besitzmittlungsverhältnisses bzw. bei Vornahme der Ausführungshandlung fest, welche Sachen übereignet sind, wird die Übereignung nicht dadurch unwirksam, dass die Sachen aus dem betreffenden Raum entfernt, die Markierungen eventuell abgerissen werden.[314] Die Schwierigkeiten, die sich nun bzgl. der Bestimmung der übereigneten Sachen ergeben, sind *beweisrechtlicher* Natur. 238

III. Besitzmittlungsverhältnis

bei SiÜ nach §§ 929 S.1, 930 BGB hinreichend konkretes BMV erforderlich

Erfolgt die Sicherungsübereignung nach §§ 929 S.1, 930 BGB, ist für ihre Wirksamkeit ein hinreichend *konkretes Besitzmittlungsverhältnis* i.S.d. § 868 BGB erforderlich. Der bloße Wille des Sicherungsgebers, die Sache für den Sicherungsnehmer zu besitzen, ist nicht ausreichend.[315] Fehlte es an einer ausdrücklichen Vereinbarung, so wurde früher häufig ein stillschweigend geschlossener Leihvertrag angenommen. 239

---

312 Vgl. zu den Anforderungen an den Bestimmtheitsgrundsatz bei einem Raumsicherungsvertrag BGH NJW 2000, 2898 = Life&Law 2000, 848 ff. (insbesondere hier den Background)
313 REINICKE/TIEDTKE, Kreditsicherung, S. 136 f.
314 REINICKE/TIEDTKE, Kreditsicherung, S. 135.
315 REINICKE/TIEDTKE, Kreditsicherung, S. 139.

§ 5 DIE SICHERUNGSÜBEREIGNUNG

h.M.: Sicherungsabrede für § 868 BGB ausreichend

Dagegen ist heute allgemein anerkannt, dass die *Sicherungsabrede* selbst ein hinreichend konkretes Besitzmittlungsverhältnis i.S.d. § 868 BGB darstellt,[316] wenn sich aus ihr ergibt, dass der Sicherungsgeber solange zum Besitz der Sache berechtigt sein soll, bis der Sicherungsnehmer sie zur Befriedigung seiner Forderung herausverlangt.

C. Die Sicherungsabrede

I. Begriff

Sicherungsvertrag ist causa der Sicherungsübereignung

Die Sicherungsabrede ist ein *schuldrechtlicher Vertrag*, der die Rechte und Pflichten von Sicherungsgeber und Sicherungsnehmer im Innenverhältnis festlegt. Er (und nicht die zu sichernde Forderung!) ist die *causa* für die Sicherungsübereignung.

240

> **hemmer-Methode:** Unterscheiden Sie genau die verschiedenen Rechtsgeschäfte zwischen Sicherungsgeber und Sicherungsnehmer: Die Sicherungsübereignung selbst erfolgt in Form einer der Übereignungstatbestände der §§ 929 ff. BGB. Daneben bestehen zwischen den Parteien zwei Kausalverhältnisse: der Sicherungsvertrag und der Vertrag, aus dem die zu sichernde Forderung stammt. Ein Bedingungszusammenhang ist daher in beide Richtungen denkbar. Im Verhältnis zur Sicherungsabrede handelt es sich dabei um das generelle Problem, ob die Wirksamkeit des Kausalgeschäfts zur Bedingung des Erfüllungsgeschäfts gemacht werden kann. Im Verhältnis zu der zu sichernden Forderung lautet die Frage dagegen, ob die Parteien quasi auf rechtsgeschäftlichem Weg zu einer Akzessorietät des Sicherungseigentums kommen können.

Sicherungsabrede ⇨ treuhänderische Bindung des SiN

Die Sicherungsabrede bewirkt die *treuhänderische Bindung* des Eigentums in der Hand des Sicherungsnehmers. Der Sicherungsvertrag begründet die Verpflichtung zur Sicherungsübereignung, legt die zu sichernde Forderung fest und trifft Regelungen, was die Verwaltung, Verwertung und Rückübertragung des Sicherungsguts betrifft.[317]

Werden Warenlager zur Sicherheit übereignet, so enthält der Sicherungsvertrag (wie beim verlängerten Eigentumsvorbehalt) regelmäßig die Ermächtigung zur Weiterveräußerung im ordnungsgemäßen Geschäftsverkehr.

möglich: verlängerte Sicherungsübereignung

Wenn im Gegenzug die Forderungen aus der Weiterveräußerung im Voraus abgetreten werden, liegt eine verlängerte Sicherungsübereignung vor.[318]

II. Verstoß gegen § 138 I BGB und § 307 I, II BGB

Gefahr: Verstoß gegen § 138 I BGB bzw. § 307 I,II BGB

Bei den *fiduziarischen* Sicherheiten, bei denen dem Sicherungsnehmer im Außenverhältnis ein "Mehr" an Rechtsmacht eingeräumt wird, als der Sicherungszweck an sich erfordert, stellt sich häufig die Frage eines Verstoßes gegen § 138 I BGB bzw. § 307 I,II BGB.

241

bei Verstoß gegen § 138 I BGB regelmäßig auch Übereignung unwirksam

Die Nichtigkeit der Sicherungsabrede zieht in den meisten Fällen auch die Unwirksamkeit der Übereignung selbst nach sich. Das lässt sich auf zweierlei Weise begründen.

---

316 Vgl. BGH NJW 79, 2308; PALANDT, § 930 Rn. 7; REINICKE/TIEDTKE, Kreditsicherung, S. 139 f., BAUR/STÜRNER, § 57 III 1 a.
317 Vgl. PALANDT, § 930 Rn. 14.
318 Hierzu REINICKE/TIEDTKE, Kreditsicherung, S. 157.

Die Nichtigkeit der Sicherungsabrede kann zur Folge haben, dass es auch an einem wirksamen Besitzmittlungsverhältnis, insbesondere an einem (zumindest potentiellen) Herausgabeanspruch des Sicherungsnehmers fehlt. In diesem Fall ist auch die Übereignung nach §§ 929 S.1, 930 BGB unwirksam, die zwar nicht notwendigerweise ein zivilrechtlich wirksames Besitzmittlungsverhältnis, wohl aber einen Herausgabeanspruch voraussetzt.[319]

Des Weiteren spricht für die Annahme von Fehleridentität auch folgende Überlegung: Wäre nur die Sicherungsabrede, nicht aber die Übereignung nichtig, erhielte der Sicherungsnehmer das Eigentum, ohne treuhänderisch gebunden zu sein.[320] Der Schutz des Sicherungsgebers würde in sein Gegenteil verkehrt.

> **hemmer-Methode:** Auch wenn es von der Theorie her immer zunächst um die Wirksamkeit des Sicherungsvertrags geht, erfolgt der Einstieg in der Klausur regelmäßig im Sachenrecht bzw. im Bereicherungsrecht. Da der Sicherungsgeber meistens völlig "blank" ist, wollen sich dessen Gläubiger untereinander schadlos halten. Ist nämlich die zugunsten des einen Sicherungsnehmers erfolgte Globalzession oder verlängerte Sicherungsübereignung unwirksam, kommen für die anderen Sicherungsnehmer, die ansonsten aufgrund des Prioritätsgrundsatzes bei der Forderungsabtretung leer ausgegangen wären, Ausgleichsansprüche nach § 816 II BGB in Betracht.
> Schließlich kann die Wirksamkeit einer Sicherungsübereignung auch zu diskutieren sein, wenn ungesicherte Gläubiger durch den Gerichtsvollzieher beim Sicherungsgeber pfänden lassen wollen. Ist die Sicherungsübereignung nichtig, ist die Pfändung erfolgreich, da ja gerade keine schuldnerfremde Sache gepfändet wird.

242 Ein Rechtsgeschäft ist nach § 138 I BGB nichtig, wenn es gegen das Anstandsgefühl aller billig und gerecht Denkenden verstößt. Eine Klausel ist nach § 307 I, II BGB unwirksam, wenn sie den Vertragspartner des Verwenders in unangemessener Weise benachteiligt.

Sittenwidrigkeit: Übersicherung, Knebelung, Gläubigergefährdung

Diese Generalklauseln sind von der *Rspr.* im Laufe der Zeit konkretisiert und mit Fallgruppen ausgefüllt worden. Bei den Sicherungsgeschäften sind dies vor allem die Tatbestände der Übersicherung, Knebelung und Gläubigergefährdung.[321]

Bei der Diskussion der Übersicherung wird auf eine Differenzierung zwischen § 138 I BGB und § 307 I, II BGB zunehmend verzichtet. Zu betonen ist allerdings, dass § 138 I BGB eine am Einzelfall ausgerichtete Beurteilung verlangt, während bei § 307 I, II BGB von vornherein eine generalisierende Betrachtungsweise geboten ist.[322]

Problem der Übersicherung vor allem bei den revolvierenden Globalsicherheiten

243 Das Problem der Übersicherung stellt sich vor allem bei den *formularmäßig vereinbarten revolvierenden Globalsicherheiten*, insbesondere bei der Übereignung von Warenlagern mit wechselndem Bestand und der Vorausabtretung von Kundenforderungen. Hier ist die Gefahr, dass der Wert des Sicherungsguts den der gesicherten Forderung übersteigt, besonders groß. Um den Sicherungsgeber zu schützen, verlangt die *Rspr.* grundsätzlich ermessensunabhängige *Freigabeklauseln* und darüber hinaus die Festlegung von *Deckungsgrenze* und *Bezugsgröße*.[323]

---

[319] BAUR/STÜRNER, § 57 IV 1, PALANDT, § 930 Rn. 14; a.A.: REINICKE/TIEDTKE, Kreditsicherung, S. 156 f.
[320] REINICKE/TIEDTKE, Kreditsicherung, S. 163.
[321] Vgl. REINICKE/TIEDTKE, Kreditsicherung, S. 164 ff.
[322] REINICKE/TIEDTKE, Kreditsicherung, S. 164.
[323] BGHZ 117, 374; vgl. für die Globalzession BGHZ 94, 105; 98, 303; 109, 240.

§ 5 DIE SICHERUNGSÜBEREIGNUNG

Freigabeklausel

Unter einer Freigabeklausel versteht man den formularmäßig festgelegten Anspruch des Sicherungsgebers gegen den Sicherungsnehmer, nicht mehr benötigte Sicherheiten freizugeben.

> **hemmer-Methode:** Beachten Sie, dass zur Vermeidung des Vorwurfs der Übersicherung schuldrechtliche Freigabeklauseln ausreichen. **Bloß wenn es um das Verhältnis zu Warenlieferanten geht, verlangt die *Rspr.*[324] für die Wirksamkeit der Globalzession dingliche Verzichtsklauseln, da der Lieferant nur auf diese Weise hinreichend geschützt werden kann.**

Deckungsgrenze

Zur Durchsetzung der Freigabeklauseln muss eine Deckungsgrenze feststehen, denn ansonsten kann nicht entschieden werden, ob ein Fall der Übersicherung vorliegt.

Bezugsgröße

Schließlich müssen die Parteien auch eine Bezugsgröße (Bsp.: Nennwert der Forderung, Markt- bzw. Börsenpreis einer Ware oder Einkaufs- oder Herstellungspreis) vereinbaren, damit festgestellt werden kann, ob die Deckungsgrenze überschritten ist.

Rspr. früher: bei Verstoß Sicherungsübereignung unwirksam

Genügten die formularmäßig getroffenen Vereinbarungen diesen Anforderungen nicht, so war nach der bisherigen *Rspr.*[325] nicht bloß die einzelne Klausel, sondern die gesamte Sicherungsübereignung nichtig. Und dies sogar dann, wenn der Fall der Übersicherung niemals eintrat, da maßgeblicher Zeitpunkt für die Beurteilung der Wirksamkeit nur die Vornahme der Übereignung sein kann.

244

Diese *Rspr.* ist in letzter Zeit heftig ins Wanken geraten, da vor allem die Nichtigkeitsfolge für das gesamte Rechtsgeschäft als inadäquat angesehen wird. Zum einen entspricht die Totalnichtigkeit häufig nicht den Interessen der Parteien, zum anderen kommt sie ausschließlich den (vom Schutzzweck des § 307 I, II BGB nicht erfassten) ungesicherten Gläubigern zugute.

explizite Freigabeklausel bei Übereignung eines einzelnen Gegenstandes nicht erforderlich

1994 hat der *BGH*[326] seine *Rspr.* erstmals eingeschränkt, indem er ausführte, dass eine explizite Freigabeklausel nicht erforderlich sei, wenn das Sicherungsgut aus einem Gegenstand oder aus mehreren bestimmten Gegenständen bestehe. Die Gefahr der Übersicherung sei dann von vornherein nicht so groß, und die Lage für den Sicherungsnehmer überschaubar.

⇨ *Freigabeklausel aus §§ 133, 157, 242 BGB*

Konsequenz dieser *Rspr.* ist aber selbstverständlich nicht, dass dem Sicherungsgeber überhaupt kein *Freigabeanspruch* zusteht, vielmehr leitet der *BGH* diesen im *Wege der ergänzenden Vertragsauslegung* und *aus dem Wesen der fiduziarischen Sicherungsgeschäfte* selbst her, §§ 133, 157, 242 BGB. Die Sicherungsübereignung ist demnach wirksam, dem Sicherungsgeber steht auch dann ein Freigabeanspruch zu, wenn die Parteien dies nicht ausdrücklich vereinbart haben.

Bei einer einzelnen Sicherheit soll dieser Weg selbst dann gangbar sein, wenn die Parteien einen Freigabeanspruch ausdrücklich ausgeschlossen haben.[327]

Problem: Existenz eines allgemeinen Freigabeanspruchs

Damit war die Entwicklung in der *Rspr.* aber längst nicht abgeschlossen. Vielmehr tauchte nun die Frage auf, inwieweit ein allgemeiner Freigabeanspruch auch bei revolvierenden Globalsicherheiten anzuerkennen sei, so dass auch hier eine fehlende oder unzureichende Freigabeklausel nicht zwangsläufig die Nichtigkeit der Übereignung zur Folge habe.

245

---

324 BGHZ 72, 308.

325 BGHZ 117, 374; vgl. für die Globalzession BGHZ 94, 105; 98, 303; 109, 240.

326 BGHZ 124, 371; 124, 380.

327 BGHZ 124, 380; ablehnend: REINICKE/TIEDTKE, Kreditsicherung, S. 167 ff; zustimmend: CANARIS, ZIP 96, 1109, 1117.

> **hemmer-Methode:** Der Streit um die Freigabeklauseln bei den Globalsicherheiten ist ein interessantes Beispiel für den mühsamen Weg der Rechtsfindung. Nachdem trotz einzelner Anfragebeschlüsse unter den BGH-Senaten[328] keine endgültige Übereinstimmung erzielt werden konnte, haben der IX.[329] und XI. Senat[330] die Frage nach § 132 IV GVG (wegen grundsätzlicher Bedeutung) dem Großen Senat vorgelegt, der in einer der "spektakulärsten privatrechtlichen Kontroversen der letzten Jahre, ja wohl geradezu des letzten Jahrzehnts"[331] das letzte Wort gesprochen hat.[332]

Großer Senat des BGH:

Der Große Senat des BGH[333] hat dann wie folgt entschieden:

> **life&law:**[334] Der Sicherungsgeber hat bei formularmäßig bestellten, revolvierenden Globalsicherungen im Falle nachträglicher Übersicherung einen ermessensunabhängigen Freigabeanspruch gegen den Sicherungsnehmer. Weder eine ausdrückliche Freigaberegelung noch eine zahlenmäßig bestimmte Deckungsgrenze noch eine Klausel für die Bewertung der Sicherungsgegenstände sind Wirksamkeitsvoraussetzung für die Sicherungsabrede.

Enthält die formularmäßige Bestellung revolvierender Globalsicherungen keine ausdrückliche oder eine unangemessene Deckungsgrenze so beträgt diese Grenze (unter Berücksichtigung der Kosten für Verwaltung und Verwertung der Sicherheit), bezogen auf den realisierbaren Wert der Sicherungsgegenstände, 110 % der gesicherten Forderungen.

Allgemein gültige Maßstäbe für die Bewertung der Sicherungsgegenstände bei Eintritt des Sicherungsfalles lassen sich im Voraus weder bei der Sicherungsübereignung noch bei einer Globalabtretung festlegen.

widerlegbare Vermutung der Übersicherung bei 150 %

Es besteht aber eine im Einzelfall widerlegliche Vermutung dafür, dass der Gläubiger übersichert ist und damit einen Teil der Sicherungsgegenstände freizugeben hat, wenn bei Globalabtretungen der Nennwert aller abgetretenen Forderungen 150 % der gesicherten Forderungen übersteigt. Die Deckungsgrenze von 110 % wird sich also praktisch im Allgemeinen nur auswirken, wenn ein ins Gewicht fallendes Verwertungsrisiko nicht besteht.[335]

> **hemmer-Methode:** Wichtig ist vor allem, dass die Übersicherung nicht mehr zur Unwirksamkeit einer Sicherungsübereignung nach § 307 I, II BGB oder § 138 I BGB führt, da die fehlende oder mangelhafte Freigabeklausel durch den allgemeinen Freigabeanspruch ersetzt wird.
> Die Diskussion um die Freigabeklauseln steht auch im Spannungsfeld zweier allgemeiner Rechtsinstitute: ergänzende Vertragsauslegung und das Verbot der geltungserhaltenden Reduktion. Lesen Sie dazu bei Interesse den lehrreichen (und nicht nur auf die Freigabeklauseln bezogenen) Aufsatz von *Canaris* (ZIP 96, 1109 ff.).

---

328 Vgl. nur BGH NJW 96, 2092; 96, 2786; 96, 2790; 97, 651, dazu: SERICK, NJW 97, 1529 ff.
329 BGH NJW 97, 1570.
330 BGH WM 97, 1197.
331 CANARIS, ZIP 96, 1109.
332 BGH (Gr S) NJW 98, 671.
333 BGH (Gr S) NJW 98, 671.
334 Life&Law 1998, 138 (Heft 3).
335 BGH (Gr S) NJW 98, 671, 677.

§ 5 DIE SICHERUNGSÜBEREIGNUNG

D. Die Verwertung des Sicherungsguts

Verwertung richtet sich nach der Sicherungsabrede

Die Verwertung des Sicherungsguts richtet sich nach der Sicherungsabrede. Die Vorschriften über den Pfandverkauf können allenfalls im Innenverhältnis entsprechend herangezogen werden,[336] soweit es um die Treuepflicht des Sicherungsnehmers geht.

246

mit Herausgabeverlangen entfällt Besitzrecht des SiG
⇨ *§§ 987 ff. BGB*

Mit Fälligkeit der gesicherten Forderung (Gedanke des § 1228 II BGB) steht dem Sicherungsnehmer das Verwertungsrecht zu. Er kann vom Sicherungsgeber die Herausgabe des Sicherungsguts nach § 985 BGB verlangen. Mit dem Herausgabeverlangen verliert der Sicherungsgeber sein Recht zum Besitz. Die §§ 987 ff. BGB sind anwendbar.[337]

Dem Sicherungsnehmer steht selbstverständlich kein Selbsthilferecht zu. Er muss einen Herausgabetitel erstreiten und die Sache vom Gerichtsvollzieher nach § 883 ZPO wegnehmen lassen.

keine Verpflichtung zur Verwertung des Sicherungsguts

Der *Sicherungsnehmer* ist aber *nicht zur Verwertung des Sicherungsguts verpflichtet*.[338] Er kann den Sicherungsgeber genauso gut auf Zahlung verklagen und in andere Vermögensgegenstände desselben vollstrecken.

Vereinbarung einer Verfallklausel
⇨ *Verstoß gegen § 138 I BGB, § 307 I, II BGB*

§ 1229 BGB (*Verbot einer Verfallklausel*) ist beim Sicherungseigentum nicht anwendbar. Der Sicherungsgeber hat sein Eigentum schon mit der Sicherungsübereignung verloren. Die Gefahr des wirtschaftlichen Verlustes eines Gegenstandes, dessen Wert den der gesicherten Forderung übersteigt, besteht aber auch hier. Wird eine "Verfallklausel" daher bereits bei der Sicherungsübereignung getroffen, wird allgemein von einem Verstoß gegen § 138 I BGB bzw. § 307 I, II BGB ausgegangen.[339]

247

§ 1247 S.2 BGB nicht anwendbar

Die Verwertung kann schließlich im Wege des Pfandverkaufs nach den §§ 1233 ff. BGB oder der *freihändigen Veräußerung* erfolgen, wozu der Sicherungsnehmer aufgrund der Sicherungsabrede regelmäßig ermächtigt ist. § 1247 S.2 BGB (dingliche Surrogation) ist beim Sicherungseigentum gleichfalls unanwendbar. Übersteigt der erzielte Erlös die Forderung des Sicherungsnehmers, so steht dem Sicherungsgeber nur ein schuldrechtlicher Anspruch auf den Überschuss zu.[340]

E. Sicherungseigentum und Zwangsvollstreckung

I. Vollstreckung durch Gläubiger des Sicherungsnehmers

regelmäßig Erinnerung, §§ 766 I, 809 ZPO

Der Sicherungsgeber, der sich regelmäßig im Besitz der Sache befindet, kann bei Pfändung durch Gläubiger des Sicherungsnehmers wegen der Verletzung von § 809 ZPO seine Rechte im Wege der Dritterinnerung nach § 766 ZPO geltend machen.[341]

248

vor Verwertungsreife:
§ 771 I ZPO (+)

Sicherungsabrede hat quasi-dingliche Wirkung

Ob dem Sicherungsgeber auch die *Drittwiderspruchsklage* nach § 771 ZPO zusteht, richtet sich danach, ob schon Verwertungsreife eingetreten ist. Ist das nicht der Fall, ist die Drittwiderspruchsklage des Sicherungsgebers erfolgreich. Vor Fälligkeit der gesicherten Forderung steht selbst dem Sicherungsnehmer als formalem Eigentümer kein Verwertungsrecht und kein Herausgabeanspruch zu. Die pfändenden Gläubiger können aber nicht mehr Rechte haben als ihr Vollstreckungsschuldner.

---

[336] PALANDT, § 930 Rn. 17; BAUR/STÜRNER, § 57 VII 1.
[337] BGH NJW 80, 226.
[338] PALANDT, § 930 Rn. 17; REINICKE/TIEDTKE, Kreditsicherung, S. 182.
[339] Vgl. PALANDT, § 930 Rn. 21; REINICKE/TIEDTKE, Kreditsicherung, S. 184.
[340] REINICKE/TIEDTKE, Kreditsicherung, S. 186.
[341] PALANDT, § 930 Rn. 22; REINICKE/TIEDTKE, Kreditsicherung, S. 177.

Das Eigentum des Sicherungsnehmers ist nur formaler Natur und soll nur seine Forderung gegen den Sicherungsgeber sichern. Vor Verwertungsreife entfaltet die treuhänderische Bindung des Sicherungseigentums daher quasi-dingliche Wirkung.[342]

Nach Verwertungsreife
§ 771 I ZPO (-)

Nach *Eintritt der Verwertungsreife* entfällt dagegen die Verwertungsbeschränkung und mit ihr die Widerspruchsbefugnis des Sicherungsgebers nach § 771 ZPO.[343] Ein Verbot des Zugriffs durch Gläubiger des Sicherungsnehmers ist dann nicht mehr zu rechtfertigen.

II. Vollstreckung durch Gläubiger des Sicherungsgebers

Die Gefahr, dass Gläubiger des Sicherungsgebers in das Sicherungsgut vollstrecken, ist sehr viel größer. I.d.R. befinden sich die zur Sicherheit übereigneten Sachen im Besitz des Sicherungsgebers (ihres Vollstreckungsschuldners), und dass sie ihm nicht gehören, sieht man ihnen nicht an.

Sicherungseigentum
= ein die Veräußerung hinderndes Recht i.S.d. § 771 I ZPO?

Im Rahmen der Drittwiderspruchsklage stellt sich dann die Frage, ob auch das Sicherungseigentum *ein die Veräußerung hinderndes Recht* i.S.d. § 771 ZPO ist.

> **hemmer-Methode:** Hierbei handelt es sich um ein klassisches Examensproblem. Auch wer im Zwangsvollstreckungsrecht auf Lücke setzt, sollte sich wenigstens mit der Drittwiderspruchsklage bei den fiduziarischen Sicherheiten beschäftigt haben.[344] Es handelt sich hierbei auch gar nicht um ein schweres oder "abgefahrenes" Problem: Wenn Sie die Argumente einmal gehört und den Gedankengang einmal verstanden haben, dürfte Ihnen die Reproduktion am Tage X nicht schwer fallen.

e.A.: Sicherungseigentümer an sich nur Pfandgläubiger
⇨ *§ 805 ZPO*

Bedenken gegen eine Drittwiderspruchsklage des Sicherungsnehmers könnten sich daraus ergeben, dass seine Eigentümerstellung nur eine formale ist und ihm in materieller Hinsicht an sich nur die Position eines Pfandgläubigers zusteht. Pfandgläubiger können aber ihre Rechte nicht im Wege der Drittwiderspruchsklage geltend machen, sondern sind vielmehr auf die *vorzugsweise Befriedigung* nach § 805 ZPO verwiesen. Schließlich wird der Sicherungseigentümer im Insolvenzverfahren nach nahezu einhelliger Meinung einem Pfandrechtsgläubiger gleichgestellt, indem ihm kein Aussonderungs-, sondern lediglich ein Absonderungsrecht nach § 50 I InsO zugestanden wird.[345]

h.M.: § 771 ZPO
SiN soll Versteigerung der Sache verhindern können

Nach der *h.M.*[346] soll der Sicherungsnehmer aber die Möglichkeit haben, die Versteigerung der Sache zum momentanen Zeitpunkt zu verhindern, anstatt auf die Geltendmachung des Erlöses beschränkt zu sein.

Die Argumente für § 771 ZPO und gegen § 805 ZPO sind im wesentlichen die folgenden:

---

342 REINICKE/TIEDTKE, Kreditsicherung, S. 177.
343 BGHZ 72, 141; PALANDT, § 930 Rn. 22.
344 Hierzu: GRUNSKY, JuS 84, 497 ff.
345 BGH NJW 62, 46; vgl. PALANDT, § 930 Rn. 25; REINICKE/TIEDTKE, Kreditsicherung, S. 179; SCHWAB/PRÜTTING, § 34 VII 1; MEDICUS, BR, Rn. 512; a.A. GRUNSKY, JuS 84, 497, 500 f.
346 BGHZ 80, 296; REINICKE/TIEDTKE, Kreditsicherung, S. 161 f.; PALANDT, § 930 Rn. 23; SCHWAB/PRÜTTING, § 34 VII 1; MEDICUS, BR, Rn. 513; BAUR/STÜRNER, § 57 V 2.

§ 5 DIE SICHERUNGSÜBEREIGNUNG

Zum ersten werden durch die Versteigerung des Sicherungsguts die Rechtsbeziehungen zwischen Sicherungsgeber und Sicherungsnehmer vorzeitig beendet. Letzterer braucht aber einen Eingriff in das Kreditverhältnis prinzipiell nicht zu dulden.

SiG soll im Besitz des Sicherungsguts bleiben

Zum zweiten entspricht es dem Interesse des Sicherungsnehmers, dass der Sicherungsgeber im Besitz von Waren und Maschinen bleibt, da er nur so in die Lage versetzt wird, das Geld zur Tilgung seiner Schulden gegenüber dem Sicherungsnehmer zu verdienen.

SiN regelmäßig zum freihändigen Verkauf berechtigt

Zum dritten würde dem Sicherungsnehmer durch eine Beschränkung auf § 805 ZPO eine bestimmte Verwertung (nämlich die Versteigerung durch den Gerichtsvollzieher) aufgezwungen, obwohl er doch nach der Sicherungsabrede in den meisten Fällen zum (günstigeren) freihändigen Verkauf berechtigt ist.[347]

> **hemmer-Methode:** Stellen Sie in der Klausur heraus, dass zwischen Konkurs und Einzelzwangsvollstreckung gravierende Unterschiede bestehen, die eine verschiedene Behandlung des Sicherungseigentums rechtfertigen. An dieser Stelle ist Ihr Argumentationsvermögen gefragt, denn wenn Sie lediglich auf die formale Rechtsstellung des Sicherungseigentümers verweisen, um den § 771 ZPO zu legitimieren, setzen Sie sich in der Tat dem Vorwurf der Inkonsequenz aus.
> Bedenken Sie auch: der Hinweis auf eine noch so herrschende Meinung ersetzt nicht die eigene Begründung.

ggf. Einwendungen zu prüfen

Im Rahmen der Drittwiderspruchsklage nach § 771 ZPO können auch etwaige *Einwendungen* der pfändenden Gläubiger zu prüfen sein.

251

Diese können geltend machen, die Sicherungsübereignung sei sittenwidrig oder nach dem AnfG anfechtbar, weil der Sicherungsnehmer in der Absicht gehandelt habe, andere Gläubiger zu benachteiligen.[348]

---

347 Vgl. zusammenfassend auch die Darstellung bei REINICKE/TIEDTKE, Kreditsicherung, S. 161 f.
348 REINICKE/TIEDTKE, Kreditsicherung, S. 171 f.

§ 6 EIGENTUMSERWERB DURCH GESETZ ODER HOHEITSAKT

A. Einführung

Erwerb kraft Gesetzes
⇨ *originärer Erwerb*

Neben dem *rechtsgeschäftlichen Eigentumserwerb*, bei welchem der Erwerb von einem Rechtsvorgänger abgeleitet wird (sog. *derivativer Erwerb*), kann das Eigentum an beweglichen Sachen auch ohne ein darauf gerichtetes Rechtsgeschäft *durch Gesetz* erworben werden (sog. *originärer Erwerb*). Daneben existiert noch die Möglichkeit des Eigentumserwerbs in der *Zwangsversteigerung*, bei welchem das Eigentum dem Erwerber durch staatlichen Hoheitsakt zugewiesen wird.

Übersicht

> **Folgende Rechtsinstitute führen einen Eigentumserwerb durch Gesetz herbei:**
> - Ersitzung, §§ 937-945 BGB
> - Verbindung/Vermischung/Verarbeitung, §§ 946-951 BGB
> - Eigentumserwerb an Schuldurkunden, § 952 BGB
> - Erwerb von Erzeugnissen/Bestandteilen, §§ 953-957 BGB
> - Aneignung, §§ 958-964 BGB
> - Fund, §§ 965-984 BGB

> **hemmer-Methode:** Merken Sie sich schon jetzt: Der Eigentumserwerb kraft Gesetzes dient in vielen Fällen nur einer ersten dinglichen Zuordnung. Werden mehrere Sachen untrennbar zu einer neuen verbunden, muss feststehen, wem diese gehört.
> Quasi umgekehrt stellt sich die Situation bei der Trennung dar. Auch der vom Baum gefallene Apfel und das vom Huhn gelegte Ei müssen ihren Herrn haben. Über das Behaltendürfen sagt diese dingliche Zuordnung aber in vielen Fällen noch nichts aus. So gewährt § 951 BGB beispielsweise einen bereicherungsrechtlichen Ausgleichsanspruch, und das Behaltendürfen der Nutzungen bestimmt sich nach dem Eigentümer-Besitzer-Verhältnis (§§ 987, 988, 990 BGB).

besondere Erwerbstatbestände

Daneben gibt es im BGB zahlreiche andere Vorschriften, die zu einem Eigentumserwerb durch Gesetz führen: z.B. § 1922 BGB als Fall der Universalsukzession und die §§ 2019, 1370, 1646, 1048 I 2, 582a II 2 BGB als Fälle der dinglichen Surrogation.[349]

B. Eigentumserwerb durch Gesetz

I. Ersitzung, §§ 937-945 BGB

1. Regelungszweck

Ersitzung dient der Rechtssicherheit und Rechtsklarheit bzgl. Eigentumslage

Die Ersitzung gemäß §§ 937 ff. BGB ermöglicht dem gutgläubigen Eigenbesitzer beweglicher Sachen den Erwerb des Eigentums in den Fällen, in welchen er sonst trotz guten Glaubens (z.B. wegen § 105 BGB oder § 935 BGB) kein Eigentum durch Rechtsgeschäft erwerben konnte.[350]

---

[349] Vgl. PALANDT, Einf. v. § 929 Rn. 2.
[350] Vgl. PALANDT, v. § 937 Rn. 1.

§ 6 EIGENTUMSERWERB DURCH GESETZ ODER HOHEITSAKT

Zweck der Ersitzung ist es, Rechtssicherheit und Rechtsklarheit hinsichtlich der Eigentumslage zu schaffen, wenn sich eine Sache über einen bestimmten Zeitraum im Eigenbesitz einer Person befand.

2. Voraussetzungen

Voraussetzungen

> **Voraussetzungen der Ersitzung nach §§ 937 ff. BGB:**
> - zehn Jahre Eigenbesitz, §§ 937 I, 872, 938-944 BGB
> - guter Glaube, §§ 937 II, 932 II BGB

255

10 Jahre Eigenbesitz

Nach § 937 I BGB muss sich eine bewegliche Sache über zehn Jahre hinweg ununterbrochen im Eigenbesitz einer Person befunden haben. Eigenbesitzer ist nach § 872 BGB derjenige, der eine Sache als ihm gehörend besitzt. Die §§ 938-944 BGB regeln die Auswirkungen verschiedener Einflüsse auf den Eigenbesitz. So wird nach § 938 BGB die Stetigkeit des Eigenbesitzes vermutet. § 939 BGB regelt die Wirkung der Hemmung auf den Fristenlauf, §§ 940-942 BGB die der Unterbrechung. Nach § 943 BGB wird der Zeitraum des Eigenbesitzes eines Rechtsvorgängers im Besitz dem neuen Besitzer angerechnet. Gleiches gilt nach § 944 BGB für den Erben hinsichtlich des Eigenbesitzes eines Erbschaftsbesitzers i.S.d. § 2018 BGB.

256

lastenfreier Erwerb

Gemäß § 945 BGB erlöschen bei der Ersitzung auch die Rechte Dritter, sofern der Eigenbesitzer hinsichtlich dieser Rechte ebenfalls gutgläubig war. Möglich ist auch eine isolierte Ersitzung der Lastenfreiheit.[351]

> *Bsp.: K bringt seinen PKW zu W in die Reparatur. Nach Fertigstellung holt K den Wagen mit einem Zweitschlüssel heimlich vom Hof des W ab. Die Rechnung bezahlt K auch in der Folgezeit nicht. Vielmehr veräußert K den Wagen wenig später an D, der von der "Entwendung" des PKW keine Kenntnis hat.*
>
> Hier hat D den PKW vom Berechtigten erworben, allerdings belastet mit dem Werkunternehmerpfandrecht des W (§ 647 BGB). Ein lastenfreier Erwerb nach § 936 I 1 BGB war nicht möglich, da dem W der PKW abhanden gekommen war. Hat D den PKW allerdings zehn Jahre in gutgläubigem Eigenbesitz, kann er die Lastenfreiheit ersitzen.

kein abgeleiteter Erwerb

Liegen die Voraussetzungen der §§ 937 ff. BGB vor, verliert der bisherige Eigentümer sein Eigentum und in der Person des Ersitzenden entsteht es quasi neu. Es liegt kein abgeleiteter Erwerb vor.

> **hemmer-Methode: Die Ersitzung eines Grundstücks (*Buchersitzung*) regelt sich dagegen nach § 900 BGB. Danach erwirbt der Eigenbesitzer Eigentum, wenn er seit 30 Jahren im Grundbuch als Eigentümer eingetragen ist und das Grundstück während dieser Zeit ununterbrochen im Eigenbesitz hatte. Anders als § 937 BGB erfordert § 900 BGB noch nicht einmal Gutgläubigkeit.**

3. Schuldrechtliche Rückgewähransprüche

Umstritten ist, ob das verlorene Eigentum aufgrund schuldrechtlicher Beziehungen (Vertrag, Bereicherung, Delikt) zurückgefordert werden kann.[352]

257

---

[351] BAUR/STÜRNER, § 53 III 1.

[352] Vgl. PALANDT, v. § 937 Rn. 2.

a) Vertrag

Vertrag

Nach der *ganz h.M.*[353] bleiben vertragliche Rückgabe- oder Schadensersatzansprüche, die häufig aufgrund einer vom Ersitzenden zu vertretenden Leistungsstörung entstanden sind, auch nach der Ersitzung bestehen.

258

b) Delikt

Delikt

Da das Gesetz den gutgläubigen Eigenbesitzer im Schuldmaß durch die §§ 937 II, 932 II BGB begünstigt, sollten auch die bereits bei leichter Fahrlässigkeit einsetzenden Deliktsansprüche ausgeschlossen sein.[354] Dies muss selbst dann gelten, wenn die Verjährungsfristen der Deliktsansprüche gemäß § 195 BGB erst nach Vollendung der Ersitzungszeit ablaufen sollten.

259

c) Bereicherung

Ansprüche aus Bereicherung umstr.

Umstritten ist dagegen, ob aufgrund der Ersitzung auch etwaige *Bereicherungsansprüche* unter den Beteiligten ausgeschlossen sind.

260

> Bsp.: B schenkt und übereignet dem D ein Gemälde, das einen Wert von € 100.000,- hat. Elf Jahre später (also nach Ersitzung durch D) verstirbt B und wird von seinem Sohn E beerbt. Dieser macht (zutreffend !) geltend, dass sein Vater sowohl zum Zeitpunkt der Schenkung als auch der Übereignung geschäftsunfähig gewesen sei, und verlangt das Gemälde heraus.

e.A.: § 937 BGB schließt alle Ansprüche aus den §§ 812 ff. BGB aus

Nach *einer Ansicht*[355] schließt die Ersitzung nach § 937 BGB Bereicherungsansprüche in vollem Umfang aus, da nur auf diese Weise der Zweck des Rechtsfriedens und der Rechtsklarheit erreicht werden könne. Stützen kann sich diese Ansicht auch darauf, dass bei § 937 BGB anders als bei den §§ 951, 977 BGB ein Ausgleich nach Bereicherungsrecht vom Gesetz gerade nicht vorgesehen ist.

bisher h.M.: Differenzierung zwischen Leistungs- und Nichtleistungskondiktion

Die wohl *h.M.*[356] differenziert dagegen zwischen der Eingriffskondiktion und der Leistungskondiktion, wobei zu betonen ist, dass primärer *Kondiktionsgegenstand* zunächst der *Besitz* ist. Bzgl. des Eigentums liegt im Fall der Ersitzung eine Leistung ja gerade nicht vor, und was die Eingriffskondiktion angeht, so stellt § 937 BGB (bzgl. des Eigentums !) gerade einen Rechtsgrund dar.

261

Die Unterscheidung der *h.M.* führte nach *alter Rechtslage* zu folgendem Ergebnis:

Liegt bzgl. des Besitzes eine Leistungsbeziehung vor, soll eine Kondiktion möglich sein, während ein Anspruch aus Nichtleistungskondiktion nach dem Sinn und Zweck des § 937 BGB ausgeschlossen sein soll. Dahinter steckte folgende Überlegung: Wird eine Sache verkauft und übereignet und ist nur das Kausalgeschäft unwirksam, besteht der Kondiktionsanspruch, der auf Rückübereignung geht, 30 Jahre lang, § 195 BGB a.F. Waren dagegen sowohl Verpflichtungs- als auch Verfügungsgeschäft unwirksam mit der Folge, dass der Veräußerer Eigentümer blieb, so wäre seine Stellung schwächer, da die Sache wegen § 937 BGB für ihn für immer verloren wäre.

> **hemmer-Methode:** Kommt Ihnen die Argumentation bekannt vor? Es handelt sich um dieselben Überlegungen, die die *Rspr.* veranlassen, im Rahmen des § 988 BGB den rechtsgrundlosen Erwerb dem unentgeltlichen gleichzustellen.

---

[353] Vgl. Palandt, v. § 937 Rn. 2; Baur/Stürner, § 53h III 2a.
[354] Vgl. Palandt, v. § 937 Rn. 2; anders h.M.
[355] Palandt, v. § 937 Rn. 2; Blatz, JuS 96, L 64.
[356] RGZ 130, 69; Baur/Stürner, § 53 h III 2.

§ 6 EIGENTUMSERWERB DURCH GESETZ ODER HOHEITSAKT

> Derjenige, der wegen der Unwirksamkeit auch der Übereignung sein Eigentum behält, darf nicht schlechter stehen als ein Konditionsgläubiger, der dieses erst noch zurückfordern muss.

Besitzkondiktion erstreckt sich ausnahmsweise auch auf Herausgabe des Eigentums

Um diesen Wertungswiderspruch zu vermeiden, lässt die *h.M.* (insbesondere die *Rspr.* in der sog. *Menzel-Entscheidung des Reichsgerichts*[357]) die Kondiktion des Besitzes zu und erstreckt den Umfang der Herausgabepflicht nach § 818 I BGB auch auf das durch die Ersitzung erlangte Eigentum, damit ein dauerndes Auseinanderfallen von Eigentum und Besitz vermieden wird.

In der *Literatur* wird allerdings darauf hingewiesen, dass der in der Tat bestehende Widerspruch auch in umgekehrter Weise behoben werden kann, indem man etwa auch den Bereicherungsanspruch bei bloß fehlerhaftem Kausalgeschäft nach der Ersitzungszeit von zehn Jahren versagt.[358] Zwar hat der Erwerber das Eigentum bereits bei Übergabe erworben, aber das soll ihn nicht hindern, geltend zu machen, dass er es jedenfalls auch nach zehn Jahren ersessen hätte. Dass bereits die Übereignung wirksam war, soll ihm nicht zum Nachteil gereichen.

262

> **hemmer-Methode:** Eine solche Argumentation entspricht der Lehre von den Doppelwirkungen im Recht. So wie auch ein Rechtsgeschäft aus mehreren Gründen nichtig sein oder ein nichtiges Rechtsgeschäft angefochten werden kann, ist es überzeugend, dass sich auch derjenige, der bereits rechtsgeschäftlich Eigentum erworben hat, (quasi parallel) auf Ersitzung berufen kann.

Nach dem *Verjährungsrecht der Schuldrechtsreform* verjähren nach §§ 195, 199 I BGB auch Ansprüche aus den §§ 812 ff. BGB innerhalb der regelmäßigen Verjährungsfrist von drei Jahren. Gemäß § 199 IV BGB jedoch spätestens 10 Jahre nach ihrer Entstehung. Dies führt dazu, dass nach neuer Rechtslage spätestens zum Zeitpunkt der Ersitzung (gem. § 937 I BGB ebenfalls 10 Jahre) Ansprüche aus den §§ 812 ff. BGB ohnehin verjährt sind.

Der oben geschilderte Meinungsstreit um die Anwendung von Kondiktionsansprüchen nach Ersitzung wird damit künftig in der Regel keine Rolle mehr spielen, da solche Ansprüche jedenfalls verjährt wären.[359]

Nach § 1922 BGB sind alle Ansprüche des B auf den E übergegangen. Ein Herausgabeanspruch aus § 985 BGB besteht wegen § 937 BGB nicht.

263

Auch § 812 I 1 1.Alt BGB bzgl. des Eigentums ist nicht gegeben, da das Eigentum gerade nicht geleistet, sondern ersessen wurde.

Die Eingriffskondiktion bzgl. des Eigentums nach § 812 I 1 2.Alt BGB scheitert daran, dass § 937 BGB insofern einen Rechtsgrund darstellt.

Fraglich ist aber, ob E nach § 812 I 1 1.Alt BGB den Besitz kondizieren kann. Insofern liegt auch eine Leistung des B vor, da für die Zweckbestimmung i.S.d. § 812 I 1 1.Alt BGB Geschäftsfähigkeit keine unabdingbare Voraussetzung ist.[360]

Nach einer Ansicht schließt § 937 BGB Bereicherungsansprüche in vollem Umfang aus, damit der Sinn und Zweck der Ersitzung nicht über das Bereicherungsrecht wieder ausgehebelt wird.

---

357 RGZ 130, 69.
358 Vgl. Schwab/Prütting, § 36 V.
359 Bamberger/Roth, § 937, Rn. 9;
360 Blatz, JuS 96, L 63.

Die *Rspr.* lässt dagegen einen Anspruch aus Leistungskondiktion zu (zu den Gründen vgl. oben) und erstreckt die Herausgabepflicht auch auf das Eigentum, damit Eigentum und Besitz nicht auf Dauer auseinander fallen.

Wie bereits geschildert sind Kondiktionsansprüche nach neuer Rechtslage aber jedenfalls gem. § 195 i.V.m. § 199 IV BGB verjährt. Ansprüche auf Herausgabe bestehen somit nach allen Ansichten nicht.

Aber: auch 10 Jahre des § 199 IV BGB können überschritten werden

In Ausnahmefällen kann sich die Thematik indes theoretisch weiterhin stellen. Denn die Verjährungsvorschriften über Hemmung, Unterbrechung und Neubeginn der Verjährung (§§ 203 ff. BGB) gelten auch für die Höchstfristen des § 199 BGB.[361] Fraglich ist nur, ob bei Eingreifen einer dieser Tatbestände nicht schon die Gutgläubigkeit gem. § 937 II BGB entfallen würde, so dass es aus diesem Grund gar nicht mehr zur Ersitzung kommen kann.

II. Verbindung/Vermischung/Verarbeitung §§ 946-951 BGB

1. Verbindung beweglicher Sachen mit einem Grundstück, § 946 BGB

Verbindung von beweglicher Sache mit Grundstück bewirkt Eigentum, wenn wesentlicher Bestandteil

Nach § 93 BG können Bestandteile einer Sache, die voneinander nicht getrennt werden können, ohne dass der eine oder andere zerstört oder in seinem Wesen verändert wird (sog. *wesentliche Bestandteile*), nicht Gegenstand besonderer Rechte sein. Nach dieser Grundsatzregelung des § 93 BGB können daher bei der Verbindung einer beweglichen Sache mit einem Grundstück, wenn erstere wesentlicher Bestandteil wird, die ursprünglichen Eigentumsverhältnisse nicht fortbestehen. § 946 BGB bestimmt für diesen Fall, dass der Grundstückseigentümer auch Eigentum an der beweglichen Sache erhält, die wesentlicher Bestandteil wurde. Die wirtschaftliche Einheit des Grundstücks soll auf diese Weise erhalten bleiben.

264

Voraussetzungen

> **Voraussetzungen des § 946 BGB:**
> - Verbindung einer beweglichen Sache mit einem Grundstück
> - bewegliche Sache wird wesentlicher Bestandteil, §§ 93-95 BGB

265

bei Verbindung guter Glaube irrelevant

Es muss eine bewegliche Sache mit einem Grundstück verbunden worden sein. Dabei ist es unerheblich, wer die Verbindung durchgeführt hat bzw. auf wessen Veranlassung sie durchgeführt wurde. Auf den guten Glauben des Grundstückseigentümers kommt es nicht an. Die Verbindung muss noch nicht einmal von Menschenhand erfolgen, sondern kann auch auf Naturkräfte zurückzuführen sein. Auch ein Abhandenkommen der Sache wirkt sich nicht mehr aus.[362]

266

> **hemmer-Methode:** Dass Bösgläubigkeit und Abhandenkommen den Erwerb nicht hindern, ist ein Charakteristikum des gesetzlichen Eigentumserwerbs.
> Gutgläubiger Erwerb ist eben nur im rechtsgeschäftlichen Bereich möglich, böser Glaube aber umgekehrt auch nur dort schädlich. Die Ersitzung, die nach § 937 II BGB gleichwohl Gutgläubigkeit des Ersitzenden verlangt, nimmt insofern eine Mittelstellung ein. Dies erklärt sich daraus, dass hier regelmäßig ein gescheiterter rechtsgeschäftlicher Erwerb vorausgegangen ist. Diesen Zusammenhang belegt auch das römische Recht, das einen gutgläubigen Erwerb vom Nichtberechtigten überhaupt nicht kannte, dafür aber kürzere Ersitzungszeiten vorsah.

---

361 PALANDT, § 199 Rn. 39.
362 PALANDT, § 946 Rn. 3.

§ 6 EIGENTUMSERWERB DURCH GESETZ ODER HOHEITSAKT

§§ 93-95 BGB: keine Teilung ohne Zerstörung oder Wesensveränderung

Die bewegliche Sache muss wesentlicher Bestandteil des Grundstücks geworden sein. Wesentliche Bestandteile eines Grundstücks sind nach § 94 BGB nur solche Sachen, die mit dem Grund und Boden fest verbunden sind (z.B. Gebäude oder Erzeugnisse nach § 94 I BGB) oder die zur Herstellung in das Gebäude eingefügt worden sind (§ 94 II BGB, z.B. ein Heizkörper).

Ein wesentlicher Bestandteil liegt allerdings nicht vor, wenn die Sache nur zu einem vorübergehenden Zweck mit dem Grund und Boden verbunden (§ 95 I BGB) oder in das Gebäude eingefügt wird (§ 95 II BGB), sog. Scheinbestandteile. Die unter § 95 BGB fallenden Gegenstände sind daher sonderrechtsfähig, ihre Übereignung erfolgt nach den §§ 929 ff. BGB.

Problem: Scheinbestandteile

Ob im Einzelfall ein wesentlicher Bestandteil oder nur ein Scheinbestandteil gegeben ist, entscheidet sich nach der Verkehrsauffassung. Indiz für einen bloßen Scheinbestandteil kann sein, dass die Verbindung in Ausübung eines zeitlich begrenzten Nutzungsrechts (durch Mieter, Pächter etc.) erfolgt.

Bsp.[363]: P baute auf dem Grundstück des E als Pächter ein Holzhaus. Nach Ablauf der Pachtzeit zog er aus, seine Familie blieb aber dort wohnen. K erwarb das Grundstück von E und meint nach seiner Eintragung ins Grundbuch, auch Eigentümer des Holzhauses geworden zu sein. Wie ist die Rechtslage?

Das Holzhaus stand zunächst im Eigentum des P, denn da es ersichtlich nur für die Dauer der Pachtzeit errichtet wurde, wurde es nicht wesentlicher Bestandteil des Grundstücks, vgl. § 95 I 1 BGB.

Allerdings könnte das Haus mit Ablauf der Pachtzeit wesentlicher Bestandteil des Grundstücks geworden sein, mit der Folge, dass zunächst E nach § 946 BGB und danach K auf rechtsgeschäftlichem Weg das Eigentum erworben hätten.

Der BGH[364] hat dies allerdings nicht angenommen, wofür wohl spricht, dass die Familie des P auch nach Ablauf der Pachtzeit in dem Haus wohnen blieb. Da für eine Übertragung des Eigentums von P an E nach § 929 S.1 BGB nichts ersichtlich ist und auch E und K bzgl. des Hauses keine dinglichen Einigungserklärungen abgegeben haben (ansonsten eventuell Erwerb des K nach §§ 929 S.1, 932 BGB), ist P nach wie vor Eigentümer des Hauses. Auch § 892 BGB hilft dem K nicht weiter, denn die Vorschrift sagt nichts darüber aus, ob ein sich äußerlich als wesentlicher Bestandteil darstellendes Gebäude dies auch tatsächlich ist.

zwingende Natur

§ 946 BGB ist zwingend. Seine Rechtsfolge ist daher nicht durch Parteivereinbarung abdingbar.

Rechte Dritter

Mit dem Eigentumserwerb nach § 946 BGB erlöschen gemäß § 949 S.1 BGB auch die Rechte Dritter an der Sache. Bestanden an dem Grundstück Rechte Dritter (z.B. Grundschuld, Hypothek), so erstrecken sich diese nach § 949 S.3 BGB nun auch auf die wesentlichen Bestandteile.[365]

2. Verbindung mehrerer beweglicher Sachen, § 947 BGB

Verbindung beweglicher Sachen

§ 947 BGB bildet das Pendant zu § 946 BGB bei der Verbindung mehrerer beweglicher Sachen. Auch hier kann die alte Eigentumslage hinsichtlich der wesentlichen Bestandteile nach § 93 BGB nicht fortbestehen.

---

363   Nach BAUR/STÜRNER, § 53a I 1.
364   BGHZ 23, 57.
365   Vgl. PALANDT, § 949 Rn. 4.

Nach § 947 I BGB entsteht grundsätzlich Miteigentum der früheren Eigentümer der Einzelsachen an der neuen, einheitlichen Sache in dem Verhältnis des Wertes, den die beiden Sachen im Zeitpunkt der Verbindung hatten. Nach § 947 II BGB entsteht ausnahmsweise Alleineigentum, wenn eine Sache als die Hauptsache anzusehen ist.

Voraussetzungen

Voraussetzungen des § 947 BGB:
- Verbindung mehrerer beweglicher Sachen
- zu wesentlichen Bestandteilen, § 93 BGB

wesentlicher Bestandteil, § 93 BGB

Es gilt hier weitgehend das zu § 946 BGB Ausgeführte. Die Eigenschaft als wesentlicher Bestandteil richtet sich bei beweglichen Sachen allerdings nur nach § 93 BGB.

In der *Rspr.*[366] besteht diesbezüglich die Tendenz, die Eigenschaft als wesentlicher Bestandteil zu verneinen (z.B. der serienmäßige Motor eines Kraftfahrzeugs), um den Eigentumsvorbehaltsverkäufer zu schützen, der sonst über § 947 BGB häufig sein Eigentum verlieren würde.

§ 947 BGB zwingend ⇨ Verbindungsklauseln führen nur zur Rückübereignung

Auch § 947 BGB ist zwingend und kann nicht durch Parteivereinbarung abbedungen werden.[367] Daher verliert bei einem Verkauf unter Eigentumsvorbehalt bei Vorliegen wesentlicher Bestandteile der Verkäufer sein Eigentum ganz oder teilweise.

Die daher häufig vereinbarten Verbindungsklauseln, nach welchen der Verkäufer Eigentümer bleiben soll, ändern wegen dessen Unabdingbarkeit nicht die Rechtsfolge des § 947 BGB, sondern führen eine neue, rechtsgeschäftliche Rückübereignung an den Verkäufer herbei (i.d.R. durch eine antizipierte Übereignung nach §§ 929 S.1, 930 BGB).

Rechte Dritter, § 949 S.1 BGB

Nach § 949 S.1 BGB erlöschen grundsätzlich Rechte Dritter mit dem Eigentumserwerb. Entsteht Miteigentum gemäß § 947 I BGB, setzen sich die Rechte Dritter an dem betreffenden Eigentumsanteil fort (§ 949 S.2 BGB). Entsteht Alleineigentum nach § 947 II BGB, so erstrecken sich Rechte Dritter an der Hauptsache auch auf die neue Sache (§ 949 S.3 BGB).[368]

3. Vermischung/Vermengung, § 948 BGB

Vermischung bei tatsächlicher oder wirtschaftlicher Untrennbarkeit

§ 948 BGB will wirtschaftlich sinnlose Maßnahmen zur Aufrechterhaltung des Einzeleigentums vermeiden. Zudem soll die durch die tatsächliche oder wirtschaftliche Untrennbarkeit entstandene Konfliktlage gelöst werden.[369] Bei der Vermischung oder Vermengung mehrerer beweglicher Sachen finden gemäß § 948 BGB die Regelungen des § 947 BGB entsprechende Anwendung, wenn zwar keine wesentlichen Bestandteile vorliegen, aber die Sachen untrennbar vermischt sind. Nach §§ 948, 947 I BGB entsteht grundsätzlich Miteigentum der früheren Eigentümer. Ist ein Bestandteil dagegen als Hauptsache anzusehen, so wird deren Eigentümer nach §§ 948, 947 II BGB Alleineigentümer.

---

366 Vgl. BAUR/STÜRNER, § 53a II 2.
367 Vgl. PALANDT, § 947 Rn. 4.
368 Vgl. PALANDT, § 949 Rn. 1.
369 Vgl. MÜKO-QUACK, § 948 Rn. 1.

§ 6 EIGENTUMSERWERB DURCH GESETZ ODER HOHEITSAKT

Voraussetzungen

> **Voraussetzungen des § 948 BGB:**
>
> - Vermischung (Flüssigkeiten/Gase) oder Vermengung (feste Stoffe) beweglicher Sachen
>
> - Untrennbarkeit
>   ⇨ tatsächliche, § 948 I BGB
>   ⇨ wirtschaftliche, § 948 II BGB

271

Vermischung/Vermengung mehrerer beweglicher Sachen

Es müssen mehrere bewegliche Sachen "verbunden" werden. Diese "Verbindung" wird bei Flüssigkeiten oder Gasen als Vermischung, bei festen Stoffen als Vermengung bezeichnet.

272

Untrennbarkeit

Die Vermischung/Vermengung muss untrennbar sein. Nach § 948 I BGB ist dafür grundsätzlich eine tatsächliche Untrennbarkeit erforderlich.

§ 948 II BGB lässt darüber hinaus genügen, dass die Trennung nur unter unverhältnismäßig hohen Kosten möglich ist *(wirtschaftliche Untrennbarkeit)*.

auch bei Geld

Die *h.M.*[370] wendet § 948 BGB auch auf Geldstücke und -scheine an, da diese als bewegliche Sachen zu behandeln sind.[371] Dies bedeutet grundsätzlich, dass gemäß §§ 948, 947 I BGB *Miteigentum* am Geld entsteht.[372] Jeder Miteigentümer kann daher nach §§ 749, 752 BGB Aufhebung der Gemeinschaft und Teilung in Natur verlangen.

Die Anwendung des § 947 II BGB wird bei Geld in der *Literatur* zum Teil abgelehnt.[373] Das bloße zahlen- oder mengenmäßige Übergewicht eines Bestandes soll die Annahme einer "Hauptsache" und damit Alleineigentum nicht rechtfertigen.

Die *Gegenmeinung*[374] will dagegen aus Praktikabilitätsgründen § 947 II BGB zumindest dann entsprechend anwenden, wenn ein außergewöhnliches zahlenmäßiges Übergewicht besteht, so dass in diesem Fall Alleineigentum des Eigentümers der Hauptmenge entsteht. Nach *Medicus*[375] soll darüber hinaus bei einer Geschäftskasse mit schwankendem Bestand der Kassenbestand grundsätzlich Hauptsache i.S.d. § 947 II BGB sein.

> **hemmer-Methode:** Dasselbe Problem stellt sich z.B. bei Vermengung im Geldbeutel. Für die Auffassung von *Medicus* spricht, dass ansonsten jeder neue Pfennig die Miteigentumsanteile verändert. Ein gesetzlicher Eigentumsverlust kommt aber nur dann in Betracht, wenn das Eigentum nicht schon vorher rechtsgeschäftlich übertragen wurde. Da auch bei abhanden gekommenem Geld Gutglaubenserwerb möglich ist (§ 935 II BGB), ist häufig der Eigentumsverlust schon rechtsgeschäftlich eingetreten. Dagegen kommt es auf die §§ 947, 948 BGB an, wenn ein Geschäftsunfähiger oder ein beschränkt Geschäftsfähiger Geld weggibt.

Rechte Dritter

Das Schicksal von Rechten Dritter beurteilt sich auch hier nach der Regelung des § 949 BGB.

zwingende Natur

Auch § 948 BGB stellt eine zwingende Regelung dar, die nicht durch Parteivereinbarung abbedungen werden kann.

---

370 Vgl. PALANDT, § 948 Rn. 2.
371 A.A. Geldwertvindikation nach WESTERMANN, § 30 V, § 52b III b.
372 Vgl. BAUR/STÜRNER, § 53a III 2b.
373 BAUR/STÜRNER, § 53a III 2 b.
374 Vgl. PALANDT, § 948 Rn. 3.
375 MEDICUS, JuS 1983, 897, 900.

4. Verarbeitung, § 950 BGB

Verarbeitung führt zu Eigentum des Herstellers an Rohstoffen/Rohprodukten

§ 950 BGB will den wirtschaftspolitischen Interessenkonflikt zwischen dem Lieferanten von Rohstoffen bzw. Produkten niedrigerer Produktionsstufe und dem Hersteller lösen, indem grundsätzlich dem Hersteller des neuen Produktes das Eigentum zugewiesen wird.[376]

Als Sondervorschrift geht § 950 BGB den §§ 947-949 BGB vor, während § 946 BGB der Vorrang vor § 950 BGB zukommt.[377]

Voraussetzungen

Voraussetzungen des § 950 BGB:
- Verarbeitung/Umbildung eines oder mehrerer Stoffe
- zu einer neuen Sache
- durch einen Hersteller
- Wert der Verarbeitung/Umbildung ist nicht erheblich geringer als der Stoffwert

Verarbeitung/Umbildung vom Willen unabhängig

§ 950 BGB setzt die Verarbeitung oder Umbildung eines oder mehrerer Stoffe voraus, die ursprünglich auch verschiedenen Eigentümern gehört haben könnten.

> **hemmer-Methode:** Die Verarbeitung ist wie die Verbindung und Vermischung ein Realakt und keine rechtsgeschäftliche Verfügung. Geschäftsfähigkeit ist daher nicht erforderlich. Auch auf die Willensrichtung und die Redlichkeit der Verarbeitenden kommt es nicht an. Auch der Dieb, der aus einer gestohlenen Sache eine neue i.S.d. § 950 BGB herstellt, wird deren Eigentümer!

neue Sache notwendig

Das Ergebnis der Verarbeitung muss eine neue bewegliche Sache sein. Ob dies der Fall ist, bestimmt sich nach *h.M.*[378] nach der Verkehrsanschauung. Neuheit ist dabei wirtschaftlich zu verstehen.[379] Anhaltspunkte für das Vorliegen einer neuen Sache sind z.B. die Erzielung einer höheren Produktionsstufe, eine neue Bezeichnung der Sache im Verkehr, eine Formveränderung der Sache oder eine andere wirtschaftliche Bedeutung gegenüber dem Ausgangsstoff.[380] Nicht ausreichend ist dagegen beispielsweise die bloße Reparatur einer Sache.

Wertdifferenz von Ausgangsstoff und Endsache bedeutsam

Der Wert der Verarbeitung/Umbildung darf nicht erheblich geringer sein als der Wert des Stoffes. Wert der Umbildung ist dabei nicht der tatsächliche Arbeitsaufwand, sondern die Differenz zwischen dem Wert der neuen Sache und dem Wert des Ausgangsstoffes.[381] Wesentlich geringeren Wert der Arbeitsleistung und damit keinen Eigentumserwerb des Herstellers nimmt die *Rspr.* jedenfalls an bei einem Verhältnis von 60 : 100.[382]

> **hemmer-Methode:** Macht der Sachverhalt über die Wertverhältnisse keine klaren Angaben, ist zumindest bei arbeitsintensiven Vorgängen von einem höheren Wert der Verarbeitung auszugehen. Argumentieren Sie praxisbezogen mit den hohen Produktions- und Lohnkosten.

---

376 Vgl. BGHZ 56, 88.
377 PALANDT, § 950 Rn. 1.
378 Vgl. OTTE, JuS 1970, 154, 157; aus der neueren Rspr.: OLG Köln NJW 97, 2187.
379 Vgl. PALANDT, § 950 Rn. 3.
380 Vgl. PALANDT, § 950 Rn. 3; BAUR/STÜRNER, § 53b II 1b.
381 Vgl. PALANDT, § 950 Rn. 11; BAUR/STÜRNER, § 53b II 2; BGHZ 18, 226, 228; BGHZ 56, 88, 90; Bsp. bei MEDICUS, BR, Rn. 520.
382 BGH NJW 95, 2633.

§ 6 EIGENTUMSERWERB DURCH GESETZ ODER HOHEITSAKT

Hersteller: Wirtschaftliche Betrachtung

Hersteller i.S.d. § 950 BGB ist nicht nur derjenige, welcher die Sache tatsächlich hergestellt hat, sondern derjenige, in *dessen Namen und wirtschaftlichem Interesse* die Herstellung nach der Verkehrsanschauung erfolgt.[383] Aus diesem Grund ist, obwohl bei Realakten Stellvertretung dogmatisch ausscheidet, im Ergebnis sehr wohl eine fremdwirkende Verarbeitung möglich.

Wird die Sache in einem Betrieb hergestellt, ist Hersteller nicht der weisungsgebundene Arbeiter, sondern der Unternehmer.[384] Auch beim Werkvertrag ist Hersteller i.S.d. § 950 BGB nicht der Werkunternehmer, sondern der Besteller, auf dessen Rechnung die Verarbeitung erfolgt.[385] Das belegt auch die Vorschrift des § 647 BGB, denn das gesetzliche Pfandrecht des Werkunternehmers wäre in vielen Fällen überflüssig, wenn der Werkunternehmer nach § 950 BGB Eigentümer der Sache würde.

Verarbeitungsklausel

Eng mit dem Herstellerbegriff verbunden ist die Frage nach der Rechtsnatur des § 950 BGB. Umstritten ist hier, ob § 950 BGB zwingendes Recht ist oder die Person des Herstellers durch Parteivereinbarung bestimmt werden kann.

Diese Frage hat Bedeutung insbesondere beim verlängerten Eigentumsvorbehalt, wenn eine sog. Verarbeitungs- oder Herstellerklausel vereinbart ist.

e.A.: § 950 zwingendes Recht

In der *Literatur*[386] wird § 950 BGB ebenso wie die §§ 946-948 BGB teilweise als *zwingendes Recht* betrachtet. Hersteller ist hiernach nur, wer nach der Verkehrsanschauung bei Zugrundelegung objektiver Kriterien als solcher anzusehen ist. Für diese Ansicht spricht vor allem die Systematik des Gesetzes und die Stellung des § 950 BGB im Sachenrecht.

*Verarbeitungsklausel
⇨ antizipierte Sicherungsübereignung*

Vereinbaren Vorbehaltsverkäufer und Vorbehaltskäufer daher im Rahmen eines verlängerten Eigentumsvorbehalts eine Verarbeitungsklausel, kann einer solchen Abrede nur die Wirkung einer *antizipierten Sicherungsübereignung* nach §§ 929 S.1, 930 BGB zukommen. Dem Lieferanten gelingt dann allerdings nur ein Durchgangserwerb, der Hersteller wird für eine juristische Sekunde Eigentümer.[387]

Rspr.: § 950 BGB zwingend, aber Herstellervereinbarung möglich

Auch die *Rspr.* hält größtenteils am zwingenden Charakter des § 950 BGB fest, meint aber, wer Hersteller sei, könne durch Parteivereinbarung bestimmt werden.[388] Auch wenn die *Rspr.* dies nicht zugibt, ist § 950 BGB im Ergebnis damit dispositiver Natur.

wohl h.M.: § 950 BGB dispositiv

Diese Auffassung entspricht dann auch der *h.M.*, dass § 950 BGB *dispositiv* ist.[389] Als Begründung wird vor allem angeführt, dass § 950 BGB den Interessenskonflikt zwischen Eigentümer und Hersteller lösen wolle, wenn zwischen beiden keine Vereinbarung vorliegt.

Sei eine solche aber vorhanden, bestehe kein Grund, dieser die Anerkennung zu versagen. Parteivereinbarungen gingen dem § 950 BGB daher vor. Auch ist in der Tat kein Grund ersichtlich, dem tatsächlich Verarbeitenden das Eigentum über § 950 BGB quasi aufzuzwingen, wenn dieser es gar nicht haben will.

276

277

---

383 Vgl. PALANDT, § 950 Rn. 4; BGHZ 20, 159, 163.

384 PALANDT, § 950 Rn. 9.

385 PALANDT, § 950 Rn. 10; BAUR/STÜRNER, § 53 b III 2.

386 Vgl. MEDICUS, BR, Rn. 529; PALANDT, § 950 Rn. 2 m.w.N.

387 MEDICUS, BR, Rn. 529.

388 BGHZ 20, 159, 163.

389 Vgl. BAUR/STÜRNER, § 53b I 3; FLUME, NJW 50, 841; SCHWAB/PRÜTTING, § 33 II 2 b.

Wird die neue Sache aus Stoffen verschiedener Vorbehaltseigentümer hergestellt, so erwerben sie mangels besonderer Abrede Allein- oder Miteigentum nach dem Gedanken der §§ 947, 948 I BGB.[390]

> **hemmer-Methode:** Den Streit um die Rechtsnatur des § 950 BGB und die Zulässigkeit einer Vereinbarung über den Hersteller müssen Sie kennen. Praktische Bedeutung und Klausurrelevanz gehen hier ausnahmsweise einher.
> Wenn Sie im Ergebnis die Zulässigkeit einer Vereinbarung über den Hersteller bejahen wollen, spricht vieles dafür, sich der *h.L.* anzuschließen und § 950 BGB von vornherein für dispositiv zu erklären. Sie ersparen sich auf diese Weise die Verbiegungen der *Rspr.*!

§ 950 II BGB, Rechte Dritter

Mit dem Erwerb des Eigentums erlöschen die an dem Stoff bestehenden Rechte Dritter nach § 950 II BGB.

str., ob § 950 II BGB auch für das AnwR gilt

Umstritten ist, ob dies auch für das Anwartschaftsrecht des Vorbehaltskäufers gilt, der mit dem Vorbehaltsverkäufer die oben diskutierte Herstellervereinbarung getroffen hat.

§ 950 II BGB hätte in dieser Konstellation die merkwürdige Konsequenz, dass der Vorbehaltskäufer nach der Verarbeitung weniger hätte als vorher. Vor der Verarbeitung stand ihm an den unter Eigentumsvorbehalt gelieferten Stoffen ein Anwartschaftsrecht zu.

Aufgrund der Herstellerklausel i.V.m. § 950 II BGB stünde dem Vorbehaltsverkäufer mit der Verarbeitung an der neuen Sache wieder unbedingtes Eigentum und dem Vorbehaltskäufer an derselben noch nicht einmal ein Anwartschaftsrecht zu. Dieses Ergebnis ist eindeutig nicht interessensgerecht.

e.A.: § 950 II BGB abbedungen

Zur Begründung eines Anwartschaftsrechts des Vorbehaltskäufers auch an der neuen Sache bieten sich zwei Wege an: Man kann zum einen § 950 II BGB für abbedungen erklären.[391] Der Vorbehaltsverkäufer erhält dann durch die Verarbeitung automatisch nur Vorbehaltseigentum. Im Ergebnis würde dies eine vom Gesetz nicht vorgesehene dingliche Surrogation bedeuten. Lehnt man dies ab, bleibt nur der Weg, zwischen Vorbehaltsverkäufer und Vorbehaltskäufer - ggf. auch stillschweigend - eine antizipierte Übereignung nach §§ 929 S.2, 158 I BGB anzunehmen, so dass der Vorbehaltsverkäufer über § 950 BGB nur für eine juristische Sekunde unbelastetes Eigentum erlangt.[392]

a.A.: Rückübereignung nach §§ 929 S.2, 158 I BGB

5. Bereicherungsrechtlicher Ausgleich, § 951 BGB

§ 951 BGB: Rechtsfortwirkungsanspruch zu § 985 BGB

§ 951 BGB will den Eigentümer, der sein Eigentum aufgrund der §§ 946-950 BGB verliert, für seinen Eigentumsverlust entschädigen. § 951 BGB ist daher Rechtsfortwirkungsanspruch gegenüber § 985 BGB.

Rechtsgrundverweisung

Die Vorschrift stellt dabei nach ganz h.M.[393] eine *Rechtsgrundverweisung* auf die §§ 812 ff. BGB dar. Es müssen somit alle Voraussetzungen eines Bereicherungsanspruchs nach §§ 812 ff. BGB vorliegen. Die Rechtsgrundlosigkeit der Bereicherung kann z.B. zu verneinen sein, wenn der Eigentümer mit dem Eigentumsverlust nach den §§ 946-950 BGB einverstanden war, wobei aber durch die Zustimmung der Verzicht auf den bereicherungsrechtlichen Ausgleich unzweifelhaft zum Ausdruck kommen muss.

---

390 Palandt, § 950 Rn. 11.
391 Flume, NJW 50, 841, 844.
392 Nierwetberg, NJW 83, 2235 f.
393 Vgl. BGHZ 10, 171, 179; BGHZ 55, 176, 177; Baur/Stürner, § 53c I 2; Palandt, § 951 Rn. 2.

§ 6 EIGENTUMSERWERB DURCH GESETZ ODER HOHEITSAKT

Umstritten ist dagegen, ob § 951 I BGB nur auf die *Eingriffskondiktion nach* § 812 I 1 2.Alt. BGB oder auch auf die *Leistungskondiktion nach* § 812 I 1 1.Alt. BGB verweist.

Die *Rspr.*[394] sieht in § 951 I BGB eine Verweisung sowohl auf die Eingriffs- als auch auf die Leistungskondiktion. Die *h.L.*[395] beschränkt die Verweisung auf die Eingriffskondiktion. Nach dieser Ansicht findet im Falle einer Leistung wegen des Subsidiaritätsprinzips § 812 I 1 1.Alt. BGB direkte Anwendung. Dem Meinungsstreit kommt daher nur rechtsdogmatische, nicht aber praktische Bedeutung zu.

> **hemmer-Methode:** I.V.m. § 951 BGB gibt es zahlreiche klausurrelevante Probleme, die an dieser Stelle nur angedeutet werden sollen.
> Zum einen besteht ein Spannungsfeld mit den Verwendungsersatzansprüchen aus dem Eigentümer-Besitzer-Verhältnis. Der *BGH* sieht in den §§ 994 ff. BGB eine abschließende Sonderregelung und verneint einen Anspruch aus §§ 951, 812 BGB selbst dann, wenn nach dem engen Verwendungsbegriff noch nicht einmal eine Verwendung vorliegt (Standardbeispiel: Hausbau auf fremdem Grundstück).[396]
> Die *Literatur*[397] lässt die Verwendungskondiktion dagegen zum Teil zu, weil den Interessen des Eigentümers auch durch die Grundsätze der aufgedrängten Bereicherung Rechnung getragen werden kann.[398]
> Zum anderen führt die Verweisung des § 951 BGB zu klassischen Problemen des Bereicherungsrechts, insbesondere was das Verhältnis von Leistungs- und Nichtleistungskondiktion angeht.
> Dabei hat sich bei dem Einbau von fremden Materialien auf einem Grundstück die Auffassung durchgesetzt, dass nicht formal auf den Eigentumserwerb kraft Gesetzes nach § 946 BGB abgestellt werden darf. Vielmehr ist die Kondiktion nach §§ 951, 812 I 1 2.Alt BGB schon dann ausgeschlossen, wenn der Bauherr durch eine vor dem Einbau erfolgte Übereignung Eigentum nach den §§ 932 ff. BGB rechtsgeschäftlich (und damit kondiktionsfest) hätte erwerben können.[399]

kein eigenständiges Wegnahmerecht

§ 951 II BGB gibt (abgesehen von dem nicht sehr bedeutsamen Wegnahmerecht für den nichtbesitzenden Verwender nach § 951 II 2 BGB) kein eigenständiges Wegnahmerecht, sondern verweist auf die Wegnahmerechte der §§ 459 S.2, 539 II, 581 II, 601 II 2, 997 BGB u.a..[400]

280

> **hemmer-Methode:** Zwischen § 951 I 2 BGB und § 951 II 1 BGB scheint auf den ersten Blick ein Widerspruch zu bestehen, denn die Wegnahme ist wegen § 258 BGB gerade mit der Wiederherstellung des alten Zustandes verbunden.
> Nach *Medicus*[401] soll § 951 I 2 BGB nur verhindern, dass mit der Kondiktion die naturale Herausgabe des Erlangten gefordert werden kann, weil § 258 BGB für diesen Anspruch nicht gilt.
> Ein Wegnahmerecht, das mit der Auflage der Wiederherstellung des früheren Zustandes verbunden ist, kann dagegen zugelassen werden. Zudem hat der Eigentümer häufig die Möglichkeit, die Wegnahme durch Wertersatz abzuwenden (z.B. § 552 I BGB).

---

394 Vgl. BGHZ 40, 272, 276; Berg, AcP 160, 511 ff.

395 Vgl. PALANDT, § 951 Rn. 1; BAUR/STÜRNER, § 53c I 2.

396 Soweit es jedoch um einen Fall der Zweckverfehlungskondiktion geht, lässt auch der BGH die §§ 951, 812 ff. zu, vgl. BGH Life&Law 2002, 12 ff.

397 Vgl. MEDICUS, BR, Rn. 985 ff.

398 Hierzu ausführlich HEMMER/WÜST, Bereicherungsrecht, Rn. 471 ff.

399 MEDICUS, BR, Rn. 723 f.

400 Vgl. BGHZ 40, 272, 280; a.A. (für ein selbständiges Wegnahmerecht) PALANDT, § 951 Rn. 22 m.w.N.

401 MEDICUS, BR, Rn. 903.

III. Eigentumserwerb an Schuldurkunden, § 952 BGB

Übertragung von Schuldurkunden nicht nach § 929 BGB, sondern nach § 952 BGB

Systematisch gesehen stellt § 952 BGB, der das Eigentum an Schuldurkunden regelt, eine Sondervorschrift gegenüber den §§ 929 ff. BGB dar. Seine Stellung im Anschluss an die §§ 946 ff. BGB erklärt sich dadurch, dass, nachdem zuvor die Verbindung mehrerer Sachen geregelt wurde, § 952 BGB nun eine Regelung für die Fälle enthält, in denen die Verbindung von einer Sache mit einem Recht in Rede steht.

§ 952 I 1 BGB bestimmt, dass das Eigentum an bestimmten Schuldurkunden immer dem Inhaber des in der Urkunde verkörperten Rechts zusteht. Die Schuldurkunde wird also nicht nach §§ 929 ff. BGB übertragen, sondern das Eigentum geht mit der Übertragung des Rechts auf den neuen Rechtsinhaber über.

Merksatz

Das Recht *am* Papier folgt dem Recht *aus* dem Papier.

> **hemmer-Methode:** Das Eigentum an der Schuldurkunde geht selbst dann nach § 952 I 1 BGB kraft Gesetzes über, wenn mit der Abtretung zeitgleich eine Übergabe des Schuldscheins stattfindet.
> Durch § 952 I BGB wird gewährleistet, dass Inhaberschaft der Forderung und Eigentum an der Urkunde zu keinem Zeitpunkt auseinander fallen.

Schuldurkunden

Schuldurkunden i.S.d. § 952 I BGB sind Schuldscheine, Schuldanerkenntnisse und Schuldversprechen.[402]

§ 952 II BGB erweitert den Urkundenbegriff auf Hypotheken-, Grundschuld- und Rentenschuldbriefe sowie auf Papiere des § 808 BGB,[403] wie z.B. Sparkassenbücher.[404]

analog bei Kfz-Brief

Entsprechende Anwendung findet § 952 II BGB nach h.M.[405] auf Kraftfahrzeugbriefe (bzw. seit 01.01.2005 auf die Zulassungsbescheinigung). Dieser ist kein Wertpapier, d.h. die Übergabe des Papiers ersetzt nicht die Übergabe der Sache. Das Eigentum am Kfz-Brief geht also gemäß § 952 II BGB analog mit Einigung und Übergabe des Autos auf den Erwerber über.

> **hemmer-Methode:** Beachten Sie auch, dass § 1006 BGB bei Urkunden i.S.d. § 952 BGB nicht anwendbar ist.
> Die Eigentumsvermutung nach § 1006 I 1 BGB spricht daher für den Kfz- und nicht für den Briefbesitzer.[406]

§ 952 BGB nicht bei Wertpapieren

Bei Wertpapieren (v.a. Wechsel, Scheck) verhält es sich genau umgekehrt. Hier folgt das Recht *aus* dem Papier dem Recht *am* Papier. Das Eigentum am Papier geht also nach §§ 929 ff. BGB über und zieht das Recht mit.

> **hemmer-Methode:** In der Fallbearbeitung ist § 952 BGB meist im Rahmen des § 985 BGB zu prüfen, z.B. wenn der Eigentümer des PKW den Kfz-Brief herausverlangt oder wenn beim Vertrag zugunsten Dritter auf den Todesfall das Sparbuch herausverlangt wird. Der Herausgabeanspruch bzgl. des Sparbuchs ergibt sich aus §§ 985 i.V.m. 952 BGB, wenn der Dritte Inhaber der Forderung geworden ist.

---

[402] Vgl. PALANDT, § 952 Rn. 2.

[403] Zur Anwendung des § 808 (und damit des § 952 II BGB) auf Fußballtickets vgl. AG Frankfurt, Life and Law 2006, 373 ff. (Fußball-WM). Wichtig: § 808 BGB gilt nur bei auf eine konkrete Person lautende Eintrittskarte. Bei normalen Bundesligakarten gilt nicht § 808 BGB, sondern § 807 BGB. § 952 BGB findet hier keine Anwendung! Vgl. auch Ensthaler, NJW 2005, 3389 ff.

[404] Vgl. PALANDT, § 952 Rn. 3.

[405] Vgl. PALANDT, § 952 Rn. 7; BGHZ 34, 134.

[406] PALANDT, § 1006 Rn. 2.

§ 6 EIGENTUMSERWERB DURCH GESETZ ODER HOHEITSAKT

> Nach *h.M.* erwirbt der Dritte den Anspruch mit dem Tod des Versprechensempfängers, vgl. § 331 i.V.m. § 328 BGB. Er kann dann als Inhaber der Forderung das Sparbuch über §§ 985, 952 BGB herausverlangen. Liegt allerdings im Valutaverhältnis keine wirksame Schenkung vor (z.B. weil dem Erben ein rechtzeitiger Widerruf der Schenkungsofferte gelungen ist), steht dem Anspruch aus § 985 BGB die dolo-facit-Einrede entgegen bzw. der Erbe kann sich auf ein Besitzrecht aus § 242 BGB berufen, da der Bedachte nach § 812 I 1 1.Alt BGB zur Rückübertragung der Forderung verpflichtet ist.

IV. Erwerb von Erzeugnissen/Bestandteilen, §§ 955-957 BGB

Trennung von Hauptsache, §§ 953-957 BGB

Nach § 93 BGB können Erzeugnisse und sonstige Bestandteile einer Sache nicht Gegenstand besonderer Rechte sein, solange sie noch mit der Hauptsache als wesentlicher Bestandteil verbunden sind. Die §§ 953-957 BGB regeln die Eigentumsverhältnisse dieser Sachen nach der Trennung von der Hauptsache.

1. Begriffe

Erzeugnisse

Erzeugnisse sind alle organischen, von der Muttersache getrennten körperlichen Gegenstände, wie z.B. Jungtiere, Eier, Milch, geschlagenes Holz, Pflanzenableger.[407]

Bestandteile

Bestandteile sind alle anorganischen, von der Hauptsache getrennten körperlichen Gegenstände einer einheitlichen Sache, wie z.B. Sand oder Kies.[408]

Sachfrüchte

Sachfrüchte sind nach § 99 I BGB alle Erzeugnisse und die sonstige Ausbeute, welche aus der Sache ihrer Bestimmung gemäß unter Bestehenbleiben der Muttersache erzielt wurde, wie z.B. Obst.

Art der Trennung egal

Nach §§ 953-956 BGB kommt es für den Eigentumserwerb jeweils auf den Vorgang der Trennung an. Unerheblich ist dabei, wie die Trennung im Einzelnen erfolgt ist, durch wen oder warum. Eine Besitzergreifung an abgetrennten Erzeugnissen oder Bestandteilen ist ebenfalls nicht erforderlich. Regelmäßig erfolgt der Eigentumserwerb mit der Trennung, wenn Besitz an der Hauptsache besteht, ansonsten mit der Besitzergreifung.

2. Grundsatz des § 953 BGB

Grundsatz des § 953 BGB

Nach dem Grundsatz des § 953 BGB erwirbt der Eigentümer der Hauptsache mit der Trennung auch das Eigentum an Erzeugnissen und sonstigen Bestandteilen, soweit sich aus den §§ 954-957 BGB nicht etwas anderes ergibt.

> **hemmer-Methode:** Die §§ 954 ff. BGB regeln nur die dingliche Zuordnung, nicht aber die Frage, ob der Besitzer die getrennten Sachfrüchte auch behalten darf. Letzteres entscheidet sich nach den allgemeinen Regeln, insbesondere den §§ 987 ff. BGB.

3. § 954 BGB

bei dinglichem Nutzungsrecht § 954 BGB

Ist einem Dritten ein *dingliches Nutzungsrecht* an der Sache eingeräumt, so erwirbt nicht der Eigentümer, sondern der dinglich Nutzungsberechtigte das Eigentum an Erzeugnissen und sonstigen Bestandteilen mit deren Trennung von der Hauptsache *(§ 954 BGB)*, sofern sich nicht aus den §§ 955-957 BGB etwas anderes ergibt.

---

[407] Vgl. RGRK, § 953 Rn. 6.
[408] Vgl. RGRK, § 953 Rn. 7.

Dingliche Nutzungsrechte sind z.B. der Nießbrauch nach §§ 1030, 1039 BGB, das Erbbaurecht nach § 1013 BGB bzw. § 1 II ErbbRVO, das Nutzpfandrecht nach § 1213 BGB u.a..[409]

4. §§ 955-957 BGB

§§ 955-957 BGB spezieller

Die §§ 955-957 BGB bilden sowohl gegenüber § 953 BGB als auch gegenüber § 954 BGB die spezielleren Tatbestände. § 955 BGB tritt dabei als allgemeinerer Tatbestand hinter § 956 BGB zurück.

a) § 955 BGB

§ 955 BGB

§ 955 BGB erfasst den Erwerb von Erzeugnissen und sonstigen zu den Früchten der Sache zählenden Bestandteilen.

§ 955 I 1 BGB bei berechtigtem Eigenbesitz

Der *berechtigte Eigenbesitzer* der Hauptsache erwirbt an den Sachfrüchten Eigentum mit der Trennung gemäß § 955 I 1 BGB. Nach § 955 II BGB gilt dies auch für den Nutzungsberechtigten.

§ 955 I 2 BGB bei unberechtigtem Eigenbesitz

Der *unberechtigte Eigenbesitzer* erwirbt Eigentum an den Sachfrüchten - ebenso wie der Nutzungsberechtigte über § 955 II BGB - mit der Trennung, sofern er bei Erwerb des Eigenbesitzes *gutgläubig* (i.S.d. § 932 II BGB) war oder vor der Trennung nicht von dem Rechtsmangel positive Kenntnis erhalten hat *(§ 955 I 2 BGB)*.

Der gute Glaube muss sich dabei auf das entstehende Erwerbsrecht, also das Eigentum an der Hauptsache oder das dingliche Nutzungsrecht, beziehen.[410] Nach *h.M.*[411] wird der gutgläubige Erwerb nicht durch § 935 BGB ausgeschlossen, d.h. der gutgläubige Eigenbesitzer erwirbt auch dann nach § 955 BGB Eigentum an dem Kalb, wenn die Muttersache (= die Kuh) gestohlen worden war.

b) § 956 BGB

§ 956 BGB bei Gestattung

Nach § 956 I BGB erwirbt auch derjenige mit der Trennung Eigentum an Erzeugnissen oder sonstigen Bestandteilen, dem die Aneignung durch den Eigentümer gestattet worden ist, wenn er in diesem Zeitpunkt Besitzer der Hauptsache ist, ansonsten mit der Besitzergreifung. Nach § 956 II BGB gilt dies auch dann, wenn die Gestattung nicht durch den Eigentümer erfolgt, sondern durch einen Dritten, der sonst Eigentümer der Erzeugnisse oder sonstigen Bestandteile würde. Die Aneignungsgestattung darf im Moment des Eigentumserwerbs nicht widerrufen sein. Voraussetzung ist hier, dass der Gestattende zur Gestattung berechtigt war.

Rechtsnatur der Aneignungsgestattung str.

Die Aneignungsgestattung ist nach der *Aneignungstheorie* (= Erwerbstheorie)[412] eine einseitige empfangsbedürftige Willenserklärung, für welche die Bestimmungen des Allgemeinen Teils (§§ 104 ff. BGB) gelten. Nach der *Übertragungstheorie*[413] liegt dagegen in der Gestattung ein Übereignungsangebot, das der künftige Erwerber noch annehmen muss. Die Annahme liegt dabei in der Ergreifung und Fortsetzung des Besitzes an der Hauptsache bzw. spätestens in der Besitzergreifung der Erzeugnisse. § 956 BGB regelt nach dieser Theorie nur einen Sonderfall der Übereignung künftiger Sachen.

---

409 Vgl. PALANDT, § 954 Rn. 1.
410 Vgl. BAUR/STÜRNER, § 53e IV 2a.
411 Vgl. PALANDT, § 955 Rn. 1.
412 Vgl. BAUR/STÜRNER, § 53e V 2.
413 Vgl. PALANDT, § 956 Rn. 1; BGHZ 27, 360, 366.

§ 6 EIGENTUMSERWERB DURCH GESETZ ODER HOHEITSAKT

> **hemmer-Methode:** Denken Sie in Zusammenhängen: Hauptanwendungsfall der Gestattung i.S.d. § 956 BGB ist der Pachtvertrag, bei dem der Verpächter neben dem Gebrauch der Sache auch die Fruchtziehung schuldet, § 581 I BGB. Dieser Verpflichtung kommt er durch eine Gestattung i.S.d. § 956 BGB nach.

c) § 957 BGB

§ 957 BGB bei Gestattung durch den Nichtberechtigten

§ 956 BGB verlangt die Gestattung durch den Berechtigten. § 957 BGB ermöglicht in dessen Ergänzung den Eigentumserwerb bei Gestattung durch den Nichtberechtigten. § 956 BGB gilt in diesem Fall entsprechend. Voraussetzung ist nach dem Gesetz an sich nur die Gutgläubigkeit des Gestattungsempfängers beim Besitzerwerb der Muttersache bzw. bei Besitzergreifung der Erzeugnisse. Darüber hinaus ist aber allgemein anerkannt, dass auch der Rechtsschein für den Gestattenden sprechen muss, d.h. der Gestattende muss bei der Überlassung des Besitzes oder bei der Besitzergreifung im Besitz der Muttersache gewesen sein.[414]

Rechtsscheintatbestand erforderlich

> **Der Eigentumserwerb von Erzeugnissen findet also in genau umgekehrter Reihenfolge der §§ 953 ff. BGB statt:**
> - der persönlich Aneignungsberechtigte (auch bei Gestattung durch einen Nichtberechtigten), §§ 956, 957 BGB
> - der gutgläubige Eigenbesitzer, § 955 BGB
> - der dinglich Aneignungsberechtigte, § 954 BGB
> - der Eigentümer, § 953 BGB

V. Aneignung §§ 958-964 BGB

Nach § 958 I BGB kann an herrenlosen Sachen oder Sachen, die herrenlos werden, durch den Realakt der Aneignung Eigentum erworben werden.

Voraussetzungen

> **Voraussetzungen des § 958 I BGB:**
> - herrenlose bewegliche Sache
> - Inbesitznahme (Eigenbesitz), § 872 BGB
> - kein Ausschluss nach § 958 II BGB

herrenlos, wenn kein Eigentümer vorhanden; Aufgabe ist nicht empfangsbedürftige WE

Herrenlos ist eine Sache, die keinen Eigentümer hat. Dabei kann Eigentum noch nie bestanden haben *(ursprüngliche Herrenlosigkeit)*, z.B. Fische, Muscheln, wilde Tiere, solange sie sich in Freiheit befinden (§ 960 I BGB). Das Eigentum kann aber auch aufgegeben worden sein *(Dereliktion)*, § 959 BGB. Hier liegt im Gegensatz zur Aneignung ein Rechtsgeschäft vor, das aus einer nicht empfangsbedürftigen Willenserklärung des Berechtigten und dem Realakt der Besitzaufgabe besteht.

Eigenbesitz

Für die Aneignung genügt die Begründung von *Eigenbesitz* (§ 872 BGB). Unerheblich ist, ob mittelbarer oder unmittelbarer Eigenbesitz vorliegt. Es genügt daher auch die Besitzerlangung über Besitzmittler. Die Inbesitznahme ist ein Realakt und kein Rechtsgeschäft, so dass es auf die Geschäftsfähigkeit des Aneignenden nicht ankommt.

---

414 RGZ 108, 269, 271; PALANDT, § 957 Rn. 1; BAUR/STÜRNER, § 53e VI 1 b.

> **hemmer-Methode:** Anders bei der Dereliktion: Der Minderjährige kann nur den Besitz, nicht aber das Eigentum an einer Sache aufgeben, da die Dereliktion als Rechtsgeschäft Geschäftsfähigkeit voraussetzt.[415]
> Die Aufgabe des Eigentums kann auch dem Aneignenden gegenüber angefochten werden, wodurch allerdings nur die Herrenlosigkeit rückwirkend beseitigt wird. Zum Abhandenkommen der Sache führt eine Anfechtung der Dereliktion nicht.[416]

Ausschluß nach § 958 II BGB

Die Aneignung darf nicht gemäß § 958 II BGB ausgeschlossen sein. Die Aneignung kann dabei gesetzlich verboten sein, z.B. nach dem BNatSchG bzgl. geschützter Pflanzen. Die Aneignung ist aber auch dann ausgeschlossen, wenn ein Aneignungsrecht eines Dritten besteht (z.B. Jagdrecht nach § 1, 3 BJagdG).

> *Bsp.:* Der Wilderer W erlangt durch Inbesitznahme des von ihm geschossenen Rehs wegen § 958 II BGB kein Eigentum. Ebenso erlangt aber auch der Jagdberechtigte kein Eigentum, da er sein Aneignungsrecht nicht ausgeübt hat. Ein gutgläubiger Dritter kann jedoch vom Wilderer entsprechend §§ 932 ff. BGB Eigentum erwerben, da am Reh bislang kein Eigentum bestand und § 935 BGB somit keine Anwendung findet.

> **hemmer-Methode:** Diese Fragen werden fast häufiger in Strafrechts- als in Zivilrechtsklausuren relevant, wenn es um die Abgrenzung von § 242 StGB und § 292 StGB (Jagdwilderei) geht.
> Weil bei § 292 StGB der Versuch nicht unter Strafe gestellt ist, tauchen die Probleme hier regelmäßig bei der Behandlung von Irrtümern im Rahmen des subjektiven Tatbestands auf.[417]

VI. Fund, §§ 965 ff. BGB

1. § 973 BGB

Fund, § 973 BGB

Der Finder erwirbt nach § 973 BGB nach Ablauf von sechs Monaten *originäres Eigentum* an der Fundsache. Bis zu diesem Zeitpunkt bestehen aufgrund Gesetzes bestimmte Pflichten des Finders im Interesse des Verlierers, die denen der Geschäftsführung ohne Auftrag entsprechen. Vom Auffinden bis zum Eigentumserwerb besteht zwischen Finder und Verlierer ein gesetzliches Schuldverhältnis.

Voraussetzungen

> **Voraussetzungen des § 973 BGB:**
> - verlorene Sache
> - Ansichnahme durch den Finder
> - Ablauf von sechs Monaten nach Fundanzeige

verlorene Sache bei unfreiwilligem Besitzverlust

Eine Sache ist verloren, wenn sie ohne Besitzer, aber nicht herrenlos ist, und der Besitz ohne den Willen des Eigentümers endete.[418] Verlegte oder vergessene Sachen sind nicht besitzlos, solange der Aufenthaltsort dem Eigentümer noch bekannt ist.

---

415 SCHWAB/PRÜTTING, § 42 II; PALANDT, § 959 Rn. 1.
416 PALANDT, § 959 Rn. 1.
417 Zu den strafrechtlichen Problemen vgl. ausführlich HEMMER/WÜST, Strafrecht BT I, Rn. 107 ff.
418 Vgl. PALANDT, v. § 965 Rn. 1.

§ 6 EIGENTUMSERWERB DURCH GESETZ ODER HOHEITSAKT

Ansichnahme = Inbesitznahme

Die Sache muss gefunden und vom Finder an sich genommen werden. Dabei genügt das bloße Wahrnehmen der Fundsache nicht. Der Finder muss die Sache zusätzlich in Besitz nehmen. Das Ansichnehmen stellt ebenfalls einen Realakt dar, für den Geschäftsfähigkeit nicht erforderlich ist. Die Ansichnahme kann auch für den Besitzherrn durch einen Besitzdiener erfolgen (§ 855 BGB), z.B. Platzanweiserin findet Ring im Kino für Kinobesitzer.[419]

Frist des § 973 I 1 BGB

Der Eigentumserwerb tritt nach § 973 I 1 BGB erst nach Ablauf von sechs Monaten nach Anzeige des Fundes bei der zuständigen Behörde (§ 965 BGB) ein, sofern weder dem Finder noch der Behörde ein Empfangsberechtigter bekannt wird.

2. Sonderregelungen

a) Verkehrsfund, § 978 BGB

Verkehrsfund, § 978 BGB

Wird eine Sache in den Geschäftsräumen einer öffentlichen Behörde oder deren Beförderungsmitteln oder in dem öffentlichen Verkehr dienenden Verkehrsmitteln gefunden, so ist die Sache bei der Behörde oder der Verkehrsanstalt abzugeben (§ 978 I BGB). Eigentum kann der Finder nicht erwerben (§ 978 I 2 BGB). Auch der Finderlohn beträgt nur die Hälfte des normalen Finderlohnes und wird nur gewährt, wenn die Sache mehr als 50,- € wert ist (§ 978 II BGB).

299

b) Schatzfund, § 984 BGB

Schatz

Ein Schatz ist nach § 984 BGB eine Sache, die solange verborgen gelegen hat, dass der Eigentümer nicht mehr zu ermitteln ist.

300

§ 984 BGB

Für den Schatzfund genügt im Gegensatz zu § 965 BGB gemäß § 984 BGB die Entdeckung, also die tatsächliche Wahrnehmung. Eigentum wird dann aber erst durch Inbesitznahme erworben. Eigentümer werden nach § 984 BGB zur Hälfte der Eigentümer der Sache, in welcher der Schatz verborgen war, und zur Hälfte der Entdecker.

bei Arbeitnehmer ist bzgl. Entdecker zu differenzieren

Findet ein Arbeitnehmer im Rahmen seines Arbeitsverhältnisses einen Schatz, ist die Person des Entdeckers fraglich. Richtigerweise wird zu differenzieren sein. Handelte es sich um eine geplante und gezielte Schatzsuche, so ist nach der Verkehrsanschauung nicht der Arbeitnehmer, sondern dessen Arbeitgeber als Geschäftsherr und Leiter der Schatzsuche Entdecker i.S.d. § 984 BGB.[420] Bei einem zufälligen Schatzfund muss dagegen der Arbeitnehmer als Entdecker angesehen werden. Die zufällige Entdeckung kann bei natürlicher Betrachtung nicht mit der betrieblichen Tätigkeit, zu der ihn der Arbeitgeber verpflichtet, in Verbindung gebracht und damit dem Arbeitgeber zugeordnet werden.[421]

C. Eigentumserwerb durch Hoheitsakt

in der ZVG Eigentumserwerb mit Ablieferung, § 817 II ZPO
⇨ §§ 929 ff. BGB nicht anwendbar

Bei der Versteigerung einer gepfändeten Sache im Rahmen der Zwangsversteigerung wird das Eigentum dem Ersteigerer *hoheitlich zugewiesen*. Dabei erwirbt der Ersteigerer das Eigentum nicht schon mit dem Zuschlag nach § 817 I ZPO i.V.m. § 156 BGB.

301

---

[419] Vgl. BGHZ 8, 130.
[420] Vgl. BGH JZ 1988, 665.
[421] Vgl. BGH JZ 1988, 665.

Der Eigentumswechsel findet vielmehr erst mit der *Ablieferung* nach § 817 II ZPO statt (anders nur bei der Versteigerung von Grundstücken, wo das Eigentum bereits mit dem Zuschlag erworben wird, § 90 I ZVG). Ablieferung bedeutet dabei die Übereignung durch den Staat kraft hoheitlicher Gewalt.[422] Dieser Vorgang ist öffentlich-rechtlich. Die §§ 929 ff. BGB sind unanwendbar.

Gutgläubigkeit nicht erforderlich

Fehlende Gläubigerforderung, fehlendes Eigentum des Vollstreckungsschuldners und Bösgläubigkeit des Erstehers hindern den Eigentumserwerb nicht.[423]

> **hemmer-Methode: Zur Erinnerung: Der Eigentumserwerb nach §§ 1242, 1244 BGB bei der Pfandversteigerung i.S.d. §§ 1235 ff. BGB ist rechtsgeschäftlicher Natur. Sowohl Kaufvertrag als auch Übereignung nach den §§ 929 ff. BGB kommen zwischen dem Pfandgläubiger, vertreten durch den Gerichtsvollzieher, und dem Ersteher zustande.[424]**
> **Bei der öffentlichen Versteigerung i.S.d. §§ 814 ff. ZPO wird der Gerichtsvollzieher dagegen als Hoheitsträger tätig.**

aber: Verurteilung zur Übereignung
⇨ *§ 898 ZPO: §§ 932 ff. BGB anwendbar*

Vom Erwerb in der Zwangsversteigerung streng zu unterscheiden ist die Verurteilung des Beklagten zur Übereignung. Hier vollzieht sich ein rechtsgeschäftlicher Eigentumserwerb nach §§ 929 ff. BGB in der Form der Zwangsvollstreckung.[425] Das rechtskräftige Urteil fingiert dabei gemäß § 894 ZPO die Einigungsofferte des Beklagten, die der Kläger formlos annehmen kann. Die Übergabe wird nach § 897 ZPO durch die Wegnahme durch den Gerichtsvollzieher ersetzt. § 898 ZPO stellt dabei klar, dass die §§ 932-936 BGB direkt zur Anwendung kommen.[426]

---

[422] THOMAS/PUTZO, § 817 Rn. 7.
[423] THOMAS/PUTZO, § 817 Rn. 9.
[424] Vgl. ausführlich oben Rn. 219 f.
[425] Vgl. MEDICUS, BR, Rn. 547.
[426] Hierzu schon oben unter Rn. 125.

WIEDERHOLUNGSFRAGEN

Randnummer:

1. Was versteht man unter einer Verfügung? ... 2
2. Erläutern Sie den Begriff "Trennungsprinzip"! ... 4
3. Was besagt das Abstraktionsprinzip? ... 4
4. Handelt es sich bei der sog. Fehleridentität tatsächlich um eine Ausnahme vom Abstraktionsprinzip? ... 6
5. In welchen Fällen kommt Fehleridentität in Betracht? ... 6
6. Aus welchen Elementen setzt sich die Übereignung bei der Grundform des § 929 S.1 BGB zusammen? ... 8
7. Welche Übergabesurrogate kennen Sie? ... 10
8. Welcher Klausuraufbau ist in Sachenrechtsklausuren häufig einzuhalten? ... 12
9. Wie viele Rechtsgeschäfte sind beim Barkauf auseinander zu halten? ... 14
10. Skizzieren Sie den Meinungsstreit, der besteht, wenn ein Minderjähriger über fremdes Eigentum verfügt! ... 16
11. Wie stellen Sie fest, ob gegebenenfalls auch eine Anfechtung des dinglichen Rechtsgeschäfts vorliegt? ... 17
12. Kann die Übereignung bedingt erfolgen? ... 20
13. Nennen Sie Anwendungsfälle einer bedingten Übereignung! ... 20
14. Auf welche Weise können bei der dinglichen Einigung Dritte eingeschaltet werden? ... 21
15. Welche Bedeutung hat das "Geschäft für den, den es angeht" bei der Übereignung? ... 22
16. Was besagt der Bestimmtheitsgrundsatz? ... 23
17. Bei welchem Übereignungstatbestand ist er besonders problematisch? ... 24
18. Welcher Zeitpunkt ist für die Bestimmtheit maßgebend? ... 25
19. Wie vollzieht sich die Einigung bei der Zusendung unbestellter Waren? ... 26
20. Wie bei Warenautomaten? ... 26
21. Wann kommt die Einigung beim Kauf in SB-Läden zustande? ... 26
22. Wie sieht es bei SB-Tankstellen aus? ... 26
23. Skizzieren Sie den Streit zur Widerruflichkeit der dinglichen Einigung! ... 27
24. Welche Anforderungen werden an den Widerruf der dinglichen Einigung gestellt und bis zu welchem Zeitpunkt kann er nur erklärt werden? ... 28
25. Wirkt sich der Tod des Erklärenden auf eine einmal abgegebene Einigungsofferte aus? ... 29
26. Welcher "Klassiker" fällt Ihnen zu dieser Problematik ein? ... 29
27. Nennen Sie die Voraussetzungen der Übereignung nach § 929 S.1 BGB! ... 30
28. Welche Rechtsnatur hat die Übergabe? ... 31
29. Was versteht man unter Übergabe i.S.d. § 929 S.1 BGB? ... 31
30. Genügt es, wenn der Erwerber lediglich mittelbaren Besitz erlangt? ... 31
31. Was versteht man unter Besitzerwerb i.S.d. § 854 I BGB? ... 32
32. Auf welche Weise wird der Besitz bei § 854 II BGB übertragen? ... 33
33. Nennen Sie die Anwendungsfälle des Besitzerwerbs nach § 854 II BGB! ... 33
34. Auf welche Weise können Besitzdiener in die Übereignung eingeschaltet werden? ... 34
35. Erläutern Sie die Übergabe bei der Einschaltung von Besitzmittlern! ... 35
36. Wie erfolgt die Übereignung nach § 929 S.1 BGB in den sog. Lagerhalterfällen? ... 36
37. Was versteht man unter einer Geheißperson? ... 37
38. Was versteht man unter dem sog. doppelten Geheißerwerb? ... 37
39. In welchen Fällen findet doppelter Geheißerwerb statt? ... 37

40.	Muss bei einer Übereignung nach § 929 S.2 BGB der Erwerber den Besitz vom Veräußerer erlangt haben?	39
41.	Nennen Sie die Voraussetzungen einer Übereignung nach §§ 929 S.1, 930 BGB!	41
42.	Kann auch ein mittelbarer Besitzer eine Sache nach den §§ 929 S.1, 930 BGB übereignen?	43
43.	Wie vollzieht sich eine Übereignung von Hausratsgegenständen unter Ehegatten?	44
44.	Nennen Sie die Voraussetzungen eines Besitzmittlungsverhältnisses i.S.d. § 868 BGB!	45
45.	Muss das Besitzmittlungsverhältnis zivilrechtlich wirksam sein?	46
46.	Nennen Sie Beispiele gesetzlicher Besitzmittlungsverhältnisse!	46
47.	Was versteht man unter einem antizipierten Besitzmittlungsverhältnis?	47
48.	Inwiefern ist die Vereinbarung eines antizipierten Besitzmittlungsverhältnisses für den Erwerber gefährlich?	47
49.	Ist bei einer Übereignung nach den §§ 929 S.1, 930 BGB eine sog. Ausführungshandlung erforderlich?	48
50.	Grenzen Sie das antizipierte Besitzmittlungsverhältnis vom gestatteten Insichgeschäft ab!	49
51.	Nennen Sie die Voraussetzungen der Übereignung nach §§ 929 S.1, 931 BGB!	51
52.	Kann auch eine besitzlose Sache nach den §§ 929 S.1, 931 BGB übereignet werden?	53
53.	Welcher Herausgabeanspruch ist bei § 931 BGB regelmäßig abzutreten?	55
54.	Welche Ansprüche können bei § 931 BGB abgetreten werden, wenn der Veräußerer nicht mittelbarer Besitzer ist?	56
55.	Kann im Rahmen des § 931 BGB auch § 985 BGB abgetreten werden?	56
56.	Ist eine Übereignung auch dann möglich, wenn weder Besitz noch Herausgabeanspruch bestehen?	57
57.	Welche vier Fälle der Konvaleszenz umfasst § 185 BGB?	61
58.	Ist § 185 BGB auch anwendbar, wenn in fremdem Namen gehandelt wird?	61
59.	Unter welchen Voraussetzungen ist eine Verfügung nach § 185 I BGB wirksam?	61
60.	Ist derjenige, der mit Einwilligung des Berechtigten nach § 185 I BGB verfügt, Nichtberechtigter i.S.d. § 816 I 1 BGB?	62
61.	Welchen wichtigen Anwendungsbereich hat die Genehmigung nach § 185 II 1 1.Alt BGB?	63
62.	Welchen Fall der Konvaleszenz regelt § 185 II 1 2.Alt BGB?	64
63.	Erklären Sie § 185 II 1 3.Alt BGB! Was ist der Hintergrund für diese Regelung?	65
64.	Aus wessen Sicht bestimmt sich, ob zwei nicht zu vereinbarende Verfügungen i.S.d. § 185 II 2 BGB vorliegen?	66
65.	Welchen Interessen dient das Institut des gutgläubigen Erwerbs vom Nichtberechtigten?	67
66.	Warum scheidet gutgläubiger Erwerb beim Eigentumserwerb kraft Gesetzes aus?	68
67.	Nur unter welchen Voraussetzungen liegt ein Verkehrsgeschäft vor?	68
68.	Auf wessen Kenntnis ist abzustellen, wenn der Eigentumserwerb über einen Vertreter erfolgt?	69
69.	Wann ist der Erwerber bösgläubig?	70
70.	Was ist Gegenstand des guten Glaubens bei den §§ 932 ff. BGB?	71
71.	Schützen die §§ 932 ff. BGB auch den guten Glauben an die Verfügungsbefugnis?	72
72.	Unter welchen Voraussetzungen schützen die §§ 932 ff. BGB den guten Glauben an die Berechtigung des zustimmenden Dritten?	73
73.	Zu welchem Zeitpunkt muss der Erwerber gutgläubig sein?	75
74.	Welcher Zeitpunkt ist bei einer bedingten Einigung maßgebend?	75
75.	Wie ist die Beweislastverteilung bei § 932 I 1 BGB?	76
76.	Was versteht man unter Abhandenkommen?	77

77.	Auf welche Person ist bei einem Besitzmittlungsverhältnis abzustellen?	77
78.	Reicht der unfreiwillige Verlust von Mitbesitz für § 935 I BGB aus?	78
79.	Liegt bei einer Weggabe durch einen Geschäftsunfähigen Abhandenkommen vor?	79
80.	Unter welchen Voraussetzungen führt die Anfechtung der Übergabe nach § 854 II BGB zum Abhandenkommen der Sache?	80
81.	Wann liegt bei einer Drohung § 935 I BGB vor?	81
82.	Wie stellt sich die Lage bei Wegnahme aufgrund eines Hoheitsakts dar?	82
83.	Was gilt bei Weggabe durch Besitzdiener?	83
84.	Welches Spannungsverhältnis besteht zwischen § 855 BGB und § 56 HGB?	83
85.	Liegt § 935 I BGB bei Weggabe durch ein Organ einer juristischen Person vor?	84
86.	Erklären Sie die Bedeutung von § 857 BGB in bezug auf § 935 I BGB!	85
87.	Wie wirkt sich die Erteilung eines Erbscheins auf § 935 I BGB aus?	85
88.	Liegt § 935 I BGB auch vor, wenn die Sache dem unmittelbaren Besitzer, der nicht Besitzmittler des Eigentümers ist, abhanden kommt?	86
89.	In welchen Fällen ist ein Abhandenkommen unbeachtlich?	87
90.	Ordnen Sie die §§ 932 ff. BGB den Erwerbstatbeständen vom Berechtigten zu!	90
91.	Nennen Sie die Voraussetzungen des gutgläubigen Erwerbs nach den §§ 929 S.1, 932 I 1 BGB.	91
92.	Skizzieren Sie den Meinungsstreit zum sog. Scheingeheißerwerb!	93
93.	Nennen Sie die Voraussetzungen des gutgläubigen Erwerbs nach §§ 929 S.1, 932 I 2 BGB.	95
94.	Welche Voraussetzungen hat der gutgläubige Erwerb nach den §§ 929 S.1, 930, 933 BGB?	97
95.	Warum ist bei § 933 BGB die nachträgliche Übergabe der Sache erforderlich?	98
96.	Reicht für eine Übergabe i.S.d. § 933 BGB die Erlangung mittelbaren Besitzes aus?	99
97.	Liegt § 933 BGB vor, wenn der Erwerber die Sache später aufgrund einer Ermächtigung des Veräußerers wegnimmt?	100
98.	Welche Unterscheidung trifft das Gesetz für den gutgläubigen Erwerb bei § 934 BGB?	101
99.	Nennen Sie die Voraussetzungen des gutgläubigen Erwerbs nach den §§ 929 S.1, 931, 934 BGB!	102, 104
100.	Genügt für die Besitzerlangung bei § 934 2.Alt BGB der Erwerb mittelbaren Besitzes?	106
101.	Skizzieren Sie den Meinungsstreit zu der Figur des Nebenbesitzes!	107
102.	Bestehen Ansprüche des ursprünglich Berechtigten gegenüber dem gutgläubigen Erwerber?	108
103.	Welches Problem stellt sich, wenn der ursprünglich Nichtberechtigte die Sache zurück erwirbt?	109
104.	In welchen Fällen nimmt die h.M. einen automatischen Rückerwerb des ursprünglichen Eigentümers an?	110
105.	Aus welchen Gründen bestehen gegen einen automatischen Rückerwerb Bedenken?	111
106.	Auf welche Weise ist der ursprüngliche Eigentümer geschützt, wenn man einen automatischen Rückerwerb ablehnt?	112
107.	Nennen Sie die Voraussetzungen des gutgläubig lastenfreien Erwerbs!	113
108.	Inwiefern unterscheidet sich die Prüfung des § 936 BGB, wenn das Eigentum vom Berechtigten oder vom Nichtberechtigten erworben wird?	117
109.	Wieso kann § 935 BGB im Rahmen des § 936 BGB zweimal zu prüfen sein?	118
110.	Welche Bedeutung hat § 936 III BGB?	119
111.	In welcher Konstellation wird § 936 III BGB beim Anwartschaftsrecht relevant?	120
112.	In welchen Fällen kommt ein sog. doppelt gutgläubiger Erwerb nach den §§ 932 ff. i.V.m. § 2366 BGB in Betracht?	122

113. In welchen Fällen behält § 935 I BGB trotz Erteilung eines Erbscheins seine Bedeutung? ... *122*
114. Ist § 366 I HGB auch anwendbar, wenn der Veräußerer in fremdem Namen handelt? ... *124*
115. In welchen Fällen kommt auch in der Zwangsvollstreckung ein gutgläubiger Erwerb in Betracht? ... *125*
116. Nennen Sie die Vorschriften, die auf die §§ 932 ff. BGB verweisen, wenn dem materiell Berechtigten ausnahmsweise die Verfügungsbefugnis fehlt! ... *126*
117. Was versteht man unter einem Anwartschaftsrecht? ... *127*
118. Welche dinglichen Anwartschaften kennen Sie? ... *131 ff.*
119. Wann nur kann man im Erbrecht von einer Anwartschaft sprechen? ... *135*
120. In welchem Verhältnis stehen Eigentumsvorbehalt und Anwartschaftsrecht? ... *136 ff.*
121. Auf welche Weise wird das Anwartschaftsrecht des Vorbehaltskäufers begründet? ... *140*
122. Kann der Verkäufer einen Eigentumsvorbehalt auch durchsetzen, wenn ein solcher im Kaufvertrag nicht vereinbart war? ... *142*
123. Auf welche Weise kann ein Eigentumsvorbehalt auch noch nach der Übergabe zustande kommen? ... *143*
124. Erklären Sie, warum auch das Anwartschaftsrecht das Bestehen einer Schuld voraussetzt! ... *144*
125. Warum kann man aber trotzdem nicht von Akzessorietät sprechen? ... *144*
126. Welche besitzrechtlichen Konsequenzen hat die Vereinbarung eines Eigentumsvorbehalts? ... *145*
127. Was versteht man unter einem verlängerten Eigentumsvorbehalt? ... *146*
128. Was ist ein weitergeleiteter Eigentumsvorbehalt? ... *147*
129. Welche zwei Arten des nachgeschalteten Eigentumsvorbehalts kennen Sie? ... *148*
130. Unter welchen Voraussetzungen ist ein Kontokorrentvorbehalt wirksam? ... *149*
131. Was ist ein Konzernvorbehalt? ... *150*
132. Kann ein Anwartschaftsrecht gutgläubig vom vermeintlichen Eigentümer erworben werden? ... *151*
133. Erläutern Sie die Begriffe "gutgläubiger Ersterwerb" und "gutgläubiger Zweiterwerb"! ... *151*
134. Auf welche Weise wird das Anwartschaftsrecht übertragen? ... *152*
135. Was erwirbt der Sicherungsnehmer, der sich von seinem Sicherungsgeber unter Eigentumsvorbehalt erworbene Waren nach den §§ 929 S.1, 930 BGB übereignen lässt? ... *152*
136. Wie wirkt es sich besitzrechtlich aus, wenn ausdrücklich nur das Anwartschaftsrecht nach den §§ 929 S.1, 930 BGB übertragen wird? ... *153*
137. Warum ist die Annahme eines gutgläubigen Zweiterwerbs beim Anwartschaftsrecht nicht unbedenklich? ... *154*
138. Welche zwei Fälle sind beim gutgläubigen Zweiterwerb des Anwartschaftsrechts jedenfalls zu unterscheiden? ... *154*
139. Warum kommt ein gutgläubiger Erwerb des Anwartschaftsrechts nicht in Betracht, wenn dieses überhaupt nicht existiert? ... *155*
140. Erstreckt sich der gutgläubige Erwerb des Anwartschaftsrechts auch auf die Höhe der bereits gezahlten Raten? ... *156*
141. Auf welche Weise wird der Vorbehaltskäufer vor Zwischenverfügungen des Vorbehaltsverkäufers geschützt? ... *158*
142. Welche Bedeutung hat in diesem Zusammenhang § 936 III BGB? ... *159*
143. Wie wird der Schutz des Vorbehaltskäufers beim Herausgabeverlangen des Vorbehaltsverkäufers bzw. eines Dritten gewährleistet? ... *161 f.*
144. Gewährt das Anwartschaftsrecht ein dingliches, gegenüber jedermann wirkendes Recht zum Besitz? ... *165*
145. Nur in welcher Konstellation kommt es hierauf an? ... *164*
146. Wie hilft die Rspr. dem Anwartschaftsberechtigten? ... *166*

WIEDERHOLUNGSFRAGEN

147. Kann der Eigentumsvorbehalt nachträglich erweitert werden, wenn der Vorbehaltskäufer das Anwartschaftsrecht bereits auf einen Dritten übertragen hat? ... *168 ff.*

148. Nur in welchen Fällen lässt die h.M. zu, dass sich schuldrechtliche Vereinbarungen auf den Bestand des Anwartschaftsrechts auswirken? ... *171*

149. Welches Problem ergibt sich, wenn eine unter Eigentumsvorbehalt erworbene Sache von einem Dritten schuldhaft beschädigt wird? ... *173*

150. An wen muss der zum Schadensersatz Verpflichtete zahlen? ... *174*

151. Wie sind Konkurrenzprobleme im Bereicherungsrecht zu lösen? ... *175*

152. Was gilt bzgl. des Herausgabeanspruchs aus § 985 BGB? ... *176*

153. Fällt das Anwartschaftsrecht unter § 559 BGB bzw. in den Haftungsverband der Hypothek nach § 1120 BGB? ... *178*

154. Wie stellt sich die Rechtslage bei Bedingungseintritt dar? ... *179*

155. Was gilt, wenn das Anwartschaftsrecht zwischenzeitlich auf einen Dritten übertragen wurde? ... *180*

156. Können Vorbehaltsverkäufer und Vorbehaltskäufer das Anwartschaftsrecht einvernehmlich aufheben, wenn ein Dritter an diesem bereits ein gesetzliches Pfandrecht erworben hat? ... *181*

157. Auf welche Weise kann sich der im Besitz der Sache befindende Vorbehaltskäufer gegen eine Pfändung durch Gläubiger des Vorbehaltsverkäufers regelmäßig wehren? ... *182*

158. Steht dem Anwartschaftsberechtigten auch die Drittwiderspruchklage nach § 771 ZPO zu? ... *183*

159. Greift die Rücktrittsfiktion des § 503 II S.4 BGB, wenn der Vorbehaltsverkäufer in die eigene Sache vollstreckt? ... *185*

160. Inwiefern ist der Rechtsschutz für den Vorbehaltskäufer über § 767 ZPO in dieser Situation problematisch? ... *185*

161. Wie kann sich der Vorbehaltsverkäufer wehren, wenn Gläubiger des Vorbehaltskäufers in die Sache vollstrecken? ... *186*

162. Welche Möglichkeit haben die pfändenden Gläubiger, der Drittwiderspruchklage des Vorbehaltsverkäufers den Boden zu entziehen? ... *186*

163. Warum ist aber auch diese Möglichkeit nicht immer erfolgversprechend? ... *187*

164. Auf welche Weise wird das Anwartschaftsrecht nach h.M. gepfändet? ... *188*

165. Welche Wirkung hat die Pfändung des Anwartschaftsrechts bezogen auf § 267 II BGB? ... *188*

166. Setzt sich nach h.M. ein Pfändungspfandrecht am Anwartschaftsrecht bei Bedingungseintritt automatisch an der Sache fort? ... *189*

167. Falls nein, auf welche Weise kann dies erreicht werden? ... *189*

168. Erklären Sie nun den Begriff "Doppelpfändung"! ... *189*

169. Was besagt die Theorie der Sachpfändung? ... *190*

170. Welche Bedeutung hat die Pfändung des Anwartschaftsrechts in bezug auf den Rang des Pfändungspfandrechts an der Sache? ... *191*

171. Kann der Vorbehaltsverkäufer Herausgabe der Sache nach § 985 BGB auch dann verlangen, wenn die Kaufpreisforderung inzwischen verjährt ist? ... *192*

172. Welche Arten von Pfandrechten sind zu unterscheiden? ... *193*

173. Welches Recht gibt das Pfandrecht dem Gläubiger? ... *195*

174. Erläutern Sie die Bedeutung der Akzessorietät des Pfandrechts anhand einiger Vorschriften! ... *196*

175. Ist Personenidentität auch auf der Passivseite erforderlich? ... *196*

176. Nennen Sie die Voraussetzungen der Pfandrechtsbestellung! ... *198*

177. Kann eine Pfandrechtsbestellung durch Bezugnahme auf AGBen erfolgen? ... *200*

178. Welchen Inhalt hat die dingliche Einigung bei § 1205 BGB? ... *201*

179. Warum ist eine Verpfändung durch Vereinbarung eines Besitzkonstituts nicht möglich? ... *206*

180. Welche Frage stellt sich gegebenenfalls, wenn die Parteien dies nicht beachten? ... *206*
181. Worin unterscheidet sich die Pfandrechtsbestellung nach § 1205 II BGB von der Übereignung nach §§ 929 S.1, 931 BGB? ... *207*
182. Welches Übergabesurrogat sieht § 1206 BGB vor? ... *208*
183. Welche Anforderungen werden bei einer Pfandrechtsbestellung an die zu sichernde Forderung gestellt? ... *210*
184. Welche Vorschrift korrespondiert beim Pfandrecht mit § 936 BGB? ... *212*
185. Wie wird das Pfandrecht übertragen? ... *213*
186. Ist ein gutgläubiger Zweiterwerb beim Pfandrecht möglich? ... *214*
187. Was geschieht mit dem Pfandrecht, wenn der persönliche Schuldner seinen Gläubiger befriedigt? ... *216*
188. Was für ein Verhältnis besteht zwischen Gläubiger und Verpfänder? ... *217*
189. Welche Arten von Einwendungen/Einreden stehen dem Verpfänder (Eigentümer) gegenüber dem Gläubiger zu? ... *217*
190. Was geschieht mit Forderung und Pfandrecht, wenn der Eigentümer den Gläubiger befriedigt? ... *217*
191. Gibt es beim Mobiliarpfand ein Pfandrecht an der eigenen Sache? ... *217*
192. Gibt es eine dem § 1164 BGB entsprechende Vorschrift beim Pfandrecht? ... *218*
193. Auf welche Weise bleiben dem Schuldner Einwendungen erhalten, wenn der Eigentümer, der den Gläubiger befriedigt hat, bei ihm Regress nehmen will? ... *218*
194. Auf welche Weise erfolgt die Verwertung des Pfandrechts? ... *219*
195. Auf welche Weise erwirbt der Ersteher in der Pfandversteigerung Eigentum? ... *219 f.*
196. Welche Rechtsfolge ordnet § 1247 S.2 BGB an? ... *221*
197. Ist der gutgläubige Erwerb eines Vermieterpfandrechts nach § 559 BGB möglich? ... *223*
198. Welche Ansichten werden beim Werkunternehmerpfandrecht vertreten? ... *224*
199. Auf welche Weise schützt die Rspr. den Werkunternehmer, wenn der Eigentümer die Sache nach § 985 BGB herausverlangt? ... *225*
200. Wie erfolgt die Pfandrechtsbestellung bei Rechten? ... *227*
201. Wie wird ein Pfandrecht an einem Recht übertragen? ... *228*
202. Wie erfolgt die Verwertung? ... *229*
203. Erläutern Sie die Regelung des § 1287 BGB! ... *230*
204. Warum ist die Pfandrechtsbestellung in der Praxis von der Sicherungsübereignung weitgehend abgelöst worden? ... *231*
205. Inwiefern unterscheiden sich bei der Sicherungsübereignung Innen- und Außenverhältnis? ... *232*
206. Können die Parteien einen Bedingungszusammenhang zwischen der zu sichernden Forderung und dem Sicherungseigentum herstellen? ... *235*
207. Warum ist eine auflösend bedingte Sicherungsübereignung in der Praxis selten? ... *235*
208. Nur wann ist bei der Sicherungsübereignung der Bestimmtheitsgrundsatz gewahrt? ... *236*
209. Erläutern Sie die Begriffe "Raumsicherungs- und Markierungsverträge"! ... *236*
210. Welche Besonderheit besteht bei der antizipierten Sicherungsübereignung? ... *237*
211. Welche Anforderungen werden bei einer Sicherungsübereignung nach §§ 929 S.1, 930 BGB an das Besitzmittlungsverhältnis gestellt? ... *239*
212. Welche Bedeutung hat die Sicherungsabrede? ... *240*
213. Was bewirkt die Sicherungsabrede in bezug auf das Eigentum des Sicherungsnehmers? ... *240*
214. Warum liegt bei einer nach § 138 I BGB unwirksamen Sicherungsabrede häufig Fehleridentität vor? ... *241*
215. Welche verschiedenen Fallgruppen der Sittenwidrigkeit bei Sicherungsgeschäften kennen Sie? ... *242*

216.	Was kann der Sicherungsnehmer tun, um den Vorwurf der Übersicherung zu vermeiden?	243
217.	Welche Konsequenz hat das Fehlen von Freigabeklauseln nach der bisherigen Rspr.?	244
218.	Warum besteht ein Interesse daran, dass die Sicherungsübereignung im Ganzen wirksam bleibt?	244
219.	Woraus lässt sich ein allgemeiner Freigabeanspruch ableiten?	244 f.
220.	Auf welche Weise erfolgt die Verwertung des Sicherungsguts?	246
221.	Ist § 1229 BGB bei der Sicherungsübereignung anwendbar?	247
222.	Welche Möglichkeiten hat der Sicherungsgeber, sich gegen eine Pfändung durch Gläubiger des Sicherungsnehmers zur Wehr zu setzen?	248
223.	Spielt dabei der Zeitpunkt der Verwertungsreife eine Rolle?	248
224.	Stellt das Sicherungseigentum ein die Veräußerung hinderndes Recht i.S.d. § 771 ZPO dar?	
225.	Welche Einwendung ist im Rahmen der Drittwiderspruchsklage des Sicherungsnehmers denkbar?	251
226.	Worin unterscheiden sich rechtsgeschäftlicher und gesetzlicher Eigentumserwerb?	252
227.	In welchen Fällen findet ein Eigentumserwerb kraft Gesetzes statt?	253
228.	Welchen Regelungszweck verfolgt die Ersitzung?	254
229.	Was sind die Voraussetzungen der Ersitzung?	255
230.	Was spricht dafür, bei der Ersitzung bereicherungsrechtliche Ausgleichsansprüche gänzlich zu versagen?	260
231.	Welche Differenzierung nimmt die h.M. vor?	261
232.	Nennen Sie die Voraussetzungen der Verbindung nach § 946 BGB!	265
233.	Wann liegt ein wesentlicher Bestandteil i.S.d. § 93 BGB vor?	264
234.	Wonach entscheiden Sie, ob bloß ein Scheinbestandteil i.S.d. § 95 BGB vorliegt?	266
235.	Nennen Sie die Voraussetzung der Verbindung nach § 947 BGB!	268
236.	Welche möglichen Rechtsfolgen sieht § 947 BGB vor?	267
237.	Warum ist die Rspr. mit der Annahme eines wesentlichen Bestandteils zurückhaltend?	269
238.	Was sind die Voraussetzungen von § 948 BGB?	271
239.	Ist § 948 BGB auch bei Geld anwendbar?	272
240.	Nennen Sie die Voraussetzungen von § 950 BGB!	274
241.	Wer ist Hersteller i.S.d. § 950 BGB?	276
242.	Skizzieren Sie den Streit zur Rechtsnatur des § 950 BGB.	277
243.	Lässt die h.M. eine Vereinbarung über den Hersteller zu?	277
244.	Fällt im Fall einer wirksamen Verarbeitungsklausel bei einem verlängerten Eigentumsvorbehalt auch das Anwartschaftsrecht des Vorbehaltskäufers unter § 950 II BGB?	278
245.	Welche Art der Verweisung stellt § 951 BGB dar?	279
246.	Verweist § 951 BGB auch auf die Leistungskondiktion?	279
247.	Welche Rechtsfolge sieht § 952 BGB vor?	281
248.	Wie heißt der Merksatz zu § 952 BGB?	282
249.	Für welche praxisrelevante Urkunde gilt § 952 BGB analog?	283
250.	Erläutern Sie das den §§ 953 ff. BGB zugrunde liegende System!	286 ff.; 292
251.	Nach welchen Vorschriften bestimmt sich, ob der nach den §§ 953 ff. BGB Erwerbende die Nutzungen auch behalten darf?	286
252.	Wirkt sich ein Abhandenkommen der Muttersache bei § 955 BGB aus?	289
253.	Welche beiden Theorien werden zum Eigentumserwerb bei § 956 BGB vertreten?	290
254.	Bei welchem Vertragstyp hat die Aneignungsgestattung Bedeutung?	290

255. Ist bei § 957 BGB ein Rechtsscheintatbestand erforderlich? 291
256. Nennen Sie die Voraussetzungen der Aneignung! 294
257. Wann ist eine Sache herrenlos? 295
258. Welche dogmatischen Unterschiede bestehen zwischen Aneignung und Dereliktion? 295
259. Unter welchen Voraussetzungen erwirbt der Finder Eigentum? 297
260. Auf welche Weise und zu welchem Zeitpunkt wird das Eigentum in der Zwangsversteigerung erworben? 301

STICHWORTVERZEICHNIS

Die Zahlen verweisen auf die Randnummern des Skripts

Abhandenkommen 63; 77; 122; 220; 266
    Begriff 77
    beim lastenfreien Erwerb 118
    Drohung 81
    Erbenbesitz 85
    Unbeachtlichkeit 86
    Weggabe durch Besitzdiener 83
    Weggabe durch Geschäftsunfähigen 79
    Weggabe durch Organ einer juristischen Person 84
    Wegnahme aufgrund Hoheitsaktes 82
    Willensmängel 80
Abstraktionsprinzip 4; 111
Aneignung 293
Aneignungsgestattung 27; 290
Aneignungstheorie 290
Anwartschaften 129
    erbrechtliche 134
Anwartschaftsrecht 278
    Begriff 127
    bei der Sicherungsübereignung 140
    beim Erwerb von Grundstücken 133
    Besitzrecht nach Verjährung 192
    deliktsrechtlicher Schutz 173
    dingliches Besitzrecht 165
    Entstehung 140
    gesetzliches Pfandrecht am 177
    gutgläubiger Ersterwerb 151
    gutgläubiger Zweiterwerb 154
    im Haftungsverband 176
    obligatorisches Besitzrecht 162
    Pfändung 186
    schuldrechtliche Abhängigkeit 144
    Schutz beim Herausgabeverlangen 161
    Schutz vor Erweiterung des EV 168
    Schutz vor Zwischenverfügungen 157
    Übertragung 152
    Vollstreckung durch den Vorbehaltsverkäufer 185
Ausführungshandlung 48; 59; 237
Aussonderungsrecht 137

Besitzanweisung 34; 36; 59; 204
Besitzdiener
    Einschaltung bei der Übergabe 34
    Übereignung an 33
Besitzkonstitut 24; 206
Besitzmittler
    Einschaltung bei der Übergabe 35
Besitzmittlungsverhältnis 45; 105
    abstraktes 45
    antizipiertes 47; 59
    durch gestattetes Insichgeschäft 49
    gesetzliches 46
    konkretes 45
    vermeintliches 46

Besitzstufung 43
Besitzverschaffungsmacht 92
Bestandteil, wesentlicher 264
Bestimmtheitsgrundsatz 23
    bei der Sicherungsübereignung 236
Bezugsgröße 243
Bote 21

Deckungsgrenze 243
Dereliktion 295
Direkterwerb 22; 59; 64; 180
dolo-facit-Einrede 166; 180
Doppelpfändung 189
Drittwiderspruchsklage 59; 137; 180; 183; 186; 248; 249
Durchgangserwerb 64; 180; 237
Durchlieferung 37; 92

Eigenbesitzer
    berechtigter 289
    unberechtigter 289
Eigentumserwerb, durch Hoheitsakt 301
Eigentumsvorbehalt 136
    Besitzmittlungsverhältnis 145
    Kontokorrentvorbehalt 149
    Konzernvorbehalt 150
    nachgeschalteter 148
    nachträglicher 141
    verlängerter 62; 146
    vertragswidriger 142
    weitergeleiteter 147
Einigung 14
    Bedingung/Befristung 20
    Form 18
    Geschäft für den, den es angeht 22
    Geschäftsfähigkeit der Beteiligten 15
    Sonderfälle 26
    Vertretung 21
    Widerruflichkeit 27
    Willensmängel 17
Einwilligung 62
Enthaftung 180
Erbengemeinschaft 68
Erbschein 85; 121
Erfüllungsgeschäft 4
Erinnerung 182; 248
Ermächtigung, besitzrechtliche 100
Ersitzung 254
    bereicherungsrechtliche Ansprüche 260
Ersterwerb, gutgläubiger, beim Anwartschaftsrecht 151

Erwerb
    derivativer 252
    originärer 252
Erzeugnisse 284

Fahrlässigkeit, grobe	70	Mitbesitz	78; 107
Fahrzeugbrief	70	qualifizierter	208
Fehleridentität	6; 17; 241		
Freigabeanspruch	244	Nebenbesitz	107; 153
Freigabeklausel	149; 243		
Fremdbesitzerwillen	46	Pfandrecht	193
Fund	296	Akzessorietät	196; 209; 217
		an Rechten	226
Geheißerwerb, doppelter	37	Begriff	195
Geheißperson		Einwendungen/Einreden des Eigentümers	217
Einschaltung bei der Übergabe	37	Entstehung	198
Scheingeheißperson	93	Erwerb des Vorrangs	212
Genehmigung	63; 69	gesetzliches	222
Gerichtsvollzieher	88; 125; 185; 301	gutgläubiger Erwerb	211
Geschäft für den, den es angeht	59; 111	qualifizierter Mitbesitz	208
Geschäftsfähigkeit	15; 29; 295	Übertragung	213
gutgläubiger Erwerb		Verwertung	219
Abhandenkommen	77	zu sichernde Forderung	209
aufgrund Erbscheins	121	Pfändungspfandrecht	126
Beweislast	76	Pfandverkauf	219
Definition des guten Glaubens	70	Prioritätsgrundsatz	66
doppelt gutgläubiger Erwerb	122	Publizitätsprinzip	8
eines Werkunternehmerpfandrechts	224		
Gegenstand des guten Glaubens	71	Raumsicherungsverträge	236
guter Glaube an die Verfügungsbefugnis	126	Realakt	31; 275; 293
im Handelsrecht	124	Rechtsfortwirkungsanspruch	279
in der Zwangsvollstreckung	124	Rechtsschein	96
lastenfreier Erwerb	113; 126	Rechtsscheintatbestand	117; 154
maßgebliche Kenntnis	69	Rechtsscheinträger	93
maßgeblicher Zeitpunkt	75		
Regelungszweck	67	Sachfrüchte	285
Rückerwerb des Nichtberechtigten	109	Schatzfund	300
Verkehrsgeschäft	68	Scheinbestandteil	266
vorweggenommene Erbfolge	68	Scheingeheißperson	93
Wirkungen	108	Schuldurkunden	281
zustimmender Dritter	73	Selbstbedienungsläden	26
		Selbstbedienungstankstellen	26
Hersteller	276	Sicherungsabrede	240
Hoheitsakt	301	Sicherungsübereignung	107; 110; 231
		allgemeiner Freigabeanspruch	244
Insichgeschäft	49; 59	Besitzmittlungsverhältnis	239
		Bestimmtheitsgrundsatz	236
Klage auf vorzugsweise Befriedigung		Bezugsgröße	243
Konsolidation	249	Deckungsgrenze	243
Kontokorrentvorbehalt	217	Drittwiderspruchsklage des SiN	249
Konvaleszenz	149	Freigabeklauseln	243
kollidierende Verfügungen	61	Sicherungsabrede	240
Konzernvorbehalt	66	Übersicherung	242
		Verwertung des Sicherungsguts	246
Ladenangestellter	34; 83	Sittenwidrigkeit	6; 242
Lastenfreiheit	114; 159; 256	Surrogation, dingliche	179; 221; 230
Leasing	35		
		Teilveräußerung	201
Markierungsverträge	236	Theorie der Rechtspfändung	189
Minderjähriger, Verfügung über fremdes Eigentum	16	Theorie der Sachpfändung	190

STICHWORTVERZEICHNIS

Trennung	284
Trennungsprinzip	4
Übereignung kurzer Hand	38; 96
Übergabe	
Begriff	31
durch Besitzdiener	34
durch Besitzmittler	35
durch Geheißperson	37
durch rechtsgeschäftliche Einigung	33; 80
Übergabesurrogat	
Abtretung des Herausgabeanspruchs	50
bei der Pfandrechtsbestellung	202
Besitzkonstitut	41
Übersicherung	242
Übertragungstheorie	290
Verarbeitung	273
bereicherungsrechtlicher Ausgleich	279
Herstellerbegriff	276
Verarbeitungsklausel	277
Verbindung	265
Verfallklausel	219; 247
Verfügung	2
Verfügungsbeschränkungen, absolute	126
Verkehrsfund	299
Verkehrsgeschäft	68
Vermengung	270
Vermieterpfandrecht	178; 223
Vermischung	270
Verpflichtungsermächtigung	225
Verpflichtungsgeschäft	4; 14
Versteigerung, öffentliche	87
Verstrickung	126
Vertreter	21
Verwertungsreife	248
Vorbehalt, geheimer	47; 60
Vorrang	212
Warenautomaten	26
Warenlager mit wechselndem Bestand	47
Werkunternehmerpfandrecht	118; 178; 256
Bestellung in AGB	200
gutgläubiger Erwerb	224
Widerruflichkeit der Einigung	27; 47
Willensmängel	17; 80
Wucher	6
Zubehör	3
Zusenden unbestellter Ware	26
Zwangsversteigerung	301
Zweiterwerb, gutgläubiger	
beim Anwartschaftsrecht	154
beim Pfandrecht	214
Zwischenverfügung	158

Intelligentes Lernen mit der hemmer-Methode

Bestellschein

Bestellen Sie:
per Fax: 09 31/79 78 234
per e-Shop: www.hemmer-shop.de
per Post: hemmer/wüst Verlagsgesellschaft
Mergentheimer Str. 44, 97082 Würzburg

D						

Kundennummer (falls bekannt)

Absender:

Name: _____ Vorname: _____

Straße: _____ Hausnummer: _____

PLZ: _____ Ort: _____

Telefon: _____ E-Mail-Adresse: _____

Bestell-Nr.:	Titel:	Anzahl:	Einzelpreis:	Gesamtpreis:

+ Versandkostenanteil: 3,30 €
ab 30.-€ versandkostenfrei!

Gesamtsumme

Prüfen Sie in Ruhe zuhause!
Alle Produkte dürfen innerhalb von 14 Tagen an den Verlag (Originalzustand) zurückgeschickt werden. Es wird ein uneingeschränktes gesetzliches Rückgaberecht gewährt. Hinweis: Der Besteller trägt bei einem Bestellwert bis 40 € die Kosten der Rücksendung. Über 40 € Bestellwert trägt er ebenfalls die Kosten, wenn zum Zeitpunkt der Rückgabe noch keine (An-) Zahlung geleistet wurde.
Ich weiß, dass meine Bestellung nur erledigt wird, wenn ich in Höhe meiner Bestellungs-Gesamtsumme zzgl. des Versandkostenanteils zum Einzug ermächtige. Bestellungen auf Rechnung können leider nicht erledigt werden. Bei fehlerhaften Angaben oder einer Rücklastschrift wird eine Unkostenpauschale in Höhe von 8 € fällig. Die Lieferung erfolgt unter Eigentumsvorbehalt.

Kontonummer: _____

BLZ: _____

Bank: _____

☐ Schicken Sie mir bitte unverbindlich und kostenlos Informationsmaterial über hemmer-Hauptkurse in _____

Ort, Datum: _____ Unterschrift: _____

bitte abtrennen oder kopieren

hemmer/wüst
Verlagsgesellschaft mbH

VERLAGSPROGRAMM
2006

Jura mit den Profis

WWW.HEMMER-SHOP.DE

Liebe Juristinnen und Juristen,

Auch beim Lernmaterial gilt:

„Wer den Hafen nicht kennt, für den ist kein Wind günstig" (Seneca).

Häufig entbehren Bücher und Karteikarten der Prüfungsrealität. Bei manchen Produkten stehen ausschließlich kommerzielle Interessen im Vordergrund. Dies ist gefährlich: Leider kann der Student oft nicht erkennen wie gut ein Produkt ist, weil ihm das praktische Wissen für die Anforderungen der Prüfung fehlt.

Denken Sie deshalb daran, je erfahrener die Ersteller von Lernmaterial sind, um so mehr profitieren Sie. Unsere Autoren im Verlag sind alle Repetitoren. Sie wissen, wie der Lernstoff richtig vermittelt wird. Die Prüfungsanforderungen sind uns bekannt.

Unsere Zentrale arbeitet seit 1976 an examenstypischem Lernmaterial und wird dabei von hochqualifizierten Mitarbeitern unterstützt.

So arbeiteten z.B. ehemalige Kursteilnehmer mit den Examensnoten von 16,0; 15,54; 15,50; 15,25; 15,08; 14,79; 14,7; 14,7; 14,4; 14,25; 14,25; 14,08; 14,04 ... als Verantwortliche an unserem Programm mit. Unser Team ist Garant, um oben genannte Fehler zu vermeiden. Lernmaterial bedarf ständiger Kontrolle auf Prüfungsrelevanz. Wer sonst als derjenige, der sich täglich mit Examensthemen beschäftigt, kann diesem Anforderungsprofil gerecht werden.

Gewinnen Sie, weil

- gutes Lernmaterial Verständnis schafft
- fundiertes Wissen erworben wird
- Sie intelligent lernen
- Sie sich optimal auf die Prüfungsanforderungen vorbereiten
- Jura Spaß macht

und Sie letztlich unerwartete Erfolge haben, die Sie beflügeln werden.

Damit Sie sich Ihre eigene Bibliothek als Nachschlagewerk nach und nach kostengünstig anschaffen können, schlagen wir Ihnen speziell für die jeweiligen Semester Skripten und Karteikarten vor. Bildung soll für jeden bezahlbar bleiben, deshalb der studentenfreundliche Preis.

Viel Spaß und Erfolg beim intelligenten Lernen.

HEMMER Produkte - im Überblick

Grundwissen
- Skripten „Grundwissen"
- Die wichtigsten Fälle
- Sonderband - Der Streit- und Meinungsstand im neuen Schuldrecht
- Musterfälle für die Zwischenprüfung
- Lexikon, die examenstypischen Begriffe

Basiswissen für die Scheine
- Die Basics
- Die Classics

Examenswissen
- Skripten Zivilrecht
- Skripten Strafrecht
- Skripten Öffentliches Recht
- Skripten Wahlfach
- Die Musterklausuren für's Examen

Karteikarten
- Die Shorties
- Die Karteikarten
- Übersichtskarteikarten

BLW-Skripten

Assessor-Skripten/-karteikarten

Intelligentes Lernen/Sonderartikel
- Garantiert erfolgreich lernen
- Coach dich - Psychologischer Ratgeber
- Lebendiges Reden - Psychologischer Ratgeber
- Lernkarteikartenbox
- Der Referendar
- Klausurenblock
- Gesetzesbox
- Wiederholungsmappe
- Jurapolis - das hemmer-Spiel

Life&LAW - die hemmer-Zeitschrift

Alle Preise gültig ab 01/2006

HEMMER Skripten - Logisch aufgebaut!

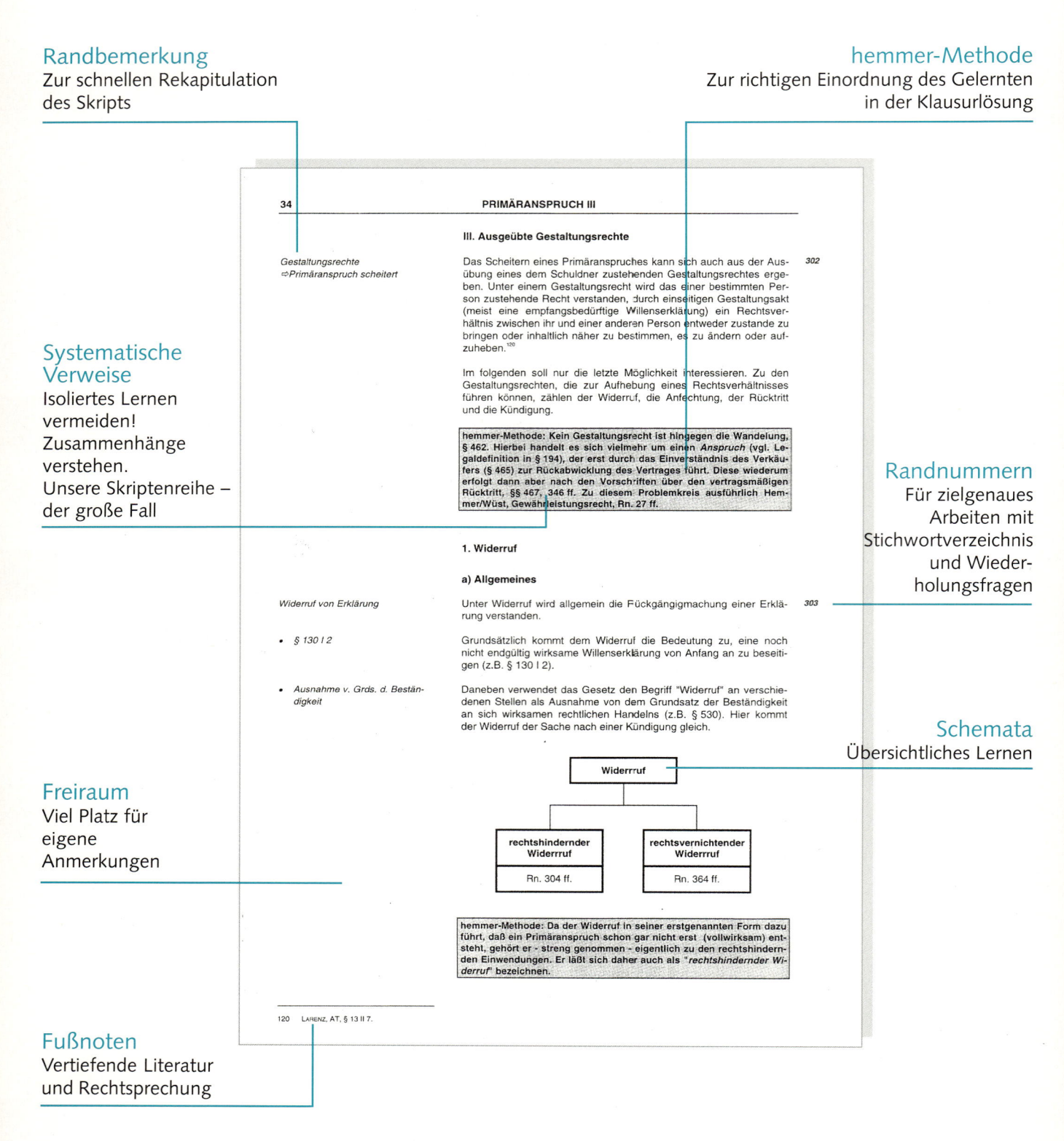

Intelligentes Lernen schnell & effektiv

Randbemerkung
Zur schnellen Rekapitulation des Skripts

hemmer-Methode
Zur richtigen Einordnung des Gelernten in der Klausurlösung

Systematische Verweise
Isoliertes Lernen vermeiden!
Zusammenhänge verstehen.
Unsere Skriptenreihe – der große Fall

Randnummern
Für zielgenaues Arbeiten mit Stichwortverzeichnis und Wiederholungsfragen

Schemata
Übersichtliches Lernen

Freiraum
Viel Platz für eigene Anmerkungen

Fußnoten
Vertiefende Literatur und Rechtsprechung

Seitenausschnitt

34 PRIMÄRANSPRUCH III

III. Ausgeübte Gestaltungsrechte

Gestaltungsrechte
⇨ Primäranspruch scheitert

Das Scheitern eines Primäranspruches kann sich auch aus der Ausübung eines dem Schuldner zustehenden Gestaltungsrechtes ergeben. Unter einem Gestaltungsrecht wird das einer bestimmten Person zustehende Recht verstanden, durch einseitigen Gestaltungsakt (meist eine empfangsbedürftige Willenserklärung) ein Rechtsverhältnis zwischen ihr und einer anderen Person entweder zustande zu bringen oder inhaltlich näher zu bestimmen, es zu ändern oder aufzuheben.[120]

302

Im folgenden soll nur die letzte Möglichkeit interessieren. Zu den Gestaltungsrechten, die zur Aufhebung eines Rechtsverhältnisses führen können, zählen der Widerruf, die Anfechtung, der Rücktritt und die Kündigung.

> **hemmer-Methode:** Kein Gestaltungsrecht ist hingegen die Wandelung, § 462. Hierbei handelt es sich vielmehr um einen *Anspruch* (vgl. Legaldefinition in § 194), der erst durch das Einverständnis des Verkäufers (§ 465) zur Rückabwicklung des Vertrages führt. Diese wiederum erfolgt dann aber nach den Vorschriften über den vertragsmäßigen Rücktritt, §§ 467, 346 ff. Zu diesem Problemkreis ausführlich Hemmer/Wüst, Gewährleistungsrecht, Rn. 27 ff.

1. Widerruf

a) Allgemeines

Widerruf von Erklärung

Unter Widerruf wird allgemein die Rückgängigmachung einer Erklärung verstanden.

303

- § 130 I 2

Grundsätzlich kommt dem Widerruf die Bedeutung zu, eine noch nicht endgültig wirksame Willenserklärung von Anfang an zu beseitigen (z.B. § 130 I 2).

- Ausnahme v. Grds. d. Beständigkeit

Daneben verwendet das Gesetz den Begriff "Widerruf" an verschiedenen Stellen als Ausnahme von dem Grundsatz der Beständigkeit an sich wirksamen rechtlichen Handelns (z.B. § 530). Hier kommt der Widerruf der Sache nach einer Kündigung gleich.

```
              Widerruf
              /       \
   rechtshindernder   rechtsvernichtender
      Widerruf            Widerruf
      Rn. 304 ff.         Rn. 364 ff.
```

> **hemmer-Methode:** Da der Widerruf in seiner erstgenannten Form dazu führt, daß ein Primäranspruch schon gar nicht erst (vollwirksam) entsteht, gehört er - streng genommen - eigentlich zu den rechtshindernden Einwendungen. Er läßt sich daher auch als *"rechtshindernder Widerruf"* bezeichnen.

---

120 LARENZ, AT, § 13 II 7.

---

examenstypisch - anspruchsvoll - umfassend

Grundwissen

Für Ihr Jurastudium ist es nötig, sich schnell mit dem notwendigen Basiswissen einen Überblick zu verschaffen. Was aber ist wichtig und richtig?

Bei der Fülle der Ausbildungsliteratur kann einem die Lust auf Jura vergehen. Wir beschränken uns in dieser Ausbildungsphase auf das Wesentliche. Weniger ist mehr.

Skripten Grundwissen

Die Reihe „Grundwissen" stellt die theoretiscche Ergänzung unserer Reihe „die wichtigsten Fälle" dar.

Mit ihr soll das notwendige Hintergrundwissen vermittelt werden, welches für die Bewältigung der Fallsammlungenerforderlich ist. Auf diese Art und Weise ergänzen sich beide Reihen ideal. Hilfreich dabei sind Verweisungen auf die jeweiligen Fälle der Fallsammlungen, so dass man das Erlernte gleich klausurtypisch anwenden kann.

Die Darstellung erfolgt bewusst auf sehr einfachem Niveau. Es werden also für die Bewältigung der Ausführungen keine Kenntnisse vorausgesetzt. Ebenso wird bewusst auf Vertiefungshinweise verzichtet. Eine Vertiefung kann erfolgen, wenn die Kenntnisse anhand der Fälle wiederholt wurden. Dazu werden Hinweise in den Fallsammlungen gegeben.

Grundwissen und kleine Fälle sind so das ideale Lernsystem für eine klausur- und damit prüfungstypische Arbeitsweise.

Grundwissen Zivilrecht

vorraussichtlich erhältlich ab April 2006

BGB AT (111.01)	6,90 €
Schuldrecht AT (111.02)	6,90 €
Schuldrecht BT (111.03)	6,90 €
Sachenrecht I (111.04)	6,90 €
Sachenrecht II (111.05)	6,90 €

Grundwissen Strafrecht

vorraussichtlich erhältlich ab Mitte 2006

Strafrecht AT (112.01)	6,90 €
Strafrecht BT I (112.02)	6,90 €
Strafrecht BT II (112.03)	6,90 €

Grundwissen Öffentliches Recht

vorraussichtlich erhältlich ab April 2006

Staatsrecht I (113.01)	6,90 €
Staatsrecht II (113.02)	6,90 €
Verwaltungsrecht (113.03)	6,90 €

Grundwissen

Die wichtigsten Fälle

Die vorliegende Fallsammlung ist für Studenten in den ersten Semestern gedacht. Gerade in dieser Phase ist es wichtig, bei der Auswahl der Lernmaterialien den richtigen Weg einzuschlagen.
Die Gefahr zu Beginn des Studiums liegt darin, den Stoff zu abstrakt zu erarbeiten. Ein problemorientiertes Lernen, d.h. ein Lernen am konkreten Fall, führt zum Erfolg. Das gilt für die kleinen Scheine/die Zwischenprüfung genauso wie für das Examen. Wer gelernt hat, sich die Probleme des Falles aus dem Sachverhalt schnell zu erschließen, schreibt die gute Klausur.
Bei der Anwendung dieser Lernmethode sind wir Marktführer. Profitieren Sie von der 30-jährigen Erfahrung des Juristischen Repetitoriums hemmer im Umgang mit Examensklausuren. Diese Erfahrung fließt in sämtliche Skripten des Verlages ein. Das Repetitorium beschäftigt ausschließlich Spitzenjuristen, teilweise Landesbeste ihres Examenstermins. Die so erreichte Qualität in Unterricht und Skripten werden Sie woanders vergeblich suchen. Lernen Sie mit den Profis!
Ihre Aufgabe als Jurist wird es einmal sein, konkrete Fälle zu lösen. Diese Fähigkeit zu erwerben ist das Ziel einer guten juristischen Ausbildung. Nutzen Sie die Chance, diese Fähigkeit bereits zu Beginn Ihres Studiums zu trainieren. Erarbeiten Sie sich das notwendige Handwerkszeug anhand unserer Fälle. Sie werden feststellen:
Wer Jura richtig lernt, dem macht es auch Spaß. Je mehr Sie verstehen, desto mehr Freude werden Sie haben, sich neue Probleme durch eigenständiges Denken zu erarbeiten. Wir bieten Ihnen mit unserer juristischen Kompetenz die notwendige Hilfestellung.
Fallsammlungen gibt es viele. Die Auswahl des richtigen Lernmaterials ist jedoch der entscheidende Aspekt. Vertrauen Sie auf unsere Erfahrungen im Umgang mit Prüfungsklausuren. Unser Beruf ist es, alle klausurrelevanten Inhalte zusammenzutragen und verständlich aufzubereiten. Prüfungsinhalte wiederholen sich. Wir vermitteln Ihnen das, worauf es in der Prüfung ankommt – verständlich – knapp – präzise.

BGB AT (115.21)	11,80 €
Schuldrecht AT (115.22)	11,80 €
Schuldrecht BT (115.23)	11,80 €
GOA-BereicherungsR (115.24)	11,80 €
Deliktsrecht (115.25)	11,80 €
Verwaltungsrecht (115.26)	11,80 €
Staatsrecht (115.27)	11,80 €
Strafrecht AT (115.28)	11,80 €
Strafrecht BT I (115.29)	11,80 €
Strafrecht BT II (115.30)	11,80 €
Sachenrecht I (115.31)	11,80 €
Sachenrecht II (115.32)	11,80 €
ZPO I (115.33)	11,80 €
ZPO II (115.34)	11,80 €
Handelsrecht (115.35)	11,80 €
Gesellschaftsrecht (115.38)	11,80 €
Erbrecht (115.36)	11,80 €
Familienrecht (115.37)	11,80 €

erhältlich ab 03/2006

Arbeitsrecht (115.39)	11,80 €

Sonderband
Der Streit- und Meinungsstand im neuen Schuldrecht

Der hemmer/wüst Verlag stellt mit dem vorliegenden Werk die umstrittensten Problemkreise in 23 Fällen des neuen Schuldrechts dar, zeigt den aktuellen Meinungsstand auf und schafft so einen Überblick. Es wird das notwendige Wissen vermittelt.

115.20   *13,80 €*

Grundwissen

Musterfälle für die Zwischenprüfung

Exempla docent - an Beispielen lernen. Die Fälle zu den Basics! Nur wer so lernt, weiß was in der Klausur verlangt wird.
Die Fallsammlungen erweitern unsere Basics und stellen die notwendige Fortsetzung für das Schreiben der Klausur dar. Genau das, was Sie für die Scheine brauchen - nämlich exemplarisch dargestellte Falllösungen. Wichtige, immer wiederkehrende Konstellationen werden berücksichtigt.

Profitieren Sie von der seit 1976 bestehenden Klausurerfahrung des Juristischen Repetitoriums hemmer. Über 1000 Klausuren wurden für die Auswahl der Musterklausuren auf ihre „essentials" analysiert

Musterklausur für die Zwischenprüfung Zivilrecht

Ein Muss: Klassiker wie die vorvertragliche Haftung (c.i.c.), die Haftung bei Pflichtverletzungen im Schuldverhältnis (§ 280), Vertrag mit Schutzwirkung, Drittschadensliquidation, Mängelrecht, EBV, Bereicherungs- und Deliktsrecht werden klausurtypisch aufbereitet. Auf „specials" wie Saldotheorie, Verarbeitung, Geldwertvindikation, Vorteilsanrechnung und Nebenbesitz wird eingegangen. So entsteht wichtiges Grundverständnis.

16.31   13,80 €

Musterklausur für die Zwischenprüfung Strafrecht

Auch hier wieder prüfungstypische Fälle mit genauen Aufbauhilfen. Die immer wiederkehrenden „essentials" der Strafrechtsrechtsklausur werden in diesem Skript abgedeckt: Von der Abgrenzung von dolus eventualis und bewusster Fahrlässigkeit über die Irrtumslehre bis hin zu Problemen der Täterschaft und Teilnahme, u.v.m. Wer sich die Zeit nimmt, diese Musterfälle sorgfältig durchzuarbeiten, besteht jede Grundlagenklausur.

16.32   13,80 €

Musterklausur für die Zwischenprüfung Öffentliches Recht

Dieses Skript enthält die wichtigsten, in der Klausur immer wiederkehrenden Problemkonstellationen für die Bereiche Verfassungs- und Verwaltungsrecht. Im Verfassungsrecht werden die Zulässigkeitsvoraussetzungen von Verfassungsbeschwerden, Organstreitverfahren sowie abstrakter und konkreter Normenkontrolle erörtert. Im Rahmen der Begründetheitsprüfung werden die klausurrelevanten Grundrechte ausführlich erläutert. Gleichzeitig werden auch staatsorganisationsrechtliche Problemfelder aufbereitet. Die Klausuren zum Verwaltungsrecht zeigen die optimale Prüfung von Anfechtungs-, Verpflichtungs- und Fortsetzungsfeststellungsklagen sowie von Widerspruchsverfahren. Standardprobleme wie die Rücknahme oder der Widerruf eines Verwaltungsaktes und die Behandlung von Nebenbestimmungen eines VA sind u.a. Gegenstand der Begründetheitsprüfung.

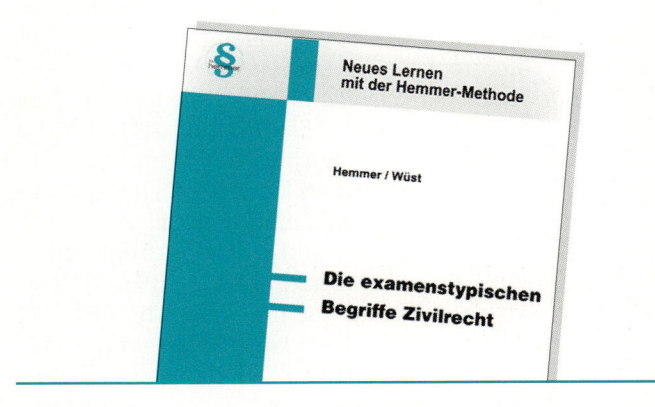

16.33   13,80 €

Die examenstypischen Begriffe/ ZivilR.

Das Grundwerk für die eigene Bibliothek. Alle examenstypischen Begriffe in diesem Nachschlagewerk werden anwendungsspezifisch für Klausur und Hausarbeit erklärt. Das gesammelte Examenswissen ist eine optimale schnelle Checkliste. Zusätzlicher Nutzen: Das große Stichwortverzeichnis. Neben der Einbettung des gesuchten Begriffs in den juristischen Kontext finden Sie Verweisungen auf entsprechende Stellen in unserer Skriptenreihe. Begriffe werden transparenter. Sie vertiefen Ihr Wissen. So können Sie sich schnell und auf anspruchsvollem Niveau einen Überblick über die elementaren Rechtsbegriffe verschaffen.

14.01   13,80 €

Basiswissen

Sie sind Jurastudent in den mittleren Semestern und wollen die großen Scheine unter Dach und Fach bringen. Wenn Sie sich in dieser Phase mit tausend Meinungen beschäftigen, besteht die Gefahr, sich im Detail zu verlieren. Wir empfehlen Ihnen, schon jetzt das Material zu wählen, welches Sie nicht nur durch die Scheine, sondern auch durch das Examen begleitet.

Die „Basics" - Reihe

Die **Klassiker** der hemmer-Reihe. So schaffen Sie die Universitätsklausuren **viel** leichter. Die Basics vermitteln Ihnen Grundverständnis auf anspruchsvollem Niveau, sie sind auch für die Examensvorbereitung ideal.
Denn: Wissen wird konsequent unter Anwendungsgesichtspunkten erworben.
Die Basics dienen auch der schnellen Wiederholung vor dem Examen oder der mündlichen Prüfung, wenn Zeit zur Mangelware wird.

Basics-Zivilrecht I
BGB-AT/ Vertragliche Schuldverhältnisse mit dem neuen Schuldrecht

Im Vordergrund steht die Vermittlung der Probleme des Vertragsschlusses, u.a. das Minderjährigenrecht und die Stellvertretung. Neben rechtshindernden (z.B. §§ 134, 138 BGB) und rechtsvernichtenden Einwendungen (z.B. Anfechtung) werden auch die Klassiker der Pflichtverletzung nach § 280 BGB wie Unmöglichkeit (§§ 280 I, III, 283), Verzug (§§ 280 I, II, 286) und Haftung bei Verletzung nicht leistungsbezogener Nebenpflichten i.S.d. § 241 II BGB (früher: pVV bzw. c.i.c. jetzt: § 280 I bzw. § 280 I i.V.m. § 311 II BGB) behandelt. Ausführlich wird auf die wichtige Unterscheidung von Schadensersatz nach § 280 I BGB und Schadensersatz statt der Leistung nach §§ 280 I, III, 281-283 bzw. § 311a II BGB eingegangen. Nach Mängelrecht, Störung der GG und Schadensrecht schließt das Skript mit dem nicht zu unterschätzenden Gebiet des Dritten (z.B. Abgrenzung § 278 / § 831 / § 31; § 166; Vertrag mit Schutzwirkung zugunsten Dritter; DriSchaLi) im Schuldverhältnis ab.

110.0011   13,80 €

Basics-Zivilrecht II
Gesetzliche Schuldverhältnisse, Sachenrecht

Das Skript befasst sich mit dem Recht der GoA, dem Bereicherungsrecht und dem Recht der unerlaubten Handlungen als immer wieder klausurrelevante gesetzliche Schuldverhältnisse. Der Einstieg in das Sachenrecht wird mit der Abhandlung des Besitzrechts und dem Erwerb dinglicher Rechte an beweglichen Sachen erleichtert, wobei der Schwerpunkt auf dem rechtsgeschäftlichen Erwerb des Eigentums liegt. Über das für jede Prüfung unerlässliche Gebiet des EBV gibt das Skript einen ausführlichen Überblick. Eine systematische Aufbereitung des Pfandrechts und des Grundstücksrechts führen zum richtigen Verständnis dieser prüfungsrelevanten Gesetzesmaterie.

110.0012   13,80 €

Basics-Zivilrecht III
Familienrecht/ Erbrecht

Die typischen Probleme des Familienrechts: Von der Ehe als Klassiker für die Klausur (z.B. § 1357; GbR; Gesamtschuldner; Gesamtgläubiger; §§ 1365; 1369 BGB) zum ehelichen Güterrecht bis hin zur Scheidung.
Gegenstand des Erbrechts sind die gesetzliche und gewillkürte Erbfolge, die möglichen Verfügungen (Testament bzw. Erbvertrag) des Erblassers und was sie zum Inhalt haben (z.B. Erbeinsetzung, Vermächtnis, Auflage), Annahme und Ausschlagung der Erbschaft sowie neben Fragen der Rechtsstellung des Erben (z.B. im Verhältnis zum Erbschaftsbesitzer) auch das Pflichtteilsrecht und der Erbschein. Fazit: Das Wichtigste in Kürze für den schnellen Überblick.

110.0013   13,80 €

Basics-Zivilrecht IV
Zivilprozessrecht (Erkenntnisverfahren und Zwangsvollstreckungsverfahren)

Wegen fehlender Praxis ist in der Regel die ZPO dem Studenten fremd. Von daher wurde hier besonders auf leichte Verständlichkeit Wert gelegt. Der Schwerpunkt im Erkenntnisverfahren liegt neben den immer wiederkehrenden Problemen der Zulässigkeitsvoraussetzungen (z.B. Zuständigkeit, Streitgegenstand) auf den typischen Problemen des Prozesses, wie z.B. Versäumnisurteil, Widerklage und Klagenhäufung. Die Beteiligung Dritter am Rechtsstreit wird im Hinblick auf die Klausur und die examensrelevante Verortung erklärt.
Das Kapitel der Zwangsvollstreckung befasst sich vor allem mit dem Ablauf der Zwangsvollstreckung und den möglichen Rechtsbehelfen von Schuldner, Gläubiger und Dritten.
Dieses Skript gehört daher zur „Pflichtlektüre", um sich einen vernünftigen Überblick zu verschaffen!

110.0014   13,80 €

Basiswissen

Basics-Zivilrecht V
Handels- und Gesellschaftsrecht
Im Vordergrund steht: Wie baue ich eine gesellschaftsrechtliche Klausur richtig auf. Häufig geht es um die Haftung der Gesellschaft und der Gesellschafter. Eine systematische Aufbereitung führt durch das Recht der Personengesellschaften, also der GbR und OHG, sowie der KG. Das Recht der Körperschaften, wozu der rechts- und nichtrechtsfähige Verein, die GmbH sowie die AG zählen, wird ebenso im Überblick dargestellt. Auf dem Gebiet des Handelsrechts als Sonderrecht des Kaufmanns dürfen typische Problemkreise wie Kaufmannseigenschaft, Handelsregister, Wechsel des Unternehmensträgers und das kaufmännische Bestätigungsschreiben nicht fehlen. Abschließend befasst sich das Skript mit den Mängelrechten beim Handelskauf, der auch häufig die Schnittstelle zu BGB-Problemen darstellt.

110.0015   13,80 €

Basics-Zivilrecht VI
Arbeitsrecht
Das Arbeitsrecht gehört in den meisten Bundesländern zum Pflichtprogramm in der Examensvorbereitung. Hier tauchen immer wieder die gleichen Fragestellungen auf, die in diesem Skript knapp, präzise und klausurtypisch aufbereitet werden, wie die Zulässigkeit der Kündigungsschutzklage, Kündigungsschutz nach dem KSchG, innerbetrieblicher Schadensausgleich, fehlerhafter Arbeitsvertrag und die Reaktionsmöglichkeiten des Arbeitnehmers auf Änderungskündigungen. Ferner bildet auch das Recht der befristeten Arbeitsverhältnisse nach dem TzBfG einen Schwerpunkt.

110.0016   13,80 €

Basics-Strafrecht
Je besser der Einstieg, umso besser später die Klausuren. Weniger ist häufig mehr. Alle klausurwichtigen Probleme und Fragestellungen des materiellen Strafrechts auf einen Blick: Vom StGB-AT bis hin zum StGB-BT finden Sie all das dargestellt, was als Grundlagenwissen im Strafrecht angesehen wird. Außerdem werden die wichtigsten Aufbaufragen zur strafrechtlichen Klausurtechnik - an denen gerade Anfänger häufig scheitern - in einem eigenen Kapitel einfach und leicht nachvollziehbar erläutert.

110.0032   13,80 €

Basics-Öffentliches Recht I
Verfassungsrecht/ Staatshaftungsrecht
Materielles und prozessuales Verfassungsrecht bilden zusammen mit wichtigen Problemstellungen des Staatshaftungsrechts die Grundlage für dieses Skript. Öffentlich-rechtliches Wissen wird konsequent unter Anwendungsgesichtspunkten erworben.

110.0035   13,80 €

Basics-Öffentliches Recht II
Verwaltungsrecht
Grundfragen des allgemeinen und besonderen Verwaltungsrechts werden im Rahmen der wichtigsten Klagearten der VwGO verständlich und einprägsam dargestellt. Zusammen mit dem Skript Ö-Recht I werden Sie sich in der öffentlich rechtlichen Klausur sicher fühlen.

110.0036   13,80 €

Basics-Steuerrecht
Die Basics im Steuerrecht für einen einfachen, aber instruktiven Einstieg in das materielle Einkommensteuer- und Steuerverfahrensrecht. Die notwendigen Bezüge des Einkommensteuerrechts zum Umsatz- und Körperschaftssteuerrecht werden dargestellt sowie auf examens- und klausurtypische Konstellationen hingewiesen. Ein ideales Skript für alle, die sich erstmals mit der Materie befassen und die Grundstrukturen verstehen wollen. Es wird der Versuch unternommen, den Einstieg so verständlich wie möglich zu gestalten. Dazu werden immer wieder kleine Beispiele gebildet, die das Erlernen des abstrakten Stoffs vereinfachen sollen.

110.0004   13,80 €

Basics-Europarecht
Neben unserem Hauptskript nun die Basics zum Europarecht. Verständlicher Einstieg oder schnelle Wiederholung der wesentlichen Probleme? Für beides sind die Basics ideal. Wer in die Tiefe gehen möchte, kann dies mit unserem Klassiker, dem Hauptskript Europarecht. In Verbindung mit den Classics Europarecht und der Fallsammlung auf Examensniveau sind Sie somit gerüstet für die Prüfung in Ausbildung und Examen. Vernachlässigen Sie dieses immer wichtiger werdende Prüfungsgebiet nicht!

110.0005   13,80 €

Skripten Classics

> In den Classics haben wir für Sie die wichtigsten Entscheidungen der Obergerichte, denen Sie während Ihres Studiums immer wieder begegnen, ausgewählt und anschaulich aufbereitet. Bestimmte Entscheidungen müssen bekannt sein. In straffer Form werden der Sachverhalt, die Entscheidungssätze und die Begründung dargestellt. Die hemmer-Methode ordnet die Rechtssprechung für die Klausuren ein. Rechtsprechung wird so verständlich, Seitenfresserei vermieden.
>
> Hiermit bereiten Sie sich auch gezielt auf die mündliche Prüfung vor.

BGH-Classics Zivilrecht
Rechtskultur und Verständnis des Gesetzes werden in weiten Teilen von der Rechtsprechung geprägt. Nicht umsonst spricht man von der Rechtsprechung als der normativen Kraft des Faktischen. Die wegweisenden Entscheidungen müssen Student, Referendar und Anwalt bekannt sein. Auf leicht erfaßbare, knappe, präzise Darstellung wird Wert gelegt. Die hemmer-Methode sichert den für die Klausur und Hausarbeit notwenigen „background" ab.

15.01   13,80 €

Examenswissen

In der letzten Phase sollten Sie sich mit voller Kraft auf das Examen vorbereiten. Besonders wichtig ist jetzt fundiertes Wissen auf Examensniveau! unser Filetstück: die Hauptskripten. Konfronierten Sie sich frühzeitig mit dem, was Sie im Examen erwartet. Examenswissen unter professioneller Anleitung.

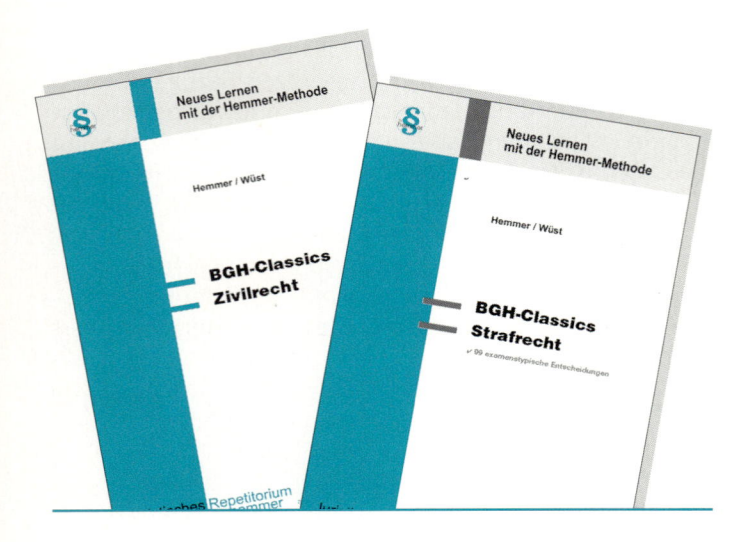

Zivilrecht BGB-AT I-III

Die Aufteilung der Unwirksamkeitsgründe nach den verschiedenen Büchern des BGB (z.B. BGB-AT, Schuldrecht AT usw.) entspricht nicht der Struktur des Examensfalls. Wegen der klassischen Einteilung wird der Begriff BGB-AT/ Schuldrecht AT beibehalten. Unsere Skripten BGB-AT I - III unterscheiden entsprechend der Fallfrage in Klausur und Hausarbeit (Anspruch entstanden? Anspruch untergegangen? Anspruch durchsetzbar?) zwischen wirksamen und unwirksamen Verträgen, zwischen rechtshindernden, rechtsvernichtenden und rechtshemmenden Einwendungen. Damit stellen sich diese Skripten als großer Fall dar und dienen auch als Checkliste für Ihre Prüfung. Schon das Durchlesen der Gliederung schafft Verständnis für den Prüfungsaufbau.

BGH-Classics Strafrecht
Auch die Entscheidungen im Strafrecht in ihrer konkreten Aufbereitung führen zur richtigen Einordnung der jeweiligen Problematik. Es wird die Interessenslage der Rechtsprechung erklärt. Im Vordergrund steht oft Einzelfallgerechtigkeit. Deswegen vermeidet die Rechtsprechung auch allzu dogmatische Entscheidungen.
Effizient, und damit in den wesentlichen Punkten knapp und präzise, wird die Entscheidung selbst wiedergegeben. So sparen Sie sich Zeit und erleiden nicht den berühmten Informationsinfarkt. Sowohl in der Examensvorbereitung, als auch in Klausur und Hausarbeit dienen die Classics als schnelles Lern- und Nachschlagewerk.

15.02   13,80 €

Classics Öffentliches Recht
Das Skript umfasst die Dauerbrenner aus den Bereichen der Rechtsprechung zu den Grundrechten, zum Staatsrecht, Verwaltungsrecht AT und BT sowie zum Europarecht. Neben der inhaltlichen Darstellung der Entscheidung werden mit Hilfe knapper Anmerkungen Besonderheiten und Bezüge zu anderen Problematiken hergestellt und somit die Fähigkeit zur Verknüpfung geschärft.

15.03   13,80 €

Classics Europarecht
Anders als im amerikanischen Recht gibt es bei uns kein reines „case-law". Gleichwohl hat die Rechtsprechung für Rechtsentwicklung und -fortbildung eine große Bedeutung. Gerade im Europarecht kommt man ohne festes Basiswissen in der europäischen Rechtsprechung nur selten zum Zuge. Auch für das Pflichtfach ein unbedingtes Muss!

15.04   13,80 €

BGB-AT I
Entstehen des Primäranspruchs
Besteht der Vertrag, so kann der Anspruchsteller Erfüllung, z.B. Übereignung, Überlassung der Mietsache etc. verlangen. Dies setzt unter anderem Rechtsfähigkeit der Vertragspartner, eine wirksame Willenserklärung, Zugang und ggf. Bevollmächtigung voraus. Nur wenn ein wirksamer Vertrag vorliegt, entsteht die Leistungspflicht des Schuldners und deren Folgeproblematik wie Rücktritt und Schadensersatz. Konsequent befasst sich das Skript daher auch mit den Problemkreisen der Stellvertretung sowie der Einbeziehung von AGB´en.

0001   13,80 €

BGB-AT II
Scheitern des Primäranspruchs
Scheitert der Vertrag von vornherein, so entfallen Erfüllungsansprüche. Die Unwirksamkeitsgründe sind im Gesetz verstreut, wie z.B. § 125, § 134, § 2301. Als konsequentes Rechtsfolgenskriptum sind alle klausurtypischen rechtshindernden Einwendungen zusammengefasst.

0002   13,80 €

BGB-AT III
Erlöschen des Primäranspruchs
Der Primäranspruch (bzw. Leistungs- oder Erfüllungsanspruch) kann nachträglich wegfallen, z.B. durch Erfüllung, Aufrechnung, Anfechtung, Unmöglichkeit. Nur wer Unwirksamkeitsgründe im Kontext des gescheiterten Vertrags einordnet, lernt richtig. Die rechtshemmenden Einreden (z.B. Verjährung, § 214 BGB) bewirken, dass der Berechtigte sein Recht nicht (mehr) geltend machen kann.

0003   13,80 €

Examenswissen

Die klassischen Rechtsfolgeskripten zum Schadensersatz - „klausurtypisch!"

Schadensersatzrecht I
Das Skript erfasst neben Allgemeinem zum Schadensersatzrecht zunächst den selbstständigen Garantievertrag als Primäranspruch auf Schadensersatz. Daneben wird die gesetzliche Garantiehaftung behandelt. Ebenfalls enthalten sind die Sachmängelhaftung im Kauf- und Werk-, Miet- und Reisevertragsrecht sowie die Rechtsmängelhaftung.

0004   13,80 €

Schadensersatzrecht II
Umfassende Darstellung des Leistungsstörungsrechts, rechtsfolgenorientierte Darstellung der Sekundäransprüche-Schadensersatzansprüche.

0005   13,80 €

Schadensersatzrecht III
Befasst sich schwerpunktmäßig mit dem Anspruchsinhalt, d.h. mit der Frage des Umfangs der Ersatzpflicht, also dem „wie viel" eines dem Grunde nach bereits bestehenden Anspruchs. Drittschadensliquidation, Vorteilsausgleichung und hypothetische Schadensursachen dürfen nicht fehlen.

0006   13,80 €

Schuldrecht

Die Reihe Schuldrecht orientiert sich an der Klausurrelevanz des Schuldrechts. In nahezu jeder Klausur ist nach Schadensersatzansprüchen des Gläubigers bei Leistungsstörungen des Schuldners, nach bereicherungsrechtlichen Ansprüchen oder nach der deliktischen Haftung gefragt.
Die Schuldrechtsskripten eignen sich hervorragend sowohl zur erstmaligen Aneignung der Materie als auch zur aufgrund der Schuldrechtsreform notwendigen Neustrukturierung bereits vorhandenen Wissens.

Die Schuldrechtsreform
Das Grundlagenskript zur Schuldrechtsreform. Knapp und präzise wird altes und neues Schuldrecht gegenübergestellt: Ein zeitraubendes Neulernen lässt sich vermeiden, wenn man die systematisch richtige Verortung alt bekannter Probleme im neuen Gesetz verstanden hat.

0050   14,80 €

Schuldrecht I
Das allgemeine Leistungsstörungsrecht war schon immer äußerst klausurrelevant. Dies hat sich durch die Schuldrechtsreform in erheblichem Maße verstärkt, zumal das Besondere Schuldrecht nun häufig Rückverweisungen auf die §§ 280 ff. BGB vornimmt (z.B. § 437 BGB). Entsprechend der Gesetzessystematik ist das Skript von der Rechtsfolge her aufgebaut: Welche Art des Schadensersatzes verlangt der Gläubiger? Schwerpunkte bilden das Unmöglichkeitsrecht, der allgemeine Anspruch aus § 280 I BGB (auch vorvertragliche Haftung und Schuldnerverzug), die Ansprüche auf Schadensersatz statt der Leistung, Rücktritt und Störung der Geschäftsgrundlage.

0051   14,80 €

Schuldrecht II
Die Klassiker im Examen! Kauf- und Werkvertrag in allen prüfungsrelevanten Varianten. Dies gilt insbesondere beim Kauf, dessen spezielles Gewährleistungsrecht abgeschafft und stattdessen auf die §§ 280 ff. BGB Bezug genommen wurde. Das Skript setzt sich mit den kaufspezifischen Fragestellungen wie Sachmangelbegriff, Nacherfüllung, Rücktritt, Minderung und Schadensersatz, Versendungs- und Verbrauchsgüterkauf auseinander. Ferner wird das - dem Kauf nun weitgehend gleichgeschaltete - Werkvertragsrecht behandelt.

0052   14,80 €

Schuldrecht III
Umfassend werden die klausurrelevanten Probleme der Miete, Pacht, Leihe, des neuen Darlehensrechts (samt Verbraucherwiderruf nach §§ 491 ff. BGB), des Leasing- und Factoringrechts abgehandelt. Die äußerst wichtigen Fragestellungen aus dem Bereich Bürgschaft („Wer bürgt, wird erwürgt"), Reise- und Maklervertrag kommen ebenfalls nicht zu kurz.

0053   14,80 €

Examenswissen

Bereicherungsrecht

Die §§ 812 ff. sind regelmäßig die Folge unwirksamer Verträge. Abgrenzungsprobleme gibt es dabei u.a. zum Wegfall der Geschäftsgrundlage (z.B. Rückabwicklung bei der nichtehelichen Lebensgemeinschaft) und §§ 987 ff. Die hemmer-Methode versteht sich als Gebrauchsanweisung für die erfolgreiche Bewältigung des anspruchsvollen Rechtsgebiets Bereicherungsrecht. Ohne Verständnis für dieses Rechtsgebiet bleibt der Zusammenhang im Zivilrecht im Dunkeln.

0008   13,80 €

Verbraucherschutzrecht

Das Verbraucherschutzrecht erlangt im Gesamtgefüge des BGB eine immer stärkere Bedeutung. Kaum ein Bereich, in dem die Besonderheiten des Verbraucherschutzrechtes nicht zu abweichenden Ergebnissen führen, so z.B. bei den §§ 474 ff. BGB, oder bei der Widerrufsproblematik der §§ 355 ff. BGB. Insbesondere die umständliche Verweisungstechnik der §§ 499 ff. BGB stellt den Bearbeiter von Klausuren vor immer neue Herausforderungen. Das Skript liefert eine systematische Einordnung in den Gesamtzusammenhang. Wer den Verbraucher richtig einordnet, schreibt die gute Klausur.

0007   13,80 €

Deliktsrecht I

Eine umfassende Einführung in das deliktische Haftungssystem. Da die deliktische Haftung gegenüber jedermann besteht, können die §§ 823 ff BGB. in jede Klausur problemlos eingebaut werden. Neben einer umfassenden Übersicht über die Haftungstatbestände werden sämtliche klausurrelevanten Problemfelder der §§ 823 ff BGB. umfassend behandelt (z.B. Probleme der haftungsbegründenden und -ausfüllenden Kausalität). § 823 I BGB ist als elementarer, strafrechtsähnlicher Grundtatbestand leicht erlernbar. Auch § 823 II und §§ 824 - 826 BGB sollten nicht vernachlässigt werden. Neben § 831 BGB (Vorsicht beim Entlastungsbeweis!), der Haftung für Verrichtungsgehilfen, befasst sich der erste Band auch mit der Mittäterschaft, Teilnahme und Beteiligung gem. § 830 BGB.

0009   13,80 €

Deliktsrecht II

Deliktsrecht II vervollständigt das deliktische Haftungssystem mit besonderem Schwerpunkt auf der Gefährdungshaftung und der Haftung für vermutetes Verschulden. Zum einen erfolgt eine ausführliche Erörterung der im BGB integrierten Haftungsnormen. Zum anderen vermittelt das Skript ein umfassendes Wissen in den klausurrelevanten Spezialgesetzen wie dem StVG, dem ProdHaftG und dem UmweltHaftG. Abgerundet werden die Darstellungen durch den wichtigen Beseitigungs- und Unterlassungsanspruch des § 1004 BGB.

0010   13,80 €

Sachenrecht I-III:

> Sachenrecht ist durch immer wiederkehrende examenstypische Problemfelder gut ausrechenbar. Anders als das Schuldrecht ist es ein klar strukturiertes Rechtsgebiet. In der Regel besteht deswegen eine feste Vorstellung, wie der Fall zu lösen ist. Deshalb gilt es gerade hier, mit der hemmer-Methode den Ersteller der Klausur als imaginären Gegner zu erfassen. Es gilt, Begriffe wie z.B. Widerspruch und Vormerkung in ihrer rechtlichen Wirkung zu begreifen und in den Kontext der Klausur einzuordnen.

Sachenrecht I

Zu Beginn werden die allgemeinen Lehren des Sachenrechts (Abstraktionsprinzip, Publizität, numerus clausus etc.) behandelt, die für den Einstieg und ein grundlegendes Verständnis der Materie unabdingbar sind. Im Vordergrund stehen dann das Besitzrecht und das Eigentümer-Besitzer-Verhältnis. Gerade das EBV ist klausurrelevant. Hier dürfen Sie keinesfalls auf Lücke lernen. Schließlich geht es auch um den immer wichtiger werdenden (verschuldensunabhängigen) Beseitigungs- bzw. Unterlassungsanspruch aus § 1004 BGB.

0011   13,80 €

Sachenrecht II

Sachenrecht II behandelt den Erwerb dinglicher Rechte an beweglichen Sachen. Neben dem Erwerb kraft Gesetzes ist Schwerpunkt hier natürlich der rechtsgeschäftliche Erwerb des Eigentums. Bei dem Erwerb vom Berechtigten und den §§ 932 ff. BGB müssen Sie sicher sein, insbesondere, wenn wie im Examensfall regelmäßig Dritte (Besitzdiener, Besitzmittler, Geheißpersonen) in den Übereignungstatbestand eingeschaltet werden. Daneben geht es um die klausurrelevanten Probleme beim Pfandrecht, bei der Sicherungsübereignung und beim Anwartschaftsrecht des Vorbehaltsverkäufers.

0012   13,80 €

Sachenrecht III

Gegenstand des Skripts Sachenrecht III ist das Immobiliarsachenrecht, wobei die Übertragung des Eigentums an Grundstücken im Vordergrund steht. Weitere Schwerpunkte bilden u.a. Erst- und Zweiterwerb der Vormerkung, die Hypothek und Grundschuld -Gemeinsamkeiten und Unterschiede-, Übertragung sowie der Wegerwerb von Einwendungen und Einreden bei diesen.

0012A   13,80 €

Kreditsicherungsrecht

Der Clou! Wettlauf der Sicherungsgeber, Verhältnis Hypothek zur Grundschuld, Verlängerter Eigentumsvorbehalt und Globalzession/Factoring sind häufig Prüfungsgegenstand. Lernen Sie das, was zusammen gehört, als zusammengehörend zu betrachten. Alle examenstypischen Sicherungsmittel im Überblick: Wie sichere ich neben dem bestehen-

Examenswissen

den Rückzahlungsanspruch einen Kredit? Unterschieden werden Personalsicherheiten (z.B. Bürgschaft, Schuldbeitritt), Mobiliarsicherheiten (z.B. Sicherungsübereignung, Sicherungsabtretung, Eigentumsvorbehalt und Pfandrecht) sowie Immobiliar-sicherheiten (Grundschuld und Hypothek). Wer die Unterscheidung zwischen akzessorischen und nichtakzessorischen Sicherungsmitteln wirklich verstanden hat, geht unbesorgt in die Prüfung.

0013   13,80 €

Nebengebiete

Familienrecht
Das Familienrecht wird häufig in Verbindung mit anderen Rechtsgebieten geprüft. So sind z.B. §§ 1357, 1365, 1369 BGB Schnittstelle zum BGB-AT und nur in diesem Kontext verständlich. Die sog. Ehestörungsklage hat ihre Bedeutung bei §§ 823 und 1004 BGB. Da nur der geschädigte Ehegatte einen eigenen Schadensersatzanspruch gegen den Schädiger hat, stellen sich Probleme der Vorteilsanrechnung (vgl. § 843 IV BGB) und Fragen beim Regress. Von Bedeutung sind bei der Nichtehelichen Lebensgemeinschaft Bereicherungsrecht und, wie bei Eheleuten auch, familienrechtliche Bestimmungen sowie das Recht der BGB-Gesellschaft. Die typischen Problemkreise des Familienrechts sind berechenbar und leicht erlernbar.

0014   13,80 €

Erbrecht
„Erben werden geboren, nicht gekoren." oder „Erben werden gezeugt, nicht geschrieben." deuten auf germanischen Einfluß mit seinem Sippengedanken. Das Prinzip der Universalsukzession und die Testamentidee sind römisch-rechtliche Tradition. Die Spannung zwischen individualistischem (der Erbe steht im Vordergrund) und kollektivistischem Ansatz (die Sippe ist privilegiert) ist auch für die Klausur von großer praktischer Relevanz, z.B. gewillkürte oder gesetzliche Erbfolge, Formwirksamkeit des Testaments (auch gemeinschaftliches Testament und Erbvertrag), Widerruf und Anfechtung, Bestimmung durch Dritte, Vor- und Nach- sowie Ersatzerbschaft, Vermächtnis, Pflichtteilsrecht, Erbschaftsbesitz, Miterben, Erbschein. Auch die dingliche Surrogation, z.B. bei § 2019 BGB, und das Verhältnis des Erbrechts zum Gesellschaftsrecht sollte als prüfungsrelevant bekannt sein.

0015   13,80 €

Zivilprozessrecht I
Versäumnisurteil, Erledigung, Streitverkündung, Berufung (ZPO I, sog. Erkenntnisverfahren) sind mit der hemmer-Methode leicht verständlich für die Klausuranwendung aufbereitet. Von den vielen Bestimmungen der ZPO sind insbesondere diejenigen, die mit materiellrechtlichen Problemen verknüpft werden können, klausurrelevant. ZPO-Probleme werden nur dann richtig erfasst und damit auch für die Klausur handhabbar, wenn man den praktischen Hintergrund verstanden hat. Dies erleichtert Ihnen die hemmer-Methode. Die klausurrelevanten Neuerungen der ZPO-Reform sind selbstverständlich eingearbeitet.

0016   13,80 €

Zivilprozessrecht II
Zwangsvollstreckungsrecht - mit diesem Skript halb so wild: Grundzüge, allgemeine und besondere Vollstreckungsvoraussetzungen, sowie die klausurrelevanten Rechtsbehelfe wie §§ 771 BGB (und die Abgrenzung zu § 805), 766 und 767 BGB werden wie gewohnt übersichtlich und gut verständlich für die Anwendung in der Klausur aufbereitet. Dann werden auch gefürchtete Zwangsvollstreckungsklausuren leicht.

0017   13,80 €

Arbeitsrecht
Arbeitsrecht ist stark von Richterrecht geprägt und hat sich auch, wie z.B. im Streikrecht, praeter legem entwickelt. Entsprechend häufig sind die Neuerungen. Gleichwohl ist die Arbeitsrechtsklausur im Regelfall standardisiert: Kündigungsschutz (Feststellungsklage) und Lohnzahlung (Leistungsklage) bilden häufig das Grundgerüst. Eingestreut sind regelmäßig Probleme wie z.B. Gratifikationen, Urlaubsabgeltungsanspruch, faktische Bindung und Anwendbarkeit der Grundrechte. Verständnis entsteht. So macht Arbeitsrecht Spaß. Das Standardwerk! Ausgehend von einem großen Fall wird das gesamte Arbeitsrecht knapp und prägnant erklärt.

0018   16,80 €

Handelsrecht
Handelsrecht verschärft wegen der Sonderstellung der Kaufleute viele Bestimmungen des BGB (z.B. §§ 362, 377 HGB). Auch Vertretungsrecht wird modifiziert (z.B. § 15 HGB, Prokura), ebenso die Haftung (§§ 25 ff HGB). So kann eine Klausur ideal gestreckt werden. Deshalb sind Kenntnisse im Handelsrecht unerlässlich, alles in allem aber leicht erlernbar.

0019A   13,80 €

Gesellschaftsrecht
Ein Problem mehr in der Klausur: die Gesellschaft, insbesondere BGB-Gesellschaft, OHG, KG und GmbH. Zu unterscheiden ist häufig zwischen Innen- und Außenverhältnis. Die Haftung von Gesellschaft und Gesellschaftern muss jeder kennen. In der examenstypischen Klausur sind immer mehrere Personen vorhanden (Notendifferenzierung!), so dass sich zwangsläufig die typischen Schwierigkeiten der Mehrpersonenverhältnisse stellen (Zurechnung, Gesamtschuld, Ausgleichsansprüche etc.).

0019B   13,80 €

Examenswissen

Rechtsfolgeskripten

> Regelmäßig ist die sog. Herausgabeklausur („A verlangt von B Herausgabe. Zu Recht?") Prüfungsgegenstand. Der Rückgriff kann als Zusatzfrage jede Klausur abschließen. Klausurtypisch werden diese Problemkreise im Anspruchsgrundlagenaufbau dargestellt. So schreiben Sie die 18 Punkteklausur. Ein Muss für jeden Examenskandidaten!

Herausgabeansprüche

Der Band setzt das Rechtsfolgesystem bisheriger Skripten fort. Die Anspruchsgrundlagen, die in den verschiedenen Rechtsgebieten verstreut sind, werden in einem eigenen Skript klausurtypisch konzentriert behandelt, §§ 285, 346, 546, 604, 812, 861, 985, 1007 BGB. Die ideale Checkliste für die Herausgabeklausur. Wer konsequent von der Fallfrage aus geht, lernt richtig.

0031   *13,80 €*

Rückgriffsansprüche

Der Regreß ist examenstypisch. Dreiecksbeziehungen sind nicht nur im wirklichen Leben problematisch, sondern auch im Recht. Der Band gibt unsere Erfahrungen mit den verschiedenen Examenskonstellationen wieder. Beispielhaft ist die Begleichung einer Schuld durch einen Dritten und der Regreß beim Schuldner. In Betracht kommen häufig GoA, Gesamtschuld und Bereicherungsrecht.

0032   *13,80 €*

Strafrecht

> Eine zweistellige Punktezahl ist im Strafrecht immer im Bereich des Möglichen. Gerade im Strafrecht ist es wichtig, die Klassiker genau zu kennen. Im Strafrecht/Strafprozessrecht wird Ihre Belastbarkeit getestet: innerhalb relativ kurzer Zeit müssen viele Problemkreise „abgehakt" werden.

Strafrecht AT I

Für das Verständnis im Strafrecht unabdingbar sind vertiefte Kenntnisse des Allgemeinen Teils. Der Aufbau eines vorsätzlichen Begehungsdelikts wird ebenso vermittelt wie der eines vorsätzlichen Unterlassungsdelikts bzw. eines Fahrlässigkeitsdelikts. Darin eingebettet werden die examenstypischen Probleme erläutert und anhand der hemmer-Methode Lernverständis geschaffen. Um die allgemeine Strafrechtssystematik besser zu verstehen, beinhaltet dieses Skript zudem Ausführungen zur Garantiefunktion des Strafrechts, zum Geltungsbereich des deutschen Strafrechts sowie einen Überblick über strafrechtliche Handlungslehren.

0020   *13,80 €*

Strafrecht AT II

Dieses Skript vermittelt Ihnen anwendungsorientiert die Problemkreise Versuch (insbesondere Rücktritt vom Versuch), Täterschaft und Teilnahme (z.B. Täter hinter dem Täter), die Irrtumslehre (z.B. aberratio ictus), sowie das Wichtigste zu den Konkurrenzen. Grundbegriffe werden erläutert und zudem in den klausurtypischen Zusammenhang gebracht. Auch Sonderfälle wie die „actio libera in causa" werden in fallspezifischer Weise erklärt.

0021   *13,80 €*

Strafrecht BT I

Bei den Klassikern wie u.a. Diebstahl, Betrug einschließlich Computerbetrug, Raub, Erpressung, Hehlerei, Untreue (BT I) sollte man sich keine Fehltritte leisten. Mit der hemmer-Methode wird der verständnisvolle Umgang mit Fällen, die im Grenzbereich eines oder mehrerer Tatbestände liegen, eingeübt. Auf klausurtypische Fallkonstellationen wird hingewiesen.

0022   *13,80 €*

Strafrecht BT II

Immer wieder in Hausarbeit und Klausur: Totschlag, Mord, Körperverletzungsdelikte, Aussagedelikte, Urkundsdelikte, Straßenverkehrsdelikte. In aller Regel werden diese Delikte mit Täterschaftsformen des Allgemeinen Teils kombiniert, und dadurch die Problematik klausurtypisch gestreckt.

0023   *13,80 €*

Strafprozessordnung

Strafprozessrecht hat auch im Ersten Juristischen Staatsexamen deutlich an Bedeutung gewonnen: In fast jedem Bundesland ist mittlerweile verstärkt mit StPO-Zusatzfragen im Examen zu rechnen. Begriffe wie z.B. Legalitätsprinzip, Opportunitätsprinzip und Akkusationsprinzip dürfen keine Fremdworte bleiben. Lernen Sie spielerisch die Abgrenzung von strafprozessualem und materiellem Tatbegriff.

0030   *13,80 €*

Examenswissen

Verwaltungsrecht

> Auch die Verwaltungsrechtsskripten sind klausur- und hausarbeitsorientiert und damit als großer Fall zu verstehen. Trainieren Sie Verwaltungsrecht mit uns klausurorientiert. Lernen Sie mit der hemmer-Methode die richtige Einordnung. Im Öffentlichen Recht gilt: wenig Dogmatik - viel Gesetz. Gehen Sie deshalb mit dem sicheren Gefühl in die Prüfung, die Dogmatik genau zu kennen und zu wissen, wo Sie was zu prüfen haben.

Verwaltungsrecht I
Wie in einem großen Fall sind im Verwaltungsrecht I die klausurtypischen Probleme der Anfechtungsklage als zentrale Klageart der VwGO dargestellt. Entsprechend der Reihenfolge in einer Klausur werden Fragen der Zulässigkeit, vom Vorliegen eines VA bis zum Vorverfahren, und der Begründetheit, von der Ermächtigungsgrundlage bis zum Widerruf und der Rücknahme von VAen, klausurorientiert aufbereitet.

0024 *13,80 €*

Verwaltungsrecht II
Die richtige Einordnung der Prüfungspunkte im Rahmen der Zulässigkeit und Begründetheit von Verpflichtungs-, Fortsetzungsfeststellungs-, Leistungs- und Feststellungsklage sowie Normenkontrolle unter gleichzeitiger Darstellung typischer Fragestellungen der Begründetheit sind Gegenstand dieses Skripts. Sie machen es zu einem unentbehrlichen Hilfsmittel zur Vorbereitung auf Zwischenprüfung und Examina.

0025 *13,80 €*

Verwaltungsrecht III
Profitieren Sie von unserer jahrelangen Erfahrung als Repetitoren und unserer Sachkenntnis von Prüfungsfällen. Widerspruchsverfahren, vorbeugender und vorläufiger Rechtsschutz, Rechtsmittel sowie Sonderprobleme aus dem Verwaltungsprozess- und allgemeinen Verwaltungsrechts sind anschließend für Sie keine Fremdwörter mehr.

0026 *13,80 €*

Staatsrecht

> Stoffauswahl und Schwerpunktbildung von Verfassungsrecht (Staatsrecht I) und Staatsorganisationsrecht (Staatsrecht II) orientieren sich am praktischen Bedürfnis von Klausur und Hausarbeit. Da in diesem Bereich häufig nach dem Prinzip „terra incognita" gelernt wurde, gilt es Lücken zu schließen. Wer Staatsrecht richtig gelernt hat, kann sich jedem Fall stellen. Es gilt der Wahlspruch der Aufklärung: „sapere aude" (Wage, Dich Deines Verstandes zu bedienen.), Kant, auf ihn Bezug nehmend Karl Popper (Beck´sche Reihe, „Große Denker").

Staatsrecht I
Die Grundrechte sind das Herzstück der Verfassung. Zulässigkeit und Begründetheit der Verfassungsbeschwerde geben jedem Klausurersteller die Möglichkeit, Grundrechtsverständnis abzuprüfen. Die einzelnen Grundrechte werden im Rahmen der Begründetheit der Verfassungsbeschwerde umfassend erklärt. Lernen Sie mit der hemmer-Methode den richtigen Fallaufbau, auf den gerade im Öffentlichen Recht besonders viel Wert gelegt wird.

0027 *13,80 €*

Staatsrecht II
Speziell hier gilt: Die wenigen Klassiker, die immer wieder in der Klausur eingebaut sind, muss man kennen. Dies sind im Prozessrecht: Organstreitigkeiten, abstrakte und konkrete Normenkontrolle und föderale Streitigkeiten (Bund-/Länderstreitigkeiten). Das materielle Recht beinhaltet Staatszielbestimmungen (Art. 20 GG), Finanzverfassung, daneben auch oberste Staatsorgane, Gesetzgebungskompetenz und -verfahren, Verwaltungsorganisation und das Recht der politischen Parteien. Mit diesen Problemkreisen sollten Sie sich im Rahmen einer sinnvollen Examensvorbereitung mit den jeweiligen landesrechtlichen Besonderheiten auseinandersetzen. Skripten, die die Problematik „verallgemeinernd" auf Bundesebene darstellen, helfen meist nicht weiter!

0028 *13,80 €*

Staatshaftungsrecht
Das Staatshaftungsrecht ist eine Querschnittsmaterie aus den Bereichen Verfassungsrecht, Allgemeines und Besonderes Verwaltungsrecht und dem Bürgerlichen Recht. Diese Besonderheit macht es einerseits kompliziert, andererseits interessant für Klausurersteller! In diesem Skript finden Sie alle klausurrelevanten Probleme des Staatshaftungsrechts examenstypisch aufgearbeitet.

0040 *13,80 €*

Europarecht
Immer auf dem neusten Stand! Unser Europarecht hat sich zum Klassiker entwickelt. Anschaulich und klar strukturiert erspart es Zeit und dient dem Allgemeinverständnis für dieses in Zukunft immer wichtiger werdende Prüfungsgebiet. Zusammen mit der Fallsammlung Europarecht Garant für ein erfolgreiches Abschneiden in der Prüfung! Die hohe Nachfrage gibt dem Skriptum recht.

0029 *16,80 €*

Examenswissen

Öffentliches Recht - landesspezifische Skripten

Wesentliche Bereiche des Öffentlichen Rechts - Kommunalrecht, Sicherheitsrecht, Bauordnungsrecht - sind aufgrund der Kompetenzverteilung des Grundgesetzes Landesrecht. Hier müssen Sie sich im Rahmen einer sinnvollen Examensvorbereitung mit den jeweiligen **landesrechtlichen Besonderheiten** auseinandersetzen. Skripten, die die Problematik „verallgemeinernd" auf Bundesebene darstellen, helfen meist nicht weiter!

Baurecht/Bayern
Baurecht/Nordrhein-Westfalen
Baurecht/Baden-Württemberg

Bauplanungs- und Bauordnungsrecht werden in klausurtypischer Aufarbeitung so dargestellt, dass selbst ein Anfänger innerhalb kürzester Zeit die Systematik des Baurechts erlernen kann. Vertieft werden darüber hinaus alle wichtigen Spezialprobleme des Baurechts wie gemeindliches Einvernehmen, Vorbescheid, Erlass von Bebauungsplänen etc. behandelt.

01.0033 BauR Bayern	*13,80 €*
02.0033 BauR NRW	*13,80 €*
03.0033 BauR Baden Württ.	*13,80 €*

Polizei- und Sicherheitsrecht/ Bayern
Polizei- und Ordunungsrecht/ Nordrhein-Westfalen
Polizeirecht/Baden Württemberg

Gerade das Polizei- und/oder Sicherheitsrecht stellt sich von Bundesland zu Bundesland unterschiedlich dar: Hier kommt die Stärke der landesrechtlichen Skripten voll zur Geltung! Lernen Sie im jeweils regionalen Kontext die Begriffe Primär- und Sekundärmaßnahme, Konnexität, Anscheins- und Putativgefahr usw. Der Aufbau des Skripts orientiert sich an der typischen Systematik einer Polizeirechtsklausur.

01.0034 Polizei-/SR Bayern	*13,80 €*
02.0034 Polizei-/OR NRW	*13,80 €*
03.0034 PolizeiR/ Baden Württ.	*13,80 €*

Kommunalrecht/Bayern
Kommunalrecht/NRW
Kommunalrecht/Baden Württemberg

In vielen Bundesländern ist Kommunalrecht das Herz der verwaltungsrechtlichen Klausur, da es sich mit den meisten anderen Bereichen des Verwaltungsrecht-BT hervorragend kombinieren lässt: Begriffe wie eigener und übertragener Wirkungskreis, Kommunalaufsicht, Verbands- und Organkompetenz, Befangenheit von Gemeinderäten, Kommunale Verfassungsstreitigkeit, gemeindliche Geschäftsordnung und vieles mehr werden in gewohnt fallspezifischer Art dargestellt und erklärt.

01.0035 KomR. Bayern	*13,80 €*
02.0035 KomR. NRW	*13,80 €*
03.0035 KomR. Baden Württ.	*13,80 €*

Schwerpunktskripten

Auch im Bereich der Wahlfachgruppen können Sie auf die gewohnte und bewährte Qualität der Hemmer-Skripten zurückgreifen. Wir ermöglichen Ihnen, das Gebiet Ihrer Wahlfachgruppe **effektiv** und **examenstypisch** zu erschließen. Die Zusammenstellung der Skripten orientiert sich am examensrelevanten Stoff und den wichtigsten Problemkreisen.

Kriminologie

Das Skript Kriminologie umfasst sämtliche, für die Wahlfachgruppe relevanten Bereiche: Kriminologie, Jugendstrafrecht und Strafvollzug. Im Mittelpunkt stehen insbesondere die Erscheinungsformen und Ursachen von Kriminalität, der Täter, aber auch das Opfer und die Kontrolle und Behandlung des Straftäters. Durch die Behandlung vieler strafrechtlicher Grundbegriffe ist das Skriptum auch für den Studenten geeignet, der diese Wahlfachgruppe nicht gewählt hat.

0039	*16,80 €*

Völkerrecht

Die Probleme im Völkerrecht sind begrenzt. Der Band vermittelt den Einstieg in die Rechtsmaterie und stellt die wichtigsten Probleme des Völkerrechts dar. Ergänzt durch Beispielfälle und die Judikatur des IGH ist dieses Skript ein unverzichtbares Hilfsmittel. Erschließen Sie sich mit Hilfe dieses Skripts die Problemkreise der völkerrechtlichen Verträge, über die Personalhoheit bis hin zum Interventionsverbot. Denken Sie daran: Seit das Europarecht Prüfstoff des Ersten und Zweiten Juristischen Staatsexamens geworden ist, hat die Attraktivität der Wahlfachgruppe Völker-/Europarecht stark zugenommen.

0036	*16,80 €*

Internationales Privatrecht

In der Praxis wird der Jurist von morgen nicht darum herumkommen, sich mit IPR zu beschäftigen. Internationale Verflechtungen gewinnen an Bedeutung und den nationalen Scheuklappen wird entgegen gewirkt. Das Skript ist fallorientiert und ermöglicht den leichten Einstieg. Die Anwendung des Internationalen Einheitsrechts, staatsvertraglicher Kollisionsnormen sowie des autonomen Kollisionsrechts werden hier erläutert. Auch werden die Rechte der natürlichen Person auf internationaler Ebene vom Vertragsrecht bis hin zum Sachenrecht behandelt.

0037	*16,80 €*

Kapitalgesellschaftsrecht

Im Skript Kapitalgesellschaftsrecht werden die Gründung der Kapitalgesellschaften und deren Organisationsverfassung dargestellt. Es beinhaltet daneben die Rechtsstellung der Gesellschafter, die Finanzordnung der Gesellschaften und die Stellung der Gesellschaften im Rechtsverkehr. Abschließend erfolgt ein Überblick über das Konzernrecht und Sonderformen der Kapitalgesellschaften.

0055	*16,80 €*

Examenswissen

Wettbewerbs- und Markenrecht
Im Rahmen des Rechts des unlauteren Wettbewerbs werden die Grundzüge erklärt, die für das Verständnis dieser Materie unerlässlich sind. Aus dem Bereich des Immaterialgüterrechts wird das Markenrecht näher betrachtet, etwa Unterlassungs- und Schadensersatzansprüche wegen Markenverletzung.

0060   16,80 €

Rechtsgeschichte I
Gegenstand des Skripts ist die Rechtsgeschichte des frühen Mittelalters bis hin zur Rechtsgeschichte des 20. Jahrhunderts. Inhaltlich deckt es die Bereiche Verfassungsrechtsgeschichte, Privatrechtsgeschichte und Strafrechtsgeschichte ab. Hauptsächlich hilft das Skript bei der Vorbereitung auf die rechtsgeschichtlichen Klausuren. Gleichzeitig ist es auch für „kleine" Grundlagenklausuren und die „großen" Examensklausuren geeignet. Ideal auch zur Vorbereitung auf die mündliche Prüfung.

0058   16,80 €

Rechtsgeschichte II
Das Skript Rechtsgeschichte II befasst sich mit der Römischen Rechtsgeschichte und liefert im Zusammenhang mit dem Skript Rechtsgeschichte I (Deutsche Rechtsgeschichte) den Stoff für die Wahlfachgruppe. Darüber hinaus sollten Grundzüge der Rechtsgeschichte zum Wissen eines jeden Jurastudenten gehören. Mit diesem Skript werden Sie schnell in die Entwicklungen und Einflüsse der Römischen Rechtsgeschichte eingeführt.

0059   16,80 €

Steuererklärung leicht gemacht
Das Skript gibt alle erforderlichen Anleitungen und geldwerte Tipps für die selbstständige Erstellung der Einkommensteuererklärung von Studenten und Referendaren. Zur Verdeutlichung sind Beispielfälle eingebaut, deren Lösungen als Grundlage für eigene Erklärungen dienen können.

0038   13,80 €

Abgabenordnung
Die Abgabenordnung als das Verfahrensrecht zum gesamten Steuerrecht hält viele Besonderheiten bereit, die Sie sowohl im Rahmen der Pflichtfachklausur im 2. Examen, wie auch in der Wahlfachklausur beherrschen müssen. Hierbei hilft zwar Systemverständnis im allgemeinen Verwaltungsrecht, das wir Ihnen mit unseren Skripten Verwaltungsrecht I - III vermitteln. Jedoch ist auch eine detaillierte Auseinandersetzung mit abgabenordnungsspezifischen Problemen unverzichtbar. Im Ersten gleichsam wie im Zweiten Examen stellen verfahrensrechtliche Fragen regelmäßig zwischen 25 und 30 % des Prüfungsstoffes der Steuerrechtsklausur dar. Hier zeigt sich immer wieder, dass das Verfahrensrecht zu wenig beachtet wurde. Eine gute Klausur kann aber nur dann gelingen, wenn sowohl die einkommensteuerrechtliche als auch die verfahrensrechtliche Problematik erfasst wurde.

0042   16,80 €

Einkommensteuerrecht
Der umfassende Überblick über das Einkommensteuerrecht! Der gesamte examensrelevante Stoff sowohl für die Wahlfachgruppe als auch für die Pflichtklausur im 2. Examen: Angefangen bei den einkommensteuerlichen Grundfragen der subjektiven Steuerpflicht und den Besteuerungstatbeständen der sieben Einkommensarten, über die verschiedenen Gewinnermittlungsmethoden, bis hin zur Berechnung des zu versteuernden Einkommens orientiert sich das Skript streng am Klausuraufbau und stellt so absolut notwendiges Handwerkszeug dar. Das Skript eignet sich sowohl für den Einstieg, als auch für die intensive Auseinandersetzung mit dem Einkommensteuerrecht. Auch für jeden „Steuerzahler" empfehlenswert!

0043   21,80 €

Die Musterklausuren für das Examen

> Fahrlässig handelt, wer sich diese Fälle entgehen lässt! Aus unserem langjährigen Klausurenkursprogramm die besten Fälle, die besonders häufig Gegenstand von Prüfungen waren und sicher wieder sein werden. Lernen Sie den Horizont von Klausurenerstellern und -korrektoren anhand von exemplarischen Fällen kennen.

Musterklausuren Examen Zivilrecht
Das Repetitorium hemmer ist für seine Trefferquote bekannt. Das zeigt sich auch in den Musterklausuren: Teilweise wurden die ausgewählten Fälle später zu nahezu identischen Originalexamensfällen. Die Themenkreise sind weiter hochaktuell. Examensklausuren haben eine eigene Struktur. Der Ersteller konstruiert Sachverhalt und Lösung nach bestimmten Regeln, die es zu erfassen gilt. Objektiv muss die Klausur wegen der Notendifferenzierung anspruchsvoll, aber lösbar sein, eine Vielzahl von Problemen beinhalten und bei der Lösung ein einheitliches Ganzes ergeben. Subjektives Merkmal ist, wie der Ersteller die objektiven Merkmale gewichtet hat. Hier zeigt sich sein Ideengebäude, welches zu erfassen die wesentliche Aufgabe bei der Klausurbewältigung ist.

16.01   13,80 €

Musterklausuren Examen Strafrecht
Wenig Gesetz, viel Dogmatik. Gerade im Strafrecht gilt: „Streit erkannt, Gefahr gebannt!" Strafrecht ist regelmäßig ein Belastungstest: Strafrechtliche Klausuren bestehen aus einer Vielzahl von Problemen aus dem Allgemeinen Teil, dem Besonderen Teil, bzw. aus beiden. Routine beim „Abhaken" der Problemkreise zahlt sich aus. Frühzeitiges Klausurentraining schafft Sicherheit im Examen.

16.02   13,80 €

Musterklausuren Examen Steuerrecht
Steuerrechtliche Klausuren zeichnen sich durch immer wiederkehrende Einzelkonstellationen aus, die zu einem großen Fall zusammengebastelt sind. Es ist leicht eine gute Note zu schreiben, wenn man die Materie kennt. Auf der Grundlage von original Examensklausuren aus den letzten Jahren werden die klassischen Problemfelder aus dem materiellen Recht wie aus dem Verfahrensrecht examenstypisch aufbereitet und vermittelt.

16.03   13,80 €

Musterklausur Examen Europarecht
Europarecht ist ohne Fälle nicht fassbar. Erleichtern Sie sich das Verständnis für Europarecht, indem Sie anwendungsspezifisch und fallorientiert lernen. Nachdem das Europarecht auch als Pflichtfach immer größere Bedeutung erlangt, stellt diese Fallsammlung als Erweiterung des Lernmaterials zum Europarecht eine unerlässliche Hilfe bei der Examensvorbereitung dar.

16.04   13,80 €

Die Shorties - Minikarteikarten

Die Shorties - in 20 Stunden zum Erfolg

Die wichtigsten Begriffe und Themenkreise werden anwendungsspezifisch erklärt.

Knapper geht es nicht.

Die „sounds" der Juristerei (super learning) grafisch aufbereitet - in Kürze zum Erfolg.

- **als Checkliste**
zum schnellen Erfassen des jeweiligen Rechtsgebiets.

- **zum Rekapitulieren**
mit dem besonderen Gedächtnistraining schaffen Sie Ihr Wissen ins Langzeitgedächtnis.

- **vor der Klausur zum schnellen Überblick**

- **ideal vor der mündlichen Prüfung**

Die Shorties 1 BGB AT, SchuldR AT (50.10)	21,80 €
Die Shorties 2/I KaufR, MietV, Leihe, WerkVR, ReiseV, Verwahrung (50.21)	21,80 €
Die Shorties 2/II GoA, BerR, DeliktsR, SchadensersatzR (50.22)	21,80 €
Die Shorties 3 SachenR, ErbR, FamR (50.30)	21,80 €
Die Shorties 4 ZPO I/II, HGB (50.40)	21,80 €
Die Shorties 5 StrafR AT/BT (50.50)	21,80 €
Die Shorties 6 Öffentliches Recht (50.60) (VerwR, GrundR, BauR, StaatsOrgR, VerfProzR)	21,80 €

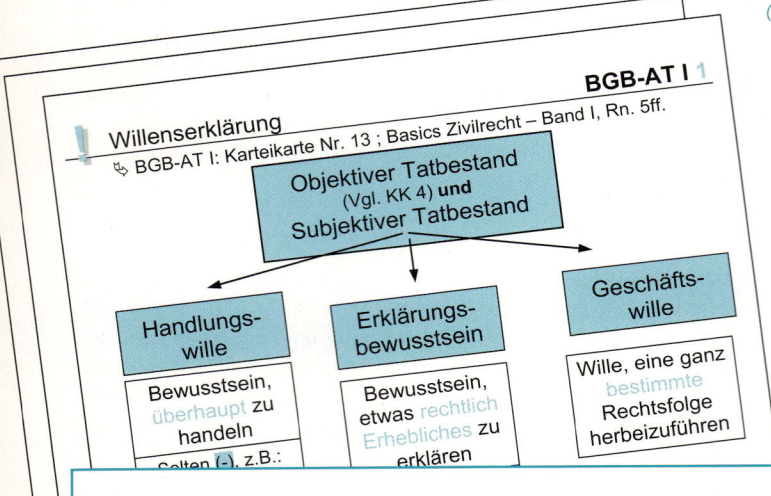

So lernen Sie richtig mit der hemmer-Box (im Preis inklusive):

1. Verstehen: Haben Sie den gelesenen Stoff verstanden, wandert die Karte auf Stufe 2., Wiederholen am nächsten Tag.

2. Wiederholen: Haben Sie den Stoff behalten, wandert er von Stufe 2. zu Stufe 4.

3. kleine Strafrunde: Konnten Sie den Inhalt von 2. nicht exakt wiedergeben, arbeiten Sie die Themen bitte noch einmal durch.

4. fundiertes Wissen: Wiederholen Sie die hier einsortierten Karten nach einer Woche noch einmal. Konnten Sie alles wiedergeben? Dann können Sie vorrücken zu Stufe

5. Langzeitgedächtnis: Wiederholen Sie auf dieser Stufe das Gelernte im Schnelldurchlauf nach einem Monat. Sollten noch Fragen offen bleiben, gehen sie bitte eine Stufe zurück.

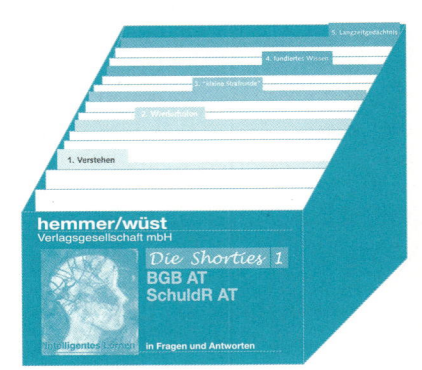

HEMMER Karteikarten -
Logisch und durchdacht aufgebaut!

Intelligentes Lernen schnell & effektiv

Einleitung
führt zur Fragestellung hin und verschafft Ihnen den schnellen Überblick über die Problemstellung

Frage oder zu lösender Fall
konkretisiert den jeweiligen Problemkreis

II. Verschulden bei Vertragsverhandlungen — SchR-AT I, Karte 22
Vorvertragliche Sonderverbindung

Die c.i.c. setzt ein vorvertragliches Vertrauensverhältnis voraus. Dieses entsteht nicht durch jeden gesteigerten sozialen Kontakt, sondern nur durch ein Verhalten, das auf den Abschluss eines Vertrages oder die Anbahnung geschäftlicher Kontakte abzielt. Ob es später tatsächlich zu einem Vertragsschluss kommt, ist dagegen unerheblich. Der Vertragsschluss ist nur erheblich für die Abgrenzung zwischen §§ 280 I, 241 II BGB (pVV) und §§ 280 I, 311 II, 241 II BGB (c.i.c.): Fällt die Pflichtverletzung in den Zeitraum vor Vertragsschluss, sind ohne Rücksicht auf den späteren Vertragsschluss die §§ 280 I, 311 II, 241 II BGB richtige Anspruchsgrundlage.

A macht einen Stadtbummel. Aus Neugier betritt er ein neues Geschäft, um das Warenangebot näher kennen zu lernen. Dazu kommt es aber nicht. Er rutscht kurz hinter dem Eingang auf einer Bananenschale aus und bricht sich ein Bein.
Hat A Ansprüche aus c.i.c.?
Abwandlung: A betritt das Geschäft nur, weil es gerade zu regnen angefangen hat. Er hat keinerlei Kaufinteresse.

Juristisches Repetitorium
examenstypisch · anspruchsvoll · umfassend **hemmer**

---

1. Grundfall:
Fraglich ist, ob ein vorvertragliches Schuldverhältnis vorliegt. Dieses entsteht insbesondere erst durch ein Verhalten, das auf die Aufnahme von Vertragsverhandlungen (§ 311 II Nr. 1 BGB), die Anbahnung eines Vertrags (§ 311 II Nr. 2 BGB) oder eines geschäftlichen Kontakts (§ 311 II Nr. 3 BGB) abzielt. Hier betritt A das Geschäft zwar ohne konkrete Kaufabsicht, aber doch als potentieller Kunde in der Absicht, sich über das Warensortiment zu informieren, um später möglicherweise doch etwas zu kaufen. **Sein Verhalten ist somit auf die Anbahnung eines Vertrags gerichtet, bei welchem der A im Hinblick auf eine etwaige rechtsgeschäftliche Beziehung dem Geschäftsinhaber die Möglichkeit zur Einwirkung auf seine Rechte, Rechtsgüter und Interessen gewährt oder ihm diese anvertraut, vgl. § 311 II Nr. 2 BGB.**
Der Geschäftsinhaber hat die Pflicht, alles Zumutbare zu unternehmen, um seine Kunden vor Schäden an Leben und Gesundheit zu schützen. Diese Pflicht wurde hier verletzt. Im Hinblick auf die Darlegungs- und Beweislast zum Vertretenmüssen ist von § 280 I 2 BGB auszugehen. Ausreichend ist daher von Seiten des Geschädigten der Nachweis des objektiv verkehrsunsicheren Zustands im Verantwortungsbereich des Schuldners, hier durch die Bananenschale. Der Schuldner, also der Geschäftsinhaber muss dann nachweisen, dass er und seine Erfüllungsgehilfen alle zumutbaren Maßnahmen zur Vermeidung des Schadens ergriffen haben. Das wird regelmäßig nicht gelingen. **Von Vertretenmüssen ist daher auszugehen,** gegebenenfalls ist dem Geschäftsinhaber das *Verschulden der Erfüllungsgehilfen (z.B. Ladenangestellten)* nach § 278 BGB zuzurechnen. **Die Pflichtverletzung war ursächlich für den Schaden des A. A kann somit Schadensersatz aus §§ 280 I, 311 II Nr. 2, 241 II BGB verlangen** (u.U. gekürzt um einen *Mitverschuldensanteil*).

2. Abwandlung:
In der Abwandlung hat A von vornherein keinerlei Kaufabsicht. Sein **Verhalten ist nicht auf die Anbahnung eines Vertrags gerichtet.** Das bloße Betreten eines Ladens genügt jedoch nicht, um ein gesteigertes Vertrauensverhältnis zu begründen. **Daher scheiden Ansprüche aus §§ 280 I, 311 II Nr. 2, 241 II BGB aus.** *Es kommen lediglich deliktische Schadensersatzansprüche in Betracht.*

hemmer-Methode: Bei dauernden Geschäftsbeziehungen, innerhalb derer sich ein Vertrauensverhältnis herausgebildet hat, ist eine Haftung aus c.i.c. auch für Handlungen, die nicht unmittelbar auf die Anbahnung eines Vertrages gerichtet sind, gerechtfertigt, sofern die Handlung in engem Zusammenhang mit der Geschäftsbeziehung steht.

Antwort
informiert umfassend und in prägnanter Sprache

hemmer-Methode
ein modernes Lernsystem, das letztlich erklärt, was und wie Sie zu lernen haben. Gleichzeitig wird „background" vermittelt. Die typischen Bewertungskategorien eines Korrektors werden miterklärt. So lernen Sie Ihre imaginären Gegner (Ersteller und Korrektor) besser einzuschätzen und letztlich zu gewinnen. Denken macht Spass und Jura wird leicht.

---

examenstypisch - anspruchsvoll - umfassend

Die Karteikarten

Die Karteikartensätze

> Lernen Sie intelligent mit der 5-Schritt-Methode. Weniger ist mehr. Das schnelle Frage- und Antwortspiel sich auf dem Markt durchgesetzt. Mit der hemmer-Methode wird der Gesamtzusammenhang leichter verständlich, das Wesentliche vom Unwesentlichen unterschieden. Ideal für die AG und Ihre Lerngruppe: wiederholen Sie die Karteikarten und dem hemmer-Spiel „Jurapolis". Lernen Sie so im Hinblick auf die mündliche Prüfung frühzeitig auf Fragen knapp und präzise zu antworten. Wissenschaftlich ist erwiesen, dass von dem Gelernten in der Regel innerhalb von 24 Stunden bis zu 70% wieder vergessen wird. Daher ist es wichtig, das Gelernte am nächsten Tag zu wiederholen, bevor Sie sich neue Karteikarten vornehmen. Mit den Karteikarten können Sie leicht kontrollieren, wie viel Sie behalten haben.
>
> Karteikarten bieten die Möglichkeit, knapp, präzise und zweckrational zu lernen. Im Hinblick auf das Examen werden die wichtigsten examenstypischen Problemfelder vermittelt. Das Karteikartensystem entspricht modernen Lernkonzepten und führt zum „learning just in time" (Lernen nach Bedarf). Da sie kurz und klar strukturiert sind, kann mit ihnen in kürzester Zeit der Lernstoff erarbeitet und vertieft werden.

Basics - Zivilrecht
Das absolut notwendige Grundwissen vom Vertragsabschluß bis zum EBV. Alles was Sie im Zivilrecht wissen müssen. Die Grundlagen müssen sitzen.

20.01   11,80 €

Basics - Strafrecht
Karteikarten Basics-Strafrecht bieten einen Überblick über die wichtigsten Straftatbestände wie z.B.: Straftaten gegen Leib und Leben sowie Eigentumsdelikte und Straßenverkehrsdelikte, sowie verschiedene Delikstypen, wichtige Probleme aus dem allgemeinen Teil, z.B. Versuch, Beteiligung Mehrerer, usw.

20.02   11,80 €

Basics - Öffentliches Recht
Anhand der Karten Basics-Öffentliches Recht erhalten Sie einen breitgefächerten Überblick über Staatsrecht, Verwaltungs-, und Staatshaftungsrecht. So lassen sich die verschiedenen Rechtsbehelfe optimal in ihrer Zulässigkeits- und Begründetheitsstation auf die Grundlagen hin erlernen.

20.03   11,80 €

BGB-AT I
Die BGB-AT I Karteikarten beinhalten das, was zum Wirksamwerden eines Vertrages beiträgt (Wirksamwerden der WE, Geschäftsfähigkeit, Rechtsbindungswille, usw.) bzw. der Wirksamkeit hindernd entgegensteht (Willensvorbehalte, §§ 116 ff., Sittenwidrigkeit, u.v.m.). Die Problemfelder der Geschäftsfähigkeit, insbesondere das Recht des Minderjährigen, dürfen bei dieser Möglichkeit zu lernen nicht fehlen.

22.01   13,80 €

BGB-AT II
Die BGB-AT II Karteikarten stellen in bekannt knapper und präziser Weise dar, was auf dem umfangreichen Gebiet der Stellvertretung von Ihnen erwartet wird. Die unerlässlichen Kenntnisse der Probleme der Anfechtung, der AGB-Bestimmungen und des Rechts der Einwendungen und Einreden können hiermit zur Examensvorbereitung wiederholt bzw. vertieft werden.

22.02   13,80 €

Schuldrecht AT I
Im bekannten Format werden hier die Grundbegriffe des Schuldrechts dargestellt. Dazu gehören der Inhalt und das Erlöschen des Schuldverhältnisses (z.B. durch Erfüllung, Aufrechnung oder auch Rücktritt). Insbesondere die verschiedenen Probleme in Zusammenhang mit der Haftung im vorvertraglichen Schuldverhältnis nach §§ 280 I, 311 II, 241 II BGB (c.i.c.), das Verhältnis des allgemeinen Leistungsstörungsrechts zu anderen Vorschriften und die Formen und Wirkungen der Unmöglichkeit werden behandelt.

22.031   13,80 €

Schuldrecht AT II
Klassiker wie Verzug, Abtretung, Schuldübernahme, Vertrag zugunsten oder mit Schutzwirkung zugunsten Dritter und Drittschadensliquidation gehören hier genauso zum Stoff der Karteikarten wie die Gesamtschuldnerschaft und das Schadensrecht (§§ 249 ff. BGB), das umfassend von Schadenszurechnung bis hin zu Art, Inhalt und Umfang der Ersatzpflicht dargestellt wird.

22.032   13,80 €

Schuldrecht BT I
Bei diesen Karteikarten steht das Kaufrecht als examensrelevante Materie im Vordergrund. Die Schwerpunkte bilden aber auch Sachmängelrecht und die Probleme rund um den Werkvertrag.

22.40   13,80 €

Schuldrecht BT II
Die Karteikarten Schuldrecht BT II behandeln nach Kaufrecht im Karteikartensatz Schuldrecht BT I, die restlichen Vertragstypen. Dazu gehören vor allem das Mietrecht, der Dienstvertrag, die Bürgschaft und die GoA. Auch Gebiete wie z.B. Schenkung, Leasing, Schuldanerkenntnis und Auftrag kommen nicht zu kurz.

22.41   13,80 €

Bereicherungsrecht
Die §§ 812 ff. BGB sind regelmäßig die Folge unwirksamer Verträge. Abgrenzungsprobleme gibt es u.a. zum Wegfall der Geschäftsgrundlage (z.B. Rückabwicklung bei der nichtehelichen Lebensgemeinschaft) und §§ 987 ff. BGB. Der Karteikartensatz versteht sich als Gebrauchsanweisung für die erfolgreiche Bewältigung des anspruchsvollen Rechtsgebiets Bereicherungsrecht. Ohne Verständnis für dieses Rechtsgebiet bleibt der Zusammenhang im Zivilrecht im Dunkeln.

22.08   13,80 €

Die Karteikarten

Deliktsrecht
Thematisiert werden im Rahmen dieser Karteikarten schwerpunktmäßig die §§ 823 I und 823 II BGB. Verständlich und präzise wird auch auf die Probleme der §§ 830 ff. eingegangen, wobei besonders auf den Verrichtungsgehilfen und die Gefährdungshaftung geachtet wird. Neben einem Einblick in das Staatshaftungsrecht wird auch die Haftung aus dem StVG, ProdHaftG und die negatorische/quasinegatorische Haftung behandelt.

22.09 *13,80 €*

Sachenrecht I
Mit den Karteikarten können Sie ein so komplexes Gebiet wie dieses optimal wiederholen und Ihr Wissen trainieren. Das Sachenrecht mit EBV, Anwartschaftsrecht und Pfandrechten ist für jeden Examenskandidaten ein Muss.

22.11 *13,80 €*

Sachenrecht II
Auch auf einem so schwierigen Gebiet wie dem Grundstücksrecht und den damit verbundenen Pfand- und Sicherungsrechten geben die Karteikarten nicht nur eine zügige Wissensvermittlung, sondern reduzieren die Komplexität des Immobiliarsachenrechts auf das Wesentliche und erleichtern somit die eigene Systematik, z.B. des Hypothek- und Grundschuldrechts, zu verstehen. Begriffe wie die Vormerkung und das dingliche Vorkaufsrecht müssen im Examen beherrscht werden.

22.12 *13,80 €*

Kreditsicherungsrecht
Die Karteikarten als Ergänzung zum Skript Kreditsicherungsrecht ermöglichen Ihnen, spielerisch mit den einzelnen Sicherungsmitteln umzugehen, und die Unterschiede zwischen akzessorischen und nichtakzessorischen Sicherungsmitteln genauso wie ihre Besonderheiten zu beherrschen.

22.13 *13,80 €*

Arbeitsrecht
Arbeitsrecht ist stark von Richterrecht geprägt und hat sich auch, wie z.B. im Streikrecht, praeter legem entwickelt. Entsprechend häufig sind die Neuerungen. Gleichwohl ist die Arbeitsrechtsklausur im Regelfall standardisiert: Kündigungsschutz (Feststellungsklage) und Lohnzahlung (Leistungsklage) bilden häufig das Grundgerüst. Eingestreut sind regelmäßig Probleme wie z.B. Gratifikationen, Urlaubsabgeltungsanspruch, faktische Bindung und Anwendbarkeit der Grundrechte.

22.18 *13,80 €*

Familienrecht
Die wichtigsten Problematiken dieses Gebietes werden hier im Überblick dargestellt und erleichtern Ihnen den Umgang mit Ehe, Sorgerecht, Vormundschaft, aber auch dem Familienprozessrecht.

22.14 *13,80 €*

Erbrecht
Die Grundzüge des Erbrechts mit den einzelnen Problematiken der gewillkürten und gesetzlichen Erbfolge, des Pflichtteilrechts und der Erbenhaftung gehören ebenso zum Examensstoff wie die Annahme und Ausschlagung der Erbschaft und die Problematik mit dem Erbschein. Die Grundlagen zu beherrschen ist wichtiger als einzelne Sonderprobleme.

22.15 *13,80 €*

ZPO I
ZPO taucht zunehmend in den Examensklausuren auf und darf nicht vernachlässigt werden. Nutzen Sie die Möglichkeit, sich durch die knappe und präzise Aufbereitung in den Karteikarten mit dem Prozessrecht vertraut zu machen, um im Examen eine ZPO-Klausur in Ruhe angehen zu können.

22.16 *13,80 €*

ZPO II
Die Karteikarten ZPO II führen Sie quer durch das Recht der Zwangsvollstreckung bis hin zu den verschiedenen Rechtsbehelfen in der Zwangsvollstreckung. Dabei können Rechtsbehelfe wie die Vollstreckungsgegenklage oder die Drittwiderspruchsklage den Einstieg in eine BGB-Klausur bilden.

22.17 *13,80 €*

Handelsrecht
Im Handelsrecht kehren oft bekannte Probleme wieder, die mittels der Karteikarten optimal wiederholt werden können. Auch für das umfassende Schuld- und Sachenrecht des Handels, in dem auch viele Verknüpfungen zum BGB bestehen, bieten die Karteikarten einen guten Überblick.

22.191 *13,80 €*

Gesellschaftsrecht
Die Personengesellschaften, Körperschaften und Vereine haben viele Unterschiede, weisen aber auch Gemeinsamkeiten auf. Um diese mit allen wichtigen Problemen optimal vergleichen zu können, eignen sich besonders die Karteikarten im Überblicksformat.

22.192 *13,80 €*

Strafrecht-AT I
Das vorsätzliche Begehungsdelikt mit all seinen Problemen der Kausalität, der Irrtumslehre bis hin zur Rechtfertigungsproblematik und Schuldfrage ist hier umfassend, aber in bekannt kurzer und übersichtlicher Weise dargestellt.

22.20 *13,80 €*

Strafrecht-AT II
Die Karteikarten Strafrecht AT II decken die restlichen Problemkreise Versuch (insbesondere Rücktritt vom Versuch), Täterschaft und Teilnahme, das Fahrlässigkeitsdelikt und die oft vernachlässigten Konkurrenzen ab.

22.21 *13,80 €*

Strafrecht-BT I
Ergänzend zum Skript werden Ihnen hier die Vermögensdelikte in knapper und übersichtlicher Weise veranschaulicht. Besonders im Strafrecht BT, wo es oft zu Abgrenzungsproblematiken kommt (z.B. Abgrenzung zwischen Raub und

Die Karteikarten

räuberischer Erpressung) ist eine Darstellung auf Karteikarten sehr hilfreich.

22.22 13,80 €

Strafrecht-BT II
Die Strafrecht BT II - Karten befassen sich mit den Nichtvermögensdelikten. Besonderes Augenmerk wird hierbei auf die Körperverletzungsdelikte sowie die Urkundendelikte und die Brandstiftungsdelikte gelegt.

22.23 13,80 €

StPO
In fast jeder StPO-Klausur werden Zusatzfragen auf dem Gebiet des Strafprozessrechts gestellt. Es handelt sich hierbei meist um Standardfragen, aber gerade diese sollten Sie sicher beherrschen. Die Karteikarten decken alle Standardprobleme ab, von Prozessmaximen bis hin zu den einzelnen Verfahrensstufen.

22.30 13,80 €

Verwaltungsrecht I
Ob allgemeines oder besonderes Verwaltungsrecht - die einzelnen Probleme der Eröffnung des Verwaltungsrechtsweges werden Ihnen immer wieder begegnen. Wiederholen Sie hier auch Ihr Wissen rund um die Anfechtungsklage, welche die zentrale Klageart in der VwGO darstellt.

22.24 13,80 €

Verwaltungsrecht II
Von der Verpflichtungsklage über die Leistungsklage bis hin zum Normenkontrollantrag sowie weitere Bereiche, mit deren jeweiligen Sonderproblemen werden alle verwaltungsrechtlichen Klagearten dargestellt.

22.25 13,80 €

Verwaltungsrecht III
Mittels Karteikarten können die Spezifika der jeweiligen Rechtsgebiete umfassend aufbereitet und verständlich erklärt werden. Thematisiert werden im Rahmen dieser Karten das Widerspruchsverfahren, der vorläufige sowie der vorbeugende Rechtsschutz und das Erheben von Rechtsmitteln.

22.26 13,80 €

Staatsrecht
Karteikarten eignen sich besonders gut, die einzelnen Grundrechte, Verfassungsrechtsbehelfe und Staatszielbestimmungen darzustellen, da gerade die einschlägigen Rechtsbehelfe zum Bundesverfassungsgericht sehr klaren und eindeutigen Strukturen folgen, innerhalb derer eine saubere Subsumtion notwendig ist. Das Gesetzgebungsverfahren und die Aufgaben der obersten Staatsorgane können hierbei gut wiederholt werden. Auch wird ein kurzer Einblick in die auswärtigen Beziehungen und die Finanzverfassung gegeben.

22.27 13,80 €

Europarecht
Nutzen Sie die Europarechtskarteikarten, um im weitläufigen Gebiet des Europarechts den Überblick zu behalten. Vom Wesen und den Grundprinzipien des Gemeinschaftsrechts über das Verhältnis von Gemeinschaftsrecht zum mitgliedstaatlichen Recht bis hin zu den Institutionen wird hier übersichtlich alles dargestellt, was Sie als Grundlagenwissen benötigen. Hinzu kommen die klausurrelevanten Bereiche des Rechtsschutzes und der Grundfreiheiten.

22.29 13,80 €

Übersichtskarteikarten

> Ihr Begleiter vom 1. Semester bis zum 2. Staatsexamen! Die wichtigsten Problemfelder im Zivil-, Straf- und Öffentlichen Recht sind knapp, präzise und übersichtlich dargestellt. Sie erfassen effektiv auf einen Blick das Wesentliche. Die grafische Aufbereitung auf der Vorderseite erleichtert den schnellen Zugriff. Die Kommentierung mit der hemmer-Methode auf der Rückseite schafft die Einordnung für die Klausur. Nutzen Sie die Übersichtskarten auch als Checkliste zur Kontrolle.

BGB im Überblick I
Mit den Übersichtskarteikarten verschaffen Sie sich einen schnellen und effizienten Überblick über die wichtigsten zivilrechtlichen Problemkreise des BGB-AT, Schuldrecht AT und BT sowie des Sachenrecht AT und BT. Knapp und teilweise graphisch aufbereitet vermitteln Ihnen die Übersichtskarten das Wesentliche. Aufbauschemata helfen Ihnen bei der Subsumtion. Für den Examenskandidaten sind die Übersichtskarten eine „Checkliste", für den Anfänger eine Möglichkeit zum ersten Einblick.

25.01 30,00 €

BGB im Überblick II
Diese Karteikarten bieten einen Überblick der Gebiete Erbrecht, Familienrecht, Handelsrecht, Arbeitsrecht und ZPO. Für den Examenskandidaten sind die Übersichtskarteikarten eine „Checkliste", für den Anfänger ein erster Einblick.

25.011 30,00 €

Strafrecht im Überblick
Die Übersichtskarten leisten eine Einordnung in den strafrechtlichen Kontext. Im Hinblick auf das Examen werden so die wichtigsten examenstypischen Problemfelder vermittelt. Behandelt werden die Bereiche Strafrecht AT I und II wie auch BT I und II und StPO. Im Strafrecht BT ist bekanntlich fundiertes Wissen der Tatbestandsmerkmale mit ihren Definitionen gefragt, was sich durch Lernen mit den Übersichtskarten gezielt und schnell wiederholen lässt.

25.02 30,00 €

Öffentliches Recht im Überblick
Verschaffen Sie sich knapp einen Überblick über das Wesentliche der Gebiete Staatsrecht und Verwaltungsrecht. Die verwaltungs- und staatsrechtlichen Klagearten, Staatszielbestimmungen und die wichtigsten Vorschriften des Grundgesetzes werden mit den wichtigsten examenstypischen Problemfeldern verknüpft und vermindern in der gezielten Knappheit die Datenflut.

25.03 16,80 €

BLW-Skripten/Assessor-Skripten/-Karteikarten

ÖRecht im Überblick / Bayern
ÖRecht im Überblick / NRW

Mit dem zweiten Satz der Übersichtskarteikarten im Öffentlichen Recht können Sie Ihr Wissen nun auch auf den Gebiete Polizei- und Sicherheitsrecht überprüfen und auffrischen. Die wichtigsten Probleme auf den Gebieten Baurecht und Kommunalrecht werden im klausurspezifischen Kontext dargestellt, z.B. die Besonderheiten von Kommunalverfassungsstreitigkeiten im Kommunalrecht oder Fortsetzungsfeststellungsklagen im Polizeirecht.

25.031 ÖRecht im Überb. / Bayern   16,80 €

25.032 ÖRecht im Überb. / NRW   16,80 €

Europarecht/Völkerrecht im Überblick

Die Übersichtskarten zum Europarecht dienen der schnellen Wiederholung. Gerade in diesem Rechtsgebiet ist es wichtig, einen schnellen Überblick über Institutionen, Klagearten usw. zu bekommen. Klassiker wie Grundfreiheiten und Verknüpfungen zum deutschen Recht werden ebenfalls dargestellt. Komplettiert wird der Satz durch eine Darstellung der Grundzüge des Völkerrechts.

25.04   16,80 €

Skripten für BWL'er, WiWi und Steuerberater

> Profitieren Sie von unserem know-how.
> Seit 1976 besteht das ,in Würzburg gegründete, Repetitorium hemmer und bildet mit Erfolg aus. Grundwissen im Recht ist auch im Wirtschaftsleben heute eine Selbstverständlichkeit. Die prüfungstypischen Standards, die so oder in ähnlicher Weise immer wiederkehren, üben wir anhand unserer Skripten mit Ihnen ein. Durch unsere jahrelange Erfahrung wissen wir, mit welchen Anforderungen zu rechnen sind und welche Aspekte der Ersteller einer juristischen Prüfungsklausur der Falllösung zu Grunde legt. Das prüfungs- und praxisrelevante Wissen wird umfassend und gleichzeitig in der bestmöglichen Kürze dargestellt. Der Zugang zur „Fremdsprache Recht" wird damit erleichtert. Die richtige Investition in eine gute Ausbildung garantiert den Erfolg.

Privatrecht für BWL'er, WiWi & Steuerberater
18.01   13,80 €

Ö-Recht für BWL'er, WiWi & Steuerberater
18.02   13,80 €

Musterklausuren für's Vordiplom/PrivatR
18.03   13,80 €

Musterklausuren für's Vordiplom/ÖRecht
18.04   13,80 €

in Vorbereitung:

Die wichtigsten Fälle:
BGB-AT, Schuldrecht AT/BT für BWL'er

Die wichtigsten Fälle:
Sachenrecht, Handelsrecht, GesR, GoA, DeliktsR, BereicherungsR für BWL'er

Skripten Assessor-Basics

> Trainieren Sie mit uns genau das, was Sie im 2. Staatsexamen erwartet. Die Themenbereiche der Assessor-Basics sind alle examensrelevant. So günstig erhalten Sie nie wieder eine kleine Bibliothek über das im 2. Staatsexamen relevante Wissen. Die Skripten dienen als Nachschlagewerk, sowie als Anleitung zum Lösen von Examensklausuren.

Theoriebände
Die Zivilrechtliche Anwaltsklausur/Teil 1:
410.0004   16,80 €

Das Zivilurteil
410.0007   16,80 €

Die Strafrechtsklausur im Assessorexamen
410.0008   16,80 €

Die Assessorklausur Öffentliches Recht
410.0009   16,80 €

Klausurentraining (Fallsammlung)
Zivilurteile (früher. Zivilprozess)
410.0001   16,80 €

Arbeitsrecht
410.0003   16,80 €

Strafprozess
410.0002   16,80 €

Zivilrechtliche Anwaltsklausuren/Teil 2:
410.0005   16,80 €

Öffentlichrechtl. u. strafrechtl. Anwaltsklausuren
410.0006   16,80 €

in Vorbereitung: Skript FGG-Verfahren

Karteikarten Assessor-Basics

Zivilprozessrecht im Überblick
41.10   19,80 €

Strafrecht im Überblick
41.20   19,80 €

Öffentliches Recht im Überblick
41.30   19,80 €

in Vorbereitung: Karteikarten ErbR/FamilienR

Intelligentes Lernen/Sonderartikel/Life&LAW

Garantiert erfolgreich lernen
Wie Sie Ihre Lese- und Lernfähigkeit steigern

Das Leben ist ein ständiger Lernprozess. Ob für Prüfungen, Examina, berufliche und private Weiterbildung: Niemand kommt daran vorbei, sich ständig neues Wissen anzueignen. Wie zeigen Ihnen wie Sie effektiver lernen.

75.03   16,80 €

Coach dich!
Rationales Effektivitäts-Training zur Überwindung emotionaler Blockaden

70.05   19,80 €

Lebendiges Reden (inkl. CD)
Wie man Redeangst überwindet und die Geheimnisse der Redekunst erlernt.

70.06   21,80 €

Die praktische Lern-Karteikartenbox
- Maße der Lernbox mit Deckel: je 160 mm x 65 mm x 120 mm
- für alle Karteikarten, auch für die Übersichtskarteikarten
- inclusive Lernreiter als Sortierhilfe: In 5 Schritten zum Langzeitgedächtnis

28.01   1,99 €

Der Referendar
24 Monate zwischen Genie und Wahnsinn

Das gesamte nicht-examensrelevante Wissen über Trinkversuche, Referendarsstationen, Vorstellungsgespräch... von Autor und Jurist Jörg Steinleitner. Humorvoll und sprachlich spritzig! 250 Seiten im Taschenbuchformat

demnächst erhältlich: Band 2: DER RECHTSANWALT!

70.01   8,90 €

Orig. Klausurenblock
DinA 4, 80 Blatt, Super praktisch
- Wie in der Prüfung wissenschaftlicher Korrekturrand, 1/3 von links
- glattes Papier zum schnellen Schreiben
- Klausur schreiben, rausreißen, fertig

KL 1   2,49 €

Die Gesetzesbox
- stabile Box aus geprägtem Kunstleder mit Magnetverschluss
- Schutz für Ihre Gesetzestexte (Schönfelder und Sartorius), innen und außen gepolstert
- Box und Leseständer in einem, abwaschbar, leicht

28.05   24,80 €

hemmer-akademie Wiederholungsmappe

Kaum etwas ist frustrierender, als sich in mühseliger Arbeit Wissen anzueignen, nur um wenige Zeit später festzustellen, dass das Meiste wieder vergessen wurde. Anstatt sein Wissen konstant auszubauen, wird ein und dasselbe immer wieder von neuem angegangen. Ein solches Vorgehen hat nur einen geringen Lernerfolg. Aber auch Motivation und Konzentrationsfähigkeit leiden unter diesem ständigen „Ankämpfen" gegen das Vergessen. Von Spaß am Lernen kann keine Rede sein. Mit dieser Wiederholungsmappe möchten wir diesem Problem beim Lernen entgegentreten. Mit einem effektiven Wiederholungsmanagement werden Sie Ihr Wissen beständig auf einem hohen Niveau halten. Wiederholungsmappe inklusive Übungsbuch und Mindmaps

75.01   9,90 €

Jurapolis - das hemmer-Spiel
Mit Jurapolis lernen Sie Jura spielerisch.

Die mündliche Prüfungssituation wird spielerisch trainiert. Sie trainieren im Spiel Ihre für die mündliche Prüfung so wichtige rhetorische Fähigkeiten. Vergessen Sie nicht, auch im Mündlichen wird entscheidend gepunktet.

Inklusive Karteikartensatz (ohne Übersichtskarteikarten und Shorties) nach Wahl, bitte bei Bestellung angeben!
Lässt sich auch mit eigenen Karteikarten spielen!

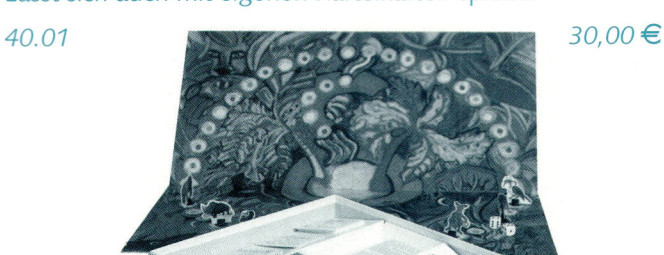

40.01   30,00 €

Life&Law - die hemmer-Zeitschrift

Die Life&Law ist eine monatlich erscheinende Ausbildungszeitschrift. In jeder Ausgabe werden aktuelle Entscheidungen im Bereich des Zivil-, Straf- und Öffentlichen Rechts für Sie aufbereitet und klausurtypisch gelöst.
Im Life-Teil wird dem Leser Wissenswertes und Interessantes rund um die Juristerei geboten.

Als hemmer-Kursteilnehmer/in (auch ehemalige) erhalten Sie die Life&LAW zum Vorzugspreis von 5,- € mtl.

Art.Nr.: AboLL (ehem. Kurs-Teilnehmer)   5,00 €

Art.Nr.: AboLL (nicht Kurs-Teilnehmer)   6,00 €

Der Jahreskurs

Würzburg - Augsburg - Bayreuth - Berlin-Dahlem - Berlin-Mitte - Bielefeld - Bochum - Bonn - Bremen - Dresden - Düsseldorf - sErlangen - Frankfurt/M - Frankfurt/Oder - Freiburg - Gießen - Göttingen - Greifswald - Halle - Hamburg - Hannover - Heidelberg - Jena - Kiel - Köln - Konstanz - Leipzig Mainz - Mannheim - Marburg - München - Münster - Osnabrück - Passau - Potsdam - Regensburg - Rostock - Saarbrücken - Stuttgart - Trier - Tübingen

Unsere Jahreskurse beginnen jeweils im Frühjahr (März) und im Herbst (September).

In allen Städten ist im Kurspreis ein Skriptenpaket integriert:

Bereits mit der Anmeldung wählen Sie 12 Produkte (Skripten oder Karteikarten) kursbegleitend:

- daher frühzeitig anmelden!
- sich einen Kursplatz sichern
- mit den Skripten / Karteikarten lernen
- Life&Law im Kurspreis integriert
- keine Kündigungsfristen

Juristisches Repetitorium hemmer

examenstypisch   anspruchsvoll   umfassend

Karl Edmund Hemmer / Achim Wüst

Gewinnen Sie mit der „HEMMER-METHODE"!

Wer in vier Jahren sein Studium erfolgreich abschließen will, kann sich einen Irrtum im Hinblick auf Examensvorbereitung und Ausbildungsmaterial nicht leisten!

Ihr Ziel: Sie wollen ein gutes Examen:

Stellen Sie frühzeitig die Weichen richtig. Trainieren Sie unter professioneller Anleitung das, was Sie im Examen erwartet. Dazu hat Ihre Ausbildung den Ansprüchen des Examens zu entsprechen. Um das Examen sicher zu erreichen, müssen Sie wissen, mit welchem Anforderungsprofil Sie im Examen zu rechnen haben.
Die Kunst, eine gute Examensklausur zu schreiben, setzt voraus:

Problembewusstsein

„Problem erkannt, Gefahr gebannt". Ein zentraler Punkt ist das Prinzip, an authentischen Examensproblemen zu lernen. Anders als im wirklichen Leben gilt: „Probleme schaffen, nicht wegschaffen".

Juristisches Denken

Dazu gehört die Fähigkeit,
- komplexe Sachverhalte in ihre Bestandteile zu zerlegen (assoziative Textauswertung),
- die notwendigen rechtlichen Erörterungen anzuschließen,
- Einzelprobleme zueinander in Beziehung zu setzen,
- zu einer schlüssigen Klausurlösung zu verbinden und
- durch ständiges Training wiederkehrende examenstypische Konstellationen zu erfassen.

Grundlegende Fehler werden so vermieden.

Abstraktionsvermögen

Die Gesetzessprache ist abstrakt. Der Fall ist konkret. Nur wer über das notwendige Abstraktionsvermögen verfügt, ist in der Lage, die für die Falllösung erforderliche Transformationsleistung zu erbringen. Diese Fähigkeit wird geschult durch methodisches Lernen.

Sprachsensibilität

Damit einhergehend ist Genauigkeit und Klarheit in der Darstellung, Plausibilität und Überzeugungskraft erforderlich.

Was macht das Juristische Repetitorium Hemmer so erfolgreich?

In allen drei Rechtsgebieten gilt: Examenstypisches, umfassendes und anspruchsvolles Lernsystem.

1. Kein Lernen am einfachen Fall:

Grundfall geht an Examensrealität vorbei!

Hüten Sie sich vor Übervereinfachung beim Lernen! Unterfordern Sie sich nicht. Die Theorie des einfachen Grundfalles nimmt zwar als psychologischer Aspekt die Angst vor Falllösungen, die Examensreife kann aber so nicht erlangt werden. Es fehlt die Einbindung des gelernten Teilwissens in den Kontext des großen Falls. Ein vernetztes Lernen findet nicht statt. Außerdem: Für den Grundfall brauchen Sie kein Repetitorium. Sie finden ihn in jedem Lehrbuch. Die Methode der Reduzierung juristischer Sachverhalte auf den einfachen Grundfall bzw. das Schema entspricht weder in der Klausur noch in der Hausarbeit der Examensrealität. Sie müssen sich folglich das notwendige Anwendungswissen für das Examen selbst aneignen. Schablonenhaftes Denken ist im Examen gefährlich. Viele lernen nur nach dem Prinzip „Aufschieben und Hinauszögern" von zu erledigenden Aufgaben. Dies erweist sich als Form der Selbstsabotage. Wer sich überwiegend mit Grundfällen und dem Auswendiglernen von Meinungen beschäftigt, dem fehlt am Schluss die Zeit, Examenstypik einzutrainieren.

2. Kein Lernen am Rechtsprechungsfall mit Literaturmeinung

Rechtsprechungsfall entspricht nicht der Vielschichtigkeit des Examensfalls

Zwar ermöglicht dies Einzelprobleme leichter als durch Lehrbücher zu erlernen, es fehlt aber eine den Examensarbeiten entsprechende Vielschichtigkeit.

Außerdem besteht die Gefahr des Informationsinfarkt. Viel Wissen garantiert noch lange nicht, auch im Examen gut abzuschneiden. Maßgeblich ist die Situationsgebundenheit des Lernens. Wer sich examenstypisch am großen Fall Problemlösungskompetenz unter Anleitung erarbeitet, reduziert die Informationsmenge auf das Wesentliche.

Durch richtiges Lernen mit einem ausgesuchten, am Examen orientierten Fallmaterial verschaffen Sie sich mehr Freizeit. Nur wer richtig lernt, erspart sich auch Zeit. Weniger ist häufig mehr!

Die Examensklausuren und noch mehr die Hausarbeiten sind so konstruiert, dass die notwendige Notendifferenzierung ermöglicht wird. Die Examensrealität ist damit in der Regel anders als der einfache Rechtsprechungsfall. Examensfälle sind anspruchsvoll.

Gewinnen Sie mit der „Hemmer-Methode"

3. hemmer-Methode: Lernen am examenstypischen „großen" Fall

Wir orientieren uns am Niveau von Examensklausuren, weil sich gezeigt hat, dass traditionelle Lehr- und Lernkonzepte den Anforderungen des Examens nicht entsprechen. Der Examensfall und damit der große Fall ist eine konstruierte Realität, auf die es sich einzustellen gilt.

Examen ist eine konstruierte Realität

Die „HEMMER-METHODE" ist eine neue Lernform und holt die Lernenden aus ihrer Passivität heraus. Mit gezielten, anwendungsorientierten Tipps unterstützen wir vor allem die wichtige Sachverhaltsaufbereitung und damit Ihre Examensvorbereitung.

Jura ist ein Sprachspiel

Denken Sie daran, Jura ist ein Spiel und zuallererst ein *Sprachspiel*, auch im Examen.
Es kommt auf den richtigen Gebrauch der Worte an.

Lernen Sie mit uns einen genauen und reflektierten Umgang mit der juristschen Sprache. Dies heißt immer auch, genau denken zu lernen. Profitieren Sie dabei von unserem Erfahrungswissen. Die juristische Sprache ist erlernbar. Wie Sie sie sinnvoll erlernen, erfahren Sie in unseren Kursen. Statt reinem Faktenwissen erhalten Sie Strategie- und Prozesswissen. „Schach dem Examen!."

Spaß mit der Arbeit am Sachverhalt

Die genaue Arbeit am Sachverhalt bringt Spaß und hat sich als sehr effizient für das juristische Verständnis von Fallkonstellationen herausgestellt. Dabei ist zu beachten, dass die juristische Sprache eine Kunstsprache ist. Wichtig wird damit die Transformation: So erklärt der Laie in der Regel in der Klausur nicht: „Ich fechte an, ich trete zurück", sondern „Ich will vom Vertrag los".

Lernen Sie, den Sachverhalt richtig zu lesen. Steigern Sie Ihre Leseaufmerksamkeit. Gehen Sie deshalb gründlich und liebevoll mit dem Sachverhalt um, und verlieren Sie sich dabei nicht in Einzelheiten. Letztlich geht es um die Wahrnehmungsfähigkeit: Was ist im Sachverhalt des Examensfalles angelegt und wie gehe ich damit um („Schlüssel-Schloß- Prinzip"). Der Sachverhalt gibt die Problemfelder vor. Entgehen Sie der Gefahr, dass Sie „ein Weihnachtsgedicht zu Ostern vortragen."

Trainieren von denselben Lerninhalten in verschiedenen Anwendungssituationen

Juristerei setzt eine gewisse Beweglichkeit voraus, d.h. jeder Fall ist anders, manchmal nur in Nuancen. Akzeptieren Sie: Jeder Fall hat einen experimentellen Charakter. Trainieren Sie Ihr bisheriges Wissen an neuen Problemfeldern. Dies verhindert, dass das Gelernte auf einen bestimmten Kontext fixiert wird. Trainieren Sie, dieselben Lerninhalte in verschiedene Anwendungssituationen einzubetten und aus unterschiedlichen Blickwinkeln zu betrachten. Denn wer einen Problemkreis von mehreren Seiten her kennt, kann damit auch flexibler umgehen. Verbessern Sie damit Ihre Transferleistung. Über das normale additive Wissen hinaus vermitteln wir sog. metabegriffliches Wissen, d.h. bereichsübergreifendes Wissen.

Modellhaftes Lernen

Modellhaftes Lernen schafft Differenzierungsvermögen, ermöglicht Einschätzungen und fördert den Prozess der Entscheidungsfindung. Seien Sie kritisch gegenüber Ihren Ersteinschätzungen. Eine gewisse Veränderungsbereitschaft gehört zum Lernprozess. Überprüfen Sie Ihr Wertungssystem auch im Hinblick auf das Ergebnis des Falles.
Hüten Sie sich vor zu starkem Routinedenken und damit vor automatisierten Mustern. Fragen Sie sich stets, ob Sie mit Ihren Annahmen den Fall weiterlösen können oder ob Sie in eine Sackgasse geraten.

Assoziationsmethode als erste „Herangehensweise": Hypothesenbildung

Mit der Assoziationsmethode lehren wir in unseren mündlichen Kursen, wie Sie die zentralen Probleme des Falles angehen und ausdeuten. Dabei wird die Bedeutung nahezu aller Worte untersucht. Durch frühe Hypothesenbildung werden alle für die Falllösung möglichen Problemkonstellationen durchgespielt. Die spätere gezielte Selektion führt dazu, dass die für den konkreten Sachverhalt abwegigen Varianten ausscheiden (Prinzip der Retardation bzw. der negativen Evidenz). Die übriggebliebenen Hypothesen bestimmen die Lösungsstrategie.

Wichtigste Arbeitsphase = Problemaufriss

Die erste Stunde, der Problemaufriss, ist die wichtigste Stunde. Es werden die Weichen für die spätere Niederschrift gestellt. Wenn Sie die Klausur richtig erfassen (den „roten Faden"/die „main street"), sind Sie zumindest auf der sicheren Seite und schreiben nicht an der Klausur vorbei.

4. Ersteller als „imaginärer" Gegner

Dialog mit dem Klausurersteller

Der Ersteller des Examensfalles hat auf verschiedene Problemkreise und ihre Verbindung geachtet. Der Ersteller als Ihr „imaginärer Gegner" hat, um Notendifferenzierungen zu ermöglichen, verschiedene Problemfelder unterschiedlicher Schwierigkeit versteckt. Der Fall ist vom Ersteller als kleines Kunstwerk gewollt. Diesen Ersteller muss der Student als imaginären Gegner bei seiner Falllösung berücksichtigen. Er muss also versuchen, sich in die Gedankengänge, Annahmen und Ideen des Erstellers hineinzudenken, und dessen Lösungsvorstellung wie im Dialog möglichst nahe zu kommen. Je ideenreicher Ihre Ausbildung verläuft, desto mehr Möglichkeiten erkennen Sie im Sachverhalt. Die Chance, eine gute Klausur zu schreiben, wird größer.

Gewinnen Sie mit der „Hemmer-Methode"

Wir fragen daher konsequent bei der Falllösung:
- Was will der Ersteller des Falles („Sound")?
- Welcher „rote Faden" liegt der Klausur zugrunde („main-street")?
- Welche Fallen gilt es zu erkennen?
- Wie wird bestmöglicher Konsens mit dem Korrektor erreicht?

Die Falllösung wird dann nicht durch falsches Schablonendenken geprägt, vielmehr zeigen Sie, dass Sie gelernt haben, mit den juristischen Begriffen umzugehen, dass es nicht nur auswendig gelernte Begriffe sind, sondern dass Sie sich darüber im Klaren sind, dass der Begriff immer erst in der konkreten Anwendung seine Bedeutung gewinnt.

Unterfordern Sie sich nicht! Lernen Sie nicht auf zu schwachem Niveau. Zwar ist „der Einäugige unter den Blinden König". Die Einäugigkeit rächt sich aber spätestens im Examen. Ziel jeden guten Unterrichts muss eine realistische Selbsteinschätzung der Hörer sein.

Problemorientiertes Lernen, unterstützt durch Experten Wichtig ist, mit der Assoziationsmethode im richtigen sozialen Kontext zu lernen, denn gemeinsames Lernen in Gruppen ist nicht nur motivierend, sondern auch effektiv. Nehmen Sie an einer Atmosphäre teil, in der Sie sinnvoll Erfahrungsaustausch, Meinungsvielfalt und Kontakt mit Experten erfahren. Maßgeblich ist die gezielte Unterstützung. Wir geben das Niveau vor. Achten Sie stets darauf, dass die Lernsituation anwendungsbezogen bleibt und der Vielschichtigkeit des Examens entspricht. Unser Repetitorium spricht den Juristen an, der sich am Prädikatsexamen orientiert. Insoweit profitieren Sie auch vom Interesse und Wissensstand der anderen Kursteilnehmer.

Gefahr bei Kleingruppen Hüten Sie sich vor sog. „Kleingruppen". Dort besteht die Gefahr, dass Schwache und Nichtmotivierte den Unterricht allzusehr mitbestimmen: „Der Schwächste bestimmt das Niveau!" Wichtig ist doch für Sie, auf welchem Niveau (was und wie) die Auseinandersetzung mit der Juristerei stattfindet. Wer nur auf vier Punkte lernt, landet leicht bei drei Punkten!

Soviel ist klar: <u>Wie</u> Sie lernen, beeinflusst Ihr Examen. Weniger bekannt ist, dass das Fehlen bestimmter Informationen das Examen verschlechtert.

Glauben Sie an die eigene Entwicklungsfähigkeit, schöpfen Sie ihr Potential aus.

5. Spezielle Ausrichtung auf Examenstypik

Im Trend des Examens Dies hat weiterhin den Vorteil, dass wir voll im Trend des Examens liegen. Die Thematik der Examensfälle ist bei uns auffällig häufig vorher im Kurs behandelt worden. Auch in Zukunft ist damit zu rechnen, dass wir mit Ihnen innerhalb unseres Kurses die Themen durchsprechen, die in den nächsten Prüfungsterminen zu erwarten sind.

6. „Gebrauchsanweisung"

Vertrauen Sie auf unsere Expertenkniffe. Die **„HEMMER-METHODE"** setzt richtungsweisende Maßstäbe und ist Gebrauchsanweisung für Ihr Examen.

Der Erfolg gibt uns recht!

Examensergebnisse Die Examenstermine zeigen, dass **unsere Kursteilnehmer** überdurchschnittlich abschneiden;
z.B. Würzburg, Ergebnisse **1991-2003**:
15,08 (Landes**bester**); 14,79*; 14,7* (**Beste des Termins 98 I**); 14,3* (Landes**bester**); 14,16* (**Beste des Termins 2000 II**), 14,08* (**Beste des Termins in Würzburg 96 I**); 14,08 (Landes**bester**); 14,04* (**Bester des Termins 94 II**); 13,87; 13,8*; 13,75* (**Bester im Termin 99/II in Würzburg**); 13,75*; 13,7 (7. Semester, **Bester des Termins in Würzburg 95 II**); 13,7 (7. Semester); 13,66* (**Bester des Termins 97 I, 7. Semester**); 13,6*; 13,54*, 13,41*, 13,4*; 13,3* (**Beste des Termins 93 I in Würzburg**); 13,3* (**Bester des Termins 91 I in Würzburg**), 13,29*, ;13,2*(**Bester des Termins 2001 I in Würzburg**, letzter Termin); 13,2; 13,12; 13,08* (**Bester des letzten Termins 2002 I in Würzburg**), 13,04*; 13,02* (**Bester des Termins 95 I in Würzburg**); 13,0; 12,91*, 2 x 12,87* (7. Semester); 12,8; 12,8*; 12,75*; 12,62; 12,6; 12,6*; 12,6; 12,58*; 12,58*; 12,54*; 12,54*, 12,5*; 12,5*; 12,41; 12,37*(7. Semester); 12,3*; 12,25*; 12,2; 12,2*; 12,2*; 12,18; 12,12*; 12,12; 12,1; 12,08; 12,08*; 12,06; 12,04*(**Beste des Termins 98 II; Ergebnis Februar '99**); 12,0*; 12,0*; 12,0*; 12,0*; 12,0*; 12,0*; 11,83; 11,8; 11,8; 11,79*; 11,75*; 11,75; 11,75; 11,6; 11,58*; 11,54*; 11,5*; 11,5;...

*(*hemmer-Mitarbeiter bzw. ehemalige hemmer-Mitarbeiter)*

Ziel: solides Prädikatsexamen Lassen Sie sich aber nicht von diesen „Supernoten" verschrecken. Denn unsere Hauptaufgabe sehen wir nicht darin, nur Spitzennoten zu produzieren: Wir streben ein solides Prädikatsexamen an. So erreichten z.B. schon im ersten Durchgang unsere Kursteilnehmer in Leipzig (Termin 1994 II) bereits nach dem Schriftlichen einen Schnitt von 8,6 Punkten, wobei der Gesamtdurchschnitt aller Kandidaten nur 5,46 Punkte betrug (Quelle: Fachschaft Jura Leipzig, »Der kleine Advokat«, April 1995). Aber am allerwichtigsten für uns ist: Unsere Durchfallquote ist äußerst gering!

Regelmäßiges Training an examenstypischem Material zahlt sich also aus.

Spitzennoten von Mitarbeitern Dies zeigt sich auch z.B. bei unseren Verantwortlichen: In jedem Rechtsgebiet arbeiteten Juristen mit, die ihr Examen mit **„sehr gut"** bestanden haben.

Professionelle Vorbereitung zahlt sich aus. Noten unserer Kursleiter (ehemalige Kursteilnehmer in Würzburg) im bayerischen Staatsexamen, wie **13,5, 13,4** und **12,9** und andere mit „gut" sind Ihr Vorteil. Nur wer selbst gut ist, weiß auf was es im Examen ankommt. Nur so wird gutes Material erstellt.

Die Ergebnisse unserer Kursteilnehmer im Ersten Staatsexamen können auch Vorbild für Sie sein. Motivieren Sie sich durch Ihre guten Mitkursteilnehmer/innen. Lassen Sie sich daher nicht von unseren Supernoten verschrecken, sehen Sie dieses Niveau als Anreiz für Ihr Examen. „Wer nur in der C-Klasse spielt, bleibt in der C-Klasse."

Wir sind für unser Anspruchsniveau bekannt.